***ACCESO GRATIS* a la Lectura en la Nube**

Para visualizar el libro electrónico en la nube de lectura envíe junto a su nombre y apellidos una fotografía del código de barras situado en la contraportada del libro y otra del ticket de compra a la dirección:

ebooktirant@tirant.com

En un máximo de 72 horas laborales le enviaremos el código de acceso con sus instrucciones.

La visualización del libro en **NUBE DE LECTURA** excluye los usos bibliotecarios y públicos que puedan poner el archivo electrónico a disposición de una comunidad de lectores. Se permite tan solo un uso individual y privado

VIOLENCIA SEXUAL CONTRA LA INFANCIA:
UN ANÁLISIS DESDE LA JUSTICIA ESTRUCTURAL Y LOS DERECHOS HUMANOS

VIOLENCIA SEXUAL CONTRA LA INFANCIA: UN ANÁLISIS DESDE LA JUSTICIA ESTRUCTURAL Y LOS DERECHOS HUMANOS

ALEJANDRA RAMÍREZ

tirant lo blanch
Valencia, 2025

En caso de erratas y actualizaciones, la Editorial Tirant lo Blanch publicará la pertinente corrección en la página web www.tirant.com.

La aceptación de la presente obra ha tenido en consideración la evaluación y calificación otorgada por los expertos componentes del tribunal calificador de la tesis doctoral en la que se basa, cumpliendo con el criterio correspondiente de los revisores externos y ofreciendo la calidad debida a la presente edición.

Este libro está cofinanciado por el Proyecto InJustice, Tiempos y espacios de una justicia inclusiva (MICINN PID2021-126552OB-I00).

EDITA: TIRANT LO BLANCH
C/ Artes Gráficas, 14 - 46010 - Valencia
TELFS.: 96/361 00 48 - 50
FAX: 96/369 41 51
Email: tlb@tirant.com
www.tirant.com
Librería virtual: www.tirant.es
DEPÓSITO LEGAL: V-2466-2025
ISBN: 979-13-7010-390-3
MAQUETA: Dissset Ediciones

Si tiene alguna queja o sugerencia, envíenos un mail a: *atencioncliente@tirant.com*. En caso de no ser atendida su sugerencia, por favor, lea en *www.tirant.net/index.php/empresa/politicas-de-empresa* nuestro procedimiento de quejas.

Responsabilidad Social Corporativa: http://www.tirant.net/Docs/RSCTirant.pdf

ÍNDICE

Agradecimientos

Este trabajo contiene, con algunas modificaciones, la investigación realizada en el marco de mi tesis doctoral, leída en noviembre de 2024 en la Facultat de Dret de la Universitat de València. En ese sentido, quiero reconocer que la posibilidad de elaborar mi tesis doctoral se debe a la beca predoctoral del Programa *Atracció del Talent* que me fue concedida por esta Universidad en 2021. Asimismo, quiero remarcar que la publicación de este trabajo se debe a la financiación del Proyecto «Tiempos y espacios de una justicia inclusiva. Derechos para una sociedad resiliente frente a los nuevos retos» (IN_JUSTICE) del Ministerio de Ciencia e Innovación. En esa misma línea agradezco al Institut de Drets Humans de la Universitat de València que también ha participado de la cofinanciación.

Me gustaría agradecer, en primer lugar, a la profesora María José Añón, por su sabiduría y tiempo compartido siempre con tanta generosidad. Por la disposición y guía constantes a lo largo de los cuatro años de investigación, no solo para el desarrollo de la tesis, y revisión del presente trabajo. Especialmente le agradezco su intervención siempre efectiva para ayudarme a recobrar la confianza cada vez que hizo falta.

Quiero agradecer también a los integrantes del tribunal de mi tesis por su tiempo en la lectura del trabajo, y por los valiosos informes y comentarios que me ayudaron a realizar las modificaciones añadidas a la presente monografía. Soy consciente de lo afortunada que fui por contar con ese tribunal. Ruth Mestre, Ignacio Campoy, Víctor Merino, Silvina Ribotta, Jose García Añón y Teresa Picontó son personas cuyo trabajo me ha guiado en diferentes momentos. Personas a las que admiro profundamente por esa característica que comparten: compaginar el desarrollo intelectual y el rigor académico con el compromiso político y la acción cada uno desde su trinchera por la causa de los derechos de todos y todas, especialmente de los más excluidos.

Gracias al Institut de Drets Humans y a todos sus miembros por ser un espacio de acogida y de posibilidades para la reflexión y para la acción compartida. Valoro enormemente la amistad que he logrado afianzar con muchos de sus miembros. Los directores con los que tuve oportunidad de coincidir en este tiempo, Fernando Flores y José García Añón, generaron espacios muy valiosos donde presentar ideas o avances vinculados a mi trabajo.

Tengo que agradecer también a los miembros del Departamento de Filosofía del Derecho y Política por todo su apoyo. En especial, gracias a Ruth Mestre por construir un espacio seguro y enriquecedor en el que compartir y construir horizontes comunes. Gracias por acercarme a su grupo doctorandas, y a ellas gracias por acogerme. Presentar avances de la tesis y recibir retroalimentación de todas ellas fue muy significativo en lo personal y en la culminación de mi trabajo.

A mi familia y a mis amigas y amigos de ambos lados del Atlántico agradezco el cuidado material y emocional necesario durante todo el proceso de elaboración de este trabajo. A Jose por ser el mejor compañero en todos los ámbitos. A Martín y Darío por la constante fuente de motivación que son.

Introducción

El objeto de estudio de este trabajo es la violencia sexual contra la infancia y la respuesta institucional que recibe, con particular atención al caso español. La violencia sexual contra la infancia, en la que se inscribe el abuso sexual como una de sus modalidades, es un problema con una gran prevalencia a nivel mundial. En el ámbito europeo, los principales estudios sobre su incidencia apuntan a que una de cada cinco personas ha sufrido algún episodio de violencia sexual en su niñez[1].

Esta elevadísima tasa de prevalencia (entre el 10 y el 20 por ciento de la población directamente afectada) ha hecho que, desde los años sesenta hasta la actualidad, el problema haya sido objeto de estudio en distintos campos y desde diversos enfoques. Existe un extenso trabajo epidemiológico, especialmente desde la psicología y la sociología. Algunos de estos trabajos se han referido al término «iceberg» para llamar la atención sobre el hecho de que las altas cifras son tan solo la superficie. Por supuesto, no reflejan todas las revelaciones de los niños, sino solo aquellas que han quedado registradas. Se estima que tan solo el 15% de los casos llegan a denunciarse. Por su parte, uno de los aspectos de mayor interés dentro de la criminología y la psiquiatría ha sido el de las motivaciones de los agresores. Actualmente en ese marco se ha descartado la idea imperante durante mucho tiempo de un único perfil de agresor sexual, que se correspondería con un «enfermo mental» o un «depredador sexual».

De manera más amplia, en relación con la víctima y con el agresor, desde la sociología se ha indagado en las condiciones sociales que fomentan la aparición y el mantenimiento de un contexto

---

1 CONSEJO DE EUROPA. *Start To Talk,* disponible en: https://human-rights-channel.coe.int/stop-child-sexual-abuse-in-sport-es.html

favorable para la comisión de abusos sexuales en impunidad. Los estudios muestran muy claramente que en la gran mayoría de casos de violencia sexual contra la infancia la persona agresora es alguien —fundamentalmente un varón— del ámbito de confianza de la víctima. En este marco, el tabú de la sexualidad de la infancia —la dificultad para abordar su dimensión sexual de manera acorde al reconocimiento de su autonomía progresiva— y su desprotección ante las deficiencias de una educación sexual integral implicarían importantes factores de riesgo. Por otra parte, el aspecto de las consecuencias de la violencia sexual en sus víctimas, así como el papel de la respuesta social a una revelación y el riesgo de revictimización de una respuesta negligente, ha sido un aspecto ampliamente abordado desde la psicología. Desde el campo de la medicina, el foco en la multiplicidad de secuelas que deja la violencia sexual durante la infancia o los impactos en la salud a largo plazo ha llevado a articular diagnósticos y tratamientos específicos. De hecho, la dimensión de la violencia sexual como un problema de salud es probablemente la perspectiva con mayor desarrollo académico[2].

Hay un dato que se muestra constante en los diversos estudios epidemiológicos: el aspecto de las cifras diferenciadas por género. El dato diferencial de género más llamativo es que la gran mayoría de los agresores son hombres adultos. El interés del feminismo por la violencia sexual contra la infancia surge en las décadas de los 70 y los 80, especialmente dentro del llamado feminismo radical y se destaca por su doble tarea: sus esfuerzos por develar el sesgo de género en las teorizaciones dominantes sobre el abuso sexual contra la infancia, y su articulación de propuestas para explicar la manera en que la estructura de género impacta en sus causas y consecuencias. Como parte de esta tarea crítica, han

---

2 Un buen exponente es el nº 68 (2021) de la revista *Pediatric Clinics*, un número especial titulado «Ending the War against Children: The Rights of Children to Live Free of Violence», que condensa buena parte de la literatura pediátrica en este asunto. Disponible en: https://www.pediatric.theclinics.com/issue/S0031-3955(21)X0002-8

sido cuestionadas la teorías que en alguna medida localizaban la «culpa» fuera del agresor, depositándola en el propio niño, en la madre desprotectora o en la dinámica «disfuncional» de la familia, distorsionando así la comprensión del problema y obstaculizando su intervención. En cierto sentido, han sido las teóricas feministas quienes han refutado muchos de los mitos más anclados socialmente sobre la violencia sexual, también contra la infancia[3]. Entre algunos de los aspectos específicos de la violencia sexual contra la infancia sobre los que se han construido propuestas teóricas, están el papel de la socialización masculina como un importante elemento deshinibidor de la violencia —a la vez su efecto inhibidor para la revelación, en la medida en que tal socialización conlleva una incapacidad o resistencia a asumirse como víctima—, o el papel de la socialización en la feminidad tradicional como un factor de riesgo en relación con la violencia sexual, particularmente con la violencia sexual en el entorno familiar, en la medida que prescribe un papel de sumisión y disposición a la figura masculina[4].

El acerbo de conocimientos actuales en el campo académico constituye una base sólida para articular medidas dirigidas a prevenir que ocurra el abuso sexual contra la infancia, así como a intervenir de manera adecuada cuando tiene lugar, atenuando sus secuelas y evitando su reincidencia. Las investigaciones en la materia se diseñan mayoritariamente con ese objetivo. Entre esas medidas, encontramos discursos públicos cada vez más contundentes y asertivos sobre el rechazo absoluto a esta forma de violencia. También han aparecido no pocos manuales y protocolos de detección y notificación, o guías para prevenir y tratar la violencia

---

3 RAMÍREZ, A. «A review of radical feminist theories on child sexual abuse», *Oñati Socio-Legal Series,* 13(3), 2023, pp. 857–889.

4 RAMÍREZ GONZÁLEZ, A. «La socialización de género en las niñas como factor de riesgo ante el abuso sexual», en *Mujeres y (Des) igualdad de oportunidades. Análisis feministas del impacto de las injusticias estructurales y las tensiones coyunturales,* Silvia Ribotta y Carlos Lema Añón (eds.), Dykinson, 2023, Madrid, pp. 191-206.

sexual contra la infancia[5]. Aunque todo este conocimiento y trabajo no está exento de carencias y tareas pendientes, podría decirse que hoy tenemos certezas suficientes sobre lo que es necesario hacer para emprender el cometido de prevenir la violencia sexual contra la infancia; o lo que es lo mismo, para garantizar mejor el derecho de todos los niños y niñas a una vida libre de violencia, en particular de violencia sexual.

La cuestión conceptual aparece de manera transversal en todos los desarrollos académicos y normativos. La literatura especializada sobre esta forma de violencia, desde los años sesenta hasta el día de hoy sigue sin un consenso sobre sus elementos conceptuales básicos, e incluso de manera más reciente se ha debatido en torno al término más adecuado: ¿abuso o violencia sexual contra la infancia? Los debates que han impulsado el estado conceptual actual sobre el tema han girado en torno a cuestiones tan complejas, como el consentimiento, su aplicación a los niños y las niñas, y, más ampliamente, la cuestión de la autonomía progresiva en la infancia y sus implicaciones en el ámbito sexual.

En cualquier caso, y estableciendo una delimitación conceptual al objeto de estudio de este trabajo, nos centraremos aquí en la violencia sexual contra la infancia. No obstante, se abordará también una propuesta, más restringida, sobre el concepto de abuso sexual contra la infancia. En el Capítulo 2 se distinguirá el abuso sexual contra la infancia de otras prácticas, como la explotación sexual, la pornografía infantil, el exhibicionismo, u otras modalidades que atentan contra los derechos de la infancia. Por otra parte, cabe dejar constancia que el término que se ha elegido

---

[5] En el marco del Proyecto europeo EDUCAP en el que la autora participó durante el periodo 2022-2024 se elaboró la *Guía EDUCAP. Guía en prevención, detección, actuación y acompañamiento para centros educativos de Infantil y Primaria en casos de abuso sexual contra la infancia,* 2023. Material dirigida especialmente a la formación de profesionales de la educación. La información sobre el proyecto está disponible en: https://proyecto-educap.eu/es/

es violencia sexual *contra* la infancia, y no violencia o abuso sexual *infantil*. La principal razón para utilizar el primer término y no el segundo —mucho más extendido— reside en que el interés central de este trabajo son las agresiones sexuales cometidas por adultos contra niños, y no las cometidas entre pares —sin prejuzgar que, como veremos, el elemento de la diferencia de poder entre las partes deba ser abordado trascendiendo las categorías formales de la edad para atender a criterios más sustanciales—. El adverbio *contra*, por otra parte, a mi juicio consigue recoger mejor que el adjetivo *infantil* el carácter dañino de este tipo de violencia. Otra delimitación adicional que cabe hacer explícita tiene que ver con la modalidad comisiva: por las mismas razones antes dadas, este trabajo no se ha ocupado específicamente de las prácticas que pueden suponer violencia sexual contra la infancia cometida a través de medios digitales, como el *online grooming*, pese a las dinámicas propias de la sociedad digital contemporánea hacen que esta modalidad sea cada vez más frecuente. Las especificidades propias de los abusos sexuales *online* deberían ser objeto de un estudio diferenciado que, en todo caso, tomara en cuenta el análisis estructural que trata de ofrecer este trabajo.

En el campo del derecho internacional de los derechos humanos, en particular desde la adopción de la Convención sobre los Derechos del Niño en 1989, se ha ido consolidando la concepción de la violencia sexual contra la infancia como una grave vulneración a derechos. No solo porque su comisión claramente implique la vulneración de una serie de derechos, como el derecho a la integridad o el derecho a la salud de los niños en razón de sus consecuencias tanto a corto como a largo plazo, o la violación de su derecho específico a ser protegidos contra toda forma de violencia. Con la visibilización de esta dimensión se pone el foco en la cuestión del papel del estado como garante de la protección de la infancia frente a la violencia, y, consecuentemente, la posibilidad de que le sea exigida responsabilidad internacional por el incumplimiento de las obligaciones internacionales adquiridas en la materia. En la perspectiva de este trabajo es fundamental el hecho de que la vulneración de derechos en relación con la violencia sexual contra la infancia puede tener lugar a través del acto mismo de violencia, pero también a través de una respuesta estatal negligente o revictimizante.

El objeto principal de esta investigación consiste precisamente en estudiar la respuesta institucional al grave problema de la violencia sexual contra la infancia. En particular, la respuesta por parte del estado español, considerando que esta respuesta está directamente relacionada con el mantenimiento a lo largo del tiempo de la alta prevalencia que presenta esta vulneración a derechos humanos. La sociedad civil, y específicamente los colectivos de víctimas o supervivientes, llevan décadas reivindicando ante el estado que les proteja ante la violencia sexual; que cumpla con su papel de garante de los derechos de la infancia. En otras palabras, que, cumpliendo sus obligaciones internacionales, establezca mecanismos de verdad, justicia, reparación y garantías de no repetición. Más allá de esos esfuerzos, a menudo dispersos, la conciencia pública sobre las carencias que presenta la respuesta institucional ante el abuso sexual contra la infancia en España es muy reciente. Los informes publicados sobre tal cuestión, así como las declaraciones gubernamentales acerca de su preocupación por este tema, darían cuenta del desplazamiento de este problema desde los márgenes a posiciones más centrales de la agenda pública, al menos en el discurso oficial.

En correspondencia con ese objetivo general, los objetivos específicos del presente trabajo son los siguientes:

1. Argumentar como premisa que los niños y las niñas son sujetos de derechos. Para ello se mostrará el panorama dentro del campo de la teoría del derecho y del ámbito del derecho internacional sobre la cuestión de los niños y las niñas como titulares de derechos, particularmente de derechos humanos. Se ofrece también una síntesis de los debates sobre la posibilidad lógica y las implicaciones para el marco general de la teoría del derecho de reconocer que los niños y las niñas puedan ser titulares de derechos subjetivos.

2. Analizar y sintetizar el estado actual en el marco del derecho internacional de los derechos humanos en relación con el reconocimiento y tratamiento de los niños y las niñas como titulares de derechos humanos.

3. Ofrecer una delimitación del concepto de abuso sexual contra la infancia y violencia sexual contra la infancia funcional al presente trabajo. Para eso se trata de ordenar el complejo escenario conceptual sobre los términos de abuso sexual y violencia sexual en relación con la infancia. Se sistematizan las principales definiciones sobre abuso sexual contra la infancia en tres campos: el derecho internacional, el derecho interno español y la literatura especializada, identificando sus elementos comunes y diferenciados.

4. Justificar el estatus de la violencia sexual contra la infancia como una vulneración a los derechos humanos en el ámbito del derecho internacional de los derechos humanos.

5. Sistematizar y analizar las obligaciones derivadas de los pronunciamientos de los organismos internacionales de derechos humanos en materia de violencia sexual contra la infancia, impuestas a sus estados miembros por la vía interpretativa en los ámbitos universal, europeo e interamericano.

6. Contrastar el compromiso por la erradicación de la violencia sexual contra la infancia manifestado por el estado español con las acciones efectivamente realizadas para tal fin, sobre la base de la labor de supervisión a cargo del Comité de los Derechos del Niño, a través del examen periódico y la labor de seguimiento de la sociedad civil a través de sus informes.

7. Aplicar el marco teórico de Iris Marion Young en torno a su concepto de «violencia sistémica» como una forma de injusticia social a la realidad de la violencia sexual contra la infancia, con el fin de construir una herramienta que evidencie su carácter estructural y sistémico.

8. Argumentar, consecuentemente, que la violencia sexual contra la infancia en España puede considerarse una violencia sistémica. A esos efectos se establecerá el contraste con tres elementos: 1) los fallos sistemáticos y graves en la respuesta, que dan cuenta de un importante nivel de tolerancia, aceptación o insensibilidad institucional ante esta violencia; 2) la elevada tasa de prevalencia; y 3) los efectos incapacitantes, que van más allá de las consecuencias individuales y sociales, ya de por sí graves, propias de la vulneración a derechos, que en muchos casos permiten hablar de tortura en razón de las profundas secuelas a largo plazo, sino también secuelas por la propia respuesta ineficaz que genera un contexto de impunidad.
9. Presentar y argumentar un esquema conceptual para explicar la posición de desventaja de algunos grupos sociales, que pretende ser útil para explicar la posición social de la infancia.
10. Presentar y razonar una propuesta de cuatro estereotipos presentes en el marco normativo en España, identificando las estructuras en donde se encuentran reflejados, con el fin de demostrar que estamos en un contexto de discriminación estructural contra la infancia.
11. Presentar el marco conceptual del garantismo de Luigi Ferrajoli con el fin de abordar la cuestión de las garantías reforzadas contra la discriminación estructural y la idea de que la inexistencia de estas constituye una grave laguna que los operadores jurídicos tienen la responsabilidad de denunciar y colmar.
12. Justificar la afirmación de que en el ámbito del derecho internacional de los derechos humanos existen tratados específicos cuyo fundamento es la discriminación estructural contra un determinado grupo social y cuya finalidad es la configuración de garantías reforzadas para hacer frente a ese contexto en la medida en que se le considere un obs-

táculo para la realización de los derechos humanos, y una ruptura con la igualdad jurídica.

13. Explorar el uso del tratado de la Convención sobre la Eliminación de Todas las Formas de Discriminación Contra la Mujer (por sus siglas en inglés, CEDAW) como un modelo de referencia para contrastar con la Convención sobre los Derechos del Niño y demostrar que esta no se fundamenta en la discriminación estructural, sino en la condición de vulnerabilidad y en las necesidades necesidades del colectivo de la infancia. A esos efectos, se identifican el tipo de obligaciones reforzadas que contiene la CEDAW. Y, dentro de ellas, se profundiza en las obligaciones que tienen que ver con afrontar el uso de estereotipos.
14. Mostrar la manera en que la introducción de las obligaciones de modificar socialmente los estereotipos contra la infancia y excluirlos del ámbito institucional podría mejorar las garantías, o disminuir la revictimización y/o vulneraciones a derechos, a través de la respuesta institucional de los estados a casos de violencia sexual contra la infancia.

El año 2016 supuso un punto de inflexión en el interés por indagar en la forma en que España estaba respondiendo en la práctica, más allá de la letra de la ley, a las víctimas. El 6 de julio de ese año, apareció una noticia en las portadas de los periódicos y los primeros minutos de los informativos de televisión: una niña de nueve años había escondido una grabadora en uno de sus calcetines para demostrar que su padre abusaba sexualmente de ella. Según tales informaciones, la niña, llevaba dos años alegando ante un juzgado de lo penal que su padre la tocaba y repitiendo contundentemente que no quería verle. El juzgado instructor del caso había declarado su sobreseimiento al considerar que no había pruebas suficientes. Desde entonces y hasta el momento de la grabación, los llantos y quejas de la niña cada vez que tenía que ver al padre habían hecho que la policía tuviera que personarse para asegurarse de que la niña cumplía el régimen de visitas, mientras que a la madre se le impedía obstaculizar tal convivencia. Ese 6 de julio de 2016, los medios de comunicación y la opinión pública se preguntaban lo mismo: ¿Cómo había sido posible? ¿Qué había fallado para que con apenas nueve años una niña se viera obligada a pasar por esa situación?[6] Ese mismo año también surgieron investigaciones periodísticas sobre otro escándalo que dirigió la atención pública a la cuestión de la respuesta estatal ante la violencia sexual contra la infancia: los casos de abuso sexual contra la infancia en el seno de la iglesia católica. Con el pasar de los años, y con la sistematización documental periodística sobre los casos, sus patrones y la búsqueda de justicia de las víctimas, la pregunta fundamental ha pasado de ser ¿qué ha hecho la iglesia?, a ¿qué ha hecho el estado?[7]

En este marco de reposicionamiento del problema del abuso sexual en el discurso político y en la agenda pública, Save the Children publicó en 2017 un informe que mostró con mayor profundidad el panorama de la respuesta estatal y afinó las demandas al estado para abordar el problema. Este informe, titulado *Ojos que no quieren ver* ordenó los hallazgos de las principales investigaciones sobre la violencia sexual contra la infancia en España y presentó los resultados de un estudio de casos y sentencias sobre hechos de violencia sexual. Entre los fallos detectados estarían la infranotificación escolar —a pesar de ser la escuela un entorno clave, considerando la elevada incidencia de abusos en el entorno familiar—, la revictimización institucional ejercida por agentes estatales que hacen repetir a los niños una media de cuatro veces su testimonio, la falta de garantías legales para obtener una prueba preconstituida, la elevada tasa de sobreseimientos y las dilaciones

---

6 La narración sobre estos acontecimientos y estas preguntan abren el informe de Save the Children *Ojos que no quieren ver: Los abusos sexuales a niños y niñas en España y los fallos del sistema,* 2017. RINCÓN R. «Una grabación para escapar de los abusos», El País: http://politica.elpais.com/politica/2016/07/05/actualidad/1467731082_362543.html7.

7 Es algo que queda patente en el reciente Informe del Defensor del Pueblo (*Informe sobre los abusos sexuales en el ámbito de la Iglesia católica y el papel de los poderes públicos. Una respuesta necesaria,* octubre de 2023).

indebidas en el proceso[8]. Esta sistematización de carencias institucionales ha continuado evidenciándose después en informes posteriores, manteniéndose con pocas variaciones y poniendo de manifiesto un hecho importante: no se trata de fallos aislados, sino sistémicos[9].

Dentro del feminismo académico y de la teoría de los derechos humanos encontramos alusiones a la consideración estructural que presentan los fallos del estado a la hora responder específicamente a casos de violencia contra las mujeres. El nivel de tolerancia institucional y social indica cierto margen de aceptación social a este tipo de violencia contra este grupo específico. A su vez, evidencia la relación entre ese contexto sistémico de deficiencias institucionales y la reproducción infinita de la violencia sexual. El caso Campo Algodonero y su referencia a la manera en que la «ineficacia judicial frente a casos individuales de violencia contra las mujeres [...] envía un mensaje según el cual la violencia contra las mujeres puede ser tolerada y aceptada como parte del diario vivir»[10], es un ejemplo paradigmático de esa relación y supone un hito en el régimen de responsabilidad internacional de los estados.

Este trabajo centra su interés precisamente en esa respuesta jurídicamente posible. Mi hipótesis es que existe un contexto de

---

8 SAVE THE CHILDREN. *Ojos que no quieren ver... cit.*, 2017.

9 En los distintos informes de actualización de los datos vertidos en el informe de 2017, *Ojos que no quieren ver*, emitidos por Save the Children, la autora ha tenido la oportunidad de colaborar en el trabajo de base de análisis de sentencias, como tutora de informes elaborados para esta organización internacional por estudiantes de la Clínica per la Justicia Social de la Universitat de València: SAVE THE CHILDREN. *Los abusos sexuales hacia la infancia en España. Principales características, incidencia, análisis de los fallos del sistema y propuestas para la especialización de los Juzgados y la Fiscalía*, 2021; SAVE THE CHILDREN. *Por una justicia a la altura de la infancia. Análisis de sentencias sobre abusos sexuales a niños y niñas en España*, 2023.

10 CORTE IDH. *Caso González y otras («Campo Algodonero») c. México*, sentencia de 16 de noviembre de 2009, párr. 388.

discriminación estructural contra la infancia que no está siendo reconocido ni tenido en cuenta en la respuesta institucional a la violencia sexual contra la infancia y que en parte eso explica la negligente respuesta del estado; es decir, el mantenimiento de un contexto institucional con un margen de pasividad o tolerancia con la violencia sexual contra la infancia inaceptable e incompatible con el marco internacional de los derechos humanos.

Esta investigación se sitúa en el campo de la filosofía del derecho y en la teoría de los derechos humanos. Asimismo utilizo algunas herramientas y conceptos de la filosofía política para vehicular ciertos argumentos a lo largo de la investigación. El enfoque desde la filosofía del derecho se presenta especialmente en el Capítulo 1, al argumentar la premisa de que los niños y las niñas son titulares de derechos humanos, y así deben ser tratados en consecuencia. Respecto del marco de la teoría de derechos humanos, en este trabajo se hace un uso sistemático y crítico de los instrumentos internacionales y de los desarrollos interpretativos realizados por su órganos internacionales. Por otro lado, en relación con el marco teórico que me permite construir los argumentos en esta investigación, me sirvo de los trabajos principalmente de dos autores, que me ayudan a ordenar las cuestiones más acuciantes del trabajo e intervenir críticamente en ellas. En en el Capítulo 4, Iris Marion Young, con su concepto de violencia sistémica como forma de injusticia, me permite argumentar sobre el carácter sistémico de la violencia sexual contra la infancia en España. Por su parte, en el Capítulo 6, Ferrajoli me permite mostrar el papel de la ciencia jurídica en la construcción de mecanismos para hacer frente de manera efectiva a la violencia sexual contra la infancia.

Por otra parte, a lo largo del trabajo empleo algunas herramientas conceptuales gestadas o frecuentemente utilizadas por teóricas feministas para explicar la posición social de las mujeres y para abordar el problema de la violencia en su contra. Con ciertas cautelas, traslado algunas de estas herramientas al análisis de la posición social de los niños y de la respuesta social e institucional a la violencia en su contra. En este trabajo, más que un enfoque de género que profundice e identifique las diferencias de género y su papel en la comisión y prevalencia del abuso, objeto de otros trabajos, me sirvo de algunos conceptos que han sido articulados o utilizados en un determinado sentido crítico y emancipador por el feminismo académico. Entre ellos están conceptos como el consentimiento, la autonomía, la violencia sistémica, la discriminación estructural o los estereotipos.

En cuanto a la metodología, en general realizo un análisis documental de diversas fuentes bibliográficas. No se trata de una investigación que implique necesariamente un trabajo de campo. Sin embargo, sí es un trabajo contextualizado en el marco de distintos proyectos universitarios relacionados con los derechos de los niños y/o la violencia sexual en su contra. Particularmente, por su vocación de incidencia práctica, dos de ellos han influido de manera determinante en este trabajo de investigación, permitiéndome contrastar de manera más directa la respuesta del estado a la luz de las obligaciones por él adquiridas. El primero de ellos ha sido el proyecto europeo EDUCAP, en el que participé por dos años en la elaboración y puesta en marcha de un programa de formación dirigido al profesorado de educación infantil y primaria de 100 centros escolares en Valencia, sobre prevención del abuso sexual contra la infancia. En ese contacto directo con los profesores quedaba claro el gran déficit no de la voluntad para detectar, notificar y acompañar al alumnado víctima de violencia sexual, sino de la necesaria formación para hacerlo[11]. El segundo de estos ámbitos ha sido la *Clínica Jurídica per la Justícia Social de la Universitat de València,* en el que he tenido la oportunidad de colaborar como tutora coordinando algunos informes en materia de violencia sexual contra la infancia en España elaborados por estudiantes para la organización Save the Children[12].

---

11 La información sobre este proyecto está disponible en: https://proyectoeducap.eu/es/

12 Entre tales informes, está: García Sáez, J. A., et al. Informe sobre el modelo de Barnahus para Save the Children, *Clínica Jurídica Per La Justícia Social | Informes,* 1(1), 2021: https://doi.org/10.7203/clinicajuridica.20326.

El libro se estructura en torno a seis capítulos. Los dos primeros desarrollan los presupuestos conceptuales sobre los que se construye el trabajo. Tomando como guía un enfoque de derechos humanos y de infancia, en el Capítulo 1 trata de posicionarse sobre la compleja cuestión del reconocimiento de los niños y la niñas como titulares de derechos, presupuesto para concebir la violencia sexual contra infancia ante todo como una vulneración a derechos. En el Capítulo 2 se analiza el concepto violencia sexual contra la infancia, y, dentro del amplio entramado de definiciones encontradas en el marco de la normativa estatal e internacional, así como de la literatura especializada, se realiza una propuesta conceptual funcional a los efectos del presente trabajo. El resto de capítulos se dirigen a verificar la hipótesis de partida.

En el Capítulo 3 se precisa la situación sobre el reconocimiento de la violencia sexual contra la infancia como una vulneración a derechos humanos a nivel internacional y se sistematizan las obligaciones desarrolladas en el ámbito del derecho internacional sobre derechos humanos. Con base en ese listado de estándares, en el Capítulo 4 se analiza la respuesta institucional a la violencia sexual contra la infancia y se presenta el concepto de violencia sistémica de Young, con el fin de abordar la (sub) hipótesis de que en la respuesta institucional a la violencia sexual contra la infancia en España pueden encontrarse no solamente vulneraciones a los derechos humanos específicos de las víctimas, sino que los fallos en ese incumplimiento son tales y de tal frecuencia que hay argumentos para defender que dan lugar a concebir la violencia sexual contra la infancia como una violencia sistémica; es decir, una violencia que resulta en cierto grado tolerable en el contexto de referencia, que es el estado español. Si bien en este Capítulo se identifican fallos en diferentes áreas de la respuesta estatal, quizá sea el uso del conocido como *síndrome de alienación parental* en sede judicial donde más se concentre la gravedad de la negligencia estatal, o la violencia institucional.

En el Capítulo 5 me pregunto por las razones de la aparente contradicción entre, por un lado, el reconocimiento oficial de la violencia sexual contra la infancia como una grave vulneración a derechos humanos y el escenario descrito en el Capítulo 4 sobre graves incumplimientos del estado a través de su respuesta. Se trata de un fenómeno que requiere un abordaje estructural, siendo insuficientes las respuestas aisladas y fragmentarias basadas solamente en uno o algunos casos. En relación, de nuevo, con la violencia contra las mujeres, desde el feminismo académico se ha señalado que la razón de esa respuesta, o parte de ella, es que está mediada por un contexto de discriminación estructural, y en ese marco estereotipos y prejuicios insertos en estructuras que se reproducen constantemente dificultando la concepción de lo que ha de reconocerse como violencia y la respuesta contundente a ella, sin revictimizar, sin culpabilizar. Es el problema que surge al concebir y abordar la violencia mediante estereotipos. La pregunta es si algo similar tiene lugar en la respuesta a la violencia contra la infancia.

La (sub)hipótesis del Capítulo 5 es que parte de las razones de la distancia entre discurso y acción estatal en España frente a la violencia sexual contra la infancia, reside, efectivamente, en un contexto de discriminación estructural contra la infancia que determina su concepción y su respuesta. En un intento de mostrar la presencia de ese contexto, articulo una propuesta de cuatro estereotipos de infancia, no como un listado exhaustivo, sino como un muestrario donde enuncio algunos de los estereotipos que más implicación tienen en el marco de la respuesta estatal al abuso sexual contra la infancia. Además de explicar en qué consiste el estereotipo, se argumenta sobre su reflejo en determinados soportes institucionales. Aquí utilizaré término de *adultismo* para nombrar ese conato de estereotipo, de construcción de la infancia, mientras que utilizaré el término de adultocentrismo para señalar esa exclusión de necesidades. Ambos, adultismo y adultocentrismo, son términos que se complementan y se retroalimentan recíprocamente. Los estereotipos obstaculizan la comprensión y abordaje adecuado de las necesidades de la infancia, y muy en particular de la infancia víctima de cualquier tipo de violencia sexual.

Finalmente, en el Capítulo 6 se indaga sobre las posibilidades de afrontar y modificar ese contexto de discriminación estructural. Particularmente en el margen de acción, en qué puede aportar tomar en serio los instrumentos del derecho internacional de los derechos humanos. Trayendo de nuevo el ejemplo del tratamiento de la violencia contra las mujeres, dentro del feminismo teórico y el derecho internacional se ha denunciado ya esa relación entre la discriminación y la violencia. Y en concreto los medios jurídicos para su abordaje. Para explorar las posibilidades de acción se parte de la premisa de que existen tratados específicos que con fundamento en el reconocimiento de ese contexto de discriminación estructural, contra un determinado grupo social, establecen obligaciones de los estados para que adopten medidas adecuadas para modificar ese contexto en la medida en que supone un obstáculo en la garantía de los derechos humanos. La hipótesis es que en el derecho internacional de los derechos humanos a día de hoy no ha tenido lugar un reconocimiento convencional o jurisprudencial del contexto de discriminación estructural contra la infancia y, por lo tanto, no han sido configurados mecanismos de garantía reforzados dirigidos a desmantelar ese contexto o algunos aspectos del mismo, como son los estereotipos sobre infancia. Finalmente, se propone analizar un caso de uso judicial del *síndrome de alienación parental* a la luz de hipotéticas (y deseables) obligaciones internacionales sobre modificación social y exclusión institucional de estereotipos de infancia con el fin de vislumbrar el potencial de estas obligaciones para abordar el carácter estructural y sistémico de la violencia sexual contra la infancia.

Capítulo 1.

Presupuestos conceptuales: la titularidad de derechos humanos en la infancia

Abordar la violencia sexual contra la infancia como una vulneración a derechos humanos exige, en primer lugar, aclarar qué se entiende por cada uno de estos conceptos. Ambos conceptos han sido extensamente tratados por la doctrina y por los desarrollos de distintos órganos internacionales, dando lugar a interesantes y complejos debates. La dimensión de la violencia sexual como una vulneración a derechos humanos pensada en relación con los niños y las niñas requiere de precisión conceptual y posicionamiento. Afirmar que la violencia sexual contra la infancia es una vulneración de derechos humanos presupone reconocer a los niños y las niñas como titulares de derechos humanos. Esta afirmación, aunque para muchos hoy en día resulte redundante, sigue requiriendo ser argumentada.

En este Capítulo se intentará mostrar el panorama dentro del campo de la teoría del derecho y del ámbito del derecho internacional sobre la cuestión de los niños y las niñas como titulares de derechos, particularmente de derechos humanos. Por un lado, se ordenaran los debates sobre la posibilidad lógica y las implicaciones para el marco general de la teoría del derecho, de reconocer que los niños y las niñas puedan ser titulares de derechos subjetivos. Por otro lado, se presentará el estado actual en el marco del derecho internacional de los derechos humanos —esto es, de tratados internacionales y de la jurisprudencia de sus órganos de interpretación— en relación con el reconocimiento y tratamiento de los niños y las niñas como titulares de derechos humanos.

1.1. NIÑOS Y NIÑAS COMO TITULARES DE DERECHOS EN LA TEORÍA Y FILOSOFÍA DEL DERECHO

El reconocimiento de los niños y las niñas como titulares de derechos subjetivos, y dentro de estos como titulares de derechos humanos, ha sido una cuestión ampliamente debatida dentro y fuera del campo del derecho. En este apartado se tratará, en primer lugar, de sintetizar y ordenar algunos de los puntos principales de este debate dentro del campo del derecho, más específicamente de la teoría y filosofía del derecho, con el objetivo de tener un panorama del estado actual de la cuestión. En segundo lugar, se centrará la atención en analizar concretamente uno de estos puntos: el de la inclusión tardía de los niños y las niñas dentro de la categoría de titulares de derechos fundamentales. Esto servirá de antesala para abordar, en el siguiente Capítulo, la cuestión de la violencia sexual contra la infancia como vulneración de derechos humanos.

La Convención sobre los Derechos del Niño suele señalarse como un hito fundamental en la positivación de los derechos de la infancia, que tuvo como antecedentes importantes instrumentos en la materia pero carentes de obligatoriedad jurídica para los estados[13]. Hasta entonces, existían normas jurídicas de protección a la infancia en las que prevalecía una orientación «proteccionista y asistencial» que concebía a los niños no como sujetos, sino como objetos merecedores de protección jurídica, presentados normalmente como «deberes impuestos a la familia», a adultos con fun-

[13] El más inmediato, la Declaración de los Derechos del Niño, aprobada el 20 de noviembre de 1959 unánimemente por los 78 estados miembros que componían entonces la Organización de Naciones Unidas. Antes existieron algunas convenciones bajo el impulso de la Organización Internacional del Trabajo (OIT) contra la explotación del trabajo infantil. El primer documento de carácter general en materia de derechos de la infancia fue la Convención de Ginebra, de 1924, aprobada por la Sociedad de las Naciones. Todos estos documentos carecían de obligatoriedad para los estados, tenían un valor exclusivamente programático.

ciones de cuidado o a instituciones gubernamentales[14]. La gran contribución y el desafío de la Convención a la teoría del derecho —más allá de la cuestión de qué tipo de derechos subjetivos o de su generalidad o especificidad—fue instaurar la idea de que los niños son titulares de derechos (subjetivos) y no solo receptores de protección[15]. Al reconocer los derechos de este tratado a los niños y las niñas se presuponía esa posibilidad.

---

14 FANLO CORTÉS, I., «Los derechos de los niños ante las teorías de los derechos: algunas notas introductorias», en *Derecho de los niños: una contribución teórica,* FANLO CORTÉS, I. (comp.), Fontamara, Ciudad de México, 2004, pp. 7-38, pp. 9 y 10.

15 En España, Campoy y Picontó son dos de los autores que han investigado y abordado de manera sistemática el recorrido histórico que ha seguido la cuestión de la protección jurídica de los niños y las niñas hasta llegar a la consolidación de los derechos de los niños, en un marco que reconoce su titularidad, pero que no está exento de tensiones y desafíos pendientes. En el caso de Campoy, divide este recorrido en dos grandes etapas, una fase previa al reconocimiento de la protección jurídica con base en intereses propios de la infancia (en la antigüedad); y una segunda etapa en la que delimita dos modelos de protección jurídica: el modelo proteccionista y el modelo liberacionista. El autor ubica la Convención en el primer modelo, concretamente dentro del proteccionismo renovado, que, a diferencia del proteccionismo tradicional, reconocería la voluntad del niño pero cuya vinculatoriedad quedaría sujeta a controles externos: CAMPOY CERVERA, I. *La fundamentación de los derechos de los niños. Modelos de reconocimiento y protección,* Dykinson, Madrid, 2006. Para Picontó el problema actual en el marco del proceso de la evolución histórica de la protección jurídica de los niños y las niñas a nivel internacional se encuentra en la efectividad, y no ya en el reconocimiento. La autora identifica algunos de los obstáculos para la implementación de la Convención, partiendo de que su amplia ratificación «no asegura su realización». Según observa, las dificultades en su implementación «no han sido significativamente distintas a las dificultades que ha atravesado la aplicación de otros tratados internacionales sobre derechos humanos. Al igual que ocurre en general con los derechos humanos, la garantía y protección de los derechos de los niños se encuentra, entre otros: con obstáculos para adecuar las leyes nacionales a las convenciones y tratados internacionales de derechos humanos; con la inexistencia de mecanismos de exigibilidad y coerción para hacer valer

Para Isabel Fanlo, la extensión de la gramática de los derechos a la infancia, a pesar de constituir un fenómeno históricamente reciente, parece expresar una tendencia en continua expansión, no solo en el lenguaje del legislador, sino también entre la opinión pública[16]. Sin embargo, la consolidación como discurso reivindicativo para la acción ante lo que se percibe como injusticias que sufre la infancia no ha ido acompasada, en el campo jurídico, de una teorización y de una reflexión exhaustiva sobre los mismos, así como sobre sus implicaciones para la teoría jurídica en general. En tal sentido, advierte Fanlo, la afirmación de Hierro de que «la retórica de los derechos ha corrido mucho más deprisa que la elaboración teórica»[17], tiene especial vigencia para los derechos de los niños.

Desde que en 1976 el trabajo de MacCormick perfiló la pregunta ¿tienen derechos los niños?, dentro de la teoría y filosofía jurídica han habido distintas contribuciones teóricas dirigidas a responderla[18]. Los trabajos teóricos en la materia, siguiendo la estela de Fanlo, podrían clasificarse en desarrollos sobre dos cuestiones. Por un lado, la cuestión de la titularidad (¿pueden tener derechos los niños?, el cómo podrían tener derechos los niños).

---

los derechos garantizados; con la insuficiencia de recursos o la falta de prioridad política para destinar los recursos necesarios para materializarlos; y muchas veces con una falta de colaboración adecuada entre los gobiernos y la sociedad civil»: PICONTÓ, T. «Derechos de la infancia: nuevo contexto, nuevos retos», *Derechos y Libertades,* nº 21, 2009, pp. 57-93, p. 66.

16 FANLO CORTÉS, I. «Los derechos del niño y las teorías de los derechos: Introducción a un debate», *Justicia y derechos del niño,* UNICEF, nº 9, 2007, pp. 159-176, p. 162.

17 HIERRO, L. «¿Qué derechos tenemos?», *Doxa,* nº 23, 2000, pp. 351-375, p. 352.

18 Para MacCormick: «... los derechos de los niños proporcionan un 'test-case' para las teorías... sobre los derechos en general...»: MACCORMICK, N. «Children's Rights : A Test-Case for Theories of Right», *Archives for Philosophy of Law and Social Philosophy,* vol. 62, nº 3, 1976, pp. 305-317, p. 313.

Por otro lado, la cuestión de la fundamentación (¿por qué habría que reconocerlos?)[19]. El interés por ambos asuntos surgiría de manera sucesiva. Inicialmente, y sobre todo antes de la Convención sobre los Derechos del Niño, en 1989, el foco del desarrollo teórico era el análisis sobre el concepto y estructura del derecho subjetivo como mecanismo plausible para reconducir espacios de protección jurídica en relación con la infancia. Posteriormente a la adopción de la Convención, y hasta el día de hoy, la teoría y la filosofía del derecho habrían problematizado sobre todo en torno al fundamento moral de los derechos. Dentro de la heterogeneidad de las posturas y su de diverso surgir en el tiempo, subraya Fanlo, los esquemas conceptuales empleados son los mismos en ambas áreas: la distinción entre derechos morales y derechos jurídicos; y la nítida contraposición, propia del derecho anglosajón, entre distintas variantes dentro de las llamadas teorías del interés, o del beneficio; y teoría de la voluntad, o de la elección[20].

1.1.1. La cuestión de la titularidad de los derechos subjetivos

Una de las razones fundamentales de la centralidad en la teoría del derecho de la conceptualización del derecho subjetivo es su articulación, dentro de los estados constitucionales, como mecanismo fundamental frente al poder. Fanlo apunta que dentro de la teoría del derecho se han generado posturas específicas tratándose de los niños como posibles titulares. Por una parte, dentro del modelo conceptual de las «teorías de la voluntad», dicho a *grosso modo,* los derechos se definen como potestades o poderes para determinar las obligaciones de otros por medio del ejercicio de la voluntad de su titular. En este esquema, la posibilidad de desplegar la propia voluntad es considerado un requisito esencial para

---

19 FANLO CORTÉS, I. «Los derechos del niño y las teorías de los derechos...» cit., pp. 166 y 167.

20 FANLO CORTÉS, I. «Los derechos del niño y las teorías de los derechos...» cit., p. 167.

ser titular. Un ejemplo típico que cuestiona la compatibilidad del reconocimiento de derechos de los niños dentro de este esquema se encuentra en Wellman, para quien «la libertad (jurídica o ética) o el poder (jurídico o ético) son ingredientes esenciales de los derechos», de ahí que tan solo los seres provistos de capacidad de actuación racional puedan ser portadores de derechos[21]. Este autor reconoce que los niños evolucionan en dirección a la adquisición de esa capacidad, pero en tanto que es un presupuesto para su tenencia, hasta que no se adquiera plenamente esa capacidad, no es posible tener derechos subjetivos.

Frente a estas posturas, algunos autores apuntaron que el problema no era que los niños no tuvieran esa capacidad, sino que el derecho subjetivo se construyera en base a la misma. MacCormick, en su conocido ensayo de 1976, puso sobre la mesa un desafío para el derecho: si existía un consenso sobre la existencia de un derecho moral del niño a ser alimentado y cuidado, ¿de qué manera se codificaría jurídicamente tal pretensión? La pregunta era un «test-case» que ponía a prueba las teorías de los derechos, en particular las teorías voluntaristas en todas sus versiones. Para el autor el problema tenía dos salidas: «O bien nos abstenemos de atribuir a los niños un derecho a la atención y la crianza, o abandonamos la teoría de la voluntad»[22]. MacCormick y otros autores

---

21 Para Wellman: «Puesto que las libertades y los poderes son ingredientes esenciales de los derechos, tiene... poco sentido atribuir derechos a cualquier ser incapaz de actuar. En consecuencia, los niños, que obviamente carecen de capacidad para actuar racionalmente, no pueden poseer ningún derecho en absoluto»: WELLMAN, C. «The Growth of Children's Rights», Archives for Philosophy of Law and Social Philosophy, vol. 70, nº 4, 1984, pp. 441-453, p. 441.

22 En palabras de MacCormick: «O bien nos abstenemos de atribuir a los hijos un derecho a la atención y la crianza, o abandonamos la teoría de la voluntad. Por mi parte, no tengo ningún reparo en abandonar esta última. No me causa ningún shock conceptual ni calambre mental decir que los hijos tienen ese derecho. Es más, afirmaré que es porque los hijos tienen ese derecho que es bueno que se adopten disposiciones legales en primera instancia para alentar y ayudar a los padres a cum-

decantados por la segunda salida, delinearían el modelo teórico de la teoría del interés, según la cual lo que define a un derecho subjetivo no es el la posibilidad del acto discrecional de su titular sino el interés que se protege para su titular, del que se deriva el deber(es) impuesto(s) sobre terceros, en particular sobre el estado. Esta alternativa tendría la ventaja de una mayor capacidad explicativa. Este esquema teórico podría dar cuenta de que los niños y las niñas sean titulares de derechos subjetivos, pero también permite captar situaciones normativas hoy configuradas como derechos humanos que no son fácilmente reconducibles al esquema voluntarista, como es el caso de la mayoría de los derechos sociales[23].

Para Hierro, la reflexión teórica sobre los derechos de los niños orilla a los teóricos del derecho a revisar el papel de la capacidad subjetiva como elemento definitorio de la titularidad; al tiempo que lleva la atención sobre la dimensión objetiva del fundamento del derecho: indagando y enfocando en la cuestión de ciertos intereses o necesidades de tal envergadura que no cabe dejar su disposición a la absoluta discrecionalidad del titular. Según Hierro,

---

plir con su deber de atención y crianza, y en segundo lugar para prever su cumplimiento por parte de padres adoptivos alternativos cuando los padres naturales están descalificados por muerte, incapacidad o negligencia persistente y deliberada. *Ubi ius, ibi remedium.* Lejos de ser el caso de que la disposición reparadora sea constitutiva del derecho, el hecho es más bien que el reconocimiento del derecho justifica la imposición de la disposición reparadora»: MACCORMICK, N. «Children's Rights : A Test-Case...» cit., p. 309.

23 De acuerdo con Añón, «[e]l reconocimiento de derechos sociales y las políticas sociales que los hacen efectivos han puesto ciertos bienes básicos al alcance de muchos garantizando así sus necesidades básicas»: AÑÓN ROIG, M. J. «Ciudadanía social: La lucha por los derechos sociales», *Cuadernos Electrónicos de Filosofía del Derecho,* nº 6, 2002. Una propuesta de fundamentación, estructuración y tutela de los derechos sociales como derechos fundamentales se encuentra PISARELLO, G. *Los derechos sociales y sus garantías: elementos para una reconstrucción,* Trotta, Madrid, 2007.

la contribución de los niños a la reflexión teórica de los derechos consistió en elevar a la «dignidad» de derechos intereses no solo de niños, sino de adultos o personas en general, que no encajan en el marco voluntarista, como es el caso de los derechos sociales[24]. La mayor capacidad explicativa del modelo teórico del interés no está exenta de problemas, aunque *a priori* de menor dificultad. Por un lado, la cuestión de qué intereses o necesidades[25] de los niños y las niñas son las que cabría reconducir como derechos, por su relevancia moral y por su plausibilidad jurídica. Surgiría entonces la cuestión de si se justifica el reconocimiento para los niños y las niñas de todo el catálogo de derechos humanos recogido en los pactos internacionales y en las constituciones, solo de algunos de estos, o más bien de derechos específicos, o de ambos.

El otro problema en relación con la teoría del interés, como explicación del derecho subjetivo, es el riesgo de la confusión conceptual entre derecho y deber. Si la distinción ya no recaía en la discrecionalidad para exigir el cumplimiento: ¿qué diferencia podría llegar a existir entre la afirmación de que los niños tienen derecho la alimentación y al cuidado y decir que los padres tienen la obligación de alimentarles y cuidarles? MacCormick responde que la distinción sigue estando en su justificación y argumenta en favor de la prioridad axiológica de los derechos sobre los deberes, con-

---

24 HIERRO, L. «¿Derechos humanos o necesidades humanas?: Problemas de un concepto», *Sistema: revista de ciencias sociales,* nº 46, 1982, pp. 45-62, p. 53.

25 Añón y De Lucas realizan una propuesta de fundamentación de los derechos basada en las necesidades básicas. En tal sentido, advierten que «no todas las necesidades [...] cristalizan en derechos al no poder constituir buenas razones o razones suficientes para entender que exigen un tipo de reconocimiento, protección y garantías que solo el Derecho puede dar»: DE LUCAS, J. y AÑÓN ROIG, M. J. «Necesidades, razones y derechos», *Doxa,* nº 7, 1990, pp. 55-81, p. 81. Sobre el enfoque de las necesidades como fundamento de los derechos: AÑÓN ROIG, M. *Necesidades y derechos: un ensayo de fundamentación,* Ministerio de la Presidencia, Justicia y Relaciones con las Cortes, Centro de Estudios Políticos y Constitucionales, Madrid, 1994.

forme a la cual es el reconocimiento de un derecho lo que explica o justifica la atribución de determinadas posiciones subjetivas que recen sobre otros sujetos[26]. Bajo el esquema del interés —revisitado por las aportaciones teóricas en torno al problema de los derechos de los niños— el derecho subjetivo implica la determinación de dos elementos conceptuales esenciales: la necesidad o interés fundamental como elemento justificatorio de su reconocimiento; y su funcionamiento como elemento justificatorio, a su vez, de la obligación impuesta a terceros para su satisfacción. Por tanto, precisa Fanlo siguiendo a MacCormick y Dworkin, la relación entre derechos y deberes es una de prioridad lógica y axiológica[27].

Esta división entre el esquema voluntarista y el del interés se hace clasificando las argumentaciones sobre cuáles deben ser los requisitos esenciales para configurar un derecho subjetivo, o, los elementos esenciales del concepto de este último. No obstante, considero que esos aspectos esenciales no agotan todas las cuestiones relevantes para reconocer o entender los derechos. Por ejemplo, la teoría de la voluntad no conlleva afirmar que todo aquello que pueda configurarse como facultad deba hacerlo, o negar que sean las necesidades las que deban justificar el contenido de los derechos. Lo que afirma es que, más allá de aquellos ámbitos de la libertad o las necesidades que habrán de argumentarse como merecedores de configurase como derechos subjetivos, solo podrán serlo aquellos que puedan desplegarse como actos de voluntad. La teoría del interés, por su parte, no agota la cuestión de la manera de estructurar el derecho subjetivo. Lo que afirma es que habrá de distinguirse del deber y habrá de articularse siempre con fundamento en necesidades o intereses esenciales[28].

---

26 MACCORMICK, N. «Children's Rights : A Test-Case...» cit., pp. 309-312.

27 FANLO CORTÉS, I. «Los derechos del niño y las teorías de los derechos...» cit., p. 172.

28 Ribotta ha señalado que: «establecida la existencia de una necesidad constituye por sí misma una buena razón para satisfacerla aunque no para establecer directamente la existencia de un derecho»: RIBOTTA, S. «Necesidades y Derechos: un debate no zanjado sobre fundamentación de

A medio camino entre esos esquemas, se encuentran buena parte de las propuestas contemporáneas para los derechos de los niños. Son varios los autores que han reconducido el desafío de los derechos de los niños para la teoría del derecho diseccionándolo en dos partes. Por un lado, la teoría del interés justificaría la titularidad de los derechos. Por otro lado, el elemento de la capacidad de desplegar la voluntad, central en la teoría de la voluntad, justificaría la delimitación del contenido o el alcance del derecho para los niños y las niñas, en tanto titulares sin capacidad «plena». Esta división entre titularidad y ejercicio (entre capacidad de goce y capacidad de ejercicio o de obrar) utilizada para ordenar los debates en torno a los derechos del niño, ha tenido distintas formulaciones. Algunas de ellas más preocupadas por garantizar el ejercicio de la voluntad directa o «auténtica» del niño, aun si no es plena; otras, centradas en asegurar la protección de ciertas necesidades o intereses particulares de los niños que se estiman indispensables para su desarrollo o subsistencia. Campoy, por ejemplo, desde una postura articulada en el esquema de la teoría de la voluntad, afirma que los niños deberían tener reconocida la titularidad de los derechos fundamentales, pudiendo en su ejercicio intervenir un tercero siempre y cuando «actúe según la auténtica voluntad» de los niños[29]. Aláez, en cambio, más cercano a la teoría del interés, reconoce también la titularidad y la posibilidad de la intervención de un tercero en el ejercicio, pero funcionando no como garantía de la voluntad, sino como garantía de los intereses que se reconocen como fundamentales constitucionalmente[30].

---

derechos (Consideraciones para personas reales en un mundo real)», *Jurídicas,* Universidad de Caldas, Colombia, pp. 29-56, p. 52.

29 CAMPOY CERVERA, I. *La fundamentación de los derechos de los niños. Modelos de reconocimiento y protección,* Dykinson, Madrid, 2006, pp. 988 y 989. Véase también: GARIBÓ, A.P. *Los derechos de los niños: una fundamentación,* Ministerio de Trabajo e Inmigración, Madrid, 2004; PICONTÓ NOVALES, M. T. *La protección de la infancia: aspectos sociales y jurídicos,* Egido, Zaragoza, 1996.

30 ALÁEZ CORRAL, B. Minoría de edad y derechos fundamentales, Tecnos, Madrid, 2003, pp. 109-113.

En el paradigma garantista de Ferrajoli y, en particular, en su concepción sobre el derecho subjetivo y su distinción conceptual entre derechos y garantías, es dónde me parece que los derechos de los niños encuentran un mejor asidero teórico. En su propuesta, el autor redefine derecho subjetivo como «toda expectativa de prestaciones o de no lesiones»[31]. Ferrajoli utiliza el concepto de interés para estructurar su propuesta. Llama prestaciones a todos los actos sobre los que exista un interés (positivo) de realización; y lesiones a todos los actos sobre los que exista un interés (negativo) en su evitación. El derecho subjetivo sería identificable con cualquier interés jurídicamente tutelado por el deber de otros de respetarlo. En el marco conceptual de este autor, la articulación como 'expectativas' es lo que permitiría conjugar las dos concepciones tradicionales y, comúnmente, contrapuestas de derecho subjetivo: como facultad y como interés protegido. Todos los derechos, de prestación o de no lesión, se protegen jurídicamente a través de imperativos a cargo de terceros[32]. La principal consecuencia de entender el derecho subjetivo como expectativa, es la correlación siempre necesaria entre las expectativas y las respectivas obligaciones o prohibiciones a cargo de terceros (estado y particulares).

Desde mi punto de vista, es precisamente en el proceso de configurar garantías donde mayor relevancia tendría la voluntad o capacidad del titular, no de manera conceptual, sino práctica, en la elaboración técnica de las garantías. Es decir, en este proceso la cuestión clave no es saber qué es la voluntad ni qué grado de capacidad volitiva sería necesaria para garantizar derechos, sino qué tipo de garantías habrían de articularse teniendo en cuenta las posibilidades de ejercicio del derecho por parte de su titular. En

---

31 FERRAJOLI, L. *Principia iuris. Teoría del derecho y de la democracia*, 3 vols., trad. P. Andrés Ibáñez y otros, Trotta, Madrid, 2011 [2007], p. 604 (las citas se corresponden con el vol. 1, salvo que se indique expresamente lo contrario).

32 FERRAJOLI, L. *Principia iuris. Teoría del derecho y de la democracia...*» cit., p. 606.

ese proceso, en primer lugar, habría que determinarse el contenido y alcance del derecho según necesidades de sus titulares (¿qué necesidades dentro del ámbito protegido tiene el titular?, y qué posibilidades de ejercicio, ejemplos de disfrute, podemos identificar según sus titulares. Esto último no con el fin de imponer un determinado ejercicio, sino para determinar cuándo puede entenderse como vulnerado un derecho; pues si no somos capaces de entender cuáles son algunos de los despliegues posibles de un derecho ¿cómo saber qué tipo de acción u omisión implica su violación, o impide esos posibles despliegues?. Por otra parte, en relación con la impugnación y la reparación de su vulneración (garantías secundarias), habría de tenerse en cuenta esa capacidad para determinar las vías y los mecanismos para acceder a una prestación o para impugnar una vulneración. Es en este punto donde adquiriría relevancia la cuestión de si un derecho podría reclamarse de modo directo, o indirecto, a través de la acción de un tercero. Y, en este último supuesto, cómo habría que regular esa actuación de manera coherente con el respeto a los derechos del titular, es decir, del niño o la niña en cuestión.

A modo de ejemplo, pensemos en el derecho de acceso a la justicia, y las garantías procesales relativas, en relación con un niño o una niña. Es claro, si reconocemos a los niños y las niñas como titulares de derechos humanos que se trata de un derecho que les corresponde en tanto personas. La cuestión para articular sus garantías requiere precisar ¿cómo podría ejercerse este derecho por niños o niñas, en particular, en etapas primeras?. Quizá una posibilidad es que los niños cuenten con mecanismos sencillos y accesibles en los entornos en que pasan más tiempo, como las escuelas infantiles, para articular quejas o denuncias sobre algo que consideren vulnera sus derechos, les afecta o les hace daño. Y que las mismas pudieran ser respondidas —sea de manera individual o colectiva— a través de personal especializado, que podría estar adscrito específicamente en esos entornos.

Alguien podría decir que se haría un uso desproporcionado de estos mecanismos, o que los niños «harían un mal uso, no sabrían identificar cuándo realmente se está ante una afectación a los derechos o un malestar que justifique un reclamo de justicia institucional, o qué no entenderían qué es una denuncia. Sin embargo, se trata de una preocupación que no parece específica de los niños, el ejercicio de todo derecho requiere de una mínima alfabetización sobre el mismo: saber qué derechos tenemos y cómo podemos exigirlos. Alfabetización que deberá adaptarse a sus destinatarios, quizá el término denuncia sea o no necesario según los destinatarios, o el concepto mismo de «vulneración de un derecho». Los niños también plantean desafíos a nivel de lenguaje jurídico. Más allá de los términos, las nociones en lo esencial habrían de poder transmitirse. Al mismo tiempo, la respuesta a cada reclamo habría de ser idónea para el mismo. Puede ser que el objeto del reclamo se resuelva mejor con una mediación, conciliación, un juicio, según el conflicto o la entidad del bien jurídico en cuestión. O que debamos pensar en otras posibles vías de resolución de conflictos, o respuesta a vulneraciones.

A priori, el artículo 17 de la LOPIVI que establece el derecho de los niños, niñas y adolescentes a comunicar situaciones de violencia, directamente o a través de sus representantes, podría considerarse como una norma que reconoce distintas posibilidades de ejercicio del derecho de denunciar actos de violencia[33].

---

33 CORTES GENERALES. *Ley Orgánica 8/2021, de 4 de junio, de protección integral a la infancia y la adolescencia frente a la violencia,* artículo 17:
«1. Los niños, niñas y adolescentes que fueran víctimas de violencia o presenciaran alguna situación de violencia sobre otra persona menor de edad, podrán comunicarlo, personalmente, o a través de sus representantes legales, a los servicios sociales, a las Fuerzas y Cuerpos de Seguridad, al Ministerio Fiscal o a la autoridad judicial y, en su caso, a la Agencia Española de Protección de Datos.
2. Las administraciones públicas establecerán mecanismos de comunicación seguros, confidenciales, eficaces, adaptados y accesibles, en un lenguaje que puedan comprender, para los niños, niñas y adolescentes, que podrán estar acompañados de una persona de su confianza que ellos mismos designen.

Se trata, sin duda, de un artículo interesante porque por primera vez en España se reconoce la titularidad del derecho de comunicación directamente a los niños y las niñas. Sin embargo, se trata de un derecho que no tiene normativa de desarrollo que concrete las obligaciones a cargo del estado (cuáles serán y qué características tendrán esos mecanismos, cuál es el procedimiento para acceder a ellos por parte de los niños, qué órgano tiene la función de crearlos, qué institución será encargada de supervisar su configuración, plazos para su instauración, etc.). Quizá esa omisión se deba, al menos en parte, a la falta de una reflexión profunda y una investigación exhaustiva sobre las posibilidades de ejercicio por parte de los niños, y por tanto sobre cómo diseñar e instaurar en la práctica esos mecanismos acordes a tales posibles despliegues.

1.1.2. La cuestión de la fundamentación

Según advierte Fanlo, con posterioridad a la adopción de la Convención sobre los Derechos del Niño, dentro de la teoría del derecho el enfoque en el abordaje de los derechos de los niños desplazó su foco de atención de la posibilidad formal de adscribir derecho a los niños a argumentar en favor de la importancia de reconocer derechos a los niños[34]. Tal desplazamiento obedecería a un interés crucial por implementar los derechos ya reconocidos en un instrumento vinculante para los estados. Como dijera Bob-

3. Las administraciones públicas garantizarán la existencia y el apoyo a los medios electrónicos de comunicación, tales como líneas telefónicas gratuitas de ayuda a niños, niñas y adolescentes, así como su conocimiento por parte de la sociedad civil, como herramienta esencial a disposición de todas las personas para la prevención y detección precoz de situaciones de violencia sobre los niños, niñas y adolescentes».

34 FANLO CORTÉS, I. «Los derechos de los niños y las teorías de los derechos...» cit., p. 173.

bio respecto de los derechos humanos en general[35], el reconocimiento ya había tenido lugar. Ahora era más bien el momento de lograr su efectividad. De modo que se estimaba central la construcción de una teoría normativa de los derechos que permitiera legitimar su estatus y que sirviera como punto referente para su realización por los estados. ¿Por qué era tan importante reconocer esos derechos y cómo habría que trasladarlos e implementarlos en el derecho interno? De acuerdo con Fanlo, los modelos teóricos del interés y de la voluntad sirven también en este ámbito para ordenar las diversas propuestas de fundamentación[36]. El objetivo de legitimar el reconocimiento de derechos específicamente respecto de los niños en el derecho interno de los estados ha llevado a que las teorías se articulen como explicaciones de la «naturaleza» de estos derechos, enfatizando su carácter específico.

Desde un esquema de fundamentación apoyado en el interés, la atribución de derechos al niño tiene una función radicalmente instrumental: proteger sus intereses o necesidades específicas. En relación con la teoría de la voluntad, se señala la importancia de tomarse en serio los derechos de los niños en tanto sujetos morales, capaces de formular valoraciones, expresar deseos e intervenir en la realidad social. En este sentido, Freeman señala que los niños tendrían que ser vistos «como personas con derecho a una consideración y a un respeto iguales, y con un derecho tanto a tener reconocida su autonomía actual como protegida su

---

35 Concretamente, el turinés escribió: «El problema de fondo relativo a los derechos del hombre es hoy no tanto el de *justificarlos*, como el de *protegerlos*. Es un problema no filosófico, sino político» (BOBBIO, N. «Sobre el fundamento de los derechos del hombre», en BOBBIO, N., *El problema de la guerra y las vías de la paz*, trad. J. Binaghi, Gedisa, Barcelona, 2000 [1979], pp. 117-128, p. 128.

36 FANLO CORTÉS, I. «Los derechos de los niños y las teorías de los derechos...» cit., pp. 173 y 174.

capacidad para una autonomía futura»[37]. En ambos modelos, no obstante, advierte Fanlo, permanece implícita una concepción del niño como sujeto diverso del adulto, que aun no tiene los atributos característicos del sujeto pleno de derechos: racionalidad y capacidad de autodeterminación[38].

No solo los teóricos del interés, sino también varios teóricos de la voluntad, como Eekelaar, argumentan que el reconocimiento de una autonomía normativa no conduce invariablemente a negar la vulnerabilidad de los niños, ni su escasa o gradual adquisición de capacidad para la autodeterminación[39]. Fanlo identifica que estos autores coinciden en abogar por un «paternalismo liberal» que implica reconocer los derechos humanos a los niños y las niñas, al tiempo que se asume la posibilidad de restringir el ejercicio de tales derechos —la autonomía en desarrollo—, siempre justificándolas en el objetivo de su idoneidad para favorecer la consecución de la «independencia o autonomía racional», o la menor afectación a ésta[40].

Respecto de la fundamentación, se mantiene en primer plano la tensión entre teorías de la voluntad y las teorías de los intereses, entre teorías autonomistas y teorías paternalistas (en mayor o menor grado). Esa tensión parece haberse trasladado a la Convención sobre los Derechos del Niño. Por un lado, en su artículo 3 se prevé el interés superior del menor como criterio para guiar toda decisión de instituciones públicas o privadas que concierna a un niño. Por otro lado, el artículo 5 de esta Convención introduce por primera vez en un tratado internacional de derechos huma-

---

37 FREEMAN, M. «Taking Children's Rights More Seriously», *International Journal of Law and the Family,* nº 6, 1992, pp. 52-71, p. 310.

38 FANLO CORTÉS, I. «Los derechos de los niños y las teorías de los derechos...» cit., p. 174.

39 EEKELARR, J. «The importance of thinking that children have rights», *International Journal of Law, Policy and the Family,* vol. 6, nº 1, 1992, pp. 221-235.

40 FANLO CORTÉS, I. «Los derechos de los niños y las teorías de los derechos...» cit., p. 176.

nos el concepto de «evolución de las facultades» de la infancia, al tiempo que reconoce por primera vez a los niños como sujetos de derechos[41]. Sus implicaciones para el marco de los derechos humanos son profundas. Incluso se ha descrito como un nuevo principio de interpretación del derecho internacional, según el cual se reconoce que, a medida que los niños y las niñas van adquiriendo competencias cada vez mayores, se reduce su necesidad de tutela y aumenta su capacidad para asumir responsabilidades respecto a las decisiones que afectan sus vidas[42]. Ese reconocimiento de una autonomía progresiva como principio fundamental para el tratamiento social y jurídico de la infancia ha sido objeto de un emergente desarrollo teórico en distintas disciplinas.

La combinación entre la necesidad de protección de su interés superior y la necesidad de promoción de su autonomía, *a priori*, se resolvería a través del reconocimiento —en la misma Convención— de obligaciones, tanto de participación como de protección, a cargo de los estados parte. Ambas obligaciones deberían interpretarse como complementarias para garantizar un doble propósito: tanto el de promover y aumentar el bienestar de los niños, como el de de promover y aumentar el desarrollo de sus capacidades y garantizar las condiciones para el ejercicio de su gradual autonomía personal[43].

Ni la Convención sobre los Derechos del Niño, ni ningún tratado de derechos humanos condicionan la titularidad de los

---

41 VARADAN, S. «The Principle of Evolving Capacities under the UN Convention on the Rights of the Child», *International Journal of children's rights,* vol. 27, 2019, pp. 306-338, p. 306

42 SANTOS PAIS, M. «The Convention on the Rights of the Child», en *Manual de preparación de informes sobre los derechos humanos conforme a seis importantes instrumentos internacionales de derechos humanos,* ACNUDH, ONU, Ginebra, 1998, pp. 393-505.

43 RUIZ CASARES, M., et al. «Children's rights to participation and protection in international development and humanitarian interventions: nurturing a dialogue», *The International Journal of Human Rights,* vol. 21, nº 1, 2017, pp. 1-13.

derechos al requisito de tener una determinada edad[44]. La cuestión problemática es determinar de qué manera tiene que darse el proceso de transición del ejercicio de los derechos a través de terceros (sus cuidadores o tutores) hacia su ejercicio directamente por el niño. Más concretamente: cómo tendría que diseñarse el tratamiento jurídico de la infancia teniendo en cuenta esa autonomía progresiva y cómo tendría que evaluarse la capacidad de los niños respecto de cada ámbito de decisión con relevancia jurídica.

1.2. PROCESO DE ESPECIFICACIÓN DE LOS DERECHOS HUMANOS DE LOS NIÑOS Y LAS NIÑAS

1.2.1. Los derechos de los niños y las niñas: ¿generalización o especificación de derechos humanos?

En el marco teórico que concibe la historia de los derechos como un proceso evolutivo de fases identificables, el proceso de generalización suele representarse como una expansión de los titulares de los derechos, mientras que la especificación se presenta como un proceso de profundización, enfocándose en el goce efectivo de los derechos ya reconocidos a sus titulares[45]. El

[44] La Convención establece un límite de edad para la aplicación de los derechos y garantías específicos que contiene, pero en ningún momento condiciona la titularidad del catálogo amplio de derechos humanos a algún umbral etario.
«Artículo 1
Para los efectos de la presente Convención, se entiende por niño todo ser humano menor de dieciocho años de edad, salvo que, en virtud de la ley que le sea aplicable, haya alcanzado antes la mayoría de edad».

[45] La propuesta teórica sobre los procesos evolutivos o «líneas de tendencia» (en palabras de Bobbio) de los derechos humanos ha sido planteada y desarrollada, entre otros, de manera destacada por Bobbio y Peces-Barba. Ambos autores enuncian los procesos de: positivación, generalización, internacionalización y especificación: BOBBIO, N. *El*

proceso de generalización, en este marco, se concibe como un proceso dirigido a conseguir la igualdad formal (igual titularidad en derechos); y el de especificación como un proceso destinado a la consecución de la igualdad material (efectiva garantía de los derechos a todos sus titulares). En este último se tomarían en consideración las necesidades o las características específicas de un grupo social que se estimaran relevantes para reconocer y garantizar los derechos humanos en relación con ese grupo social que, sin embargo, hasta ese momento permanecían excluidas.

Los instrumentos jurídicos que han recogido «derechos específicos» o «garantías específicas» de ciertos grupos sociales pueden problematizarse en diferentes sentidos. Una cuestión es la del fundamento, precisar si tales derechos o garantías responden, en efecto, a necesidades específicas —o satisfactores específicos— que derivan de ciertas características compartidas y distintivas de ese grupo social o si, más bien, estamos ante necesidades de protección reforzada creadas por situaciones o tratos de discriminación. En realidad, tanto los preámbulos como las disposiciones normativas de los llamados «tratados específicos» suelen integrar este doble fundamento: la identificación y reconocimiento de ciertas necesidades específicas que se consideran relevantes para la realización de los derechos, así como el rechazo de discriminaciones para el reconocimiento y garantía de los derechos. Tal es el caso de la Convención sobre la Eliminación de Todas las Formas de Discriminación Contra la Mujer, de 1979 (por sus siglas en inglés, CEDAW), o de la Convención de los Derechos de las Personas con Discapacidad, de 2006 (por sus siglas en inglés, CRPD).

---

tiempo de los derechos, trad. de R. de Asís, Fundación Sistema, Madrid, 1991; PECES-BARBA, G. *Lecciones de derechos fundamentales*, Dykinson, Madrid, 2004, pp. 103-129. Como señala Merino, «se trata de una forma de explicar los derechos con una finalidad expositiva y pedagógica»: MERINO SANCHO, V. «Tensiones entre el proceso de especificación de los derechos humanos y el principio de igualdad respecto a los derechos de las mujeres en el marco internacional», *Derechos y Libertades*, nº 27, 2012, pp. 327-663, p. 328.

Por lo que hace a la discriminación en el reconocimiento, tanto la CEDAW como la CRPD comienzan sus Preámbulos reafirmando el reconocimiento de los miembros de ambos grupos sociales como titulares de todos los derechos humanos reconocidos en la Declaración Universal de Derechos Humanos, de 1948 (DUDH). Tal reafirmación es muestra de su necesidad, no es redundante, da cuenta de que en relación con tales grupos históricamente han habido resistencias para asumir plenamente tal reconocimiento. Esta reafirmación también se hace, en ocasiones, en el articulado del tratado específico en relación con determinados derechos humanos, respecto de los que históricamente se haya excluido de manera especialmente gravosa a los miembros del grupo social en cuestión. Entre este tipo de artículos presentes en la CRPD se encuentran, por ejemplo, su artículo 14 que reafirma el reconocimiento del derecho a la libertad y seguridad de las personas con discapacidad; y en relación con la CEDAW, el 7 que reafirma el reconocimiento de los derechos políticos, tanto en su dimensión pasiva como activa, de las mujeres.

1.2.2. La fundamentación de los derechos de los niños y las niñas: ¿discriminación o necesidades específicas?

La manera en que comúnmente se integra la discriminación y se explican los convenios sobre la prohibición de discriminación dentro del proceso de especificación consiste: o bien, en señalar que hallarse en situaciones de discriminación es lo que caracteriza a ciertos grupos sociales, de manera que reconocer esa situación es reconocer una especificidad relevante[46]. En este sentido, Peces-Barba se refiere a una protección o garantía específica para superar situaciones de discriminación, resultado de relaciones de

[46] MERINO SANCHO, V. «Tensiones entre el proceso de especificación...» cit., p. 330.

poder desigual previas al fenómeno jurídico[47]. O bien, esa integración tiene lugar a través de la consideración de que la discriminación es precisamente una situación resultante de no tener en cuenta las características específicas de un grupo social, o incorporarlas de manera inadecuada. En este sentido, Bobbio sostiene la necesidad de configurar derechos adscritos a sujetos diferenciados[48]. En ambas concepciones, la discriminación se percibe como una dificultad para el ejercicio y goce de derechos humanos que, al menos en su titularidad, se presentan como universales.

Haciendo una revisión de Bobbio y Peces-Barba, Merino sostiene que los instrumentos que reconocen la discriminación y establecen obligaciones para los estados, fundamentalmente la prohibición de discriminación: la CEDAW, la Convención sobre la Eliminación de todas las Formas de Discriminación Racial, de 1965 y la CRPD, son realmente parte de un proceso de generalización, más que de especificación[49]. Estos instrumentos están dirigidos a eliminar los obstáculos para el efectivo reconocimiento de la titularidad de los derechos humanos a estos grupos sociales; más que a reconocer características o necesidades específicas que justifiquen garantías específicas. Según el autor tales convenios contienen una definición de discriminación entendida como ruptura de la igualdad formal: reconocer que hay actos (individuales) que excluyen o restringen en el reconocimiento o ejercicio de los derechos humanos a las mujeres, y, en tal sentido, han de prohibirse. El reconocimiento en el ámbito de Naciones Unidas,

---

47 Según Peces-Barba: «Los derechos de la mujer dejarán de existir, en esa especificación propia, cuando se alcance, o si se alcanza, niveles sustanciales del valor igualdad y suponen una prolongación del proceso de generalización»: PECES-BARBA, G. *Curso de derechos fundamentales. Teoría general,* Universidad Carlos III de Madrid, Madrid, 1995, p. 154.

48 Bobbio observa que: «la especificación se ha producido [...] respecto al género... [S]e han venido reconociendo progresivamente las diferencias específicas de la mujer respecto al hombre...»: BOBBIO, N. *El tiempo de los derechos,* cit., p. 109.

49 MERINO SANCHO, V. «Tensiones entre el proceso de especificación...» cit., pp. 335-339.

posterior a la adopción de la CEDAW, a través de la Recomendación General nº 19 del Comité para la Eliminación de Todas las Formas de Discriminación contra las Mujeres (conocido como Comité CEDAW), de 1992[50], sobre la violencia contra las mujeres como una forma de discriminación o como una forma de violencia en relación con el contexto de discriminación, sería una medida dirigida a la igualdad material que remite a las causas y efectos de la violencia contra las mujeres, admitiendo así su carácter estructural e institucional. En tal sentido, las obligaciones derivadas de tal reconocimiento se configurarían, ahora de manera clara, como garantías específicas dirigidas a la consecución de la igualdad material.

Considero que esa disputa por el significado de la discriminación en las convenciones y el sentido e implicaciones especialmente para los estados de la prohibición de discriminación entra en el marco de la jurisprudencia evolutiva, y que en el texto de todas ellas se encuentran ideas o remisiones, más allá de la idea de violencia como discriminación, que podrían llevar a argumentar en favor de un sentido estructural de la discriminación. En el caso concreto de la CEDAW, su referencia a estereotipos y la obligación de combatirlos que se deriva de su artículo 5. La discriminación es un concepto al que volveré más adelante. Por ahora me interesa abordar la idea de la distinción utilizada en el derecho internacio-

---

50 En su párrafo 7 establece: «La violencia contra la mujer, que menoscaba o anula el goce por la mujer de sus derechos humanos y libertades fundamentales en virtud del derecho internacional o de convenios específicos de derechos humanos, constituye discriminación, tal como se entiende en el artículo 1 de la Convención….». En relación también con de la Declaración sobre la eliminación de la violenta contra la mujer, de 1993, que en su Preámbulo reconoce una relación entre violencia contra las mujeres y el la discriminación: «Reconociendo que la aplicación efectiva de la Convención sobre la eliminación de todas las formas de discriminación contra la mujer contribuiría a eliminar la violencia contra la mujer y que la declaración sobre la eliminación de la violencia contra la mujer, enunciada en la presente resolución, reforzaría y complementaría ese proceso».

nal y en la teoría sobre derechos y garantía entre derechos humanos y derechos específicos de ciertos grupos sociales, en particular en relación con la infancia.

En relación con los derechos de los niños, se podría asumir que la Convención sobre los Derechos de los Niños constituye un instrumento típico del proceso de especificación. En su propio Preámbulo se señala como fundamento de la Convención el hecho de tomar en cuenta las necesidades específicas de los niños por su condición de personas en desarrollo[51]. Sus grandes hitos serían el reconocimiento implícito, en su Preámbulo, de los niños y las niñas como titulares de los derechos humanos reconocidos en la Declaración Universal de los Derechos Humanos y el reconocimiento de derechos y garantías específicos para este grupo social en atención a sus características propias, que les identifica como grupo social.

No obstante, la diferencia del resto de tratados específicos de Naciones Unidas, la Convención sobre los Derechos del Niño, no reconoce —lo que por otro lado es obvio— que hasta el momento de la ratificación de la Convención, las necesidades específicas de los niños y niñas, relevantes para la garantía de sus derechos, se mantenían excluidas del orden jurídico internacional. En definitiva, no reconoce la existencia de un contexto de discriminación estructural que explica esa exclusión, pero que además, quizá con otro alcance, se mantiene en la actualidad, imponiendo obstáculos para la efectividad de los derechos de los niños y las niñas que requieren ser respondidos para lograr la realización de tales derechos, a través obligaciones reforzadas a cargo de los estados.

Los desarrollos teóricos posteriores a la Convención dirigidos especialmente a su fundamentación se han dirigido, como señalaba

---

51 En su Preámbulo se señala como una de las razones para la adopción y sentido de la Convención: «Teniendo presente que, como se indica en la Declaración de los Derechos del Niño, «el niño, por su falta de madurez física y mental, necesita protección y cuidado especiales, incluso la debida protección legal, tanto antes como después del nacimiento"».

anteriormente, sobre todo, por un lado, a respaldar la idea de que los niños deberían ser titulares de derechos; y, por otro lado, a dar soporte a los derechos ya reconocidos a los niños, esto es, a desarrollarlos por la vía interpretativa. En su contenido sobresale más su especificidad, que la justificación de extender la lógica de la universalidad de los derechos humanos a este grupo social.

1.3. EL RECONOCIMIENTO DE LOS NIÑOS Y LAS NIÑAS COMO TITULARES DE DERECHOS EN EL DERECHO INTERNACIONAL DE LOS DERECHOS HUMANOS

El estado de la evolución de los derechos humanos en relación con los niños podría verse de la siguiente manera. Respecto del proceso de generalización, es un proceso inacabado, si inició con la Convención sobre los Derechos del Niño la afirmación de su posible titularidad de derechos, el efectivo reconocimiento del catálogo de derechos humanos no ha tenido lugar de manera clara en ningún tratado, ni constituciones. Diversos autores[52] han argumentado a favor de una interpretación según la cual en tanto no

---

[52] En este sentido, Aláez Corral interpreta que la no exclusión expresa de los niños y las niñas del reconocimiento de los derechos fundamentales previstos en la Constitución de 1978, implica, en tanto personas, entenderlos también sujetos de esa titularidad: ALÁEZ CORRAL, B. *Minoría de edad y derechos fundamentales,* cit., pp. 20-27. Campoy no solo considera que el marco de protección jurídica actual, los niños son titulares de todos los derechos humanos, sino que para el autor «integrar a los niños, con o sin discapacidad, en el modelo de los derechos humanos supone reconocer que también ellos tienen garantizada la capacidad jurídica en igualdad de condiciones con los demás en todos los aspectos de la vida y que, así, también para ellos habrá que encontrar un sistema que atienda a su "auténtica" voluntad para el adecuado ejercicio de sus derechos». Lo contrario para el autor sería: «una exclusión injustificada de los niños del modelo de los derechos humanos»: CAMPOY CERVERA, I. «La construcción de un modelo de derechos Humanos para los niños, con y sin discapacidad», *Derechos y Libertades,* nº 37, 2017, pp. 131-165, p. 164.

explícitamente excluidos de la noción de ser humano o persona, habrá de entenderse incluidos. De manera que no cabrían dudas: los niños y las niñas son titulares de todos los derechos humanos. Sin embargo, no existe, como en la CEDAW, un reconocimiento de los obstáculos a su realización respecto de los niños y las niñas.

Sin embargo, ese proceso de generalización, podríamos advertir, está en expansión hasta día de hoy, y ha tenido lugar especialmente a través de jurisprudencia. Por un lado, a través de reconocimiento explícito de algunos órganos internacionales como el Comité de los Derechos del Niño o la Corte Interamericana de Derechos Humanos (Corte IDH), que han reconocido a niños y niñas como titulares de todos los derechos humanos. En su alcance se ha tenido en cuenta la CRC como parámetro de interpretación.

1.3.1. El reconocimiento de la titularidad por el Comité de los Derechos del Niño

En el ámbito universal, el Comité de los Derechos del Niño, en su Observación General nº 5, sobre Medidas de aplicación, de 2003, indicaba:

> «El Comité acoge con satisfacción la inclusión de artículos sobre los derechos del niño en las constituciones nacionales, reflejando así los principios clave de la Convención, lo que contribuye a subrayar la idea esencial de la Convención: que los niños, al igual que los adultos, son titulares de los derechos humanos. Sin embargo, esa inclusión no garantiza automáticamente que se respeten los derechos de los niños. A fin de promover la plena aplicación de esos derechos, incluido, cuando proceda, el ejercicio de los derechos por los propios niños, puede ser necesario adoptar disposiciones adicionales, legislativas o de otra índole»[53].

[53] Comité de Derechos del Niño, Observación General nº 5, Medidas generales de aplicación de la Convención sobre los Derechos del Niño, artículos 4 y 42 y párr. 6 del artículo 44, 2003, párr. 21.

Esta consideración se ha reiterado en otras observaciones del Comité de los Derechos del Niño. En la Observación General nº 13, sobre la protección frente a la violencia, de 2011, señalaba:

> «El concepto de dignidad exige que cada niño sea reconocido, respetado y protegido como titular de derechos y como ser humano único y valioso con su personalidad propia, sus necesidades específicas, sus intereses y su privacidad... [y que] el principio del estado de derecho debe aplicarse plenamente a los niños, en pie de igualdad con los adultos»[54].

1.3.2. El reconocimiento de la titularidad por la Corte Interamericana de Derechos Humanos

Por su parte, de acuerdo con la Corte IDH, en la Opinión Consultiva sobre la condición jurídica de los niños y las niñas:

> «La mayoría de edad conlleva la posibilidad de ejercicio pleno de los derechos, también conocida como capacidad de actuar. Esto significa que la persona puede ejercitar en forma personal y directa sus derechos subjetivos, así como asumir plenamente obligaciones jurídicas y realizar otros actos de naturaleza personal o patrimonial. No todos poseen esta capacidad: carecen de ésta, en gran medida, los niños. Los incapaces se hallan sujetos a la autoridad parental, o en su defecto, a la tutela o representación. Pero todos son sujetos de derechos, titulares de derechos inalienables e inherentes a la persona humana»[55].

En esa misma Opinión, la Corte IDH se refería al procedimiento de opinión realizado con motivo de esa consulta a los estados parte del sistema interamericano. Entre varios de los intervinieres, incluidos estados y la propia Comisión Interamericana de De-

---

54 Comité de Derechos del Niño, Observación General nº 13 Derecho del niño a no ser objeto de ninguna forma de violencia, 2011, párr. 3, literal c).

55 Opinión consultiva OC-17/2002, de 28 de agosto de 2022, solicitada por la Comisión Interamericana de Derechos Humanos, *Condición Jurídica y Derechos Humanos del Niño,* párr. 41.

rechos Humanos, se encontró una: «convergencia de puntos de vista en cuanto a la condición jurídica de los niños como titulares de derechos consagrados en el Derecho Internacional de los Derechos Humanos»[56], que la Corte encontró «altamente significativa, por cuanto tal reconocimiento, además de reflejar un verdadero cambio de paradigma, representa, al fin y al cabo, la *opinio juris comunis* en nuestros días sobre la materia»[57].

Así lo reitera la Corte IDH en el caso Angulo Losada c. Bolivia, de 2022:

> «las niñas y los niños son titulares de los derechos humanos que corresponden a todos los seres humanos y gozan, además, de derechos especiales derivados de su condición, a los que corresponden deberes específicos de la familia, la sociedad y el Estado. Este Tribunal ha recalcado reiteradamente la existencia de un 'muy comprensivo corpus iuris de derecho internacional de protección de los derechos de los niños [y las niñas]', que debe ser utilizado como fuente de derecho por el Tribunal para establecer 'el contenido y los alcances' de las obligaciones que han asumido los Estados a través del artículo 19 de la Convención Americana respecto a las niñas y los niños, en particular al precisar las "medidas de protección" a las que se hace referencia en el mencionado precepto»[58].

1.3.3. El reconocimiento de la titularidad por el Tribunal Europeo de Derechos Humanos

Si bien, el Tribunal Europeo de Derechos Humanos (TEDH) no ha realizado una declaración explícita de los niños como titulares de derechos humanos, sí que ha admitido demandas interpuestas por niños o en representación de estos, independientemente de su

---

56 Opinión consultiva OC-17/2002, cit., párr. 51.

57 Opinión consultiva OC-17/2002, cit., párr. 51.

58 Corte IDH. *Caso Ángulo Losada c. Bolivia,* sentencia de 18 de noviembre de 2022, Excepciones preliminares, Fondo y Reparaciones, párr. 96.

edad[59]. De manera que ha entendido implícitamente a los niños como titulares de los derechos contenidos en el Convenio Europeo de Derechos Humanos, es decir, ha tratado a los niños y las niñas como incluidos dentro de la categoría de «toda persona» prevista en su artículo 1 al referirse a la titularidad y a la obligación de los estados de garantizar los derechos en él contenidos a toda persona[60]. En este sentido, en los casos sobre vulneraciones a derechos convencionales en los que su titular ha sido un niño ha abordado también el artículo 14 de la Convención sobre la prohibición de distinguir en la garantía de los derechos por alguna condición social[61]. En los casos de D.G. c. Irlanda, de 2002[62], y de

59 Entre estos, algunos de los casos que ha analizado y resuelto sobre hechos de violencia sexual contra la infancia, están: TEDH. *Caso X. y Y. c. Países Bajos,* sentencia de 26 de marzo de 1985; TEDH. *Caso E. y otros c. Reino Unido,* sentencia de 26 de noviembre de 2002; TEDH. *Caso M.C. c. Bulgaria,* sentencia de 4 de diciembre de 2002; TEDH. *Caso E.S. y otros c. Eslovaquia,* sentencia de 15 de septiembre de 2009; TEDH. *Caso O'Keeffe c. Irlanda,* sentencia de 28 de enero de 2014; TEDH. *Caso Manuel y Nevi c. Italia,* sentencia de 20 de enero de 2015; TEDH. *Caso M.G.C. c. Rumania,* sentencia de 15 de marzo de 2016; TEDH. *Caso A.B. c. Croacia,* sentencia de 20 de junio de 2019; TEDH. *Caso X. y otros c. Bulgaria,* sentencia de 2 de febrero de 2021; TEDH. *Caso R.B. c. Estonia,* sentencia de 22 de junio de 2021; TEDH. *Caso B. c. Rusia,* sentencia de 7 de febrero de 2023.

60 Convenio para la Protección de los Derechos Humanos y de las Libertades Fundamentales, adoptado en Roma el 4 de noviembre de 1950, conocido como Convenio Europeo sobre Derechos Humanos, en vigor en España desde 1979. En su artículo 1 establece: «Las Altas Partes Contratantes reconocen a toda persona dependiente de su jurisdicción los derechos y libertades definidos en el título I del presente Convenio».

61 «Artículo 14. El goce de los derechos y libertades reconocidos en el presente Convenio ha de ser asegurado sin distinción alguna, especialmente por razones de sexo, raza, color, lengua, religión, opiniones políticas u otras, origen nacional o social, pertenencia a una minoría nacional, fortuna, nacimiento o cualquier otra situación»: Convenio Europeo sobre Derechos Humanos, cit.

62 TEDH. *Caso D.G. c. Irlanda,* sentencia de 16 de mayo de 2002, párrs. 115 y 116.

Bouamar c. Bélgica, de 1988[63], el TEDH ha reconocido la edad como una razón prohibida de distinción en la garantía de derechos, salvo justificación «objetiva y razonable». En ambos casos, reconociendo que «no cualquier diferencia de tratamiento sería discriminatoria», el Tribunal consideró que sí existía «una justificación objetiva y razonable» para la diferencia de tratamiento realizada por los estados en relación con sus sistemas de justicia y detención y las diferentes finalidades a las que estos se dirigen según se trate de niños o personas adultas.

1.4. GARANTÍA ESPECÍFICA DE «ESPECIAL PROTECCIÓN FRENTE A LA VIOLENCIA»

1.4.1. La protección especial frente a la violencia en la Convención sobre los Derechos del Niño

En el marco de la Convención sobre los Derechos del Niño se ha reconocido que la infancia es un período que requiere una protección especial a consecuencia de la relativa inexperiencia e inmadurez de los niños. De manera general, el artículo 19 insta a los estados parte a adoptar «todas las medidas legislativas, administrativas, sociales y educativas apropiadas para proteger al niño contra toda forma de perjuicio o abuso físico o mental, descuido o trato negligente, malos tratos o explotación, incluido el abuso sexual»[64]. El artículo 19, en relación con los principios de la

---

63 TEDH. *Caso Bouamar c. Bélgica,* sentencia de 29 de febrero de 1988, párr. 67.

64 Esta garantía se diferencia del fundamento del identificado como derecho a una vida libre de la violencia de las mujeres construido sobre la base del reconocimiento de esta violencia, además de como una vulneración a derechos humanos, como un problema vinculado a la discriminación. La garantía de la «especial protección d ella infancia» se ha fundamentado en la inherente vulnerabilidad de los niños y las niñas que les coloca en un mayor riesgo de sufrir violencia. Sobre el derecho a una vida libre de violencia de las mujeres, resulta especialmente relevante

Convención, se ha configurado como un estándar para el cumplimiento de las obligaciones convencionales a cargo de los estados. El Comité de los Derechos del Niño, en su Observación General nº 13, ha interpretado el sentido y alcance del artículo 19, desglosando algunas de las obligaciones específicas que derivan de él, entre ellas obligaciones de prevención y respuesta institucional a la violencia y la aplicación en el cumplimiento de todas ellas de un estándar de debida diligencia.

En esta Observación también se encuentra una integración de las teorías de la voluntad y del interés en relación con la fundamentación de los derechos de los niños. El Comité ha argumentado que el hecho de que la protección especial a los niños se base en su vulnerabilidad no deviene necesariamente en un tratamiento como mero «objeto de protección», ni principalmente como «víctima». Según el Comité, «[u]n planteamiento de la atención y protección del niño basado en los derechos del niño requiere dejar de considerar al niño principalmente como 'víctima' para adoptar un paradigma basado en el respeto y la promoción de su dignidad humana y su integridad física y psicológica como titular de derechos»[65]. Este órgano de supervisión reafirma además algunos presupuestos para el desarrollo de las obligaciones concretas. Primero, que en todos los procesos de toma de decisión, incluidos los procesos judiciales, los estados deben respetar y garantizar el derecho de los niños a ser escuchados. Y a que sus opiniones se tengan debidamente en cuenta. Segundo, que en toda decisión que les concierna o afecte, especialmente tratándose de decisiones en procesos judiciales donde se sitúe como víctima,

---

la en Recomendación General nº 35, de 2017, donde el Comité de la CEDAW rea reconocido que la prohibición de la violencia de género contra las mujeres ha evolucionado hasta convertirse en un principio de derecho internacional consuetudinario, que obliga a todos los estados.

65 Comité de Derechos del Niño. Observación General nº 13..., cit, párr. 3, literal b).

se atienda su interés superior como consideración primordial. Tercero, reconoce que la mayor parte de los actos de violencia se producen en el ámbito familiar, de ahí la justificación de una intervención y un apoyo dirigido a prevenir la violencia en este entorno. Cuarto, reconoce la existencia de violencia intensa y generalizada que pueden llegar a tortura y asesinato en el entorno institucional del estado a manos de agentes estatales. Específicamente reconoce que los grupos armados y el ejército usan frecuentemente violencia contra los niños y las niñas. Finalmente, reconoce una importancia capital a la prevención primaria de todas las formas de violencia, entre otros, a través de servicios de educación pública y servicios sociales[66].

Frente a otros términos como el de abuso, lesiones o maltrato, el Comité se decanta por el uso del término de violencia y advierte que su empleo en la Observación alude a todas las formas de daño a los niños enumeradas en el artículo 19, párrafo 1. Si bien, en el lenguaje corriente se suele entender por violencia únicamente el daño físico y/o el daño intencional, el Comité deja sentado inequívocamente que su elección del término 'violencia' no debe verse en modo alguno como un intento de minimizar los efectos de las formas no físicas y/o no intencionales de daño (como el descuido y los malos tratos psicológicos, entre otras), ni la necesidad de hacerles frente. En cierto sentido, el Comité reconoce implícitamente que el concepto de violencia sería un término global que incluye «todos los tipos de daño» que, descritos comúnmente con los términos de lesiones, abuso, descuido o trato negligente, malos tratos y explotación, seguirían, en tanto términos más parciales, teniendo validez[67].

---

[66] Comité de Derechos del Niño. Observación General nº 13..., cit, párr. 3.

[67] Comité de Derechos del Niño. *Observación General nº 13...*, cit., párr. 4.

1.4.2. El fundamento de la protección especial frente a la violencia

Es importante aclarar que esta garantía específica de protección especial ante la violencia se fundamenta, como se indicaba con anterioridad, en la «falta de madurez física y mental» que se asume propia de la infancia, y no en la existencia de un contexto de discriminación —social o estructural— contra la infancia[68]. Ni el Preámbulo de la Convención ni su articulado reconocen la discriminación contra la infancia como uno de sus fundamentos, y, de modo consecuente, tampoco conciben la violencia contra la infancia como una forma de discriminación en su contra —como sí lo hace, por ejemplo, la CEDAW en relación con la violencia contra las mujeres.

Por su parte, en la Observación General nº 13, que desarrolla el artículo 19 de la Convención, tampoco se reconoce explícitamente alguna relación entre discriminación y violencia contra la infancia. No obstante, hay dos argumentos expuestos por el Comité en esta Observación que, si bien de manera implícita, podríamos vincular con la discriminación. Por un lado, el Comité justifica la necesidad de publicar tal observación general «debido a la alarmante magnitud e intensidad de la violencia ejercida contra los niños»[69]. Por otro lado, el Comité se refiere a la existencia de «actitudes y prácticas sociales y culturales generalizadas que toleran la violencia contra la infancia» que explican, a su vez, el hecho de que «los ordenamientos jurídicos de la mayoría de los Estados aún no prohíben todas las formas de violencia contra los niños y, cuando existe una legislación en ese sentido, su aplicación suele ser insuficiente»[70].

De modo que el Comité de los Derechos del Niño reconoce la violencia contra la infancia como un problema con altas tasas de incidencia, que tiene lugar y se explica en buena medida por una

---

[68] *Convención sobre los Derechos del Niño...* cit., Preámbulo.

[69] Comité de Derechos del Niño. *Observación General nº 13...*, cit., párr. 2.

[70] Comité de Derechos del Niño. *Observación General nº 13...*, cit., párr. 12.

aceptación social generalizada de la misma. Estaríamos, por tanto, ante elementos similares a los que la CEDAW y su Comité tienen en cuenta para argumentar la violencia contra las mujeres como una forma de discriminación.

b) La relación entre discriminación y la violencia

Si bien no explícitamente en el texto de la CEDAW, en el desarrollo de su Comité sí se reconoce la relación entre violencia y discriminación respecto de las mujeres. En la Observación General nº 19 se explica mejor el sentido de esa relación y algunas de sus implicaciones y obligaciones específicas para los estados. Por una parte, el Comité CEDAW explica que la violencia contra las mujeres consiste en una vulneración a derechos humanos que sitúa a las mujeres en situación de desigualdad en el plano de la efectividad[71]. Por otra parte, este Comité establece una relación causal entre los patrones socio-estructurales, producto de relaciones de poder históricamente desiguales entre hombres y mujeres, que normalizan o aceptan la violencia ejercida por hombres contra mujeres y la reproducción de tal violencia[72]. En consecuencia,

---

71 La Observación establece que «la violencia contra la mujer es una forma de discriminación que impide gravemente que goce de derechos y libertades en pie de igualdad con el hombre»: Comité CEDAW. *Observación General nº19...* cit., párr. 1.

72 En la Observación de establece una relación bidireccional entre discriminación y violencia contra las mujeres, pues de acuerdo con el Comité:«Las actitudes tradicionales, según las cuales se considera a la mujer como subordinada o se le atribuyen funciones estereotipadas perpetúan la difusión de praácticas que entrañan violencia o coacción, como la violencia y los malos tratos en la familia, los matrimonios forzosos, el asesinato por presentar dotes insuficientes, los ataques con ácido y la circuncisión femenina. Esos prejuicios y prácticas pueden llegar a justificar la violencia contra la mujer como una forma de protección o dominación. El efecto de dicha violencia sobre su integridad física y mental es privarla del goce efectivo, el ejercicio y aun el conocimiento de sus derechos humanos y libertades fundamentales. Si bien en esta observación se hace hincapié en la violencia real o las amenazas de violencia, sus consecuencias básicas contribuyen a mantener a la mujer

prevenir y abordar la violencia contra las mujeres requiere necesariamente cuestionar esos patrones socio-culturales. De manera que las obligaciones de los estados de prohibir el uso institucional de estereotipos de género y realizar acciones dirigidas a su modificación en la sociedad son, al tiempo que obligaciones fundamentadas en la igualdad y no discriminación, obligaciones indispensables para prevenir la violencia[73].

En los Capítulos 5 y 6 intentaré justificar la existencia de un contexto de discriminación estructural contra la infancia y la necesidad de que sea objeto de obligaciones internacionales reforzadas en tanto obstáculo gravoso para la realización por parte de las niñas y los niños de sus derechos humanos. No obstante, en este apartado sobre la justificación de la «protección reforzada» de la infancia en el ámbito de la Convención sobre los Derechos del Niño me parecía importante llamar la atención sobre la falta de reconocimiento de un contexto social de discriminación contra la infancia como uno de los fundamentos de las obligaciones reforzadas para erradicar la violencia.

A mi consideración, podríamos abordar esa falta como una laguna que es necesario subsanar en el ámbito internacional y estatal, y que es clave para lograr la erradicación de la violencia contra la infancia: el reconocimiento de un contexto de discriminación estructural contra la infancia y su relación con la violencia en su contra. Una laguna en la medida en que el Comité parece reconocer un problema de discriminación, de patrones socio-culturales generalizados de aceptación de la violencia contra la infancia que, sin embargo, no reconoce como discriminación.

---

subordinada, a su escasa participación en política y a su nivel inferior de educación y capacitación y de oportunidades de empleo»: Comité CEDAW. *Observación General nº19*... cit., párr. 11.

73 Las obligaciones sobre la prohibición del uso institucional y la transformación social de estereotipos de género se encuentran en los artículos 2 y 5 de la CEDAW.

Reconocer esa relación entre violencia y discriminación es relevante desde el punto de vista de los derechos humanos, entre otras cosas —idea a la que volveré en el Capítulo 6— porque es una condición para poder abordar las causas de la violencia. Tanto las causas directas de los actos de violencia, como del contexto de impunidad social e institucional que facilita su reproducción. En su Observación General nº 13, el Comité reafirma su «posición de que toda forma de violencia contra los niños es inaceptable», y que «la expresión 'toda forma de perjuicio o abuso físico o mental' no deja espacio para ningún grado de violencia legalizada contra los niños»[74]. Además, el Comité reconoce la obligación de los Estados «de combatir y eliminar la prevalencia e incidencia generalizadas de la violencia contra los niños»[75]. Además, el Comité advierte que uno de los fallos actuales en esa tarea de prevención es la falta de abordaje de «las actitudes y prácticas sociales y culturales generalizadas que toleran la violencia» y en el hecho de que «las medidas adoptadas tienen efectos limitados debido a la falta de conocimientos, datos y comprensión sobre la violencia contra los niños y sus causas fundamentales, a las respuestas más centradas en los síntomas y las consecuencias que en las causas, y a las estrategias más fragmentadas que integradas»[76].

No obstante, el Comité de los Derechos del Niño no reconoce explícitamente esos patrones socio-culturales de aceptación de la violencia como causas o facilitadores de la violencia contra la infancia. No precisa, por tanto, obligaciones de los estados dirigidas a identificar concretamente y desarticular esos patrones socioculturales en lo cuales se ancla la aceptación de la violencia. Con todo, el Comité sí plantea, como parte de las recomendaciones para los estados, la elaboración de exámenes sistémicos dirigidos a identificar las causas fundamentales de la violencia y recomendar

---

[74] Comité de los Derechos del Niño. *Observación General nº 13*… cit., párr. 17.

[75] Comité de los Derechos del Niño. *Observación General nº 13*… cit., párr. 13.

[76] Comité de los Derechos del Niño. *Observación General nº 13*… cit., párr. 12.

medidas correctivas adecuadas. De manera que los estados parte de la Convención, como España, deberían estar desplegando esfuerzos para lograr esa identificación. Si bien, más adelante evaluaremos el actuar de España en relación con sus obligaciones ante la violencia contra la infancia, es claro que desde la academia tenemos la responsabilidad de coadyuvar en esa tarea de investigación. Es precisamente en esa línea que este trabajo presenta y argumenta la existencia de un contexto de discriminación estructural contra la infancia como un elemento clave para entender y erradicar esa violencia.

Capítulo 2.

Presupuestos conceptuales: la violencia sexual contra la infancia

Respecto de la violencia sexual contra la infancia, encontramos en la literatura especializada, desde los sesenta hasta día de hoy, un gran desarrollo en torno, en una primera etapa, al término de «abuso sexual infantil»; de manera más reciente se ha introducido el término de violencia sexual contra la infancia. Podríamos considerar que esta última expresión se ha consolidado en el ámbito del derecho y política internacional. En ocasiones ambas expresiones se han empleado de modo intercambiable, mientras que en otros momentos se han utilizado para captar distintos fenómenos. Los debates que han impulsado el estado actual del concepto de abuso sexual y violencia sexual han girado sobre cuestiones tan complejas como el tema del consentimiento, su aplicación a los niños y las niñas, y más ampliamente la cuestión de la autonomía progresiva de los niños y las niñas y sus implicaciones en el ámbito sexual.

El objetivo de este Capítulo consiste en ordenar el complejo escenario conceptual sobre los términos de abuso sexual y violencia sexual en relación con la infancia. En tal sentido, se presentará una propuesta de clasificación conceptual útil a los fines del presente trabajo. Por un lado, se articula una propuesta de «concepto restringido» respecto del término abuso sexual, entendido como una forma específica de violencia sexual, definida esta última desde el criterio del consentimiento. Posteriormente, se articula una categoría conceptual para delimitar parte del fenómeno de la violencia sexual que pueden experimentar niños o niñas. La propuesta es utilizar como «concepto estratégico» el término de «violencia sexual contra la infancia» para nombrar específicamente la violencia sexual que personas adultas dirigen contra niños y niñas. Esta categoría conceptual justificada inicialmente sobre las cifras de violencia sexual encuentra sustento también en el contexto de discriminación estructural que afecta a niños y niñas en España, como se mostrará en el Capítulo 5.

2.1. DEFINICIONES DE «VIOLENCIA SEXUAL CONTRA LA INFANCIA»: ¿ABUSO O VIOLENCIA?

Suelen ser tres las áreas en las que se encuentran definiciones sobre la violencia sexual contra la infancia: el ámbito del derecho y en la política internacional; el ámbito de la literatura especializada y el ámbito del derecho estatal, especialmente el derecho penal. Esta, por ejemplo, es la clasificación que siguen Mathews y Collin-Vézina en su trabajo de integración de las definiciones existentes y en su propuesta de modelo conceptual[77]. Si bien es común, especialmente en el ámbito de la literatura especializada, encontrar trabajos que utilizan el término de «abuso sexual infantil» para aludir a actos de violencia sexual en general contra la infancia, y no solo para nombrar una categoría específica, lo cierto es que conforme el término de violencia sexual ha ido ganando terreno en el marco del derecho internacional, especialmente desde el siglo XXI, el término de abuso sexual se ha ido restringiendo cada vez más a delimitar específicamente un tipo de violencia sexual[78]. Un

---

[77] MATHEWS, B. y COLLIN-VÉZINA, D. «Child Sexual Abuse: Toward a Conceptual Model and Definition», *Trauma, Violence & Abuse,* vol. 20, nº 10, 2019, pp. 1-18.

[78] El Grupo de Trabajo Interinstitucional sobre explotación sexual de niñas, niños y adolescentes, que reúne a distintas instituciones y organizaciones no gubernamentales en materia de derechos de la infancia, presidido por Jaap Doek, antiguo Presidente del Comité de los Derechos del Niño, ha concluido después de un análisis y sistematización de las definiciones de abuso sexual existentes entre profesionales y agencias internacionales que: «el abuso sexual de niñas, niños y adolescentes es una categoría amplia que, en su esencia, define el daño causado a éstos

tipo de violencia sexual que puede cometerse tanto contra personas adultas, como contra personas en edad infantil, con ciertas particularidades, como veremos, en el caso de estos últimos. El proceso de consolidación del término «violencia sexual» en relación con niños y niñas será abordado en el siguiente capítulo.

Es común, tanto en la literatura especializada como en el derecho internacional y en la terminología utilizada por agencias y organizaciones internacionales encontrar una distinción básica entre abuso sexual y explotación sexual. Su distinción radicaría especialmente en que este último término implicaría un intercambio[79] que, de acuerdo con algunas definiciones, ha de ser específicamente un intercambio económico[80]. Es una distinción similar a la que suele hacerse entre

---

al forzarlos o coaccionarlos a participar en una actividad sexual, sean o no conscientes de lo que ocurre»: GREIJER, S. y DOEK, J. *Orientaciones terminológicas para la protección de niñas, niños y adolescentes contra la explotación y el abuso sexual,* Grupo de Trabajo Interinstitucional sobre explotación sexual de niñas, niños y adolescentes, ECPAT International, 2016, p. 23.

79 De acuerdo con el mismo Grupo de Trabajo Interinstitucional presidio por Doek: «Lo que distingue el concepto de explotación sexual de niñas, niños y adolescentes de otras formas de abuso sexual en el que éstos se ven implicados, es la idea subyacente de intercambio presente en la explotación. Si bien estos dos fenómenos deben ser distinguidos, también es importante reconocer que existe una superposición considerable entre ambos y que, semánticamente, la distinción probablemente nunca será completamente clara». El Grupo se refiere al hecho de que un agresor normalmente recurre a un medio (como regalos) para ganar la confianza de su víctima; mientras que en la explotación sexual habría siempre una explotación de la vulnerabilidad: GREIJER, S. y DOEK, J. *Orientaciones terminológicas para la protección de niñas, niños y adolescentes contra la explotación y el abuso sexual,* cit., p. 29.

80 En ocasiones se incorpora una clasificación de la explotación, entre explotación con o sin intercambio monetario, utilizando un término diferenciado para nombrar la presencia del elemento económico, como

el concepto de violencia sexual y de explotación sexual. Sin embargo tratándose de la infancia como receptora de esa violencia se suele optar por el concepto de abuso sexual, aunque cada vez es más común encontrar su sustitución por violencia sexual[81].

En España, recientemente ha tenido lugar una profunda reforma del Código Penal[82]. Entre otras de las modificaciones, está la desaparición de la distinción entre abuso sexual y agresión sexual como clasificación que estructuraba las violencias sexuales en la legislación penal. De manera que actualmente, salvo los actos considerados de «explotación sexual», el resto de delitos sexuales son nombrados con el término de agresión sexual, y dentro de esta categoría se ubican los delitos de agresión sexual contra menores de 16 años. El fundamento central de la anterior configuración legal consistía en que el criterio de distinción era la presencia o no del elemento de «violencia». La agresión sexual consistía en un acto sexual en el que mediaba «violencia». Mientras que en el abuso sexual se

---

el de explotación sexual comercial. Este término se utiliza por ejemplo en: Declaración y Programa de Acción de Estocolmo, Estocolmo, 1996, párr. 5.

81 La Convención sobre los Derechos del Niño no utiliza el concepto de violencia sexual, ni de violencia en general, opta por el término de abusos y malos tratos (art. 19). Sin embargo, desde 2010, en distintas resoluciones de órganos de Naciones Unidas de encuentran referencias al término de «violencia sexual». Por ejemplo: Resolución del Consejo de Derechos Humanos sobre «Los derechos del niño: lucha contra la violencia sexual ejercida contra los niños», A/HRC/RES/13/20, 2010; Resolución 66/140 de la Asamblea General de la Organización de Naciones Unidas, 2011; Resolución 66/141 Asamblea General de la Organización de Naciones Unidas; COMITÉ DE LOS DERECHOS DEL NIÑO. *Observación General nº 13 sobre el derecho del niño a no ser objeto de ninguna forma de violencia,* Naciones Unidas, 2011.

82 Me refiero a la reforma introducida como consecuencia de la aprobación de la Ley Orgánica 10/2022, de 6 de septiembre, de Garantía Integral de la Libertad Sexual.

consideraba ausente este elemento. Esta clasificación podría interpretarse en el sentido de entender que el abuso sexual no constituía una forma de violencia, sino otra cosa[83]. En esta clasificación, la agresión tenía una mayor pena, y conductas que podrían considerarse claramente como violencia sexual de acuerdo con definiciones de gran consenso internacional, sin embargo, eran excluidas del concepto de agresión sexual[84]. Más allá de las discusiones sobre estos términos, lo cierto es que el Código Penal sigue manteniendo una distinción de delitos en función de la edad, con penas más altas tratándose de los niños o las niñas como sujetos pasivos. Sin embargo, ¿hay algún otro elemento esencial que distinga este tipo penal más allá del sujeto pasivo, o es exclusivamente el elemento subjetivo de la víctima el que justifica *per se* un rechazo moral que requiera un tratamiento jurídico específico?

No obstante todas estas consideraciones, a día de hoy el abuso sexual infantil sigue siendo un término ampliamente utilizado, objeto de estudio y de atención, punto de partida de gran número de investigaciones, políticas públicas y leyes en materia de violencia sexual sufrida por niños y niñas. Un concepto, probablemente, hoy todavía más presente que el de violencia sexual contra la infancia. Este escenario de variación conceptual se complejiza aún más si observamos que algunas de las definiciones de abuso sexual infantil sí parecen nombrar un tipo específico de violencia sexual, no solo diferenciado por

---

83 JERICÓ OJER, L., «Proporcionalidad, lesividad y seguridad jurídica: breves reflexiones a propósito del anteproyecto de Ley Orgánica de Garantía Integral de la Libertad Sexual», *Boletín Comisión de Violencia de Género. Delitos contra la Libertad Sexual. Anteproyecto de Ley Orgánica. Juezas y Jueces para la Democracia,* 2020, nº 11, pp. 15-35, pp. 15-19.

84 GONZÁLEZ TASCÓN, M. M. «El delito de agresión sexual en su configuración por la Ley Orgánica 10/2022, de 6 de septiembre, de garantía integral de la libertad sexual: comentario al artículo 178 del Código Penal», *Estudios Penales y Criminológicos,* vol. 43, Universidad de Santiago de Compostela, 2023, pp. 1-47, pp. 16 y 17.

el sujeto pasivo, sino por otros elementos relevantes de diferenciación, como la referencia a una relación de poder o asimetría entre las partes. A continuación se realiza una recopilación de las definiciones principales sobre abuso sexual infantil presentes en los tres ámbitos antes mencionados para, a continuación, proponer un concepto integrador.

2.1.1. Recopilación de definiciones

a) En el derecho internacional

En el marco del derecho internacional de los derechos humanos, a pesar de haber instrumentos que establecen obligaciones en materia de violencia sexual contra la infancia para los estados, ningún instrumento —internacional o regional— establece un concepto general de abuso sexual infantil. En el Sistema de Naciones Unidas coexisten diversas definiciones. La Secretaría General ha elaborado una definición muy amplia sobre el abuso sexual que cubre también el abuso sexual sufrido por niños o niñas, en la que se hace referencia a «toda intrusión física cometida, o amenaza de intrusión física de carácter sexual, ya sea por la fuerza, en condiciones de desigualdad o con coacción»[85]. En el marco de la Convención sobre los Derechos del Niño, el artículo 34 que establece la obligación específica de proteger a la infancia frente al abuso sexual —y a la explotación sexual—, no prevé una definición precisa, limitándose a enunciar una serie de conductas que constituyen supuestos de abuso sexual o explotación sexual y que los estados parte están obligados a impedir[86]. Quizá una subsanación adecuada de

---

85 SECRETARÍA DE NACIONES UNIDAS. *Boletín del Secretario General. Medidas especiales de protección contra la explotación y el abuso sexuales*, 9 de octubre de 2003, p. 1, sección 1.

86 *Convención sobre los derechos del niño*, de 20 de noviembre de 1989, ratificada por España en 1990.

este vacío requiera la elaboración de un protocolo facultativo de carácter sustantivo de la Convención, o de la emisión de una Observación General del Comité que aborde de manera específica y exhaustiva el tema, que incluya una definición clara, y en el que se integren y desarrollen las obligaciones internacionales en la materia derivadas de su prohibición internacional. La entidad y urgencia de este problema social en la actualidad, y la complejidad conceptual podrían justificar tal exigencia[87]. En su caso, la estructura de un eventual protocolo sustantivo sobre abuso sexual contra la infancia podría seguir el modelo del Protocolo Facultativo de la Convención sobre los Derechos del Niño relativo a la venta de niños, la prostitución infantil y la utilización de niños en la pornografía[88], hoy en día extensible

---

«Artículo 34.
Los Estados Partes se comprometen a proteger al niño contra todas las formas de explotación y abuso sexuales. Con este fin, los Estados Partes tomarán, en particular, todas las medidas de carácter nacional, bilateral y multilateral que sean necesarias para impedir:
a) La incitación o la coacción para que un niño se dedique a cualquier actividad sexual ilegal;
b) La explotación del niño en la prostitución u otras prácticas sexuales ilegales;
c) La explotación del niño en espectáculos o materiales pornográficos».

87 La urgencia y gravedad del problema del abuso sexual infantil se aborda en distintos momentos a lo largo del trabajo, por ahora apunto un dato relevante sobre su prevalencia ampliamente citado: de acuerdo con las últimas cifras oficiales del Consejo de Europa 1 de cada 5 niños o niñas han sufrido o sufrirán —a lo largo del periodo de su infancia— abusos sexuales: PEREDA, N. «¿Uno de cada cinco?, Victimización sexual infantil en España», *Papeles del Psicólogo,* vol. 37, nº 2, 2016, pp. 126-133, p. 131.

88 Instrumento fundamentado, entre otros, en el artículo 34 de la Convención sobre los derechos del niño. En él, además de preverse de manera expresa la prohibición internacional de la venta de niños, la prostitución infantil y la pornografía infantil, se establece su definición.

solo a aquellos casos de abuso sexual que tengan un carácter económico[89] (explotación sexual infantil).

En abril de 2011, como «respuesta a la alarmante magnitud e intensidad de la violencia ejercida contra la infancia» y con el fin último de reforzar y ampliar las medidas de los estados destinadas a su erradicación, el Comité de los Derechos del Niño emitió su Observación General nº 13 sobre el artículo 19 de la Convención que reconoce el derecho de los niños y las niñas a ser protegidos contra la violencia, incluidos los abusos sexuales. En la Observación, el Comité define el abuso sexual como «toda actividad sexual impuesta por un adulto a un niño contra la que este tiene derecho a la protección del derecho penal», aclara que el abuso sexual puede cometerse por otro niño si es «considerablemente mayor que la víctima o utiliza la fuerza, amenazas u otros medios de presión». En la misma Observación también se advierte que las «actividades sexuales entre niños no se consideran abuso sexual cuando los niños superan el límite de edad establecido por el [e]stado parte para las actividades sexuales consentidas»[90].

---

89 *Protocolo Facultativo de la Convención sobre los Derechos del Niño,* adoptado el 11 de diciembre de 2011 y ratificado por España en 2001.
Texto literal del artículo 2 sobre las vulneraciones a los derechos de los niños y niñas objeto del Protocolo:
«A los efectos del presente Protocolo:
a) Por venta de niños se entiende todo acto o transacción en virtud del cual un niño es transferido por una persona o grupo de personas a otra a cambio de remuneración o de cualquier otra retribución;
b) Por prostitución infantil se entiende la utilización de un niño en actividades sexuales a cambio de remuneración o de cualquier otra retribución;
c) Por pornografía infantil se entiende toda representación, por cualquier medio, de un niño dedicado a actividades sexuales explícitas, reales o simuladas, o toda representación de las partes genitales de un niño con fines primordialmente sexuales».

90 COMITÉ DE LOS DERECHOS DEL NIÑO, *Observación General nº 13…*, cit., 2011, p. 11, nota nº 9.

La conceptualización del Comité de Derechos del Niño es muy cercana a la definición formulada por la Organización Mundial de la Salud (en adelante OMS) en 1999[91]. La OMS enunció que «el abuso sexual infantil consiste en la participación de un niño en una actividad sexual que no comprende completamente, a la que no puede dar un consentimiento informado, o para la cual no está preparado en razón de su desarrollo, o que constituye una violación a las leyes o los tabúes sociales de una sociedad[92]». El abuso sexual infantil, siguiendo la definición de la OMS, estaría «evidenciado por una actividad sexual entre un niño y un adulto u otro niño, que, por su edad o desarrollo, está en posición ante el primero de responsabilidad, confianza o poder y

---

«Constituye abuso sexual toda actividad sexual impuesta por un adulto a un niño contra la que este tiene derecho a la protección del derecho penal. También se consideran abuso las actividades sexuales impuestas por un niño a otro si el primero es considerablemente mayor que la víctima o utiliza la fuerza, amenazas u otros medios de presión. Las actividades sexuales entre niños no se consideran abuso sexual cuando los niños superan el límite de edad establecido por el Estado parte para las actividades sexuales consentidas».

91 Probablemente se trate de una de las definiciones más citadas internacionalmente. Su formulación fue gestada en el marco de una reunión consultiva sobre el problema de la violencia contra menores, enfocada en su dimensión como problema de salud pública y su prevención. Entre los objetivos de la reunión estaba consensuar una definición de maltrato infantil, tomando como punto de partida el artículo 19 de la Convención sobre los Derechos del Niño, y partiendo del hecho de que —para la OMS— no era posible articular un concepto único válido para todos los fines. Una definición que sirviera para aumentar la sensibilización, podría diferir de una definición dirigida a configurar un delito, o de una concepción idónea para la prestación de servicios. En consecuencia, la OMS acordó clasificar distintas definiciones que pudieran adaptarse o ser ampliadas de acuerdo a sus fines.

92 ORGANIZACIÓN MUNDIAL DE LA SALUD. *Informe de la Reunión Consultiva sobre el Maltrato de Menores. 29-31 de marzo de 1999*, Ginebra, 1999, p. 15.

que pretende gratificar o satisfacer sus necesidades»[93]. Esta institución internacional también ha sostenido que el abuso sexual infantil es un abuso de poder que abarca muchas formas de actividad sexual, y que puede lograrse a través de tácticas coercitivas sin uso de fuerza física, entre las que contempla el uso que una persona referente del niño puede hacer de la confianza que este deposita en él con el fin de obtener favores sexuales[94].

Hasta la fecha el único instrumento de carácter obligatorio que define el abuso sexual infantil es el Convenio del Consejo de Europa para la Protección de los Niños contra la Explotación y el Abuso Sexual, hecho en Lanzarote el 25 de octubre de 2007 (en adelante Convenio Lanzarote)[95]. De acuerdo con el artículo 18.1 del Convenio de Lanzarote «el abuso sexual comprende las siguientes conductas: «a) [r]ealizar actividades sexuales con un niño que, de conformidad con las disposiciones aplicables del derecho nacional, no haya alcanzado la edad legal para realizar dichas actividades; b) realizar actividades sexuales con un niño: recurriendo a la coacción, la fuerza o la amenaza; o abusando de una posición reconocida de confianza, autoridad o influencia sobre el niño, incluso en el seno de la familia; o abusando de una situación de especial vulnerabilidad del niño, en particular debido a una discapacidad psíquica o mental o una situación de dependencia»[96]. En su párrafo segundo, el artículo 18 del Convenio precisa que corresponde a cada estado miembro determinar

---

93 ORGANIZACIÓN MUNDIAL DE LA SALUD. *Informe de la Reunión Consultiva sobre el Maltrato de Menores,* cit., p. 15.

94 ORGANIZACIÓN MUNDIAL DE LA SALUD. *Violence Against Women: The Girl Child,* Ginebra, 1997.

95 Ratificado por España en 2010. Instrumento de ratificación disponible en: https://www.boe.es/buscar/doc.php?id=BOE-A-2010-17392

96 *Convenio del Consejo de Europa para la protección de los niños contra la explotación y el abuso sexual,* hecho en Lanzarote el 25 de octubre de 2007. «Artículo 18. Abuso sexual.

1. Cada Parte adoptará las medidas legislativas o de otro tipo que sean necesarias para tipificar como delito las siguientes conductas intencionales:

la edad por debajo de la cual no está permitido realizar actividades sexuales con un niño o una niña (es decir, la edad del consentimiento sexual). Asimismo, en el tercer párrafo de esa misma disposición se aclara que el Convenio no tiene por objeto regular las actividades sexuales consentidas entre iguales. De acuerdo con el Grupo de expertos encargado de la redacción del Convenio, los instrumentos internacionales vigentes hasta antes de la adopción del Convenio daban prioridad a los hechos cometidos con fines comerciales, restringiendo la protección de los niños contra el abuso sexual ocurrido en sus entornos más cercanos, como la familia[97]. El Grupo de redacción observaba que los casos ocurridos en contextos de confianza en su mayoría carecen del elemento comercial y que, no obstante, las estadísticas los apuntaban como los más frecuentes[98]. De ahí que el Grupo de expertos estableciera dos definiciones delimitadas: una de abuso sexual y otra de explotación sexual.

---

a) Realizar actividades sexuales con un niño que, de conformidad con las disposiciones aplicables del derecho nacional, no haya alcanzado la edad legal para realizar dichas actividades;
b) Realizar actividades sexuales con un niño:
Recurriendo a la coacción, la fuerza o la amenaza;
o abusando de una posición reconocida de confianza, autoridad o influencia sobre el niño, incluso en el seno de la familia; o
abusando de una situación de especial vulnerabilidad del niño, en particular debido a una discapacidad psíquica o mental o una situación de dependencia.
2. A efectos de la aplicación del apartado 1, cada Parte determinará la edad por debajo de la cual no está permitido realizar actividades sexuales con un niño.
3. Las disposiciones del apartado 1.a no tienen por objeto regular las actividades consentidas entre menores».

97 *Explanatory Report to the Council of Europe Convention on the Protection of Children against Sexual Exploitation and Sexual Abuse*, de 25 de octubre de 2007, en serie de tratados del Consejo de Europa nº 201, párr. 48.

98 *Explanatory Report to the Council of Europe Convention on the Protection of Children against Sexual Exploitation and Sexual Abuse*, cit., párr. 49.

b) En el derecho español

Según el Código Penal español, en sus artículos 181[99] y 183 bis[100], la agresión sexual infantil consiste en realizar «actos de

---

99 CORTES GENERALES. *Ley Orgánica 10/1995, de 23 de noviembre,* del *Código Penal,* última modificación publicada 28-04-2023.
«Artículo 181.
1. El que realizare actos de carácter sexual con un menor de dieciséis años, será castigado con la pena de prisión de dos a seis años.
A estos efectos se consideran incluidos en los actos de carácter sexual los que realice el menor con un tercero o sobre sí mismo a instancia del autor.
2. Si en las conductas del apartado anterior concurre alguna de las modalidades descritas en el artículo 178.2 y 3, se impondrá una pena de prisión de cinco a diez años.
3. El órgano sentenciador, razonándolo en sentencia, en atención a la menor entidad del hecho y valorando todas las circunstancias concurrentes, incluyendo las circunstancias personales del culpable, podrá imponer la pena de prisión inferior en grado, excepto cuando medie violencia o intimidación o se realice sobre una víctima que tenga anulada por cualquier causa su voluntad, o concurran las circunstancias mencionadas en el apartado 5 de este artículo.
4. Cuando el acto sexual consista en acceso carnal por vía vaginal, anal o bucal, o en introducción de miembros corporales u objetos por alguna de las dos primeras vías, el responsable será castigado con la pena de prisión de ocho a doce años en los casos del apartado 1, y con la pena de prisión de doce a quince años en los casos del apartado 2.
5. Las conductas previstas en los apartados anteriores serán castigadas con la pena de prisión correspondiente en su mitad superior cuando concurra alguna de las siguientes circunstancias:
(…)
6. Si concurrieren dos o más de las anteriores circunstancias, las penas del apartado anterior se impondrán en su mitad superior.
7. En todos los casos previstos en este artículo, cuando el culpable se hubiera prevalido de su condición de autoridad, agente de esta o funcionario público, se impondrá, además, la pena de inhabilitación absoluta de seis a doce años».

100 Esta disposición contiene una cláusula de exclusión de responsabilidad penal: *Ley Orgánica 10/1995, de 23 de noviembre, del Código Penal,* cit., art. 183 bis.

carácter sexual con un menor de dieciséis años». Respecto de los actos sexuales, se precisa que se incluyen aquellos actos de carácter sexual «que realice el menor con un tercero o sobre sí mismo a instancia del autor». Además, el «acceso carnal» («por vía vaginal, anal o bucal o en introducción de miembros...») se considera una condición agravante. En cuanto a los medios, se reconoce como condición agravante el empleo de alguno(s) de los siguientes: «violencia, intimidación [incluida entre ellos el]... abuso de una situación de superioridad o de vulnerabilidad de la víctima» o cuando se ejecuten sobre «personas que se hallen privadas de sentido o de cuya situación mental se abusare y los que se realicen cuando la víctima tenga anulada por cualquier causa su voluntad».

Entre otras, la presencia de alguna(s) de las siguientes circunstancias justifica imponer una mayor pena dentro del rango discrecional del juez: cometerse contra «una persona que se halle situación de especial vulnerabilidad por razón de su edad [...] en todo caso, cuando sea menor de cuatro años».; «cuando[...] la persona responsable se hubiera prevalido de una situación o relación de convivencia o de parentesco o de una relación de superioridad con respecto a la víctima»[101]. Salvo en los casos

---

[101] Ley Orgánica 10/1995, de 23 de noviembre, del Código Penal, cit., art. 181.5.
«5. Las conductas previstas en los apartados anteriores serán castigadas con la pena de prisión correspondiente en su mitad superior cuando concurra alguna de las siguientes circunstancias:
a) Cuando los hechos se cometan por la actuación conjunta de dos o más personas.
b) Cuando la agresión sexual vaya precedida o acompañada de una violencia de extrema gravedad o de actos que revistan un carácter particularmente degradante o vejatorio.
c) Cuando los hechos se cometan contra una persona que se halle en una situación de especial vulnerabilidad por razón de su edad, enfermedad, discapacidad o por cualquier otra circunstancia, y, en todo caso, cuando sea menor de cuatro años.
d) Cuando la víctima sea o haya sido pareja del autor, aun sin convivencia.

en que concurra un medio de coerción, abuso de vulnerabilidad o de estado de privación de sentido o anulación de voluntad, la definición del Código Penal contempla, a través de su artículo 183 bis, la posibilidad de que «el libre consentimiento del menor de dieciséis años» excluya la responsabilidad penal cuando el autor «sea una persona próxima al menor por edad y grado de desarrollo o madurez física y psicológica»[102]. Esa cláusula, al introducir esta excepción, reconoce la posibilidad de que niños por debajo de la edad legal del consentimiento sexual tengan capacidad para consentir, o una capacidad relativa presente solo cuando la otra parte es una «persona próxima al menor por edad y grado de desarrollo o madurez física y psicológica».

---

e) Cuando, para la ejecución del delito, la persona responsable se hubiera prevalido de una situación o relación de convivencia o de parentesco o de una relación de superioridad con respecto a la víctima.
f) Cuando el responsable haga uso de armas u otros medios igualmente peligrosos, susceptibles de producir la muerte o alguna de las lesiones previstas en los artículos 149 y 150 de este Código, sin perjuicio de lo dispuesto en el artículo 194 bis.
g) Cuando para la comisión de estos hechos la persona responsable haya anulado la voluntad de la víctima suministrándole fármacos, drogas o cualquier otra sustancia natural o química idónea a tal efecto.
h) Cuando la infracción se haya cometido en el seno de una organización o de un grupo criminal que se dedicare a la realización de tales actividades.
En caso de que en la descripción de las modalidades típicas previstas en los apartados 1 a 3 de este artículo se hubiera tenido en consideración alguna de las anteriores circunstancias el conflicto se resolverá conforme a la regla del artículo 8.4 de este Código».

[102] *Ley Orgánica 10/1995, de 23 de noviembre, del Código Penal,* cit.
«Artículo 183 bis.
Salvo en los casos en que concurra alguna de las circunstancias previstas en el apartado segundo del artículo 178, el libre consentimiento del menor de dieciséis años excluirá la responsabilidad penal por los delitos previstos en este capítulo cuando el autor sea una persona próxima al menor por edad y grado de desarrollo o madurez física y psicológica».

c) En la literatura especializada

En el ámbito de la doctrina especializada, David Finkelhor advierte que, si bien es cierto que el término de abuso sexual infantil cubre una amplia gama de actos, es posible referirse a un concepto general a partir de la presencia de dos elementos esenciales: la existencia de actividades sexuales que involucren a un niño o una niña y la presencia de una condición abusiva en el contexto de esta actividad sexual. Para este autor la condición abusiva puede constituirse por la coerción que uno de los individuos involucrados ejerza sobre el otro o por la brecha de edad entre ellos, condiciones que indicarían una ausencia de consentimiento libre de todos los participantes[103]. En un sentido similar, Félix López considera que los abusos sexuales contra la infancia deberían ser definidos a partir, también, de dos elementos. El primero es el de coerción, que consistiría para este autor en el uso de fuerza física, presión o engaño para imponer un acto sexual a una persona contra su voluntad; lo que constituiría un criterio suficiente para que una conducta sea etiquetada de abuso sexual, independientemente de la edad del agresor o de la víctima[104]. El segundo elemento propuesto por López, es el de la asimetría de edad, que consiste en una diferencia de edad entre las partes que intervienen en un acto sexual de tal grado que se erija como un obstáculo incompatible con la libertad de decisión de una de las partes, imposibilitando así una actividad sexual común entre ambos. Para López, el adulto y el niño o la niña involucrados en una actividad sexual tienen experiencias, grado de madurez biológico y expectativas muy diferentes, de tal suerte que son estos factores los que constituirían un poder que vicia toda posibilidad de

---

103 FINKELHOR, D. «Current Information on the Scope and Nature of Child Sexual Abuse», en *The Future of Children*, vol. 4, nº 2, 1994, pp. 31-53, p. 32.

104 LÓPEZ SÁNCHEZ, F. «Abuso sexual en España, un problema desconocido», en IBÁÑEZ MARTÍNEZ, M. L. et al. (eds.), *Violencia y desigualdad: realidad y representación*, Universidad de Salamanca, 2004, pp. 15-28, p. 17.

relación igualitaria[105]. López, al igual que muchos otros autores, incluye en su concepto el abuso sexual entre niños (que el autor llama «abuso sexual entre iguales») y que tendría lugar cuando —en el marco del análisis del caso concreto— se cumpliera alguno de los elementos definitorios que propone[106].

Kathleen Faller, por otra parte, considera que hay tres factores útiles para conceptualizar el abuso sexual infantil que, a su vez, sirven para diferenciar los actos sexuales abusivos de los actos sexuales no abusivos, y que por lo general están interrelacionados: la desigualdad de poder, la desigualdad cognitiva y la desigualdad en la gratificación sexual[107]. A pesar de la alta probabilidad de su interrelación, para Faller la presencia de cualquiera de estos factores, desde el punto de vista clínico, debería aumentar la preocupación de que el supuesto encuentro sexual haya sido en realidad un acto sexual abusivo. El poder desigual, de acuerdo con la autora, puede derivar de fuentes diversas y consiste en el control que, en el contexto de una relación interpersonal, una parte pueda tener sobre la otra y que es el que impide toda idea de reciprocidad[108]. El elemento del conocimiento desigual, de

---

105 LÓPEZ SÁNCHEZ, F. «Abuso sexual en España, un problema desconocido», cit., p. 17.

106 Es decir, que exista coerción por parte de alguno de los niños sobre el otro; y que la diferencia de edad sea de tal que implique una afectación real a la libertad de decisión de uno de los niños en beneficio del otro: LÓPEZ SÁNCHEZ, F. «Abuso sexual en España, un problema desconocido», cit., p. 17.

107 FALLER, K.C. «Child Sexual Abuse: Intervention and Treatment Issues», *User Manual Series, National Center on Child Abuse and Neglect,* 1993, pp. 10 y 11.

108 La autora señala que tal poder podría derivar de distintas fuentes. Entre ellas, de un rol ejercido en el contexto de la relación de confianza entre las partes (por ejemplo, el caso de un acto abusivo de un padre sobre su hija, quien usualmente está obligada a hacer lo que el agresor le pida u ordene); una posición de autoridad ejercida en el contexto de la relación abusiva (por ejemplo, el caso de un abuso cometido por un profesor, entrenador o un ministro de culto contra uno de sus alumnos o discípulos); una capacidad más avanzada o más desarrollada para ma-

acuerdo con Faller, tendría lugar cuando una de las partes posee, en términos comparativos en el contexto de una relación sexual, un entendimiento más sofisticado sobre el significado e implicaciones del acto sexual (o simplemente algún entendimiento en comparación con la ausencia del mismo de la otra parte). Esa posesión de conocimiento podría ser resultado de una mayor edad o de un desarrollo más avanzado. Faller también incluye dentro de este factor los casos donde, a pesar de no haber diferencia de edad considerable o no haberla en absoluto, una de las partes tenga una discapacidad mental o emocional que, en el contexto del caso concreto, impidiera hablar de relaciones en condiciones de igualdad. Finalmente, respecto del factor de gratificación sexual desigual, Faller insiste en que objetivo del un agresor nunca es la gratificación sexual mutua, aún en los supuestos en los que eventualmente buscara excitar a sus víctimas, pues ese intento formaría parte también de su objetivo y no de la voluntad del niño o la niña en cuestión[109].

Faller es una de las autoras que incluye en su propuesta conceptual un listado de actos que podrían considerarse actos de carácter sexual para los efectos de determinar un abuso sexual infantil. La autora los clasifica, según indica, en atención a un orden de gravedad e intrusión, iniciando con los menos graves e intrusivos hasta los más graves en tanto mayor intrusividad implican. Las clases de actos sexuales, siguiendo a Faller, serían las siguientes: i) actos sexuales sin contacto, entre los que incluye los comentarios sexuales, la exposición de partes íntimas del cuerpo, el voyeurismo, la exposición a materiales pornográficos, inducir al

---

nipular, intimidar o forzar a ejecutar un acto sexual (por ejemplo, una complexión más robusta de una de las partes); la capacidad económica (a través del soborno a una de las partes para que no oponga resistencia al acto sexual): FALLER, K.C. «Child Sexual Abuse: Intervention and Treatment Issues», *User Manual Series, National Center on Child Abuse and Neglect,* 1993, pp. 10 y 11.

109 FALLER, K. C. «Child Sexual Abuse: Intervention and Treatment Issues», cit., pp. 10 y 11.

niño a desvestirse o masturbarse en su presencia; ii) actos sexuales con contacto, entre los que estarían tocar las partes íntimas (genitales, senos, nalgas) del niño o la niña, inducir al niño a que toque las partes íntimas del agresor, frotar su cuerpo con el cuerpo del niño o la niña (con o sin ropa); iii) actos de penetración (digital u objetiva), entre ellos estarían la introducción de un dedo en la vagina o ano de la víctima, inducir al niño o la niña a introducir su dedo en el ano o la vagina de agresor/a, introducir algún objeto en el ano o la vagina de la víctima u obligar a esta a realizar esta misma conducta respecto del cuerpo del agresor; actos de sexo oral, entre ellos se incluirían besar utilizando la lengua; besar, chupar, morder o introducir la lengua en alguna parte íntima del cuerpo de la víctima (senos, genitales, nalgas), o inducir a la víctima a que realiza tales actos respecto del cuerpo del agresor iv) actos de penetración genital, obligar al niño o la niña a mantener una relación sexual (con o sin coito) con el agresor o con una tercera parte (persona o animal)[110]. No obstante este trabajo de sistematización, Faller no apunta criterios para determinar ese carácter sexual. Más bien, su propuesta es una recopilación, muy ilustrativa[111] y sin ánimo exhaustividad, de actos que, en el pasado, han sido considerados actos sexuales.

Dentro de la literatura especializada también hay algunas definiciones sobre el abuso sexual infantil que en lugar de concebirlo como un acto sexual impuesto o realizado contra la voluntad, formulan su definición como una actividad sexual no deseada por el niño o la niña. De acuerdo con Violato y Genuis la decisión de los autores de utilizar este calificativo se fundamenta principalmente en que esta fórmula permitiría descartar que actividades de exploración sexual consensuada (deseada) entre iguales pudieran tratarse como abusos sexuales. Entre algunos de estos autores estarían los propios Violato y Genuis, quienes recomiendan que

---

110 FALLER, K.C. «Child Sexual Abuse: Intervention and Treatment Issues», cit., pp. 11-14.

111 En su listado la autora también incluye ejemplos concretos de cada uno de los actos.

«para fines de investigación», el abuso sexual infantil se entienda como todo «contacto sexual no deseado (tocamientos genitales y caricias hasta la penetración) mientras la víctima es menor por definición legal y el perpetrador está en una posición de poder relativo frente a la víctima (por ejemplo, padre, adulto, niñera, tutor, niño mayor, etc.)»[112].

2.1.2. Integración de las definiciones

Si bien principalmente en el ámbito de la literatura especializada y en documentos de agencias e institucionales internacionales existe un consenso sobre algunos aspectos del abuso sexual infantil, como su complejidad, el hecho de que no puede ser tratado como un fenómeno monocausal, y que su comisión puede adquirir muy distintas formas, y tener lugar en diferentes contextos relacionales, su delimitación conceptual, sería una cuestión central aun no resuelta[113]. Varios son los autores que se han referido al problema de la pluralidad de definiciones sobre abuso sexual infantil. La necesidad de unificar las definiciones sobre este problema social se ha presentado como un desafío por los principales organismos políticos e investigadores en la materia desde finales de la década de 1970[114]. Sin embargo, algunos autores consideran que se trata de una tarea aún pendiente. Desde el marco del derecho internacional de los derechos humanos esa ausencia no

---

112 VIOLATO, C. y GENUIS, M. «Problems of research in male child sexual abuse: A review», *Journal of Child Sexual Abuse,* vol. 2, nº 3, 1993, pp. 33-54, p. 37.

113 GREIJER, S. y DOEK, J. *Orientaciones terminológicas para la protección de niñas, niños y adolescentes contra la explotación y el abuso sexual,* cit., p. 1; ONDERSMA, S., et al. «Sex with children is abuse: Comment», *Psychological Bulletin,* vol. 127, nº 6, 2001, pp. 707-714, p. 707; ORGANIZACIÓN MUNDIAL DE LA SALUD, «Preventing child maltreatment: A guide to taking action and generating evidence», Ginebra, 2016, p. 3.

114 Por ejemplo, GIOVANNONI, J. y BECERRA, R., *Defining Child Abuse,* Free Press, Nueva York, 1979, uno de los primeros trabajos académicos de clasificación de la violencia contra la infancia.

ha evitado su reconocimiento como una grave vulneración de los derechos humanos[115].

Probablemente Mathews y Collin-Vézina sean los autores que más rigurosamente han atendido este desafío[116]. En su ya citado artículo «Child Sexual Abuse: Toward a Conceptual Model and Definition», proponen un modelo conceptual de abuso sexual infantil capaz de integrar las distintas definiciones con la finalidad de lograr un concepto operativo que permita una intervención adecuada y coherente en los distintos ámbitos de actuación[117]. El modelo se estructura siguiendo conceptos clave que los autores extraen tras una disección de los elementos del término: niño, sexual, consentimiento y abuso. Los autores proponen entender el abuso sexual infantil como todo acto —que implique contacto físico o no— realizado sobre un niño — definido de acuerdo con su capacidad y edad cronológica— y no consentido válidamente por éste —es decir, sin su consentimiento «pleno, libre, voluntario y no coaccionado»— con el propósito de obtener la gratificación sexual propia —física o mental, sea de manera inmediata o diferida— que se realiza haciendo un uso de una posición de poder. Para los autores este último elemento requiere no solo la existencia de una relación de poder entre las partes, que puede ser estructural o interpersonal de poder, sino que también requie-

---

115 En el ámbito del derecho de la Unión Europea, la Directiva 2011/93/UE del Parlamento Europeo y del Consejo Europeo, relativa a la lucha contra los abusos sexuales y la explotación sexual de los menores y la pornografía infantil, afirma en su preámbulo que los abusos sexuales contra niños y niñas «constituyen graves violaciones de los derechos fundamentales y, en particular, de los derechos del niño a la protección y los cuidados necesarios para su bienestar». De manera consecuencia, los [e]stados miembros deben adoptar medidas encaminadas a impedir o prohibir los actos relacionados con la promoción del abuso sexual de los menores»: párrs. 1 y 33.

116 El trabajo de estos autores constituye el trabajo conceptual más completo que se ha encontrado en esta investigación.

117 MATHEWS, B. y COLLIN-VÉZINA, D. *Child Sexual Abuse...*, cit.

re algún acto de explotación de la vulnerabilidad derivada de la relación de poder[118].

De acuerdo con estos autores, el término «abuso» se distingue de otros tipos de violencia sexual por poseer una elevado reproche moral derivado del poder empleado[119] contra el sujeto pasivo

---

118 MATHEWS, B. y COLLIN-VÉZINA, D. *Child Sexual Abuse...*, cit., pp. 9-16.

119 MATHEWS, B. y COLLIN-VÉZINA, D. *Child Sexual Abuse...*, cit., pp. 14 y 15. Los autores desglosan cuatro elementos necesarios (indicios) para considerar cumplida la condición abusiva, que distinguiría este tipo de violencia sexual y que sintetizo a continuación:
El abuso ocurre dentro de una relación de poder: para Mathews and Collin-Vézina la primera condición es que exista entre las partes una dinámica relacional de poder y que ésta sea explotada por una de las partes. La relación de poder puede ser familiar, institucional, económica o psicológica. En este punto, Mathews and Collin-Vézina también introducen la posibilidad de que la relación de poder sea una relación «más general» de poder. En concreto, se refiere a la que tiene lugar, entre la mayoría de los adultos y la mayoría de los niños; y la que tiene lugar entre las niñas y los varones, basados en profundas e históricas prácticas socioculturales, roles de género y sexismo.
El abuso envuelve una posición de inequidad: de acuerdo con Mathews and Collin-Vézina, este requisito aclara el primer elemento. Implica que la parte ofendida debe estar en posición fundamental de desventaja en relación con la persona que inflige el abuso. La inequidad puede ser en distintos sentidos: edad; capacidad física, cognitiva y psicológica; inequidad de género. La relación de poder debe traducirse en que el menor se sitúa en el marco de esa relación en una posición de «menor poder», o ningún poder en absoluto. Mientras que la otra parte se ubica en una posición de mayor poder, o poder absoluto.
Explotación de la vulnerabilidad: quien abusa debe tomar ventaja de su posición en perjuicio de quien se ubica en posición de inequidad, con mayor vulnerabilidad como resultado. Usa su posición en beneficio y en detrimento de la otra parte. Lo degrada como ser humano en un sentido profundo, por uso incorrecto de posición en perjuicio de la parte más débil.
Ausencia de «verdadero consentimiento». Se trata de «ausencia de consentimiento libre o no viciado; o imposibilidad de consentir en absoluto por incapacidad. Mathews and Collin-Vézina introducen este elemento,

para lograr el acceso sexual[120]. Sin embargo, podríamos sostener que el concepto de Mathews y Collin-Vézina serviría para describir el concepto de abuso sexual en general, un tipo de violencia sexual diferenciado en función del medio de comisión: uso de poder, y tentativamente más reprochable precisamente por hacer un uso del poder más allá de su finalidad. Respecto del elemento «niño», los autores se refieren al problema de determinar los criterios válidos para considerar a una persona un niño a los efectos de cumplir la condición de sujeto pasivo del abuso sexual infantil, ¿qué criterio atender, la edad,? En su análisis no se encuentra una explicación sobre si esa condición de «ser niño» haga necesario un concepto sustancial separado de abuso sexual infantil, más allá de simplemente delimitar, a efectos prácticos, aquellos abusos sexuales (abusos de poder con fines sexuales) que sufre la infancia. Algunas de las preguntas que podríamos hacernos, son: ¿hay alguna característica predicable de un niño o una niña que justifique un concepto específico de violencia sexual que podamos llamar

plantean como un elemento definitorio el hecho de que falte un consentimiento válido. Sin embargo, no explican de qué manera el uso de la relación de poder influye en el consentimiento o en la capacidad de consentir. Parece que lo considera como un elemento independiente. Por un lado, sería necesario que no hubiera consentimiento, por otro que existiera ese uso de la posición relacional de poder. No se plantea la posibilidad de que haya un consentimiento válido y que, sin embargo, el uso de poder, que pueda considerarse externamente como un abuso, traiga consigo la reprobación moral. ¿Puede haber un abuso sexual consentido?

120 Para los autores: «[l]a importancia de la dinámica de poder es que se conecta de manera más inmediata y profunda con un daño que se extiende más allá de lo físico, hasta la violación psicológica y emocional. La ruptura de la dinámica de poder le otorga una fuerza psicológica o emocional más profunda, dándole mayor gravedad. Según esta concepción, dependiendo de los actos y de la relación entre el malhechor y el niño, la mayoría de los casos de abuso sexual implicarán una agresión sexual, pero puede haber casos de agresión sexual que no alcancen el nivel de abuso»: MATHEWS, B. y COLLIN-VÉZINA, D. *Child Sexual Abuse…*, cit., p. 14.

abuso sexual infantil? De haberla, ¿tal característica sería relevante con independencia del contexto interpersonal en el que tiene lugar el acto sexual?

Finalmente, otra de las condiciones consideradas por Mathews y Collin-Vézina es la relativa al consentimiento «libre e informado», su ausencia sería un elemento esencial del abuso sexual infantil, en tanto violencia sexual[121]. En su trabajo, los autores apuntan el problema de la determinación de cuándo un niño o una niña tiene capacidad para consentir de manera libre e informada, sin embargo desplazan el debate o no lo consideran central para la determinación del abuso sexual infantil porque asumen que el uso de una posición de poder para acceder sexualmente a un niño implica —o en la mayoría de los casos puede considerarse— una forma de coerción «emocional, psicológica, cognitiva o económica», que por tanto no haga necesario entrar a valorar la cuestión del consentimiento[122]. El consentimiento válido se consideraría ausente en razón del uso de poder, tenido como coerción, más allá del grado de capacidad cognitiva o de apreciación para consentir del niño o la niña. El concepto de abuso sexual de este modelo parece poner la lupa sobre el uso o no de una posición de poder para acceder sexualmente a un niño o una niña. Frente a esto, algunas de las preguntas que podríamos hacernos son: ¿la

---

121 MATHEWS, B. y COLLIN-VÉZINA, D. *Child Sexual Abuse...*, cit., pp. 12 y 13.

122 Krahé asume esta consideración como parte de las cuestiones entorno al abuso sexual infantil sobre las que hay consenso, según señala esta autora: «El abuso sexual se define comúnmente como el contacto sexual entre un niño y un adulto que se lleva a cabo para estimular sexualmente al perpetrador. Dado que se considera que los niños son incapaces de decidir si quieren tener contactos sexuales, el consentimiento no es un problema en la definición de abuso sexual infantil. El abuso sexual está ligado a una relación de poder desigual entre víctimas y perpetradores, mediante la cual los perpetradores explotan su edad o ventaja madurativa, su posición de autoridad sobre la víctima o recurren al uso de la fuerza o al engaño»: KHRAÉ, B. *The Social Psychology of Aggression*, 3ª ed., Routledge, 2021, p. 335.

evaluación del elemento de la capacidad de consentir en relación con una práctica sexual, podría ser un elemento relevante que justifique un concepto específico como forma de violencia sexual?, ¿de qué manera este elemento podría tener relación con el concepto de «abuso».

2.2. LA CONSOLIDACIÓN DEL USO DEL TÉRMINO «VIOLENCIA SEXUAL CONTRA LA INFANCIA» EN EL DERECHO INTERNACIONAL

Si bien el término de violencia sexual contra la infancia no aparece en la Convención sobre los Derechos del Niño, ni en ninguno de sus protocolos facultativos, en el contexto del derecho internacional este término ha sido objeto de un proceso progresivo de consolidación. Hasta inicios del siglo XXI, la expresión «violencia sexual» se utilizaba en el ámbito del derecho internacional de los derechos humanos en referencia personas adultas, particularmente en relación con las mujeres como víctimas, y se asociaba sobre todo con una forma específica de violencia sexual: la violación. Esa comprensión se concentraba en la Declaración sobre la Eliminación de la Violencia contra la Mujer, de 1993, que incluía dentro de su definición de violencia contra las mujeres «la violencia física, sexual y psicológica [...] incluidos los malos tratos, el abuso sexual de las niñas en el hogar, la violencia relacionada con la dote, la violación por el marido, la mutilación genital femenina y otras prácticas tradicionales nocivas para la mujer»[123].

---

[123] ASAMBLEA GENERAL DE LA ORGANIZACIÓN DE LAS NACIONES UNIDAS. *Declaración sobre la Eliminación de la Violencia Contra la Mujer,* de 20 de diciembre de 1993.
«Artículo 2
Se entenderá que la violencia contra la mujer abarca los siguientes actos, aunque sin limitarse a ellos:
a) La violencia física, sexual y sicológica que se produzca en la familia, incluidos los malos tratos, el abuso sexual de las niñas en el hogar, la violencia relacionada con la dote, la violación por el marido, la mutila-

Este texto se ha convertido en el documento referente para abordar conceptualmente la violencia sexual en general. La OMS, en 2002, definió como violencia sexual «todo acto sexual, la tentativa de consumar un acto sexual, los comentarios o insinuaciones sexuales no deseados, o las acciones para comercializar o utilizar de cualquier otro modo la sexualidad de una persona mediante coacción por otra persona, independientemente de la relación de esta con la víctima, en cualquier ámbito, incluidos el hogar y el lugar de trabajo»[124].

---

ción genital femenina y otras prácticas tradicionales nocivas para la mujer, los actos de violencia perpetrados por otros miembros de la familia y la violencia relacionada con la explotación;
b) La violencia física, sexual y sicológica perpetrada dentro de la comunidad en general, inclusive la violación, el abuso sexual, el acoso y la intimidación sexuales en el trabajo, en instituciones educacionales y en otros lugares, la trata de mujeres y la prostitución forzada;
c) La violencia física, sexual y sicológica perpetrada o tolerada por el Estado, dondequiera que ocurra».

124 ORGANIZACIÓN MUNDIAL DE LA SALUD. *Informe mundial sobre la violencia y la salud,* E. Krug et al. (eds.), 2002, p. 161.
«La violencia sexual se define como:todo acto sexual, la tentativa de consumar un acto sexual, los comentarios o insinuaciones sexuales no deseados, o las acciones para comercializar o utilizar de cualquier otro modo la sexualidad de una persona mediante coacción por otra persona, independientemente de la relación de esta con la víctima, en cualquier ámbito, incluidos el hogar y el lugar de trabajo. La coacción puede abarcar una amplia gama de
grados de uso de la fuerza.Además de la fuerza física, puede entrañar la intimidación psíquica, la ex- torsión u otras amenazas, como la de daño físico, la de despedir a la víctima del trabajo o de impedirle obtener el trabajo que busca. También puede ocurrir cuando la persona agredida no está en condiciones de dar su consentimiento, por ejemplo, porque está ebria, bajo los efectos de un estupefaciente o dormida o es mentalmente incapaz de comprender la situación.
La violencia sexual incluye la violación, definida como la penetración forzada físicamente o empleando otros medios de coacción, por más leves que sean, de la vulva o el ano, usando un pene, otras partes corporales o un objeto. El intento de realizar algunas de las acciones mencionadas se

Tanto el Convenio de Estambul, en el ámbito europeo, como el Convenio de Belém Do Pará, en el ámbito interamericano, se han referido al término de violencia sexual, extendiendo explícitamente su alcance a la violencia contra las niñas menores de 18 años[125]. Se trata también de un término cada vez más utilizado

---

conoce como intento de violación. La violación de una persona llevada a cabo por dos o más agresores se denomina violación múltiple.
La violencia sexual puede incluir otras formas de agresión que afecten a un órgano sexual, con inclusión del contacto forzado entre la boca y el pene, la vulva o el ano».

125 *Convenio del Consejo de Europa sobre prevención y lucha contra la violencia contra las mujeres y la violencia doméstica (conocido como «Convenio de Estambul»),* de 11 de mayo de 2011, ratificado por España en 2014, artículo 3.
«Artículo 3 – Definiciones
A los efectos del presente Convenio:
por "violencia contra las mujeres" se deberá entender una violación de los derechos humanos y una forma de discriminación contra las mujeres, y designará todos los actos de violencia basados en el género que implican o pueden implicar para las mujeres daños o sufrimientos de naturaleza física, sexual, psicológica o económica, incluidas las amenazas de realizar dichos actos, la coacción o la privación arbitraria de libertad, en la vida pública o privada;
Por "violencia doméstica" se entenderán todos los actos de violencia física, sexual, psicológica o económica que se producen en la familia o en el hogar o entre cónyuges o parejas de hecho antiguos o actuales, independientemente de que el autor del delito comparta o haya compartido el mismo domicilio que la víctima;
por "género" se entenderán los papeles, comportamientos, actividades y atribuciones socialmente construidos que una sociedad concreta considera propios de mujeres o de hombres;
por "violencia contra las mujeres por razones de género" se entenderá toda violencia contra una mujer porque es una mujer o que afecte a las mujeres de manera desproporcionada;
por "víctima" se entenderá toda persona física que esté sometida a los comportamientos especificados en los apartados a y b;
el término "mujer" incluye a las niñas menores de 18 años».
Convención Interamericana para Prevenir, Sancionar y Erradicar la Violencia contra la Mujer (conocida como «Convención Belem Do Pará»), de 9 de junio de 1994, artículo 2 en relación con artículo 9.

en el ámbito de Naciones Unidas. De manera general, ha sido el «Informe del experto independiente para el estudio de la violencia contra los niños, de las Naciones Unidas[126]», realizado

---

«Artículo 2
Se entenderá que violencia contra la mujer incluye la violencia física, sexual y psicológica:
a. que tenga lugar dentro de la familia o unidad doméstica o en cualquier otra relación interpersonal, ya sea que el agresor comparta o haya compartido el mismo domicilio que la mujer, y que comprende, entre otros, violación, maltrato y abuso sexual;
b. que tenga lugar en la comunidad y sea perpetrada por cualquier persona y que comprende, entre otros, violación, abuso sexual, tortura, trata de personas, prostitución forzada, secuestro y acoso sexual en el lugar de trabajo, así como en instituciones educativas, establecimientos de salud o cualquier otro lugar, y
c. que sea perpetrada o tolerada por el Estado o sus agentes, donde quiera que ocurra».
« Artículo 9
Para la adopción de las medidas a que se refiere este capítulo, los Estados Partes tendrán especialmente en cuenta la situación de vulnerabilidad a la violencia que pueda sufrir la mujer en razón, entre otras, de su raza o de su condición étnica, de migrante, refugiada o desplazada. En igual sentido se considerará a la mujer que es objeto de violencia cuando está embarazada, es discapacitada, *menor de edad,* anciana, o está en situación socioeconómica desfavorable o afectada por situaciones de conflictos armados o de privación de su libertad».

126 Informe del Experto Independiente para el Estudio de la Violencia Contra los Niños de las Naciones Unidas, 29 de agosto de 2006, A/61/299. Según su introducción, se trata de: «el primer estudio exhaustivo y de conjunto llevado a cabo por las Naciones Unidas sobre todas las formas de violencia contra los niños. Se ha basado en el estudio sobre las consecuencias de los conflictos armados en los niños que Graça Machel preparó y presentó a la Asamblea General hace 10 años y se inspira en el Informe Mundial sobre la Violencia y la Salud de la Organización Mundial de la Salud. Es asimismo el primer estudio de conjunto realizado de manera directa y constante con los niños. Éstos han participado en todas las consultas regionales que se han llevado a cabo en relación con el estudio, y han descrito de modo elocuente la violencia que sufren y sus propuestas para ponerle fin». Son varias las referencias en este informe sobre violencia sexual contra la infancia.

por Pinheiro bajo el mandato del Secretario General de Naciones Unidas, junto con el «Informe Mundial sobre la Violencia contra los Niños y Niñas»[127], que el mismo experto ha realizado documentando el proceso y resultados de su informe para Naciones Unidas, los que, en 2006, introdujeron el discurso de la violencia sexual contra niños y niñas en el ámbito del sistema de protección universal. A partir de ahí, una serie de resoluciones de la Asamblea General y el Consejo de Derechos Humanos han empleado este término en relación con los niños y las niñas, a menudo como un concepto que engloba las dos grandes categorías que habrían sido utilizadas mayoritariamente para abordar la violencia sexual contra la infancia: el abuso sexual infantil y la explotación sexual infantil[128]. Esa evolución conceptual ha llevado a que en los desarrollos sobre protección en el marco de la Convención sobre los Derechos del Niño, a pesar de no ser un concepto previsto en ella, se sustituyan las referencias al «abuso sexual» por violencia sexual. Hasta ese entonces, esa división entre abuso sexual o explotación sexual, implicaba que el abuso sexual comprendía dos concepciones: una genérica, que abarca la explotación sexual infantil, de manera que abuso sexual equivalía a violencia sexual; y una

---

Algunas de ellas: «Cada vez se reconoce más la existencia de la violencia sexual en el hogar» (párr. 44); «Los niños son vulnerables a la violencia sexual y a la explotación de los miembros de la comunidad. Los actos de violencia sexual suelen cometerlos personas conocidas de los niños, como miembros de la familia o adultos en posiciones de confianza (como entrenadores deportivos, clérigos, policías, maestros y empleadores), pero también personas a quienes los niños no conocen» (párr. 75).

127 PINHEIRO, P. S., *Informe mundial sobre la violencia contra los niños y niñas,* Naciones Unidas, Nueva York, 2006. En su introducción señala que «sigue los lineamientos del Informe Mundial sobre la Violencia y la Salud de la Organización Mundial de la Salud publicado en 2002».

128 Por ejemplo: Resolución del Consejo de Derechos Humanos sobre «Los derechos del niño: lucha contra la violencia sexual ejercida contra los niños», A/HRC/RES/13/20, 2010; Resolución 66/140 de la Asamblea General de la Organización de Naciones Unidas, 2011; Resolución 66/141 Asamblea General de la Organización de Naciones Unidas.

estricta, que diferenciaba ambos términos en razón de la ausencia o presencia de un elemento de beneficio económico.

De manera más detallada, en la Observación General nº 13, sobre el derecho a ser protegidos contra toda forma de violencia, el Comité de los Derechos del Niño ofrece una definición de la violencia sexual contra niños, niñas y adolescentes en la que incluye: «a) La incitación o la coacción para que un niño se dedique a cualquier actividad sexual ilegal o psicológicamente perjudicial; b) La utilización de un niño con fines de explotación sexual comercial; c) La utilización de un niño para la producción de imágenes o grabaciones sonoras de abusos sexuales a niños; d) La prostitución infantil, la esclavitud sexual, la explotación sexual en el turismo y la industria de viajes, la trata (dentro de los países y entre ellos) y la venta de niños con fines sexuales y el matrimonio forzado. Muchos niños sufren abusos sexuales que, pese a no mediar la fuerza o la coerción físicas, son intrusivos, opresivos y traumáticos desde el punto de vista psicológico»[129].

Por otro lado, la Agenda 2030 para el Desarrollo Sostenible incluye entre sus objetivos de seguimiento uno vinculado con el progreso de la eliminación de todas las formas de violencia contra las mujeres y niñas (Objetivo 5.2) y otro tendiente a la eliminación de todas las formas de violencia contra los niños (Objetivo 16.2).

El tradicional uso del término abuso sexual, en lugar de violencia sexual, para referir los actos de violencia sexual en general cuando se dirigen a niños o niñas, parece ser, en cierto punto, la aplicación al ámbito sexual de una distinción terminológica previa. La distinción entre, por un lado, abuso infantil o maltrato infantil, y violencia contra la infancia, por otro lado. Tanto en la literatura especializada como en el derecho estatal e internacional el problema de

---

129 COMITÉ DE LOS DERECHOS DEL NIÑO. *Observación General nº 13 sobre el derecho del niño a no ser objeto de ninguna forma de violencia,* Naciones Unidas, 2011, párr. 25.

la violencia contra la infancia, especialmente cuando es cometida por sus padres o por personas a cargo de su cuidado, tradicionalmente se ha nombrado como maltrato infantil o abuso infantil. La razón fundamental sería que estos términos permitirían englobar omisiones que, en el marco de la violencia, quedarían excluidos o solo con dificultad podrían considerarse incluidos, como el abandono o la negligencia de supervisión o la negligencia emocional que son exigibles solo en el marco de relaciones de dependencia y cuidado[130]. Aunque esta discusión no esté resuelta, lo cierto es que tratándose de la violencia sexual, es difícil pensar en omisiones como contenido de esta violencia. Difícilmente un acto sexual por parte de un cuidador podría considerarse una omisión de cuidado.

En relación con el empleo del término violencia en el ámbito internacional, se ha apuntado que la violencia puede ser tanto el resultado de «omisión» como de «comisión». En tal sentido, el Comité de los Derechos del Niño, el Tribunal Europeo de Derechos Humanos y la Corte Interamericana de Derechos Humanos han aclarado que existen una serie de obligaciones positivas dirigidas a garantizar la protección a los niños y las niñas frente a la violencia[131]. El término de «violencia sexual» también se ha

---

130 CORBY, B. *Child Abuse: Towards a Knowledge Basis,* 3ª ed, Open University Press, Buckingham, 2006, pp. 78-104.

131 En el caso del Comité, la Observación General nº 13, se refiere al marco de obligaciones de los estados derivadas del art. 19: COMITÉ DE LOS DERECHOS DEL NIÑO. *Observación General nº 13 sobre el derecho del niño a no ser objeto de ninguna forma de violencia,* Naciones Unidas, 2011, párr. 25. En cuanto a la jurisprudencia del Tribunal Europeo de Derechos Humanos, uno de los casos en los que reconoce obligaciones positivas en materia de violencia sexual contra la infancia es en: O'Keeffe c. Irlanda, de 2014, en la cual el Tribunal desglosó algunas de estas obligaciones positivas, entre ellas, la garantía de establecer mecanismos adecuados de denuncia de abusos sexuales en centros escolares: TRIBUNAL EUROPEO DE DERECHOS HUMANOS. *O'Keeffe c. Irlanda,* sentencia de 28 de enero de 2014. Por su parte, la Corte Interamericana de Derechos Humanos, desde su primer caso sobre abuso sexual

traslado al ámbito interno de los estados como una referencia importante en la creación de programas y políticas, y se encuentra cada vez más presente en el discurso público. Si es interpretada en sentido amplio, esta expresión tiene la ventaja de ser capaz de englobar todos los grados de violencia, todas las formas de daño infligido (físico, psicológico o sexual), así como todo tipo de actos (a través del contacto, sin contacto, por omisión). En este sentido, puede considerarse un término paraguas que permite apuntalar el discurso público en pro de su erradicación y articular políticas públicas o normas jurídicas de protección, útil tanto para responsables políticos y legisladores, como para la sociedad civil a los efectos de encauzar sus demandas.

Si bien podríamos decir que el término «violencia sexual contra la infancia» se encuentra en vías de consolidación, en la actualidad no ha tenido lugar el abandono de los términos de abuso sexual y explotación sexual presentes en la Convención sobre los Derechos del Niño. Estos términos conviven tanto en el marco del derecho internacional, como en el derecho interno de los estados. Estos siguen siendo términos clave para encauzar hechos concretos de violencia sexual como violaciones a los derechos de los niños. Se trata de términos utilizados en distintas sentencias, tanto del TEDH como de la Corte IDH. Por otro lado, en el ámbito de los ordenamientos jurídicos internos, incluidos muchos de la Unión Europea, estas expresiones se mantienen en su especificación como delitos. Se utilizarían como términos más específicos para nombrar una forma de violencia sexual. Considerando que no ha tenido lugar complemente un reemplazo entre los

---

contra una niña en el entorno familiar, en 2018 reconoció la existencia de obligaciones positivas frente a la violencia sexual contra la infancia, y niñas en particular, identificando entre ellas, la capacitación especializada del personal que atiende casos de violencia sexual contra la infancia, o la mayor celeridad en la atención de esta forma de violencia tratándose de niñas víctimas: CORTE INTERAMERICANA DE DERECHOS HUMANOS. *Caso V.R.P., V.P.C.* y otros c. Nicaragua,* Excepciones Preliminares, Fondo, Reparaciones, sentencia de 8 de marzo de 2018.

términos de abuso sexual y de violencia sexual referidos a niños y niñas como víctimas, en los siguientes apartados intentaré: primero, esbozar un concepto restringido de abuso sexual aplicable a la infancia desde el parámetro del consentimiento como elemento definidor; y posteriormente, presentar y argumentar sobre el concepto estratégico que se utilizará a lo largo del presente trabajo, el de violencia sexual contra la infancia.

2.3. VIOLENCIA SEXUAL Y AUTONOMÍA PROGRESIVA

2.3.1. Concepto de violencia sexual desde el consentimiento

a) El consentimiento como criterio definidor de la violencia sexual

Si bien existen numerosos debates en torno a los criterios de legitimación moral de las prácticas sexuales, los distintos paradigmas están de acuerdo en un principio básico —aunque discrepen en el contenido y concreción de ese principio—: consideran legítimo que se pongan límites a la libertad sexual para favorecer o mantener valores fundamentales en el marco de una sociedad democrática y plural que caracteriza a un estado constitucional, como son la igualdad y la autonomía. La cuestión es, apunta Mestre, decidir y justificar cuáles son esos límites legítimos y qué restricciones a la libertad sexual pueden ser aceptadas[132]. Hoy en día, la mayoría de los autores reconocen que la autonomía personal es el fundamento de la libertad sexual, y consideran que el consentimiento —válido únicamente si cumple con determinados requisitos— es el criterio más adecuado para determinar la

---

132 MESTRE, R. «Sobre la evolución en el reconocimiento de algunos derechos sexuales en Europa», Capítulo XIX, en *Historia de los derechos fundamentales*, tomo IV, vol. VI, libro II, Dykinson, Madrid, 2013, pp. 1017-1058, p.1048.

permisibilidad moral del sexo[133]. Sin embargo, hay disenso acerca de otras cuestiones. Por ejemplo, si en todos los supuestos el consentimiento es siempre suficiente para determinar tal permisibilidad, sobre la precisión de las condiciones de un consentimiento válido, o sobre la relación entre las desigualdades estructurales y el consentimiento.

El fundamento de la permisibilidad moral de las actividades consentidas, de acuerdo con los teóricos del consentimiento[134],

---

133 En HALWANI, R. «Sex and Sexuality», en *The Stanford Encyclopedia of Philosophy*, en EDWARD N. ZALTA y URI NODELMAN (eds.), *The Stanford Encyclopedia of Philosophy*, 2023, URL: https://plato.stanford.edu/archives/sum2023/entries/sex-sexuality/, se encuentra una síntesis sobre el estado de la cuestión en la filosofía sobre los criterios de legitimación moral del sexo.
Si bien en la actualidad el apoyo mayoritario del consentimiento como criterio de legitimación de las prácticas sexuales continua teniendo vigencia, tanto en la literatura especializada como en el derecho —siendo este el criterio en que suelen fundamentarse los delitos sexuales—, hay influyentes posturas críticas que rechazan la posibilidad de un «consentimiento válido» en las sociedades actuales. Una síntesis sobre las principales críticas al consentimiento dentro de las teorías feministas se encuentra en: WHISNANT, R., «Feminist Perspectives on Rape», en EDWARD N. ZALTA y URI NODELMAN (eds.), *The Stanford Encyclopedia of Philosophy*, 2021, URL: https://plato.stanford.edu/archives/fall2021/entries/feminism-rape (último acceso 17-05-24). Probablemente una de las críticas más influyentes sobre el consentimiento es que no tiene en cuenta el contexto social o estructural en el que se produce las prácticas sexuales. Esta crítica ha sido desarrollada ampliamente dentro del llamado «feminismo radical». Serra ha apuntado, que esta postura ha tenido una influencia más extendida en la literatura y derecho norteamericano, pero advierte que su influencia cada vez es más intensa en Europa, incluida España. En su libro *El sentido de consentir*, Serra apunta algunos de los riesgos que asumir esta postura puede tener: SERRA, C. *El sentido de consentir*, Anagrama, Madrid, 2024.

134 Utilizo este término para referirme a los autores y autoras que especialmente desde la filosofía han reflexionado y teorizado sobre el consentimiento como instrumento de legitimación moral aplicado en el ámbito sexual. Como ha apuntado Halwani el consentimiento es un instrumento

radicaría en la libertad de elección, o en su función como garantía básica para el ejercicio de la autonomía personal[135]. Otra cuestión es cuándo sería razonable asumir que se dan las condiciones mínimas necesarias para elegir libremente. Las raíces de este instrumento estarían en el contractualismo liberal, cuyo fundamento es la libertad y el convencimiento de la necesidad de límites para la legitimación del poder[136]. El consentimiento dentro de la filosofía moderna se considera una ficción instrumental para legitimar el

---

utilizado tanto dentro de teorías liberales como conservadoras. En el marco de cada corriente de pensamiento el consentimiento es delimitado e interpretado con distinto contenido o alcance: HALWANI, R. «Sex and Sexuality», cit. Mestre sintetiza los que considera son los «dos paradigmas mayoritarios actuales en relación a la libertad sexual... desarrollados por la teoría feminista»: el paradigma regulador y el paradigma libertario. El primero mantendría una ambivalencia entre el consentimiento como garantía de la autonomía de la mujeres pero a la vez cuestionaría la «capacidad real para consentir de la que carecerían la mayoría de las mujeres por estar sujetas a coerción patriarcal», defendiendo la priorización de otros fundamentos, distintos a la libertad sexual, para abordar algunas elecciones sexuales, como la pornografía, el trabajo sexual o algunas prácticas sexuales. En cambio, el paradigma libertario, consideraría que «[l]a normalización de determinadas prácticas lleva a la patologización de otras, y a la exclusión de algunos sujetos identificados con tales prácticas»; sin embargo, apunta Mestre: la «despatologización» de las diferentes prácticas sexuales, preferencias o deseos debería darse en el marco de un estado que asegure la producción de condiciones para la autonomía en materia sexual a todas las personas en igualdad: MESTRE, R. «Sobre la evolución en el reconocimiento de algunos derechos sexuales en Europa», cit., pp. 1044-1048.

135 ARCHARD, D. *Sexual consent,* Westview Press, Oxford, 1998, pp. 43 y 44; WERTHEIMER, A. *Consent to sexual relations,* Cambridge University Press, 2003, pp. 142 y 143; MILLER, F. y BIX, B. «Contracts», en MILLER F. G. y WERTHEIMER, A. (eds.), *The Ethics of Consent. Theory and Practice,* Oxford Academic, Nueva York, 2009, pp. 251-279, p. 251; EYAL, N. «Informed Consent», en EDWARD N. ZALTA y URI NODELMAN (eds.), *The Stanford Encyclopedia of Philosophy,* 2019, URL: https://plato.stanford.edu/archives/spr2019/entries/informed-consent.

136 ARCHARD, D. *Sexual consent,* cit., p. ; WERTHEIMER, A. *Consent to sexual relations,* cit.;

poder político. Un medio que permitiría distinguir entre el imperio de un poder ilegítimo —a través de la fuerza y la coacción— y la legitimidad del gobierno de un orden social construido a través de relaciones entre ciudadanos libres. De él dependería, señala Serra, la diferencia entre la libertad y la sumisión[137]. Pero, ¿se trata de un instrumento extrapolable al plano sexual?

Los autores que reflexionan sobre el consentimiento y su idoneidad como herramienta de legitimación moral en el terreno sexual, suelen explicar en qué consiste el consentimiento en general, para luego trasladarlo al ámbito de la sexualidad y evaluar así su idoneidad[138]. No se trata de una herramienta pensada originalmente para las relaciones sexuales, sino una adaptación. Un análisis profundo sobre el consentimiento muestra sus costuras, no solo ya por los dilemas propios del consentimiento, como es el hecho de asumir que tenemos una libertad mínima, suficiente para consentir válidamente sobre casi cualquier aspecto —problemas que, si cabe, se enfatizan tratándose del plano sexual— sino por la naturaleza propia de la sexualidad. Entre algunos de los desafíos para el consentimiento que plantea la naturaleza sexual del

---

137 SERRA, C. *El sentido de consentir*, cit., pp. 13 y 14. La premisa normativa del sujeto libre y autónomo ha sido puesta en entredicho dentro de las teorías feministas. Pateman es una de las autoras críticas con esta premisa, para quien la ficción del contrato social esconde el hecho de que la esfera pública: el espacio de sujetos libres e iguales, es solo el espacio de los hombres, un espacio que solo es posible si se construye sobre la idea de una esfera privada anterior: el espacio de las mujeres subordinadas a los hombres. PATEMAN, C. «Feminist Critiques of the Public/Private Dichotomy», en PHILLIPS, A. (ed.), *Feminism and Equality*, University Press, Nueva York, 1987, pp. 103-126; Para Mestre, «el contractualismo… produce dos exclusiones importantes: una exclusión de los sujetos (las mujeres) y una exclusión del objeto (el ámbito familiar/privado)»: MESTRE, R. *La caixa de Pandora. Introducció a la teoria feminista del dret*, Universitat de València, 2006, p. 79.

138 KLEINIG, J. «The Nature of Consent», en MILLER, F. G. y WERTHEIMER, A. (eds.), *The Ethics of Consent. Theory and Practice*, Oxford Academic, Nueva York, 2009, pp. 3-24; ARCHARD, D. *Sexual Consent*, cit., pp. 3-16.

acto respecto del cual se valora su idoneidad, estarían la cuestión de cuál es el medio para materializar el consentimiento, o bien la cuestión de su carácter no solo consensual sino contractual, según la cual se trataría no solo de un instrumento de legitimación moral, sino de un instrumento generativo del que nacen obligaciones y derechos.

Sobre lo primero, si bien existe cierto consenso sobre que, en tanto herramienta que pretende regular una relación interpersonal, es necesaria la externalización de su formulación mental, la pregunta es ¿qué tipo de externalización vale en el terreno sexual?[139] Quizá sea obvio que tratándose de la sexualidad, la exigencia de un consentimiento escrito es irreal y su operatividad ridícula, pero entonces, ¿qué medio permite comunicar el consentimiento en el plano sexual? La necesidad de externalización del consentimiento se ha resumido con la frase de que consentir es «dar» el consentimiento[140], es un acto performativo que requiere ser comunicado, conocido por la otra parte. La cuestión del medio para consentir también suele problematizarse desde el punto de vista de la evidencia en el ámbito jurídico[141], más allá del relato de las partes que intervienen en una practica sexual, desde el exterior de la relación interpersonal: ¿cómo buscar ese consentimiento o su ausencia?, ¿qué signos razonablemente implican consentimiento, ¿o qué signos razonablemente nos hacen sospechar fuertemente sobre su ausencia?, ¿cómo dividir un acto sexual, que es más bien una dinámica constituida por una serie de interacciones variables y eventuales según cada práctica sexual?, ¿cada interacción requiere un consentimiento autónomo? Una vez determinadas estas complejas cuestiones, cabe preguntarse también ¿qué valor deberíamos dar en el plano jurídico a su ausencia o a su presencia?

---

139 ARCHARD, D. *Sexual Consent,* cit., pp. 4-5 y 7-14; WERTHEIMER, A. *Consent to sexual relations,* cit., pp. 152-159.

140 ARCHARD, D. *Sexual consent,* cit., p. 3; WERTHEIMER, A. *Consent to sexual relations,* cit., pp. 11-36.

141 ARCHARD, D. *Sexual consent,* cit., pp. 14-16.

Por otra parte, no parece adecuado entender el consentimiento sexual como un instrumento de naturaleza contractual[142], sino consensual. A lo sumo podría pensarse en la generación consensual de, más que derechos y obligaciones, una relación permitida entre las partes en el sentido mínimo y restringido de reconocer un vínculo voluntario que no contradice el marco jurídico. Sin embargo, se trata más de un medio para legitimar que de un medio para constituir esa relación. Las interacciones voluntarias en el marco de una relación sexual, de acuerdo con buena parte de los teóricos del consentimiento, no debería entenderse en términos de cumplimiento o ejercicio de «obligaciones y derechos» adquiridos o asumidos por medio de un contrato sobre la realización de un acto sexual y sus modalidades. El cambio de parecer —de querer a no querer continuar una dinámica sexual, una vez enterada la otra parte— no debería entenderse como un incumplimiento de un contrato inicialmente pactado.

Incluso considerándola la mejor herramienta con la que contamos para garantizar la capacidad de decidir en el contexto interpersonal, hay autoras que se preguntan ¿es posible realmente

---

142 Sin embargo, hay algunos teóricos del consentimiento que defienden la perspectiva contractual del consentimiento, como un contrato sexual que crea obligaciones o «deberes sexuales», tal es el caso de Soble: SOBLE, A. «Gifts and duties», en HALWANI, R. et al. (eds.), *The Philosophy of Sex. Contemporary Readings,* 7ª ed., Rowman & Littlefield, Nueva York, 2017, pp. 449-464; o de BELLIOTTI, R. «A Philosophical Analysis of Sexual Ethics», *Journal of Social Philosophy,* vol. 10, nº 3, 1979, pp. 8-11, p. 9, para quien: «Cuando dos personas consienten voluntariamente en interactuar sexualmente, crean obligaciones mutuas basadas en sus necesidades y expectativas. Todo encuentro sexual tiene como base las necesidades, deseos e impulsos de los individuos involucrados. El hecho de que elijamos interactuar sexualmente es un reconocimiento de que ninguno de nosotros es totalmente autosuficiente. Interactuamos con otros para satisfacer ciertos deseos que no podemos satisfacer por nosotros mismos. Esto sugiere que la base del encuentro sexual es contractual; es decir, es un acuerdo voluntario por parte de ambas partes para satisfacer la expectativa de la otra».

consentir?, ¿tiene algún sentido consentir en el terreno sexual? Podríamos clasificar entre aquellas teorías que sostienen que consentir, al menos para algunos grupos sociales, es «dificilísimo», cuando no imposible tratándose del consentimiento en el contexto social de desigualdad estructural, o en el contexto interpersonal de una relación de poder (institucional, familiar, etc.). Mientras que para otros, el consentimiento no solo es posible, sino que es «facilísimo», sin considerar la relevancia —u obviándola— de los contextos de poder o abstrayéndola de cualquier otra circunstancia. Para Serra, que problematiza sobre estas preguntas en relación con las mujeres, la primera es la teoría de la dominación, que apunta la falsedad del consentimiento de las mujeres en general y/o en particular en el ámbito sexual; mientras que la segunda llevaría a defender un hipercontractualismo[143]. Probablemente buena parte de la explicación en estos dos puntos de vista opuestos y extremos sea la manera en que se trata la distinción entre la premisa de la igualdad asumida como parte de la ficción del consentimiento y su conjugación con la desigualdad estructural presente, en mayor o menor medida, en todas las sociedades. Frente a esto, hay autoras críticas que defienden el consentimiento como un instrumento necesario pero precario, problemático pero posible[144].

---

143 SERRA, C. *El sentido de consentir*, cit., pp. 14-20.

144 Serra resume su defensa así: «La figura del consentimiento tiene límites. No es una varita que lo puede todo; es más bien, una modesta herramientas jurídica que debemos defender aun cuando sepamos que solo de forma forzada e imperfecta puede ser un continente del sexo. No sirve para abordar el problema del poder, que necesariamente queda fuera y que, como problema político, nos sigue interpelando y reclamando nuestra intervención. No sirve para perseguir el deseo, que nunca podrá encontrar su espacio de existencia bajo la forma de contrato. Pero contrastar los límites del consentimiento no debería conducirnos... a invalidarlo, dejarlo atrás, estrecharlo o sustituirlo... Pensar de forma crítica es tanto defenderlo como considerar sus límites. El consentimiento es un continente precario para abarcar la sexualidad, pero, a la vez, es un concepto necesario... es tan irrenunciable como complejo. Debemos legislar la sexualidad para poner límites a la vio-

En la formulación de Archard, el principio de permisibilidad moral de la consensualidad establece que una práctica 'x' es moralmente permisible si todos aquellos individuos que son partes de 'x' tienen capacidad para dar su consentimiento, dan su consentimiento válido y los intereses de ninguna otra parte se ven significativamente perjudicados. Por otra parte, Archard también formula el principio de no consensualidad, según el cual: una práctica, 'x' , es moralmente inadmisible si al menos uno de los individuos que son parte de 'x', y que es competente para dar su consentimiento, no da su consentimiento válido, incluso si los intereses de ninguna otra parte se ven significativamente perjudicados[145]. Al explicar las distintas partes de su formulación, Archard precisa que no cualquier interés de terceras partes —ni cualquier grado de perjuicio— podría considerarse con la relevancia suficiente para condicionar la validez del consentimiento en el marco de una práctica sexual interpersonal[146]. Si bien las

---

lencia, pero tenemos que también que permitir que esa legislación le deje espacio al deseo. Debemos iluminar con claridad la imposición de la fuerza, para salvaguardar asimismo ciertos espacios para la penumbra... El consentimiento [en definitiva] ha de servir para delimitar la violencia, no para salvarnos de todo riesgo»: SERRA, C. *El sentido de consentir,* cit., pp. 126-128.

145 ARCHARD, D. *Sexual Consent,* cit., p. 2.

146 Son tres las prácticas sexuales donde Archard considera claramente presente este tipo de interés: en la zoofilia, en la necrofilia y en las prácticas sexuales que implican exhibicionismo. El autor considera que tenemos que respetar el interés de los animales, el interés en consentir de las personas que prevalece después de su muerte y el interés de terceras personas no implicadas en la práctica sexual, por tanto no contratantes, de no presenciar una práctica sexual ajena, que, razonablemente, pueda causarle una perturbación u ofensa importante: ARCHARD, D. *Sexual Consent,* cit., pp. 68-73. En mi opinión, más que un elemento autónomo, la condición vinculada a los intereses de terceras partes referida a los animales y los muertos podría englobarse como una precondición esencial del consentimiento. No hace falta entrar a analizar el tipo de interés de estas partes para determinar su relevancia. Los animales y los muertos no pueden consentir una relación sexual cumpliendo las condiciones de validez, en los mismos términos que

distintas formulaciones teóricas sobre el consentimiento tienen mucha similitud entre sí, el principio de consensualidad formulado por Archard tiene la particularidad de no reproducir el paradigma de una parte que propone y otra que «acepta»[147]; sino que propone un modelo más amplio: el de «consensualidad» en el que todas las partes consienten o no, unas con otras[148].

b) Condiciones de validez

Es común a todas las teorías sobre el consentimiento planteadas por diversos autores la referencia a las condiciones, elementos o requisitos indispensables para considerar la emisión del consentimiento válido a los efectos de servir como fundamento de permisibilidad moral. Aunque con algunas variaciones en su definición, son tres los elementos que suelen señalarse por los teóricos del consentimiento: i) la capacidad de consentir, ii) la ausencia de

---

una persona humana. Ni podemos valorar, hoy día, algo parecido a la capacidad de consentir entre animales que nos permita articular criterios de permisibilidad sólidos para reglar una eventual práctica sexual entre humanos y animales.

147 Paradigma que ha sido blanco de críticas, no sin razón, particularmente por teóricas feministas, especialmente teóricas dentro de la corriente conocida como «feminismo radical». Algunos de los trabajos que analizan esas críticas, están en: WHISNANT, R. «Feminist Perspectives on Rape», en EDWARD N. ZALTA y URI NODELMAN (eds.), *The Stanford Encyclopedia of Philosophy*, 2021, disponible en: https://plato.stanford.edu/archives/fall2021/entries/feminism-rape.

148 Otro de los autores que esta en esta línea es WERTHEIMER, A. *Consent to sexual relations,* cit., p. 195. En cambio, entre los autores que sí utilizan el paradigma relacional en el que existe una parte (implícitamente «más activa») que hace una proposición y una parte (implícitamente «más pasiva») que consiente o disiente sobre la proposición, está Halwani para quien: «La actividad sexual de 'X' con 'Y' es moralmente permisible si, y solo si, 'Y' consiente válidamente la actividad sexual»: HALWANI, R. «Sex and Sexuality», en EDWARD N. ZALTA y URI NODELMAN (eds.), *The Stanford Encyclopedia of Philosophy,* 2023, disponible en: https://plato.stanford.edu/archives/sum2023/entries/sex-sexuality.

engaño, o el requisito de tener la información relevante indispensable para tomar una decisión ajustada a los hechos y iii) la ausencia de coerción, o el requisito de voluntariedad[149]. Los autores que señalan estos tres elementos, entenderían que «si y solo si se produce coerción, engaño o incapacitación, el consentimiento es inválido y el acto sexual no es ético»[150]. El sexo moralmente inadmisible tendría lugar cuando una persona actúa sin el consentimiento de la otra o cuando no haya un consentimiento sin coacción o engaño o aprovechamiento de la incapacidad del otro. A continuación abordaré sucintamente el contenido de cada uno de estos criterios de validez del consentimiento.

i. Capacidad

Dentro de la literatura especializada sobre el consentimiento sexual encontramos referencias a distintos elementos de la capacidad para consentir. Archard o Wertheimer son algunos de los autores que entienden que la capacidad de una persona para consentir abarca tanto su aptitud para comprender la naturaleza de aquello que consiente, como la habilidad de tomar una decisión respecto de esa cuestión[151]. Para estos autores, la ausencia de esa capacidad puede ser o bien permanente, como podría ser el caso de una persona que padeciera una enfermad mental grave que

---

149 Entre los autores que se refieren a estos elementos están: WERTHEIMER, A. *Consent to sexual relations,* cit., p.163; ARCHARD, D. *Sexual Consent,* cit., p. 44; STEUTEL, J. y DE RUYTER, D.J. «What should be the moral aims of compulsory sex education?», *British Journal of Educational Studies, vol. 59,* nº 1, 2011, pp. 75-86, p. 77; MAPPES, T. «Sexual Morality and the Concept of Using Another Person», en HALWANI, R. et al. (eds.), *The Philosophy of Sex. Contemporary Readings,* 7ª ed., Rowman & Littlefield, Nueva York, 2017, pp. 273-292, p. 277.

150 MILLER, S. «Sexual Autonomy and Sexual Consent», en BOONIN, D., *The Palgrave Handbook of Sexual Ethics,* Palgrave MacMillan, Cham, 2022, pp. 247-270, p. 248.

151 ARCHARD, D. *Sexual Consent,* cit. p. 44, WERTHEIMER, A. Consent to sexual relations, cit., p. 215.

tuviera ese efecto. O podría ser temporal, como sería el caso de personas bajo el efecto del alcohol o de drogas, o personas que presenten un episodio de amnesia o desorientación mental de tal entidad que tuviera ese efecto incapacitante por un periodo determinado[152]. Dentro de las teóricos del consentimiento, existen distintas posturas sobre la relación entre capacidad para consentir y niños[153]. La mayoría están de acuerdo en que se trata de una capacidad que se adquiere gradualmente[154], sin embargo, la cuestión de cómo determinar una edad legal del consentimiento sexual y los problemas que entraña no suelen ser abordados por los teóricos del consentimiento.

ii. Información relevante, o ausencia de engaño

Este requisito consiste en que la persona que otorga el consentimiento debe tener conocimiento de todos los hechos relevantes que influyen significativamente en la decisión de prestar

---

152 El Código Penal español actualmente contempla este caso como un supuesto de agresión sexual:
«Artículo 178.
[…]
2. Se consideran en todo caso agresión sexual los actos de contenido sexual que se realicen empleando violencia, intimidación o abuso de una situación de superioridad o de vulnerabilidad de la víctima, así como los que se ejecuten sobre personas que se hallen privadas de sentido o de cuya situación mental se abusare y los que se realicen cuando la víctima tenga anulada por cualquier causa su voluntad».

153 WERTHEIMER, A. Consent to sexual relations, cit., pp. 215-223; ARCHARD, D. *Sexual Consent,* cit. pp. 44-46; HALWANI, R. «Sex and Sexuality», cit.; MAPPES, T. «Sexual Morality and the Concept and the Concept of Using Another Person», cit., p. 277; SOBLE, A. «Sexual Use and What to Do About It: Internalist and Externalist Sexual Ethics», *Essays in Philosophy,* vol. 2, nº 2, 2001, pp. 37–54.

154 WERTHEIMER, A. Consent to sexual relations, cit., pp. 215-223; ARCHARD, D. *Sexual Consent,* cit. pp. 44-46.

el consentimiento[155]. La precisión de hechos «relevantes» es importante. Para consentir, una persona no necesitaría saberlo todo, «solo todo lo que pueda marcar una diferencia real en la decisión de prestar el consentimiento»[156]. Tales hechos relevantes podrían referirse, según el caso concreto, al acto mismo que se está consintiendo, a información previa o antecedentes relacionados con lo que se consiente, o a lo que puede ocurrir como consecuencia de consentir. Un punto coincidente entre los autores que abordan esta condición, es que para que esa ignorancia o error sobre hechos relevantes afecte la validez de un consentimiento, la culpa o responsabilidad de tal estado no debería recaer sobre la misma persona que consiente[157].

El punto problemático de determinar qué información es relevante para el acto como para considerar incumplida esta condición

155 ARCHARD, D. *Sexual Consent,* cit. p. 44, WERTHEIMER, A. Consent to sexual relations, cit., p. 215.

156 ARCHARD, D. *Sexual Consent,* cit. p. 46.

157 WERTHEIMER, A. *Consent to sexual relations,* cit., pp. 193-213; MAPPES, T. «Sexual Morality and the Concept of Using Another Person», cit. 277; DOUGHERTY, T. «Sex, Lies, and Consent», *Ethics,* vol. 123, nº 4, 2013, pp. 717-744.
La cuestión de si la culpa o la explicación de la ignorancia o los errores sobre tales hechos relevantes radica en la acción culposa (por omisión) o dolosa (con intención) de cualquiera de las otras partes del intercambio consensual, es una cuestión pertinente para la determinación, en su caso, de responsabilidad jurídica —más precisamente penal—, pero no necesaria para la evaluación de las condiciones de validez del consentimiento. Podría suceder que el error sobre esa información fundamental sea o no producida por una persona, sea producida por una de las partes de la practica sexual, y que se haga de manera intencional o no. En cualquier caso, en el marco del principio de consensualidad formulado por Archard, sería posible que respecto de una practica sexual el consentimiento se considerase inválido por incumplir la condición de información relevante y que, sin embargo, la ignorancia o el error no fueran atribuible a ninguna de las partes, pudiendo deberse a la acción dolosa o culposa de un tercero.
ARCHARD, D. *Sexual Consent,* cit. pp. 46-50.

de validez ha tenido diferentes respuestas en la literatura especializada. Entre los autores solo hay acuerdo sobre el hecho de que la ausencia de cierta información, o la ausencia de información veraz puede llegar a ser suficiente para considerar un supuesto consentimiento como válido[158]. Archard se refiere a los aspectos del acto sexual relevantes como aquellos que permiten responder a las preguntas sobre él: qué, por qué y con quién en relación con la práctica sexual. Para el autor el engaño o tergiversación puede implicar grados[159]. De manera que el análisis de lo relevante exigiría necesariamente un análisis del caso concreto y sus circunstancias. Probablemente se deba a esta complejidad que los ordenamientos jurídicos no suelan entrar a regular a través de la ley la condición de la información relevante en relación con el consentimiento sexual. Aunque el engaño figura como uno de los medios de coerción previsto en relación con otros delitos (como el de trata de seres humanos[160], el *online grooming* contra personas

---

158 ARCHARD, D. *Sexual Consent,* cit. p. 46. En este sentido, Mappes señala: «...mentir no es la única forma de engaño. En determinadas circunstancias, la simple retención de información puede considerarse una forma de engaño. En consecuencia, es posible utilizar sexualmente a otra persona no solo mintiendo (engañosamente) sobre hechos relevantes sino también no revelando (engañosamente) hechos relevantes»: MAPPES, T. «Sexual Morality and the Concept of Using Another Person», cit. 278.

159 ARCHARD, D. *Sexual Consent,* cit. p. 46.

160 Ley Orgánica 10/1995, de 23 de noviembre, del Código Penal, última actualización publicada el 28-04-2023.
Texto literal:
«Artículo 177 bis.
Será castigado con la pena de cinco a ocho años de prisión como reo de trata de seres humanos el que, sea en territorio español, sea desde España, en tránsito o con destino a ella, empleando violencia, intimidación o engaño, o abusando de una situación de superioridad o de necesidad o de vulnerabilidad de la víctima nacional o extranjera, o mediante la entrega o recepción de pagos o beneficios para lograr el consentimiento de la persona que poseyera el control sobre la víctima, la captare, transportare, trasladare, acogiere, o recibiere, incluido el intercambio

menores de 16 años, donde se contempla como una condición agravante[161], entre otros[162]), el Código Penal español no contempla esta condición dentro del delito de agresión sexual, ni como uno de sus elementos, ni como condición agravante.

iii. Voluntariedad

Un acto de consentimiento es válido si es voluntario. Si bien puede haber grados de voluntariedad, no puede haber grados de consensualidad: el consentimiento se da o no se da. ¿Existe entonces un punto en el que un acto sea tan involuntario como para no ser consensual? Y, de ser así, ¿dónde debería fijarse ese punto? El estándar que se ha asumido mayoritariamente por los teóricos del consentimiento es que la voluntad esté coartada por fuerza física, amenazas o intimidación (entendido normalmente como un

---

o transferencia de control sobre esas personas, con cualquiera de las finalidades siguientes
(...)».

161 «Artículo 183.
El que a través de internet, del teléfono o de cualquier otra tecnología de la información y la comunicación contacte con un menor de dieciséis años y proponga concertar un encuentro con el mismo a fin de cometer cualquiera de los delitos descritos en los artículos 181 y 189, siempre que tal propuesta se acompañe de actos materiales encaminados al acercamiento, será castigado con la pena de uno a tres años de prisión o multa de doce a veinticuatro meses, sin perjuicio de las penas correspondientes a los delitos en su caso cometidos. Las penas se impondrán en su mitad superior cuando el acercamiento se obtenga mediante coacción, intimidación o engaño.
(...)»: Ley Orgánica 10/1995, de 23 de noviembre, del Código Penal, cit.

162 «Artículo 187.
El que, empleando violencia, intimidación o engaño, o abusando de una situación de superioridad o de necesidad o vulnerabilidad de la víctima, determine a una persona mayor de edad a ejercer o a mantenerse en la prostitución, será castigado con las penas de prisión de dos a cinco años y multa de doce a veinticuatro meses.
(...)»: Ley Orgánica 10/1995, de 23 de noviembre, del Código Penal, cit.

«miedo paralizante»), que serían modalidades de coerción[163]. El caso más claro de involuntariedad sería aquel en el que la voluntad de la persona esté literalmente frustrada por el sometimiento físico. Ello no implica negar la posibilidad de «sometimiento sexual», sino rechazar el sometimiento físico a través del cual se nos imponga una voluntad ajena unilateral[164]. El otro supuesto es que una persona se vea obligada a adoptar una conducta sexual dócil mediante amenazas. Hay teorías sobre qué tipo de amenazas serían lo suficientemente significativas[165]. Para Archard, una amenaza, que podría hacerse de manera explícita o implícita, para imposibilitar un acto voluntario tendría que tratarse de una amenaza de un daño inmediato, próximo, coercitivo y real[166].

Archard llama la atención sobre el hecho de que hasta hace poco tiempo predominaba una definición tradicional y restringida sobre la violación o agresión sexual que solo consideraba objeto de reproche jurídico las prácticas sexuales en las que se considerase ausente o incumplida alguna de las condiciones de validez (en esa definición se reducían a fuerza, miedo o fraude),

---

163 ARCHARD, D. *Sexual Consent,* cit., pp. 50-52; WERTHEIMER, A. *Consent to sexual relations,* cit., pp. 163-192; DOUGHERTY, T. «Sex, Lies, and Consent», cit., pp. 717-744.

164 Este supuesto de un uso de fuerza para doblegar físicamente a la otra parte es nombrado por Wertheimer como «fuerza pura» y sobre estos supuestos señala: «Sospecho que la violación por pura fuerza es relativamente rara. El uso de la fuerza suele ir acompañado de amenazas coercitivas de fuerza adicional si B no accede»: WERTHEIMER, A. *Consent to sexual relations,* cit., p. 163. Para Mappes distingue dos tipos de coerción: «[l]a coerción 'ocurrente' [presente o de hecho] implica el uso de la fuerza física. La coerción 'disposicional' implica la amenaza de daño… La víctima de una coerción presente literalmente no tiene elección sobre lo que sucede. La víctima de la coerción disposicional, por el contrario, elige intencionalmente un determinado curso de acción. Sin embargo, la elección que uno hace, ante la amenaza de daño, no es totalmente voluntaria»: MAPPES, T. «Sexual Morality and the Concept of Using Another Person», cit., p. 276.

165 WERTHEIMER, A. *Consent to sexual relations,* cit., pp. 163-192.

166 ARCHARD, D. *Sexual Consent,* cit., pp. 50-52.

excluyendo como elemento suficiente la mera negación del consentimiento por una de las partes[167]. De modo que la agresión sexual se definía como la práctica sexual realizada por medio de una fuerza, miedo o fraude que impedía el consentimiento válido. Actualmente existe un consenso en considerar el consentimiento como el criterio para determinar la presencia de violencia sexual. La ausencia de consentimiento, sea por invalidez, o por disenso constituiría agresión sexual. Es esta la manera en que se prevé en el vigente Código Penal español. En este escenario, cobra sentido el estándar de evidencia sobre cómo se da el consentimiento, o cuándo lo consideraremos presente o cualificado. Si se requieren actos afirmativos para consentir (estándar del «solo sí es sí»); o si se requieren actos a partir de los cuales podamos presumir razonablemente la negativa (estándar del «no es no», que no exige necesariamente resistencia). Me parece que la distinción entre el análisis de las condiciones de validez, por un lado, y la presencia o ausencia de consentimiento, por otro, permite abordar mejor la reflexión sobre cuál es el estándar probatorio —sino el mejor al menos el más razonable— respecto de un delito de agresión sexual.

Despejada la cuestión de las condiciones que pudieran invalidar un eventual consentimiento (es decir, ante la ausencia de coerción, desinformación relevante o incapacidad, suficientes como para considerar un consentimiento válido), ¿cómo podemos analizar la cuestión de si hubo o no consentimiento?, ante la complejidad de la dinámica sexual ¿cómo se prueba que alguien consintió o no un acto sexual?, ¿a quién corresponde probar? Serra realiza la defensa del «no es no»[168] en base a dos argumentos que comparto. Primero, si el fundamento del estándar del consentimiento afirmativo («solo sí es sí») es que «en el contexto de desigualdad estructural en el que vivimos las mujeres no podemos consentir», ¿qué sentido tiene pedir que dejemos claro nuestro

---

167 ARCHARD, D. *Sexual Consent,* cit., p. 52.

168 SERRA, C. *El sentido de consentir,* cit.

sí? (¿no sería esto un consentimiento falso?). Ante esto, Serra defiende un entendimiento más restringido sobre el alcance de las implicaciones de la desigualdad estructural en el ámbito sexual.

En segundo lugar, para Serra, la complejidad de la dinámica y lenguaje sexual, así como la falsedad de que los sujetos tengamos «siempre claro, particularmente en el terreno sexual, lo que queremos y lo que no», y teniendo presente que esa voluntad —volátil por el propio terreno de juego[169]— puede ir mutando a lo largo de la interacción sexual, ¿qué sentido tiene pedirnos actos que prueben nuestra voluntad de consentir indudablemente lo que aceptamos en el terreno sexual?», ¿no es una carga excesiva, irreal, contraria a la propia naturaleza del acto sexual?, ¿no tendría más sentido defender que la única regla, una vez cumplidas esas condiciones de validez, sea que la negativa implica siempre el fin de la acción? Paradójicamente, un estándar que se fundamenta en la necesidad de garantizar la voluntad de las mujeres en el terreno sexual podría estar restringiendo su voluntad, sometiéndola a estándares o moldes inadecuados[170].

---

169 Creo que una buena descripción de la complejidad de la dinámica y lenguaje sexual se encuentra en Miller: «En conjunto, el consentimiento sexual tiene matices y es más complejo de lo que pensamos. No es solo un «sí» o un «no» para muchos encuentros. De hecho, cuando la mayoría de las personas tienen relaciones sexuales, difícilmente obtienen un «sí» explícito o dicen un «no». En cambio, buscamos pistas y damos pistas para ver si está bien continuar, reducir la velocidad o detenernos. La mayoría de las iniciaciones sexuales ocurren de forma no verbal. Si muchas interacciones sexuales ocurren de forma no verbal, entonces necesitamos enseñar el consentimiento basado en dar/recibir pistas, y eso, por supuesto, depende de la realidad del contexto. El contexto es variado y abierto, pero esto significa que requiere Pensamiento y atención más cuidadosos a nuestras vías sexuales para determinar las actividades sexuales éticas y distinguir entre agresión sexual, «sexo injusto» y sexo permisible»: MILLER, S. «Sexual Autonomy and Sexual Consent», cit., p. 263.

170 Cuestión aparte es el tipo de pruebas que se dan por buenas para cumplir con un estándar o el otro. Hace falta que las pruebas se interpreten sin prejuicios y teniendo presente el contexto interpersonal. En marco

c) Algunas críticas a la suficiencia del consentimiento

Entre algunas de las críticas al consentimiento válido como criterio, no solo necesario sino también suficiente de permisibilidad moral de las practica sexuales, están las relacionadas con el poder, particularmente pensadas por teóricas feministas, quienes se han preguntado si ¿los contextos de desigualdad estructural son compatibles con condiciones mínimas de libertad para pensar en un consentimiento verdadero? O si ¿en el contexto de relación intepersonal de poder o jerarquías, por ejemplo una relación paterno-filial o una relación jefe-subordinado, podría haber condiciones suficientes para consentir en términos establecidos en el estándar de las condiciones de validez?... No entro a profundizar en estas preguntas, pero la respuesta por parte de teóricas feministas radicales y de los teóricos del consentimiento podría explicarse en función de la relación que conciben entre poder y violencia. Para algunas teóricas feministas críticas con la afirmación de la suficiencia del consentimiento válido, existe una coincidencia en los términos, el poder es violencia, de manera que su existencia resultaría incompatible con condiciones de libertad mínimas para consentir, en consentimiento en contextos de desigual poder sería un consentimiento coercitivo. La relación de poder viciaría de manera determinante la relación impidiendo la formación de una voluntad real. Mientras que para buena parte de los teóricos del consentimiento, el poder y la violencia son conceptos distintos. No todo poder es violencia. En el contexto de desigualdad estructural y de una relación interpersonal de poder sería posible, a priori, consentir una relación sexual. Salvo que la posición de poder fuese utilizada directamente para coaccionar, o que la relación de poder se estructurara en términos de propiedad.

Hay una cuestión que podría problematizarse dentro de estos debates y es si en relación con los jóvenes con capacidad para consentir que tienen prácticas sexuales dentro de relaciones

---

de estado garantista, esto debe asegurarse con garantías, sobre las que volveré más adelante.

asimétricas: de poder, confianza o autoridad, que incluso podrían estar legalmente reconocidas o reguladas, podría haber ciertos actos o frases que solo en ese contexto interpersonal muy concreto podrían interpretarse dentro de las «amenazas» para invalidar un consentimiento. Por ejemplo, quizá solo en el contexto interpersonal entre un padre y su hija —incluso tratándose de una adolescente que se encuentra en el punto de desarrollo cognitivo considerado suficiente para presumir capacidad para consentir— pueda entenderse que la frase de «si no tienes sexo conmigo ya no te querré» ha de considerarse como una amenaza. Mientras que en otro contexto, en otro tipo de relación interpersonal, no tenga sentido o muy difícilmente pueda considerarse una «amenaza relevante» para evaluar el consentimiento. La determinación de los criterios para evaluar cada condición de validez y su interpretación, incluidas las distintas modalidades de coerción, tiene que hacerse sin sesgos, y entendiendo las dinámicas y el contexto interpersonal propio de las partes involucradas.

La forma en que han solido utilizarse y relacionarse, tanto en la literatura como en el derecho, los términos de abuso sexual y agresión sexual parece plantear que existe un criterio distinto para determinar la no permisibilidad de ambas conductas: el primero definido por darse en el contexto de una relación de poder y un uso del mismo por la parte en posición de superioridad jerárquica; el segundo por ausencia de consentimiento válido. De acuerdo con el principio de consensualidad, la no permisibilidad de una práctica sexual reside exclusivamente en la ausencia de consentimiento válido —de las condiciones de validez del mismo— o su negativa, de manera que ni la relación de poder entre las partes ni la explotación de la vulnerabilidad en ese contexto por una de ellas podría, en este marco, considerarse en sí mismos criterios suficientes de impermisibilidad. Frente a esto, no es que el término de abuso sexual sea necesariamente descartable. Es que habría que explicar su sentido y limitar su alcance. Solo podría hablarse del abuso sexual como un tipo de agresión sexual si se entendiera como un tipo de agresión sexual —es decir, un acto sexual no consentido— que tuviera lugar en el marco de una relación de poder en el cual una de las partes explota la desventaja o vulnerabilidad de la otra. Un abuso que, en el contexto de determinadas relaciones de poder podría implicar autónomamente responsabilidad, aún cuando ese abuso de poder no llegase a impactar en el consentimiento sexual.

En el plano jurídico, podríamos hablar de la agresión sexual «abusiva» o de una «agresión sexual con abuso de poder» como una especie del género de agresión sexual que podría configurarse a través de un tipo principal o de una condición agravante. El Código penal español, sin embargo, actualmente parece concebir a el abuso de poder como una condición de invalidez del consentimiento[171]. Veamos: a pesar de que el artículo 178.1 define como agresión sexual la realización de «cualquier acto que atente contra la libertad sexual de otra persona sin su consentimiento»[172], de manera que hasta aquí podríamos interpretar ese consentimiento bajo el principio de consensualidad, lo cierto es que seguidamente, el artículo 178.2 establece que «se consideran en todo caso agresión sexual los actos de contenido sexual que se realicen empleando violencia, intimidación o abuso de una situación de superioridad o de vulnerabilidad de la víctima, así como los que se ejecuten sobre personas que se hallen privadas de sentido o de cuya situación mental se abusare y los que se realicen cuando la víctima tenga anulada por cualquier causa su voluntad»[173]. No

---

171 Lo cual podría apoyar la tesis de Serra de que el derecho español está virando hacia una «americanización del consentimiento».

172 Artículo 178.
1. Será castigado con la pena de prisión de uno a cuatro años, como responsable de agresión sexual, el que realice cualquier acto que atente contra la libertad sexual de otra persona sin su consentimiento. Solo se entenderá que hay consentimiento cuando se haya manifestado libremente mediante actos que, en atención a las circunstancias del caso, expresen de manera clara la voluntad de la persona.
(...): Ley Orgánica 10/1995, de 23 de noviembre, del *Código Penal,* última actualización publicada el 28/04/2023.

173 Artículo 178.
(...)

se establecen como condiciones que consentimiento tendrán que ser dado por persona capaz, de manera voluntaria e informada; sino que se entenderá por consentimiento válido el dado «sin violencia, intimidación o abuso de superioridad»[174].

En relación con el abuso de poder, el Código Penal limita su tratamiento al contexto de la política o las instituciones[175]. Hace falta reflexionar sobre la manera en que hemos abordado esta cuestión. Si hemos pensado en la responsabilidad (jurídica) que podría implicarse particularmente en ciertas relaciones de poder institucional (escuela, sanidad, administración); familiar (patria potestad), económico (laboral o empresarial); que por su concentración de poder y la posibilidad de daño requieren límites, control. ¿Hemos pensado suficiente sobre los límites del poder,

---

Se consideran en todo caso agresión sexual los actos de contenido sexual que se realicen empleando violencia, intimidación o abuso de una situación de superioridad o de vulnerabilidad de la víctima, así como los que se ejecuten sobre personas que se hallen privadas de sentido o de cuya situación mental se abusare y los que se realicen cuando la víctima tenga anulada por cualquier causa su voluntad.

(...): Ley Orgánica 10/1995, de 23 de noviembre, del *Código Penal*, última actualización publicada el 28/04/2023.

174 Además en el Código Penal —considero que— existe una contradicción entre el contenido del delito de agresión y lo establecido en las condiciones agravantes previstas en el art. 180, entre las cuales se contempla: que en «la ejecución del delito, la persona responsable se hubiera prevalido de una situación o relación de convivencia o de parentesco o de una relación de superioridad con respecto a la víctima». ¿No es esta condición, elemento también del delito (uno de los medios comicios previstos)?, ¿no implica esto contrariar la prohibición del «non bis in idem»?

175 La reflexión puede partir de formulaciones existentes sobre abusos de poder, en el ámbito de la administración pública el Código Penal prevé el delito de cohecho, que podría también dar lugar a un sub-tipo de cohecho: el cohecho con fines sexuales. Una falta dentro del género de abuso de poder. Aunque a su vez la práctica sexual a la que diera lugar podría ser analizada bajo el principio de consensualidad para determinar la existencia, además, de violencia sexual.

más allá del poder político?, ¿hemos articulado suficiente garantías para su limitación?; ¿hemos pensado suficiente en los límites del poder y las garantías de los mismos en relación con su impacto en el plano interpersonal?

2.3.2. La autonomía progresiva en el marco de la Convención sobre los Derechos del Niño

a) El principio de la autonomía progresiva, o la evolución de las capacidades

Las maneras de comprender y reconocer las facultades en evolución de los niños difieren considerablemente de una época a otra y de un lugar a otro. Históricamente han surgido distintas teorías que han intentado explicar cómo se da ese proceso de evolución. Las diferencias radicarían en la comprensión de cuándo y cómo lo hacen y qué es lo que provoca el proceso evolutivo[176]. El entendimiento del proceso de evolución de la infancia como un proceso con características universales, delimitado en etapas claras a partir de un sujeto adulto, y que está fuertemente determinado por atributos biológicos y solo tangencialmente por el contexto social y cultural probablemente sea la posición que históricamente ha tenido mayor recepción[177]. Si bien se trata de

---

176 Para Piaget, por ejemplo, el desarrollo cognitivo consistía en una reorganización que tenía lugar e manera progresiva en relación con los procesos mentales como resultado de una combinación de la maduración biológica y de la experiencia ambiental. Así, el desarrollo cognitivo, para Piaget, consiste en una serie de estadios secuenciales en la cada etapa se relacionaría con una determinada y nueva capacidad cognitiva, construida sobre las adquiridas previamente (PIAGET, J. *La representación del mundo en el niño,* trad. de V. Valls y Angés, Morata, Madrid, 2008 [1973], p. 11).

177 WOODHEAD, M. «Is there a place for work in child development? Implications of child development theory and research for interpretation of the UN Convention on the Rights of the Child, with particular re-

una perspectiva que ha sido objeto de profundas críticas, en la actualidad buena parte de los autores que abordan este proceso evolutivo consideran que el quiebre del consenso sobre este entendimiento como fundamento del tratamiento social y jurídico ha tenido lugar con la adopción de la Convención sobre los Derechos del Niño, particularmente con la introducción del concepto de evolución de las capacidades del artículo 5; y el posterior desarrollo de la misma por su órgano de interpretación[178].

El artículo 5 de la Convención sobre los Derechos del Niño introduce por primera vez en un tratado internacional el concepto de «evolución de las facultades» de la infancia, al tiempo que reconoce por primera vez a los niños como sujetos de derechos[179]. Según esa disposición, la dirección y orientación impartidas al niño por sus padres u otras personas encargadas de él deben tener en cuenta la capacidad que el niño posee de ejercer sus derechos por cuenta propia. Según han señalado algunos autores, se trata de un principio con implicaciones profundas en lo que respecta a los derechos humanos. Incluso se ha descrito como un nuevo principio de interpretación del derecho internacional, según el cual se reconoce que, a medida que los niños y las niñas van adquiriendo competencias cada vez mayores, se reduce su necesidad de orientación y aumenta su capacidad para asumir responsabilidades respecto a las decisiones que afectan sus vidas[180]. Ese reconocimiento de una autonomía progresiva como principio fundamental para el tratamiento social y jurídico de la infancia ha sido objeto de un emergente desarrollo teórico en distintas disciplinas.

---

ference to Article 32, on children, work and exploitation», Save the Children Suiza, Rädda Barnen, 1999. p. 15. Acceso: https://oro.open.ac.uk/28494/

178 LANSDOWN, G. «Civil rights of children in the family», *Child Care in Practice*, vol. 4, nº 2, 1997, pp. 138-148, p. 142

179 VARADAN, S. «The Principle of Evolving Capacities..», cit., p. 306

180 SANTOS PAIS, M. «The Convention on the Rights of the Child», cit., p. 407.

En el marco de las teorías sobre la autonomía progresiva se asume que la adquisición de capacidades no solo depende de factores genéticos o biológicos, sino también sociales y culturales, pudiendo existir una variación en tal adquisición en función de una sociedad a otra[181]. En esta línea, las investigaciones también apuntan el papel activo que los niños mismos desempeñan en el desarrollo de sus propias habilidades, en las negociaciones que forman parte de su vida cotidiana y en el grado de responsabilidades que aceptan[182]. Asimismo existe cierto consenso en estas teorías sobre qué las facultades pueden diferir según la naturaleza del ámbito respecto del cual se analice la capacidad; y finalmente en ese marco se ha señalado que el proceso de evolución de las capacidades implica la necesidad de ejercer la autonomía que se tenga en cada momento y la necesidad de hacerlo en un contexto en el que tal ejercicio no suponga riesgos relevantes. Estas dos necesidades, de acuerdo con la literatura especializada, serían abordadas por la Convención sobre los Derechos del Niño a través de obligaciones de participación y obligaciones de protección a cargo de los estados parte, ambas obligaciones complementarias para garantizar su propósito que no es solo promover y aumentar el bienestar de los niños, sino también promover y aumentar el desarrollo de sus capacidades y garantizar las condiciones para el ejercicio de una gradual autonomía personal de los niños y las niñas[183].

Las implicaciones que el principio de la autonomía progresiva tiene para los derechos son profundas. De acuerdo con la Convención sobre los Derechos del Niño, el ejercicio de los derechos debe hacerse en consonancia con la evolución de sus facultades, lo que implica que los adultos responsables delegan

---

181 WOODHEAD, M. «Reconstructing Developmental Psychology: Some First Steps», *Children & Society*, vol. 13, 1999, pp. 3-19.

182 LANSDOWN, G. *La evolución de las facultades del niño*, UNICEF Inoccenti Research Center, 2005, p. 29. Disponible en: https://bienestaryproteccioninfantil.es/la-evolucion-de-las-facultades-del-nino/

183 RUIZ CASARES, M., et al. «Children's rights to participation…», cit.

la responsabilidad de tomar decisiones a los niños a medida que estos desarrollan la competencia y, por supuesto, la voluntad de asumir dicha responsabilidad. Como ya ha sido apuntado, ni la Convención sobre los Derechos del Niño, ni ningún tratado de derechos humanos condicionan la titularidad de los derechos al requisito de tener una determinada edad. La cuestión problemática es determinar de qué manera tiene que darse el proceso de transición del ejercicio de los derechos de terceros (sus cuidadores o tutores) hacia su ejercicio directamente por el niño. Más concretamente: cómo tendría que diseñarse el tratamiento jurídico de la infancia teniendo en cuenta esa autonomía progresiva y cómo tendría que evaluarse la capacidad de los niños respecto de cada ámbito de decisión con relevancia jurídica[184].

Partiendo de que no es posible adoptar disposiciones prescriptivas de validez universal ni respecto a los ambientes apropiados para el desarrollo óptimo de los niños debido a la relevante influencia ejercida por el contexto social y cultural, Lansdown se pregunta ¿qué deben hacer los estados para garantizar que todos los niños tengan la oportunidad de tomar parte activamente en la realización de sus derechos en consonancia con la evolución de sus facultades? Para dar respuesta, la autora ha elaborado un modelo interpretativo sobre el principio de la evolución de las capacidades que identifica y clasifica las distintas obligaciones de los estados necesarias para garantizar el respeto del principio de autonomía progresiva en relación con los derechos de la infancia. Lansdown considera que la evolución de las capacidades, debería interpretarse y teorizarse como una noción evolutiva, una noción

---

[184] Como ha apuntado Landsdown «[e]l artículo 5 no menciona la edad como factor determinante para establecer el nivel de desarrollo de las facultades, reconociendo así que la demostración de las habilidades, conocimientos y comprensión requeridos es de vital importancia para el ejercicio de los derechos»: LANSDOWN, G. *La evolución de las facultades del niño,* cit., p. 20.

emancipadora y una noción protectora[185]. Esta última implicaría la necesidad de promover y acondicionar el espacio para la participación y el ejercicio de la autonomía[186]. De acuerdo con esta noción protectora, los padres y el estado no solo deberían respetar la capacidad del niño de ejercer sus derechos por cuenta propia,

---

185 La noción evolutiva implica que la realización de los derechos enunciados en la Convención promueve el desarrollo, la competencia y la gradual autonomía personal del niño, de modo que la primera obligación es la de cumplir los derechos de la Convención. La noción emancipadora destaca el derecho del niño a que se respeten sus capacidades y se transfiera la responsabilidad del ejercicio de sus derechos de los adultos a sí mismo en función de su nivel de competencia, para cumplir con la filosofía de respeto por los niños como actores sociales son necesarios un análisis y reconocimiento más rigurosos de las capacidades del niño: LANSDOWN, G. *La evolución de las facultades del niño,* cit., pp. 32 y 40. Este esquema encuentra relación con la propuesta de Picontó de clasificar los derechos de la Convención en tres categorías de derechos. «En primer lugar, el "derecho a beneficiarse de algo", en el que se incluirían por ejemplo el derecho a ser alimentado, a ser cuidado, a recibir afecto, a tomar medicinas. En segundo lugar, el niño tiene "derecho a ser protegido de cualquier cosa", esto es, de aquello que atenta o puede atentar contra su integridad física o psíquica, ya sean malos tratos, tortura, explotación laboral, etc. Por último, estaría el derecho del niño a "hacer algo", a realizar alguna acción, como puede ser la de expresarse o participar en las decisiones que afecten a su vida, lo que no es sinónimo de que todas sus decisiones hayan de ser respetadas sino más bien el derecho del niño a que sus opiniones y pareceres sean tenidos en la debida consideración»: PICONTÓ, T. «Fisuras en la Protección de los Derechos de la Infancia», *Cuadernos Electrónicos de Filosofía del Derecho,* nº 33, 2016, pp. 133-166, pp. 138 y 139.

186 La noción emancipadora, en su vertiente de derechos de participación ha sido abordada de manera profunda y sistemática en el contexto de la Convención sobre los Derechos del Niño y el trabajo de su Comité, por Lundy. Su artículo de 2007, «La 'voz' no es suficiente» propone un modelo de participación infantil basado en cuatro conceptos clave: espacio, voz, audiencia e influencia, conocido como «Modelo Lundy», adoptado por organizaciones internacionales, entre ellas, la Comisión Europea y la OMS: LUNDY, L., «'Voice' Is Not Enough: Conceptualising Article 12 of the United Nations Convention on the Rights of the Child», *British Educational Research Journal,* vol. 33, nº 6, 2007, pp. 927-942.

sino que al mismo tiempo no tendrían que imponerles exigencias excesivas, que vayan más allá de sus capacidades. El estado tendría la obligación de tomar las medidas legislativas, sociales, educativas y administrativas necesarias para asegurar que los niños no se vean expuestos a experiencias que superen sus capacidades evolutivas. Dentro de esta obligación de protección se ha ubicado el establecimiento de límites de edades para el ejercicio de los derechos (o de libertades) como una medida de garantía de protección contra la explotación y los abusos. La cuestión de la edad mínima para las relaciones sexuales consentidas probablemente sea el límite cuya determinación más complejidad reviste, en razón de las consecuencias y significaciones sociales de la sexualidad. Se trata de un límite específico que ha sido abordado no solo dentro de la literatura especializada sobre la autonomía progresiva —en el marco de la Convención sobre los Derechos del Niño—, sino también por teóricos del consentimiento, especialmente desde la filosofía. ¿Cuáles son sus puntos de encuentro y desencuentro?, ¿o de qué manera se relacionan o complementan ambas perspectivas?

b) Consentimiento y autonomía

Tanto los teóricos del consentimiento, como las teóricas de la autonomía progresiva abordan el concepto de la capacidad para consentir en el ámbito sexual y ambos reconocen que las capacidades evolucionan de tal manera que es complejo determinar en qué momento una persona desarrolla suficientemente tal capacidad[187]. En la literatura sobre el consentimiento, como hemos señalado antes, es común encontrar la referencia a dos elementos como contenido de la capacidad de consentir: la capacidad cognitiva para entender acto y consecuencias relevantes y capacidad

---

187 Utilizo el masculino porque la mayoría de los autores que se han dedicado a reflexionar y teorizar sobre el consentimiento como mecanismo de permisibilidad moral son varones; mientras que las autoras que se han dedicado desde distintos campos a abordar la cuestión de la autonomía progresiva, y en general la autonomía dentro de la filosofía, son mujeres.

para formarse decisión al respecto y llevarla a cabo; este segundo elemento ha sido nombrado de distintas maneras[188], aunque con un contenido similar. Sin embargo, la tarea de determinar una edad normativa del consentimiento no ha sido marcado como un objetivo para los teóricos del consentimiento, en todo caso han realizado críticas a partir del marco jurídico de un determinado estado, o desde una perspectiva comparativa, y han, en muchas ocasiones, defendido la necesidad de su existencia. Por ejemplo, Wertheimer ha señalado que a pesar de las dificultades de establecer una edad del consentimiento con carácter general, su ausencia podría tener efectos desastrosos[189].

Las teorías sobre la autonomía progresiva en el contexto de la Convención sobre los Derechos del Niño sí se plantean el problema de la determinación de las edades para el ejercicio de los derechos, el objetivo es dotar a los estados de parámetros que les permitan cumplir con esa obligación de garantizar el ejercicio de autonomía en entornos protectores. Actualmente, la mayoría de los estados dispone en su legislación de una edad mínima para las relaciones sexuales consensuales. Sin embargo, como ha apuntado Lansdown, no todas parten de la perspectiva de la autonomía progresiva en su determinación, sino que la mayoría de los modelos jurídicos sobre determinación de edades legales adopta un enfoque proteccionista, que trata a los niños como objetos de protección, sin incorporar derechos de participación ni garantías para el ejercicio de la autonomía. De manera que no entran a analizar la competencia que los niños y las niñas de una sociedad tienen en relación con un ámbito concreto, el de la sexualidad.

Esa evaluación de las capacidades es una de las tareas más complejas que impone a los estados el principio de la autonomía progresiva, y que suele dejarse de lado. Uno de los obstáculos para la evaluación de las capacidades, de acuerdo con algunas teóricas

---

188 Algunos hablan del temperamento, o el carácter, o capacidad emocional.

189 WERTHEIMER, A. *Consent to sexual relations… cit.*, p. 222.

de la autonomía progresiva, es la falta de definiciones y criterios sobre la competencia en relación con los distintos ámbitos de toma de decisión, particularmente en relación con cada derecho. Si bien en la literatura especializada sobre el consentimiento se encuentra el desarrollo de los elementos de la capacidad de consentir en el ámbito sexual, es posible detectar la falta de esfuerzos —de carácter teórico y normativo— dirigidos a trasladar las exigencias de cada uno de esos elementos a criterios de evaluación concretos, a indicadores que puedan guiar la tarea de determinación de las edades, o la valoración individual de la capacidad, y a estándares sobre el proceso de determinación de esta edad. Ese trabajo probablemente requiere del trabajo conjunto de teóricos del consentimiento y teóricas de la autonomía progresiva.

En ambas esferas se han señalado que los modelos cognitivos que aún siguen influyendo buena parte del tratamiento social y jurídico son modelos desfasados, que a pesar de ser objeto de profundas críticas no han sido sustituidos con modelos robustos[190]. Ese entendimiento de la evolución de las capacidades a través de etapas delimitadas en cada una de las cuales se cumplen determinados hitos, con independencia del contexto social o cultural, puede llevar al desinterés por las necesidades de acondicionamiento para el ejercicio de los derechos. Respecto del ámbito sexual, por ejemplo, pueden llevar a considerar irrelevante el reconocimiento de la educación sexual como garantía para el ejercicio de la autonomía, pues proporcionar conocimientos so-

190 Archard se refiere a la influencia del modelo teórico de Piaget y al hecho de que a pesar de sus críticas continúa informando las fundamentaciones de las edades legales del consentimiento: ARCHARD, D. *Sexual Consent*, Westview, Boulder, 1997, p. 125 y 126. Lansdown ha señalado el problema de la falta de investigaciones científicas sobre la noción misma de facultades en evolución más allá de las teorías convencionales sobre el concepto, y sobre su aplicación en el ejercicio de derechos. De acuerdo con la autora, esa carencia ha obstaculizado el análisis de los límites apropiados para la protección y participación de los niños por parte del Comité de los Derechos del Niño: LANSDOWN, G. *La evolución de las facultades del niño*, cit., p. 24.

bre la sexualidad o riesgos relacionados con ella, no influirá en el desarrollo de las habilidades para consentir que solo podrán estar presentes cuando se esté en determinada etapa[191], haya o no esos conocimientos previos.

Por otro lado, la función protectora como condición de garantía para el ejercicio de autonomía progresiva plantea algunas cuestiones, críticas o complementarias, a elementos desarrollados por teóricos del consentimiento. De acuerdo con Lansdown, el terreno de la sexualidad implica un ámbito en el cual se establece una edad mínima «no solo en base a suposiciones acerca de la relativa incapacidad del niño, sino también para evitar que los adultos que se encuentran en una posición de autoridad respecto al niño nieguen, violen o exploten los derechos del mismo». En este caso, hay una interrelación compleja y delicada entre la necesidad de que se reconozca la capacidad del niño mismo de elaborar juicios complejos y el rol de las protecciones legales. En el marco de los teóricos del consentimiento, se ha cuestionado la definición de «abuso sexual infantil» prevalente porque no deja claro si se plantea la posibilidad de actividades sexuales no abusivas entre adultos y niños. Algunas definiciones, como la de la OMS, plantearían directamente la imposibilidad de consentir como una característica propia de los niños, dejando abierta la determinación de lo que habrá de entenderse por niño. Según esta definición la cuestión de la relación interpersonal concreta en que tiene lugar la practica sexual es irrelevante para la valoración de la capacidad. En esta perspectiva, señala Archard, «el niño es concebido como profundamente incapaz de ofrecer un consentimiento real, siendo el abuso definido en términos de una explotación de este mismo hecho»[192].

Por otro lado, dentro de los teóricos del consentimiento, suele problematizarse la cuestión de si una relación de poder entre las partes puede ser determinante para invalidar un consentimiento,

---

191 ARCHARD, D. *Children: Rights and Childhood,* cit., pp. 144 y 45.

192 ARCHARD, D. *Sexual Consent,* cit, pp. 117 y 118.

si puede considerarse en sí una condición de invalidez, y de ser así, qué elementos conformarían esta condición. En general, respecto de relaciones entre adultos, se ha asumido que esa relación no implica en sí misma un factor suficiente para invalidar un consentimiento, y que en todo es el uso de la posición de poder en el marco de una relación interpersonal asimétrica en un sentido relevante el que podría, eventualmente, constituirse como un medio de coerción que pueda llevar a invalidar el consentimiento. Sin embargo, las conclusiones son distintas cuando se reflexiona sobre prácticas sexuales en el marco de relaciones de poder o de asimetría entre niños y adultos. En tales casos, Wertheimer se ha preguntado si la diferencia de estatus entre un adulto y un niño podría considerarse un factor relevante que siempre condiciona o imposibilita la capacidad de consentir[193].

Sea por considerar que las relaciones de poder entre adultos y niños impactan en la capacidad de consentir, o sea por considerar que, con independencia de su impacto, esas relaciones plantean riesgos incompatibles con la garantía de condiciones para el ejercicio de la autonomía, parece que se trata de una postura común. Sin embargo, para los teóricos de la autonomía progresiva, en el marco de la Convención, la diferencia de estatus y las relaciones de dependencia en que indefectiblemente se encuentran todos los niños y las niñas es un elemento a tomar en cuenta en la determinación de una edad del consentimiento; mientras que los teóricos del consentimiento no descartan su tratamiento fuera del concepto de edad del consentimiento. De nuevo, haría falta para las dos perspectivas, contar con investigaciones sobre el de-

---

193 Señala Wertheimer: «aunque no he visto evidencia sistemática en este sentido, es posible que la toma de decisiones de las mujeres jóvenes esté más probablemente distorsionada por la transferencia o el respeto a la autoridad o la búsqueda de estatus cuando contemplan relaciones con hombres mayores, o que los riesgos resultantes de las relaciones adolescente/adolescente son pequeños en comparación con las relaciones adolescente/adulto». WERTHEIMER, A. *Consent to sexual relations,* cit., p. 219.

sarrollo de las capacidades en el ámbito sexual y concretamente sobre el desarrollo de la capacidad de apreciar los hechos y tomar decisiones con base en esa apreciación[194], y la indagación sobre el impacto que en tal capacidad juega la relación estructural entre adultos y niños y en particular las relaciones de dependencia o de autoridad entre estos.

Por otra parte, dentro de la literatura sobre la autonomía progresiva se ha reflexionado sobre la manera de abordar jurídicamente el problema de la variabilidad en la evolución de las capacidades, tanto por los factores de influencia cultural y social, como por la diferente capacidad requerida según cada ámbito de actuación. ¿Cómo podría el derecho determinar presunciones normativas de edad para el ejercicio autónomo de los derechos, tomando en cuenta esa variabilidad individual? Este problema suele ser apuntado por los teóricos del consentimiento. Por ejemplo, Archard ha señalado que la propuesta de una edad única del consentimiento parece inadecuada; en todo caso, para el autor la determinación de un límite de edad para efectos legales tendría que tener en cuenta el contexto social. Lansdown ha elaborado una propuesta de sistematización de los modelos de tratamiento jurídico de la infancia. Uno de estos modelos, que parece ser el

---

194 La cuestión de la relación entre un adulto y un niño y su impacto a la capacidad de consentir suele abordarse en cuatro sentidos por parte de los teóricos del consentimiento: 1) los niños son incapaces absolutamente para consentir con independencia de la relación en que tenga lugar una práctica sexual; 2) no hay capacidad de consentir en el marco de cualquier relación entre un adulto y u niño, de modo que esa relación condiciona absolutamente la capacidad para consentir; 3) no hay capacidad de consentir en el marco de una relación de poder o de dependencia entre un adulto y un niño, de modo que en esa relación concreta la capacidad de consentir se ve absolutamente condicionada, o con la consideración de que la relación estructural entre adultos y niños, o 4) la relación de poder puede llegar a impactar en alguna medida la capacidad para consentir, aunque no necesariamente. Más allá del marco de la capacidad para consentir, el uso de una posición de poder concreta puede implicar coerción que invalide un consentimiento.

más compatible con reconocimiento de autonomía progresiva y las consecuentes necesidades de participación y protección es el modelo híbrido. Este modelo contempla límites de edad pero, al mismo tiempo, proporciona al niño la posibilidad de demostrar su competencia y adquirir el derecho en cuestión antes de haber alcanzado la edad establecida[195].

Sin embargo, en la práctica no parece ser este el modelo más utilizado, además actualmente el establecimiento de edades se basa por lo regular, más que en una evaluación de la capacidad y su impacto en el ejercicio de derechos, en fundamentos proteccionistas. Durante muchos años la preocupación por la violencia sexual contra la infancia llevó al Comité a enfatizar la necesidad de protección a nivel internacional. En ese marco, en distintas observaciones ha insistido en la necesidad de determinar jurídicamente la edad para el consentimiento a un nivel que proteja a los niños contra la violencia sexual, y ha invitado a muchos gobiernos a alzar la edad para el consentimiento que preveían en sus legislaciones[196]. Los argumentos a favor de la protección de los niños contra los riesgos potenciales de la explotación y los abusos sexua-

---

195 LANSDOWN, G. *La evolución de las facultades del niño,* cit., pp. 73 y 74.

196 Así lo recomendó en las Observaciones Finales a España de 2007, en virtud del Protocolo facultativo relativo a la venta de niños, la prostitución infantil y la utilización de niños en la pornografía: «El Comité recomienda al Estado parte que revise su legislación para elevar a 16 años la edad mínima para contraer matrimonio en circunstancias excepcionales y con el permiso de un juez, y que se especifique de manera explícita que se trata de casos excepcionales»: COMITÉ DE LOS DERECHOS DEL NIÑO. *Examen de los informes presentados por los Estados partes en virtud del artículo 44 de la Convención, Observaciones finales: España,* 3 de noviembre de 2010, párr. 24. En ese momento la edad legal del consentimiento sexual en España se situaba en los 13 años, una de las más bajas en Unión Europea, según indica en sus observaciones el propio Comité. En 2015, a través de la Ley Orgánica 1/2015, de 30 de marzo, por la que se modifica la Ley Orgánica 10/1995, de 23 de noviembre, del Código Penal, se atendió la recomendación del Comité, fijándose legalmente la edad del consentimiento sexual en los 16 años, edad que permanece hasta el día de hoy.

les parecen haber primado sobre el derecho al respeto de la evolución de las facultades del niño. No obstante, el establecimiento de una edad legal del consentimiento que tenga en cuenta una evaluación de la capacidad está surgiendo de manera incipiente en el trabajo del Comité[197]. Probablemente el Comité considera que es mejor partir de un contexto proteccionista e ir tendiendo a un mayor reconocimiento de la autonomía, que partir de un contexto sin límites de edad que deje la evaluación a cada caso particular. Finalmente, ambas teorías plantean la necesidad de que la evaluación de las capacidades tenga en cuenta los prejuicios sobre la infancia, de los que me ocuparé en el Capítulo 5 del presente trabajo.

La determinación de las presunciones de edad debería hacerse tomando en cuenta una adecuada evaluación de las capacidades, lo que entraña una tarea de gran complejidad. Tal evaluación de las capacidades debe basarse en la evidencia científica y atender al contexto del que se trate. En relación con la edad del consentimiento sexual, su fijación implica dejar fuera de su argumentación prejuicios como el del niño como un ser inocente, ajeno a toda realidad sexual; o el del niño como ser carente de autonomía. Además de una evaluación adecuada —basada en la ciencia

---

197 En su Observación General nº 20, el Comité ha dado un paso en ese sentido: « El Comité recuerda a los Estados partes que deben reconocer el derecho de los menores de 18 años a que se les proteja continuamente frente a toda forma de explotación y abuso, y afirma una vez más que 18 años debe ser la edad mínima para contraer matrimonio, ser reclutado en las fuerzas armadas, realizar trabajos peligrosos o en condiciones de explotación, y adquirir y consumir alcohol y tabaco, por los riesgos y daños que conlleva. Los Estados partes deben tener en cuenta la necesidad de mantener un equilibrio entre la protección y el desarrollo evolutivo, y que es preciso fijar una edad mínima aceptable para el consentimiento sexual. Los Estados deben evitar que se criminalice a los adolescentes de edades similares por mantener relaciones sexuales objetivamente consensuadas y sin fines de explotación»: COMITÉ DE LOS DERECHOS DEL NIÑO. Observación General nº 20 sobre la efectividad de los derechos del niño durante la adolescencia, 2016, párr. 40.

y libre de prejuicios— para configurar y plasmar normativamente las presunciones etarias de capacidad en aquellos ámbitos que de manera razonada consideremos importantes por su impacto en los derechos humanos, considero que debe incorporarse en el derecho de manera clara el principio de la autonomía progresiva como un principio autónomo que conlleva determinadas obligaciones para los operadores jurídicos.

Y es que la autonomía progresiva como premisa normativa implica un reconocimiento mínimo de la autonomía de todo ser humano, a pesar de no poder ejercerla en un momento o contexto determinado. No se requiere que una persona muestre que tiene una capacidad suficiente en un determinado ámbito como presupuesto para determinar una vulneración de su autonomía, sino que debe presumirse o reconocerse que una decisión y acción unilateral que despliega una persona sobre otra en un ámbito relevante jurídicamente como es el ámbito sexual en el que esta última aún no tiene capacidad suficiente para decidir o se encuentra imposibilitada para hacerlo por circunstancias temporales (como estar en coma) implica una vulneración de su autonomía, y no solo una invasión de la privacidad o la integridad corporal.

Considero que en aquellos casos judicializados en los que esté implicada la cuestión de la autonomía de un niño o una niña, con independencia de que se cumpla el supuesto jurídico de la edad del consentimiento, el operador judicial debería realizar una motivación concreta sobre la evaluación de la capacidad en el caso concreto. No como una forma de plantear la posibilidad de excepción, sino para valorar la intensidad o la forma de vulneración a la autonomía. Incluso cuando los niños no tienen desarrollada la autonomía necesaria para decidir mantener una relación sexual con un adulto o con otro niño, ello no implica negar que exista una vulneración de la autonomía. Quizá no somos capaces de entender o evaluar la experiencia de vulneración de la autonomía experimentada por el niño, porque él no es capaz aún de expresarlo, o por su misma incomprensión de lo ocurrido. Sin embargo, ante hechos de violencia sexual contra la infancia, un operador jurídico sí que debería ser capaz de entender objetivamente que ha habido una vulneración de la autonomía.

2.4. ANÁLISIS DE LAS DEFINICIONES DE VIOLENCIA SEXUAL CONTRA LA INFANCIA DESDE EL CONSENTIMIENTO Y LA AUTONOMÍA PROGRESIVA

En este apartado se analizarán las definiciones sobre violencia sexual recopiladas anteriormente (punto 1.2.1,b.). Definiciones que, como se explicó previamente, se configuran en su mayoría empleando el término específico de «abuso sexual infantil». En el análisis se tendrá en cuenta la atención que dedican al consentimiento y a la relevancia que consideran sobre el sujeto pasivo y, en su caso, si hay referencia a alguna implicación sobre el reconocimiento de su autonomía progresiva. Se han encontrado cinco aspectos de variación conceptual[198] y se ha enfocado el análisis desde el consentimiento, partiendo de que el concepto de violencia sexual que mayor consenso aúna consiste en entenderla como toda práctica sexual no consentida, o no consentida válidamente, siendo el criterio del consentimiento libre (o válido) la base para determinar que una práctica sexual sea consideraba moral (y jurídicamente) permisible o, en su ausencia (por negativa o incumplimiento de condiciones de validez), no lo sea. Los cinco aspectos de variación en los que se ordenará el análisis son: i) la cuestión del sujeto pasivo, ii) la cuestión de la

---

198 Mathews y Collin-Vézina identifican tres dimensiones de variación conceptual: primero, la dimensión de lo que llaman el constructo de abuso sexual infantil (que tiene tres aspectos: la edad del niño, la relación con la persona que inflige el abuso y el elemento de gratificación sexual); segundo, la determinación de los actos que pueden constituir abuso sexual infantil; y tercero, la naturaleza o la manera en que es tratado el elemento del consentimiento.

autonomía progresiva, iii) la determinación del carácter sexual; iv) la cuestión del medio de comisión; v) el elemento del poder y vi) el tratamiento del consentimiento.

2.4.1. Sujeto pasivo: ¿niñez o incapacidad?

En los tres documentos internacionales mencionados (Observación General nº 13 del Comité de los Derechos Niño, de 2011; el Informe de la Reunión Consultiva sobre el Maltrato de Menores de la OMS, de 1999 y en el Convenio de Lanzarote, de 2006) se hace referencia como presupuesto para la definición que el sujeto pasivo sea un niño o una niña. No obstante, ninguna de las definiciones exige como carácter indispensable que el niño o la niña esté por debajo de la edad legal del consentimiento sexual. En su Observación General nº 13 el Comité de los Derechos del Niño solo habla de la edad del consentimiento para aclarar que no opera esta definición cuando las dos partes superan esa edad. Ante la ausencia de una justificación explícita que explique la necesidad de delimitar un concepto de abuso sexual específico para el caso de que el sujeto pasivo sea un niño o una niña, sin requerirse como condición necesaria que esté por debajo de la edad del consentimiento sexual, podríamos entender que se trata de una definición formal basada en el presupuesto de que los niños per se requieren de una protección especial que conlleva un tratamiento específico de la violencia que sufren.

Sobre la literatura especializada, ninguno de los autores contempla como presupuesto del abuso sexual infantil que el sujeto pasivo sea un niño incapaz de consentir, sino —como hacen también los documentos internacionales— un niño o una niña. Tampoco entran a la cuestión definir el criterio para determinar quién debería considerarse un niño o una niña. Ser incapaz, de nuevo, se presenta como uno de los supuestos para hablar de abuso sexual infantil, como un elemento contingente, y no esencial, relacionado con el sujeto pasivo.

La definición del Código Penal sí que contempla el abuso sexual como práctica sexual entre, por una parte, una persona que supera edad del consentimiento (con capacidad para consentir) y, por otra, un niño o una niña por debajo de edad del consentimiento. Implícitamente también reconoce la posibilidad de que el abuso sexual infantil, así definido, sea cometido contra un niño incapaz por otra niño que supera la edad del consentimiento sexual, pues el presupuesto de esta definición solo es que una de las partes (considerada «la víctima») sea un niño por debajo de edad del consentimiento sexual (en España, una persona menor de 16 años).

2.4.2. Autonomía progresiva

En la definición de la OMS se señala como uno de los supuestos de abuso sexual infantil que el sujeto pasivo no comprenda o no sea capaz de consentir de manera informada una práctica sexual; pero también se contempla el supuesto de que, aun superando tal edad, un acto sexual se considere abusivo por ser contrario a «leyes o tabúes sociales», lo que puede resultar incoherente con el reconocimiento del principio de autonomía progresiva y de la consecuente premisa de los niños y las niñas como sujetos de derechos, lo que exigiría realizar una revisión conforme con los derechos de la infancia. En el marco de un estado constitucional, la regulación de la sexualidad debería encontrar su fundamento último en la garantía de la autonomía y en ningún caso en el mantenimiento de convenciones o tabúes sociales.

2.4.3. Carácter sexual

Todas las definiciones de los instrumentos internacionales se refieren en general a actividades sexuales, pero no entran en la cuestión de la determinación de algún criterio específico para su determinación. ¿Cuándo está presente el carácter sexual? Si bien hay un debate amplio sobre este punto, especialmente en el ámbito de la literatura especializada y en el derecho, me parece que son tres las cuestiones interesantes que al respecto están presentes en las definiciones de los documentos internacionales. Una es que no se establece un «listado de actos sexuales»; ni se entra a la cuestión de los criterios para determinar un acto sexual; los documentos dejan la cuestión de las actividades sexuales a la entera determinación de los estados. Segunda, sobre la cuestión de, una vez determinado un acto como sexual, cuáles son los criterios para determinar la permisibilidad moral de ellas, parece que es un tema que también se deja a la entera disposición de los estados. Ninguno de los documentos propone algún límite sobre el proceso de determinación de los criterios para la permisibilidad moral (y jurídica) de una actividad sexual. Ninguno de los documentos rechaza o prohibe la posibilidad de que se establezcan criterios distintos al consentimiento, vinculados no a las condiciones de su realización, sino a la misma práctica sexual[199]. De hecho, la definición de OMS directamente incluye — lo que podrían considerarse— criterios internos de permisibilidad moral de la valoración de la misma práctica sexual («la violación de leyes sociales y tabúes sociales«), y no exclusivamente criterios externos de permisibilidad moral dirigidos a regular las condiciones en que tiene lugar una práctica sexual. Lo cual, como veremos, podría cuestionarse desde las posiciones que sostienen el consentimiento

---

199 Los trabajos de algunos autores permiten distinguir la permisibilidad moral del moralismo sexual. En este último se trata no de la limitación de la sexualidad vinculada a la protección de valores básicos de un estado constitucional, sino a la posibilidad de determinar el «buen sexo», y el «mal sexo», conforme a una moral de la práctica sexual en sí, más allá del respeto o no de esos valores básicos. Entre algunos de los autores que abordan contemporáneamente el moralismo sexual, están: HALWANI, R. *Virtuous Liaisons: Care, Love, Sex, and Virtue Ethics,* Open Court, Chicago, 2003; ANDERSON, S. «On Sexual Obligation and Sexual Autonomy», *Hypatia,* vol. 28, nº 1, pp. 122–141. En el marco del moralismo sexual es común encontrar alusiones a conceptos como «la virtud o motivos virtuosos del sexo», «los vicios en el sexo», «obligaciones sexuales», «perversiones sexuales», «placer» o «deseo».

como criterio único y más adecuado para la permisibilidad moral (y jurídica) de las conductas.

Si en un estado constitucional opera como criterio de determinación de la violencia sexual el consentimiento válido (o libre[200]); estas disposiciones no rechazan y en ocasiones abiertamente reconocen la posibilidad de otros criterios de impermisibilidad moral, más allá del consentimiento, aplicables tratándose de la infancia. El hecho de que todas las definiciones mencionen el consentimiento, pero no lo consideren un elemento indispensable para que hablemos de abuso sexual, parece compatible con la idea de que tratándose de niños el consentimiento no es el único criterio de permisibilidad moral, de un régimen excepcional para hablar de violencia sexual.

Tercero, más allá de la determinación de lo «sexual», lo que hace a una práctica en sí misma sexual (sea objetivamente por análisis de características del acto, de su desarrollo; o subjetivamente desde percepción de quien lo recibe), la definición de Faller hace referencia a la condición de que el acto persiga la gratificación sexual de la parte que impone el acto al niño o la niña; y que entiende como un control de la acción durante el acto sexual que, para la autora, imposibilitaría las condiciones de reciprocidad mutua en la gratificación sexual.

En el texto de la ley no se determina qué hace a ese carácter sexual. Respecto de las actividades sexuales solo se precisan dos cuestiones. Por un lado, que los actos sexuales pueden realizarse directamente sobre el niño o la niña, o pueden realizarse por un tercero o puede el niño o la niña ser obligado a presenciar actividades sexuales que realicen otros. La segunda precisión es que a cuanto mayor intrusividad, mayor gravedad. Sobre la jurisprudencia, se encuentran referencias a la dificultad de precisar ese

---

200 No obstante, autoras como Serra han señalado que lo que se presenta como obstáculos para el cumplimiento de las condiciones de validez para la voluntariedad, en ocasiones no son más que una valoración moral de las prácticas sexuales.

carácter sexual, sin embargo, la doctrina de la Fiscalía General del Estado después de reconocer que «[c]onstituye una ardua tarea analizar las múltiples situaciones que pueden producirse en la práctica y delimitar en qué supuestos debe entenderse que una acción ostenta significación o carácter sexual», de manera que habrá que atenderse al «caso concreto y al contexto en que la acción se desarrolle», enuncia algunos actos que «[e]n cualquier caso, son merecedores de reproche penal»: «los tocamientos sorpresivos o fugaces sobre zonas erógenas aun cuando se realicen por encima de la ropa... los besos en la boca, aunque no los denominados ósculos...; o los tocamientos sobre zonas no erógenas cuando las circunstancias del caso justifiquen apreciar un atentado contra la libertad sexual»[201].

2.4.4. Medios de comisión

En las definiciones de los documentos internacionales no se dedica mucha atención a la cuestión del medio utilizado por el sujeto activo para lograr el acceso sexual al niño o la niña. En relación con el Comité de los Derechos del Niño, en su Observación General nº 13, señala como uno de los supuestos que el adulto «imponga» la actividad sexual al niño, en cambio, la referencia a medios de coerción cuando no hay una diferencia de edad considerable se configura como otro supuesto —una suerte de supuesto subsidiario—. Esa redacción hace pensar que se presumen impuestas en general los actos sexuales de adultos o niños «considerablemente más mayores» hacia otros niños, de manera que solo cuando no haya esa brecha sería relevante identificar la presencia de hechos de coerción. Sea porque se considera en sí mismo moralmente incorrecto, o sea porque se presuma que tal

201 Circular 1/2023, de 29 de marzo, de la Fiscalía General del Estado, sobre criterios de actuación del Ministerio Fiscal tras la reforma de los delitos contra la libertad sexual operada por la Ley Orgánica 10/2022, de 6 de septiembre, en el punto nº «4. Delito de agresión sexual: aspectos introductorios».

diferencia de poder implica en sí mismo coerción. En relación con la OMS directamente no contempla la cuestión del medio de coerción, ni como elemento contingente. No habla de actividad impuesta, ni de medios de coerción. Sino que entiende por abuso sexual la participación de un niño incapaz de consentir, o de un niño capaz en relación con actos sexuales contrarios a los tabúes sociales o leyes sociales. Respecto del Convenio de Lanzarote, contempla medios de coerción como un elemento contingente. No considera su presencia un elemento esencial para hablar de abusos sexuales. En relación con las definiciones en su conjunto parece haber una equiparación entre poder y coerción; o un fundamento de *impermisibilidad* moral del sexo más allá de la coerción y de condiciones que se consideren necesarias para emitir un consentimiento libre.

Finkelhor y López consideran los medios de coerción como uno de los supuestos para constituir una condición abusiva, con independencia de la brecha etaria entre las partes. Faller, por su parte, no se refiere al uso de algún medio de coerción como elemento esencial ni contingente, ni como condición abusiva, pues el carácter abusivo se determinaría exclusivamente en función de la desigualdad de poder, conocimientos y gratificación sexual, de modo que, al parecer, la cuestión del uso o no de un medio de coerción pasaría a segundo plano, sería algo tangencial. La definición penal de abuso sexual infantil no hace referencia explícita a un medio de comisión.

2.4.5. Elemento del poder: ¿relación de poder, uso del poder?

Uno de los supuestos presentes en las tres definiciones de los documentos internacionales es que exista una relación entre un niño —o una niña— incapaz de consentir y un adulto. Tratándose de este supuesto no se exige que el sujeto pasivo ocupe una posición determinada en el contexto de una relación interpersonal cualificada con el niño. Sin embargo, para el supuesto de abuso sexual entre niños, sí que se exige que el sujeto pasivo (niño capaz o incapaz) sea «considerablemente mayor o que «por su edad o desarrollo» esté en una posición de «responsabilidad, confianza o poder». Parece que del ser adulto se deriva, presumiblemente, una posición de responsabilidad, confianza o superioridad respecto del niño.

Coincidiendo con el análisis de Mathews y Collin-Vézina, la posición relacional de poder de la persona que realiza los actos sexuales usualmente no se expresa en las definiciones dentro de la literatura especializada. Finkelhor y López no se refieren al poder; pero al parecer lo presumen o lo consideran inherente a la relación entre un niño y un adulto, u otro niño con una diferencia de edad o desarrollo considerable, pues para ambos los efectos de esa diferencia vician las condiciones de igualdad o libertad para consentir. Faller sí se refiere explícitamente al elemento de la inequidad entre las partes. Para esta autora el poder desigual entre las partes es una condición esencial del abuso sexual infantil, consistiría en el control que, en el contexto de una relación interpersonal, una parte pueda tener sobre la otra, impidiendo toda idea de reciprocidad[202], y puede derivar de fuentes diversas. Entre ellas, de relaciones de confianza, de autoridad, resultado de una capacidad más desarrollada para manipular o intimidar; de una diferente capacidad económica. Respecto de la relación de poder, o de diferencia de edad relevante incompatible con con-

---

202 Sobre las fuentes del poder, la autora señala que puede derivar de: un rol ejercido en el contexto de la relación entre las partes (por ejemplo el caso de un acto abusivo de un padre sobre su hija, quien usualmente está obligada a hacer lo que el agresor le pida u orden); una posición de autoridad ejercida en el contexto de la relación abusiva (por ejemplo, el caso de un abuso cometido por un profesor, entrenador o un ministro de culto contra uno de sus alumnos o discípulos); una capacidad más avanzada o más desarrollada para manipular, intimidar o forzar a ejecutar un acto sexual (por ejemplo una complexión más robusta de una de las partes); la capacidad económica (a través del soborno a una de las partes para que no oponga resistencia al acto sexual): FALLER, K.C. «Child Sexual Abuse: Intervention and Treatment Issues», *User Manual Series, National Center on Child Abuse and Neglect*, 1993, pp. 10 y 11.

sentimiento libre, los tres parecen compartir que la mera existencia de tal relación imposibilita el consentimiento libre, o que una practica sexual en tales condiciones es por esa sola razón impermisible moralmente. En sus definiciones no aluden a la necesidad de un «uso» de ese poder para configurar un «abuso», al parecer lo conciben como una consecuencia lógica, que inevitablemente surge de esa relación.

Para Finkelhor la diferencia de edad entre las partes podría constituirse como condición suficiente para imposibilitar la emisión de un consentimiento libre. López y Faller no hablan de consentimiento pero consideran que las implicaciones de la diferencia de edad o desarrollo puede implicar una desventaja cognitiva que vicie condiciones de relación igualitaria y, en consecuencia, impide la emisión de un consentimiento libre.

En el Código penal se contempla relación necesaria entre persona por debajo de edad del consentimiento (16 años) y persona que supera tal edad como elemento esencial. No plantea presupuesto de agresor adulto. La edad de imputabilidad penal en España es a los 14 años, se entiende que para la aplicación de este delito, el presupuesto es que el agresor sea mayor de 14 años[203]. Más allá de las cuestiones de responsabilidad penal, quizá sea adecuado un apartado específico para delitos de adultos capaces a menores incapaces. Y un apartado que aborde casos de posibles agresiones sexuales cometidas por menores entre los 18 y 16 años contra menores de 16 años. Pues solo se reconoce que es posible que una persona menor de 16 años consienta en caso de relación con igual, pero no regula situación en la que efectivamente sufra algún tipo de coerción o abuso de vulnerabilidad o prevalimiento de posición de poder relevante (art. 183 bis).

Sobre la relación de poder cualificado, prevalerse de posición en relación de «convivencia», «parentesco» o «superioridad» se

---

[203] Las cuestiones sobre si es posible que un menor de 14 agreda sexualmente (por coerción, por ejemplo) a un menor de 16, a pesar de no tener reconocida capacidad de consentir no es resuelta por el código.

contempla como elemento contingente que justifica una mayor pena; y abusar de vulnerabilidad de la víctima, por ejemplo en motivo de su edad se considera condición agravante. En la doctrina de la doctrina es posible encontrar un desarrollo sobre ¿en qué consiste el prevalimiento para los efectos de considerarlo relevante al evaluar un posible abuso sexual infantil? De acuerdo con la doctrina: «prevalerse es tanto como valerse o servirse de algo que supone un privilegio o una ventaja, en clave penal, y hemos de partir de su naturaleza subjetiva [...] que tiene como fundamento agravatorio el abuso de superioridad y que proporciona en el plano moral a una persona, un servicio o una condición o cualidad que instrumentaliza en su beneficio particular con la finalidad delictiva para cohibir la resistencia de la víctima». De manera que, a diferencia de las definiciones de los documentos internacionales y de la doctrina especializada, la definición del tipo penal de abuso sexual infantil para considerar relevante la relación de poder entre las partes sí que exigiría no solo su presencia sino el uso de la posición de poder. En la jurisprudencia del Tribunal Supremo, se señala que la consideración del prevalimiento como modus operandi a través del cual el agente obtiene el consentimiento viciado de la víctima requiere de la concurrencia de tres elementos: «... a) Situación manifiesta de superioridad del agente. b) Que dicha situación influya de forma relevante coartando la capacidad de decidir de la víctima, y c) Que el agente, consciente de esa situación de superioridad y de los efectos inhibidores que en la libertad de decidir de la víctima produce, se prevalga, la ponga a su servicio y así obtener el consentimiento viciado de la víctima»[204].

---

[204] Circular 1/2023, de 29 de marzo, de la Fiscalía General del Estado, cit., en el punto nº «10. Modalidades agravadas de agresión sexual a menores de dieciséis años».

2.4.6. Consentimiento

Ninguna de las definiciones lo contemplan como elemento esencial. La incapacidad para consentir no es presupuesto de las definiciones. En relación con las condiciones de validez (coerción, información relevante), al parecer no son los únicos criterios para determinar el consentimiento válido. Finalmente, tampoco es claro que las definiciones asuman el consentimiento válido como el único criterio de permisibilidad moral de las prácticas sexuales o, en su caso, su consideración como violencia sexual. En la definición de la OMS encontramos directamente un criterio interno de permisibilidad moral de las prácticas sexuales: la referencia a actividades sexuales donde participen niños o niñas que sean «contrarias a leyes o tabúes sociales».

Similar al que tiene en los documentos internacionales: ninguno de los autores lo señala como un elemento esencial, y la condición de la incapacidad para consentir no es presentada en ninguna de las definiciones como presupuesto del abuso sexual infantil. Finalmente, tampoco es claro que las definiciones asuman el consentimiento válido como el único criterio de permisibilidad moral de las prácticas sexuales o, en su caso, su consideración como violencia sexual. En las definiciones encontramos referencias a otros criterios (externos) de permisibilidad moral de las prácticas sexuales: el deseo vinculado a la frase de «actividades sexuales no deseadas».

La definición del abuso sexual infantil en el Código penal está determinada en función del criterio del consentimiento y sus condiciones de validez. La incapacidad de consentir predicable del sujeto pasivo es el presupuesto de este delito. Es también el consentimiento el que determina la relación esencial entre las partes, lo que determina el carácter abusivo de la misa: una parte con capacidad para consentir y otra parte sin capacidad para consentir un práctica sexual. En esta definición no se hace referencia a ningún otro criterio interno o externo sobre permisibilidad moral de la práctica sexual.

2.5. PROPUESTA CONCEPTUAL: CONCEPTO RESTRINGIDO Y CONCEPTO ESTRATÉGICO

2.5.1. Concepto (restringido): abuso sexual por incapacidad como forma de violencia sexual

Son evidentes las diferencias entre los teóricos del consentimiento y las teóricas de la autonomía progresiva. Con todo, un punto de encuentro, fuera de debate, es el hecho de que la capacidad para consentir es un presupuesto esencial para el ejercicio de la autonomía en el terreno sexual. Dentro de las teorías del consentimiento hay dudas sobre si la existencia de una relación de poder entre las partes o el uso efectivo de una posición de poder —o confianza— por parte de una de ellas puede en todos los casos considerarse un criterio suficiente para poner en cuestión un consentimiento, o si la explotación de la vulnerabilidad sea *per se* un criterio para cuestionar la validez de un consentimiento. Sin embargo, no hay dudas sobre que la explotación de la incapacidad no es admisible en ningún caso. El problema de determinar cuál es la edad en la que en cada contexto social es razonable presumir la presencia de capacidad para consentir no es obstáculo para afirmar que ese criterio es un límite determinante para identificar la violencia sexual.

Considero que es el abuso, aprovechamiento o explotación de esa incapacidad de consentir el elemento que podría constituir o distinguir un concepto autónomo y específico de abuso sexual contra la infancia. Hablaríamos de una forma de violencia sexual que podría situarse dentro del concepto más amplio de abuso sexual. Entendido este último, a su vez, como una clase de violencia sexual definida por el uso de una posición de poder que se despliega de manera que condiciona o imposibilita las condiciones mínimas de validez para el consentimiento. Si bien este suele vincularse al uso de una posición de poder como elemento de distinción, es concretamente el uso de poder que da la posición de ser capaz (de consentir) ante una persona incapaz (de consentir) lo que definiría a esta violencia sexual.

Quedan las cuestiones de si en tanto explotación de la incapacidad, se trataría de un concepto, el de abuso sexual por incapacidad, que aunaría a todas aquellos tipos de violencia sexual en los que esté implicada la incapacidad de una de las partes, no solo cierta vulnerabilidad, o un grado de discapacidad cognitiva, sino la incapacidad para consentir. Y por otro lado, la cuestión de si se trata de un concepto en el que «ser adulto» y «ser niño» queda en segundo plano, siendo lo relevante, ser «capaz o incapaz» (pudiendo serlo o no por factores como la edad, pero también situaciones de «incapacidad más transitoria», como estar en estado de inconsciencia). Esta es la segunda parte de mi definición. Creo que el ser adulto, en el marco de un mundo social donde ser adulto implica una posición y estatus social de reconocimiento y ejercicio pleno de derechos —e incluso de privilegios—; y ser un niño en el marco de un mundo social en el que ser niño implica una posición y un estatus social de no reconocimiento pleno como titular de derechos y no garantizadas las condiciones para el desarrollo de la autonomía y el ejercicio progresivo por uno mismo de los derechos, justifica un concepto específico de abuso sexual contra la infancia entendido como la violencia sexual que tiene lugar a través de la explotación de la incapacidad de un niño o una niña por parte de un adulto. Ese estatus social implica una mayor responsabilidad, hace *per se* más reprochable el aprovechamiento de una incapacidad, porque ese estatus aumenta la brecha ya marcada por la incapacidad.

Así, de acuerdo con el concepto de trabajo que aquí se utilizará, el abuso sexual contra la infancia sería toda práctica sexual entre un adulto con capacidad para consentir en el plano sexual y entre un niño o una niña sin capacidad de consentir en el terreno sexual. Si bien puede haber debate sobre las implicaciones de relaciones de poder o explotación de vulnerabilidad, o de cierta ventaja a la permisibilidad moral, lo que claramente no es permisible es la explotación de la incapacidad (uso de posición de ventaja resultado de relación entre capaz e incapaz). Sus elementos esenciales serían: una práctica sexual en la que participen por lo menos dos partes: un niño o una niña sin capacidad para consentir y un adulto con capacidad para consentir un acto sexual. Sus elementos contingentes: el empleo de un medio de coerción o el abuso de una posición de poder interpersonal, o una relación de superioridad, cuya presencia podrá conllevar un mayor reproche.

2.5.2. Concepto (estratégico): violencia sexual contra la infancia

De acuerdo con la OMS, «se calcula que hasta 1000 millones de niños de entre 2 y 17 años en todo el mundo fueron víctimas de abusos físicos, sexuales, emocionales o de abandono en [el año 2021]». Casi 3 de cada 4 niños de entre 2 y 4 años (unos 300 millones) sufren con regularidad castigos corporales o violencia psicológica de la mano de padres o cuidadores. Una de cada 5 mujeres y uno de cada 13 hombres declaran haber sufrido abusos sexuales cuando tenían entre 0 y 17 años. 120 millones de niñas y mujeres jóvenes, de menos de 20 años, han sufrido alguna forma de relación sexual forzada[205]. Desafortunadamente, no existen estudios macro que analicen la prevalencia específicamente de la violencia ejercida por adultos contra niños y niñas. Ni tampoco suele haber un desglose en los estudios sobre violencia contra la infancia que identifique qué porcentaje de las cifras sobre cada forma violencia contra la infancia que se aborda (ejemplo violencia sexual, violencia física, etc.) se refiere a actos de violencia de personas adultas contra niños y niñas.

En el Informe mundial sobre la violencia contra los niños y niñas realizado por Pinheiro, como experto independiente bajo mandato del Secretario General de Naciones Unidas —considerado el primer estudio mundial exhaustivo acerca de todas las formas de violencia contra los niños y niñas— el concepto de

---

205 ORGANIZACIÓN MUNDIAL DE LA SALUD, *Violencia contra los niños,* nota descriptiva, 29 de noviembre de 2022, disponible en: https://www.who.int/es/news-room/fact-sheets/detail/violence-against-children. Según esta nota descriptiva, los datos se extraen del artículo: HILLIS, S., et al. «Global Prevalence of Past-year Violence Against Children: A Systematic Review and Minimum Estimates», *Pediatrics,* vol. 137, nº 3, 2016.

violencia contra la infancia es utilizado para nombrar no solo la violencia ejercida por adultos contra niños, sino también la violencia ejercida entre niños, niñas y adolescentes. En su clasificación, tampoco se incorpora una categoría específica de violencia de adultos a niños, ni como un tipo de violencia específico, ni para desglosar datos sobre prevalencia. Lo mismo ocurre con el Informe mundial sobre el estado de la prevención contra la violencia contra la infancia, de 2020. En este último, la OMS señala que «[a] nivel mundial, se calcula que cada año uno de cada dos niños de entre 2 y 17 años de edad es víctima de algún tipo de violencia»[206]. No obstante, no sabemos cuánta de esa violencia es ejercida por adultos.

La inclusión de la categoría de violencia de adultos contra niños en todos aquellos estudios que aborden la violencia que sufre la infancia, o la existencia de estudios específicos con base en tal categoría, resultan necesarios. Tal necesidad probablemente encontraría suficiente sustento en la cifras que podrían obtenerse si realizáramos la recopilación de datos teniendo en cuenta la variable de violencia cometida por adultos contra niños y niñas. En cualquier caso, esa necesidad se profundiza si asumimos, como intentaré argumentar más adelante, que existe un contexto de discriminación estructural contra los niños y las niñas.

Más que una delimitación conceptual exhaustiva o definitiva en relación con el concepto antes propuesto sobre abuso sexual por incapacidad como un tipo específico de violencia sexual, el concepto de «violencia sexual contra la infancia», como violencia sexual ejercida por personas adultas contra personas en edad infantil, sería una categoría de utilidad práctica. Una categoría que podría justificarse, en primer lugar, por el propio fundamento de la Convención: porque los niños, en tanto grupo social, tienen

---

206 ORGANIZACIÓN MUNDIAL DE LA SALUD. *Global status report on preventing violence against children,* Ginebra, 2020, p. x. Disponible en: https://www.who.int/teams/social-determinants-of-health/violence-prevention/global-status-report-on-violence-against-children-2020

una necesidad de especial protección en razón de la mayor vulnerabilidad en que se traduce socialmente su condición de desarrollo. Si bien, el Comité de los Derechos del Niño, señala en su Observación General nº 13, sobre el artículo 19, que «los niños pueden sufrir violencia a manos de adultos y también de otros niños», son varios los puntos que dan cuenta de la relevancia que tiene, para analizar y tratar —social, jurídicamente— la violencia, el hecho de que sea cometida por adultos. Una muestra se encuentra en la propia Convención sobre los Derechos del Niño, que en su artículo 37 establece la obligación a cargo de lo estados de garantizar que:

> «c) Todo niño privado de libertad sea tratado con la humanidad y el respeto que merece la dignidad inherente a la persona humana, y de manera que se tengan en cuenta las necesidades de las personas de su edad. En particular, todo niño privado de libertad estará separado de los adultos, a menos que ello se considere contrario al interés superior del niño, y tendrá derecho a mantener contacto con su familia por medio de correspondencia y de visitas, salvo en circunstancias excepcionales».

Tiene sentido pensar que en esa separación entre adultos y niños en situaciones de privación de libertad subyace un interés por la protección reforzada de los niños. En ese sentido, el Comité, en su Observación General nº 13, se refiere a algunos de los factores de riesgo de la infancia frente a la violencia:

> «Es preciso adoptar medidas enérgicas y especialmente adaptadas para contrarrestar los factores de riesgo a que pueden estar expuestos los niños o los grupos de niños en general o en contextos particulares. Los factores de riesgo pueden provenir de los padres, cuando consumen drogas, tienen problemas psiquiátricos o se hallan socialmente aislados, o de la familia cuando esta se ve afectada por la pobreza, el desempleo, la discriminación o la marginación. A nivel universal, se consideran vulnerables todos los niños hasta los 18 años de edad, porque no ha concluido aún su crecimiento y desarrollo neurológico, psicológico, social y físico. Los lactantes y los niños pequeños son los más vulnerables debido a la inmadurez de su cerebro, todavía en desarrollo, y a su completa dependencia de los adultos. Aunque corren peligro los

niños de ambos sexos, la violencia suele tener un componente de género»[207].

Una investigación clara sobre la violencia que ejercen específicamente personas adultas contra niños y niñas permitiría poner de manifiesto la relevancia en la victimización no solo del género, sino de lo que podríamos llamar un componente intergeneracional. Desde mi punto de vista, tanto la delimitación del concepto, como la necesidad de su incorporación en estudios cuantitativos y cualitativos, en las distintas áreas de análisis e intervención, reside tanto en las cifras de prevalencia e incidencia concretas, como en la existencia del contexto de discriminación estructural que, como más adelante intentaré argumentar, se encuentra presente España. Sin embargo, la priorización en los esfuerzos y la conciencia de la necesidad de desmontar los prejuicios como elemento indispensable en todos los esfuerzos de prevención institucional reside en gran parte en los datos sobre la prevalencia de este problema específico. De manera que en la lucha por la erradicación de la violencia contra la infancia es crucial obtener datos específicos y rigurosos.

Finalmente, me gustaría remarcar una cuestión que me parece básica y muy relevante, y que va más allá de los debates en torno a la precisión conceptual y al término más adecuado en relación con la infancia, entre el abuso sexual o la violencia sexual. Una cuestión al margen de si se asume o no, como sí que lo defiendo yo, que la frase «contra la infancia» debería utilizarse en un sentido similar al de «violencia contra las mujeres», es decir, como un calificativo que da cuenta de la discriminación estructural que explica, al menos en parte, el carácter generalizado de esa violencia. Más allá de todo esto, me parece que debería haber un punto de partida de consenso: el hecho de que nunca debería prescindirse del término «contra la infancia» para precisar la violencia de la

---

207 COMITÉ DE LOS DERECHOS DEL NIÑO. *Observación General nº 13...*, cit., párr. 72, f).

que hablamos, o intercambiarse simplemente por el adjetivo de «infantil».

De la misma manera que no hablamos de violencia femenil para aludir a la violencia contra las mujeres, no habría de utilizarse el término «abuso sexual infantil» para referirse a la violencia sexual que sufren los niños y las niñas. Si bien la generalización de ese término, especialmente en la literatura, en ocasiones se presenta como un resultado de la traducción de de términos extranjeros (como *child sexual abuse*), sea como sea la palabra «infantil» no logra dar cuenta del carácter perjudicial de la violencia, del objeto de la misma. O incluso pueda preferirse por cuestión de economía del lenguaje. Este término invisibiliza a las víctimas de una vulneración grave de derechos humanos, a los niños y las niñas que sufren violencia sexual. Podemos pensar en términos que ahorren vocablos, o que sean más precisos, pero mientras no los hayamos inventado, no escatimemos. Si se requieren dos, tres, cuatro palabras para visibilizar a las víctimas, bien gastadas están.

Capítulo 3.

La Violencia sexual contra la infancia como una vulneración de los derechos humanos

En la primera parte de este Capítulo se realizará un recorrido por el proceso de reconocimiento de la violencia sexual contra la infancia como una vulneración a los derechos humanos a nivel internacional. Su explícito reconocimiento no ha estado exento de dificultades y únicamente en los últimos veinte o treinta años los organismos internacionales de protección de derechos humanos han tomado conciencia de manera irreversible de esta realidad. A partir de ese necesario reconocimiento, en la segunda parte se analizarán las obligaciones que los organismos internacionales de protección de derechos humanos han impuesto a sus estados miembros por la vía interpretativa, tanto en el ámbito universal, como en del europeo. A pesar de que este trabajo se centra en la violencia sexual contra la infancia en relación con el estado español, se ha considerado útil explorar también las obligaciones derivadas de la jurisprudencia de la Corte Interamericana de Derechos Humanos con el objetivo de constatar ciertos avances producidos en ese sistema normativo, y bajo la premisa del necesario diálogo jurisprudencial que a nivel internacional se establece en materia de derechos humanos[208].

---

[208] Vid. FERRER MAC-GREGOR, E. y HERRERA GARCÍA, A. (coords.), *Diálogo jurisprudencial en derechos humanos entre Tribunales Constitucionales y Cortes Internacionales*, Tirant lo Blanch, Ciudad de México, 2013

3.1. VIOLENCIA SEXUAL CONTRA LA INFANCIA COMO UNA VULNERACIÓN A DERECHOS HUMANOS EN EL ÁMBITO INTERNACIONAL

3.1.1. Reconocimiento internacional de la violencia sexual contra la infancia como una vulneración a derechos humanos

En el ámbito del derecho internacional de los derechos humanos, se ha reconocido que la violencia constituye una forma de vulneración de derechos humanos. Todo acto de violencia implica en sí mismo y en razón de sus consecuencias la vulneración a una serie de derechos humanos, empezando por el derecho a la integridad. En este sentido, por ejemplo, la Declaración para la Eliminación de la Violencia Contra las Mujeres, reconoce en su Preámbulo que: «la violencia contra la mujer constituye una violación de los derechos humanos y las libertades fundamentales e impide total o parcialmente a la mujer gozar de dichos derechos y libertades». En el marco internacional también hay ciertos actos de violencia, ocurridos en determinado marco relacional o contextual, que se han reconocido, además, como una vulneración a garantías específicas, o como una vulneración de especial gravedad. En esta línea, la violencia contra las mujeres se considera una vulneración a derechos humanos, pero también una vulneración específica de su derecho a una vida libre de violencia, que constituye una garantía primaria reforzada para abordar la violencia contra las mujeres en el contexto de discriminación histórica que les afecta en tanto grupo social y que se reconoce en el mismo Preámbulo, idea a la que volveremos en el Capítulo 6. El Informe de la Relatora Especial sobre la Violencia contra la Mujeres, da cuenta de este sentido:

> «En la actualidad, el marco de derechos humanos y la jurisprudencia internacionales reconoce la violación como una violación de los derechos humanos y una manifestación de la violencia de género contra las mujeres y las niñas que podría equivaler a tortura. De conformidad con el derecho internacional humanitario y el derecho penal internacional, la violación puede constituir un crimen

> de guerra, un crimen de lesa humanidad o un acto constitutivo con respecto al genocidio cuando se dan los demás elementos del crimen»[209].

En relación con los niños y las niñas, la violencia en su contra también se ha considerado una vulneración a sus derechos en el ámbito internacional. Todo acto de violencia, incluida la violencia sexual, contra la infancia, implica claramente, la vulneración de una serie de derechos, tanto por su comisión como por sus secuelas. Tratándose de la infancia, los actos de violencia en su contra conllevan, además, la vulneración de un derecho específico reconocido en el derecho internacional como una garantía reforzada justificada en razón de su especial vulnerabilidad en tanto personas en condición de desarrollo: el derecho a ser protegido contra toda forma de violencia, previsto en el artículo 19 de la Convención sobre los Derechos del Niño[210]. En su Observación General nº 13, de 2011, el Comité de los Derechos del Niño ha desarrollado el sentido y alcance de este derecho y ha precisado

---

209 RELATORA ESPECIAL SOBRE LA VIOLENCIA CONTRA LA MUJER, SUS CAUSAS Y CONSECUENCIAS, *La violación como una vulneración grave, sistemática y generalizada de los derechos humanos, un delito y una manifestación de la violencia de género contra las mujeres y las niñas, y su prevención,* Informe de la Relatora Especial Dubravka Šimonović, 2021, párr. 9.

210 «Artículo 19.
1. Los Estados Partes adoptarán todas las medidas legislativas, administrativas, sociales y educativas apropiadas para proteger al niño contra toda forma de perjuicio o abuso físico o mental, descuido o trato negligente, malos tratos o explotación, incluido el abuso sexual, mientras el niño se encuentre bajo la custodia de los padres, de un representante legal o de cualquier otra persona que lo tenga a su cargo.
2. Esas medidas de protección deberían comprender, según corresponda, procedimientos eficaces para el establecimiento de programas sociales con objeto de proporcionar la asistencia necesaria al niño y a quienes cuidan de él, así como para otras formas de prevención y para la identificación, notificación, remisión a una institución, investigación, tratamiento y observación ulterior de los casos antes descritos de malos tratos al niño y, según corresponda, la intervención judicial».

algunas de las obligaciones internacionales derivadas del mismo. De acuerdo con el Comité, este artículo parte de la premisa de que «es preciso reforzar y ampliar masivamente las medidas destinadas a acabar con la violencia para poner fin de manera efectiva a esas prácticas, que dificultan el desarrollo de los niños y la posible adopción por las sociedades de medios pacíficos de solución de conflictos»[211]. Asimismo, el Comité reconoce la relación entre este derecho específico y otros derechos generales como la «dignidad humana y su integridad física y psicológica, y a la igualdad de protección ante la ley», reconocidos en diversos instrumentos internacionales y regionales[212].

Con base en otras condiciones sociales, que pueden concurrir con la condición de vulnerabilidad propia de la niñez, se ha reconocido que los actos de violencia sexual contra la infancia pueden constituir, a su vez, actos de discriminación que vulneran derechos y garantías específicos; por ejemplo, tratándose de niñas, o de niños o niñas con discapacidad. El Comité CEDAW, en su Recomendación General n° 19, declara que «[l] violencia contra la mujer es una forma de discriminación que inhibe gravemente la capacidad de la mujer de gozar de derechos y libertades en pie de igualdad con el hombre»[213]. La Declaración sobre la Eliminación de la Violencia contra la Mujer, de 1993, viene a precisar que los actos de violencia por motivos de género afectan también a ni-

---

En el plano regional, la Carta Africana sobre los Derechos y el Bienestar del Niño, de 1990 reafirma el reconocimiento de este derecho en su artículo 27.

211 COMITÉ DE LOS DERECHOS DEL NIÑO. *Observación General n° 13…*, cit., párr. 2. En esta Observación General, el Comité reconoce la «alarmante magnitud e intensidad de la violencia ejercida contra los niños» prevalente al momento su elaboración.

212 COMITÉ DE LOS DERECHOS DEL NIÑO. *Observación General n° 13…*, cit., párr. 7, c)

213 CEDAW. *Recomendación General n° 19, sobre la violencia contra la mujer,* de 29 de enero de 1992, párr. 1.

ñas, y reconoce explícitamente dentro de este tipo de violencia los abusos sexuales cometidos en el entorno familiar[214].

En la Recomendación General nº 35, de 2017, el Comité CEDAW ha tenido oportunidad de reiterar que entre las formas de violencia contra las mujeres por razón de género se encuentra la violencia sexual, que esta puede tener lugar en cualquier entorno, incluido el familiar, y ha reconocido que tal violencia afecta a las mujeres a lo largo de todo su ciclo de vida, también durante su niñez[215]. En esta misma Recomendación, el Comité reconoce que el derecho específico de las mujeres a una vida libre de violencia por razón de género «es indivisible e interdependiente respecto de otros derechos humanos, a saber: los derechos a la vida, la salud, la libertad y la seguridad de la persona, la igualdad y la misma protección en el seno de la familia, la protección contra la tortura y otros tratos crueles, inhumanos o degradantes y la libertad

---

[214] La Declaración sobre la Eliminación de la Violencia contra la Mujer, de 20 de diciembre de 1993, art. 2, a).
«Artículo 2.
Se entenderá que la violencia contra la mujer abarca los siguientes actos, aunque sin limitarse a ellos:
a) La violencia física, sexual y sicológica que se produzca en la familia, incluidos los malos tratos, el abuso sexual de las niñas en el hogar, la violencia relacionada con la dote, la violación por el marido, la mutilación genital femenina y otras prácticas tradicionales nocivas para la mujer, los actos de violencia perpetrados por otros miembros de la familia y la violencia relacionada con la explotación;
b) La violencia física, sexual y sicológica perpetrada dentro de la comunidad en general, inclusive la violación, el abuso sexual, el acoso y la intimidación sexuales en el trabajo, en instituciones educacionales y en otros lugares, la trata de mujeres y la prostitución forzada;
c) La violencia física, sexual y sicológica perpetrada o tolerada por el Estado, dondequiera que ocurra».

[215] CEDAW. *Recomendación general nº 35, sobre la violencia por razón de género contra la mujer, por la que se actualiza la recomendación general nº 19,* de 26 de julio de 2017, párrs. 14 y 20.

de expresión, de circulación, de participación, de reunión y de asociación»[216].

Asimismo, en el ámbito regional, distintos instrumentos específicos reconocen tal dimensión de la violencia sexual contra las niñas como forma de discriminación. En el ámbito interamericano, el artículo 7 de la Convención Belem Do Pará insta a los estados parte a condenar todas las formas de violencia contra la mujer, incluidos los abusos sexuales contra niñas[217]. En el ámbito europeo, el artículo 5 del Convenio de Estambul obliga a los estados parte a abstenerse de «cometer cualquier acto de violencia contra la mujer», incluida violencia sexual contra niñas, y a asegurar que todos los agentes e instituciones estatales respetan tal obligación[218]. Ambos tratados en sus preámbulos reconocen que la violencia contra las mujeres y niñas constituye una violación de

---

216 Comité CEDAW. *Recomendación general nº 35...*, cit., párr. 15.

217 *Convención Interamericana para prevenir, sancionar y erradicar la violencia contra la mujer* (conocida como Convención Belem Do Pará), de 9 de junio de 1994.
«Artículo 7.
Los Estados Partes condenan todas las formas de violencia contra la mujer y convienen en adoptar, por todos los medios apropiados y sin dilaciones, políticas orientadas a prevenir, sancionar y erradicar dicha violencia y en llevar a cabo lo siguiente».

218 *Convenio del Consejo de Europa sobre prevención y lucha contra la violencia contra las mujeres y la violencia doméstica* (conocido como Convenio de Estambul), de 11 de mayo de 2011, ratificado por España en 2014.
«Artículo 5 – Obligaciones del Estado y diligencia debida
1 Las Partes se abstendrán de cometer cualquier acto de violencia contra las mujeres y se asegurarán de que las autoridades, los funcionarios, los agentes y las instituciones estatales, así como los demás actores que actúan en nombre del Estado se comporten de acuerdo con esta obligación.
2 Las Partes tomarán las medidas legislativas y otras necesarias para actuar con la diligencia debida para prevenir, investigar, castigar y conceder una indemnización por los actos de violencia incluidos en el ámbito de aplicación del presente Convenio cometidos por actores no estatales».

los derechos humanos y una forma de discriminación contra las mujeres[219]. En relación con los niños y las niñas con discapacidad, la Convención sobre los Derechos de las Personas con Discapacidad, de 2006, en su artículo 16, reconoce el derecho específico de las personas con discapacidad, tanto en la edad adulta como infantil, a no ser objeto de violencia[220]. No obstante, el Comité de

---

219 El Preámbulo del Convenio de Estambul señala:
«Reconociendo que la violencia contra las mujeres es una manifestación de desequilibrio histórico entre la mujer y el hombre que ha llevado a la dominación y a la discriminación de la mujer por el hombre, privando así a la mujer de su plena emancipación;
Reconociendo que la naturaleza estructural de la violencia contra las mujeres está basada en el género, y que la violencia contra las mujeres es uno de los mecanismos sociales cruciales por los que se mantiene a las mujeres en una posición de subordinación con respecto a los hombres;
Reconociendo con profunda preocupación que las mujeres y niñas se exponen a menudo a formas graves de violencia como la violencia doméstica, el acoso sexual, la violación, el matrimonio forzoso, los crímenes cometidos supuestamente en nombre del "honor" y las mutilaciones genitales, que constituyen una violación grave de los derechos humanos de las mujeres y las niñas y un obstáculo fundamental para la realización de la igualdad entre mujeres y hombres».
El Preámbulo de la Convención Belem Do Pará señala:
«Afirmando que la violencia contra la mujer constituye una violación de los derechos humanos y las libertades fundamentales y limita total o parcialmente a la mujer el reconocimiento, goce y ejercicio de tales derechos y libertades;
Preocupados porque la violencia contra la mujer es una ofensa a la dignidad humana y una manifestación de las relaciones de poder históricamente desiguales entre mujeres y hombres».

220 *Convención sobre los Derechos de las Personas con Discapacidad,* del 16 de diciembre de 2006, Naciones Unidas. Ratificada por España en 2007.
«Artículo 16 - Protección contra la explotación, la violencia y el abuso
1. Los Estados Partes adoptarán todas las medidas de carácter legislativo, administrativo, social, educativo y de otra índole que sean pertinentes para proteger a las personas con discapacidad, tanto en el seno del hogar como fuera de él, contra todas las formas de explotación, violencia y abuso, incluidos los aspectos relacionados con el género.
2. Los Estados Partes también adoptarán todas las medidas pertinentes para impedir cualquier forma de explotación, violencia y abuso asegu-

Derechos de las Personas con Discapacidad no ha emitido todavía una observación general que interprete y desarrolle el alcance y obligaciones derivadas del mismo.

En el marco del derecho internacional también se ha afirmado que los actos de violencia sexual, en determinadas circunstancias, pueden llegar a constituir tortura. A través de tal reconocimiento se ha intentado dar cuenta del alto umbral de gravedad de estos actos. Dos de las circunstancias que hasta día de hoy dentro del derecho internacional se han señalado como relevantes para determinar el cumplimiento de ese elevado umbral de gravedad son su comisión por agentes estatales o agentes con autoridad sobre la víctima, y el alto alcance o profundidad de las secuelas, que

---

rando, entre otras cosas, que existan formas adecuadas de asistencia y apoyo que tengan en cuenta el género y la edad para las personas con discapacidad y sus familiares y cuidadores, incluso proporcionando información y educación sobre la manera de prevenir, reconocer y denunciar los casos de explotación, violencia y abuso. Los Estados Partes asegurarán que los servicios de protección tengan en cuenta la edad, el género y la discapacidad.
2. A fin de impedir que se produzcan casos de explotación, violencia y abuso, los Estados Partes asegurarán que todos los servicios y programas diseñados para servir a las personas con discapacidad sean supervisados efectivamente por autoridades independientes.
3. Los Estados Partes tomarán todas las medidas pertinentes para promover la recuperación física, cognitiva y psicológica, la rehabilitación y la reintegración social de las personas con discapacidad que sean víctimas de cualquier forma de explotación, violencia o abuso, incluso mediante la prestación de servicios de protección. Dicha recuperación e integración tendrán lugar en un entorno que sea favorable para la salud, el bienestar, la autoestima, la dignidad y la autonomía de la persona y que tenga en cuenta las necesidades específicas del género y la edad.
4. Los Estados Partes adoptarán legislación y políticas efectivas, incluidas legislación y políticas centradas en la mujer y en la infancia, para asegurar que los casos de explotación, violencia y abuso contra personas con discapacidad sean detectados, investigados y, en su caso, juzgados».

tengan el potencial de afectar durante toda la vida a la víctima. En ese sentido el Relator Especial sobre la Tortura y Otros Tratos o Penas Crueles, Inhumanos o Degradantes, en su Informe de 2010 señalaba:

> «El término 'tortura' no debe utilizarse de manera inflacionaria. Está reservado para una de las peores violaciones y abusos de los derechos humanos que los seres humanos pueden infligirse entre sí, y por lo tanto conlleva un "estigma especial". Al mismo tiempo, esto significa que, una vez que se establece que se ha infligido tortura, se está ante un delito muy grave y un maltrato a seres humanos que, muy probablemente, sufrirán sus consecuencias durante el resto de sus vidas, si no físicamente, al menos mentalmente»[221].

Por su parte, el Comité de los Derechos del Niño ha considerado como requisito para que la violencia contra la infancia sea considerada tortura el hecho de que que se trate de actos cometidos por agentes estatales (sean o no agentes del orden público), que sean cometidos en entornos institucionales, o por personas con autoridad sobre el niño, como sus padres. En su Observación General nº 13, el Comité admite que hay instituciones del estado («como escuelas, guarderías, hogares y residencias, locales de custodia policial o instituciones judiciales») donde «los niños son víctimas de actos de violencia intensa y generalizada, que pueden llegar hasta la tortura y el asesinato, por parte de agentes estatales». En esa misma Observación, el Comité ofrece una definición de «tortura y tratos o penas inhumanos o degradantes» en el marco de la Convención[222]. Una de las conductas previstas

---

221 Report of the Special Rapporteur on torture and other cruel, inhuman or degrading treatment or punishment, *Study on the phenomena of torture, cruel, inhuman or degrading treatment or punishment in the world, including an assessment of conditions of detention,* N. Manfred, 5 de noviembre de 2010, párr. 33.

222 De acuerdo con el Comité, el concepto de «Tortura y tratos o penas inhumanos o degradantes [...] incluye todo acto de violencia contra un niño para obligarlo a confesar, castigarlo extrajudicialmente por conductas ilícitas o indeseadas u obligarlo a realizar actividades contra su voluntad, cometido por lo general por la policía y otros agentes del

conceptualmente como posible tortura por el Comité es «[obligar a un niño] a realizar actividades contra su voluntad». Ese reconocimiento de la gravedad de las secuelas y sus implicaciones para los derechos humanos de la violencia sexual en general, y en particular cuando ocurre contra niños o niñas, también se encuentra en el trabajo del TEDH y de la Corte IDH. Por ejemplo, la Corte IDH ha señalado que «[e]n el caso de las niñas, niños y adolescentes víctimas de violencia sexual, [el] impacto podría verse severamente agravado, por lo que podrían sufrir un trauma emocional diferenciado de los adultos, y un impacto sumamente profundo, en particular cuando el agresor mantiene un vínculo de confianza y autoridad con la víctima, como un progenitor»[223].

orden público, el personal de los hogares y residencias y otras instituciones y las personas que tienen autoridad sobre el niño, incluidos los agentes armados no estatales. Las víctimas son a menudo niños marginados, desfavorecidos y discriminados que carecen de la protección de los adultos encargados de defender sus derechos y su interés superior. Pertenecen a esta categoría los niños en conflicto con la ley, los niños de la calle, los niños indígenas y de minorías y los niños no acompañados. Estos actos brutales suelen causar daños físicos y psicológicos y estrés social permanentes.«El personal de los hogares y residencias y otras instituciones y las personas que tienen autoridad sobre el niño, incluidos los agentes armados no estatales»: COMITÉ DE LOS DERECHOS DEL NIÑO. *Observación General nº 13…*, cit., párr. 21.

223 Corte IDH. *Caso Ángulo Losada c. Ecuador*, cit., párr. 105. En el ámbito europeo, el Tribunal ha resuelto algunos casos donde el presunto agresor es el padre. En el caso A. B. c. Croacia, el Tribunal reconoce el hecho de que el padre sea quien [presuntamente] comete los abusos sexuales como un factor que aumenta la vulnerabilidad de la víctima y apunta que tal factor debería impactar en su tipificación: «el Tribunal considera que los mecanismos de derecho penal deben implementarse para abordar la vulnerabilidad particular de la solicitante como una niña de una edad temprana, que supuestamente había sido víctima de abuso sexual por parte de su padre, tomando los mejores intereses de la niña como una consideración principal y en este sentido para brindar protección a los derechos de su víctima y evitar la victimización secundaria»: TEDH. *Caso A.B. c. Croacia,* cit., párr. 121.

En el derecho internacional también se ha reconocido que en el marco de la respuesta estatal a un caso de violencia sexual contra la infancia también pueden producirse nuevas vulneraciones de derechos o una nueva victimización respecto de la cual el estado tenga responsabilidad. En este marco de respuesta, se ha enfatizado particularmente como un acto revictimizante, hacer repetir al niño su testimonio pudiendo evitarlo o no siendo necesario. El problema de la revictimización o victimización secundaria como vulneración a derechos a través de la actuación del estado ha sido señalado también en casos de violencia sexual contra las mujeres. Sin embargo, el TEDH y la Corte IDH han advertido un especial riesgo a la revictimización e impacto agravado de la misma tratándose de niños o niñas. La Corte IDH ha observado, por ejemplo, que «las niñas, niños y adolescentes víctimas de delitos, en particular de violencia sexual, pueden experimentar graves consecuencias físicas, psicológicas y emocionales causadas por el hecho violatorio de sus derechos, así como una nueva victimización a manos de los órganos del Estado a través de su participación en un proceso penal, cuya función es justamente la protección de sus derechos»[224].

Es tal el alcance de la gravedad predicable de la victimización secundaria que se ha reconocido que los actos de revictimización desplegados por un estado en su respuesta a un caso de violencia sexual contra la infancia pueden constituir un trato cruel, inhumano y degradante. En caso de Ángulo Losada c. Nicaragua, la Corte IDH señaló «que los actos revictimizantes llevados a cabo por funcionarios estatales en perjuicio de Brisa De Angulo Losada constituyeron violencia institucional y deben calificarse, teniendo en cuenta la entidad del sufrimiento provocado, como un trato cruel, inhumano y degradante en los términos del artículo 5.2 de la Convención Americana, en relación con el artículo 1.1 de la misma»[225]. El término de violencia institucional se ha utilizado

---

224 VRP c. Nicaragua. Citado posteriormente en Angulo Losada, parr. 153.

225 Corte IDH. *Caso Ángulo Losada c. Ecuador*, cit., párr. 299.

también en el derecho internacional, particularmente en la jurisprudencia de órganos internacionales para captar y enfatizar aquellos casos en los que el estado no solo falla en su respuesta a una vulneración a derechos humanos, sino que responde produciendo una nueva vulneración, en ese sentido, violentando a la víctima. Este término ha surgido inicialmente en el ámbito interamericano, pero se ha extendido también a Naciones Unidas, y aunque sin usar el término, el concepto está presente también en los desarrollos del TEDH, particularmente en casos de violencia sexual contra las mujeres.

En uno de los tres casos que la Corte IDH ha resuelto sobre violencia sexual contra la infancia, en V.R.P y V.PC y otros c. Ecuador, que versaba sobre abusos sexuales de un padre contra su hija, se encuentra un ejemplo del uso del concepto de violencia institucional aplicado a esta violencia en particular. En tal caso, la Corte considera que «el hecho de que la niña haya visto o no a su padre en el recinto del Instituto de Medicina Legal es irrelevante, ya que la autoridad judicial debió haber adoptado las medidas necesarias, por ejemplo citarlo en otra oportunidad, para impedir que dicho encuentro suceda. La sola potencialidad de encuentro derivada de la falta de debida diligencia estricta en el actuar de las autoridades judiciales durante las diligencias de investigación consistió en un acto de revictimización y un acto de violencia institucional»[226].

La necesidad de su abordaje en razón de su prevalencia y de su constitución como una vulneración a derechos humanos se ha puesto de manifiesto, además, con la adopción de tratados específicos. En el marco del Consejo de Europa, se ha aprobado el Convenio para la Protección de los Niños Contra la Explotación y el Abuso Sexual, de 2007 (conocido como el Convenio de Lanzarote, por el lugar de su adopción). En el ámbito de la Unión Europea, la Directiva 2011/93/UE del Parlamento Europeo y del Consejo, de 13 de diciembre de 2011, relativa a la lucha contra

---

226 Corte IDH. *Caso V.R.P., V.P.C. y otros c. Nicaragua*, cit., párr. 182.

los abusos sexuales y la explotación sexual de los menores y la pornografía infantil[227]. Ambos instrumentos añaden y desarrollan obligaciones de los estados en materia de prevención y respuesta a la violencia sexual contra la infancia. El Preámbulo de la Directiva reconoce la violencia sexual contra la infancia explícitamente como una vulneración de derechos fundamentales[228]. Sin embargo, la determinación de responsabilidad a los estados por el incumplimiento de las obligaciones contraídas en virtud de tales convenios, se encuadra en procedimientos específicos, y en cierto sentido atenuados de responsabilidad, considerando que no articulan un procedimiento de determinación de responsabilidad.

En síntesis, la violencia sexual contra la infancia ha sido reconocida como una vulneración a derechos humanos por distintos instrumentos y órganos internacionales. No solo, en un sentido amplio, porque los actos en sí mismos impliquen la lesión de distintos derechos humanos y derechos específicos de la víctima, sino también, en un sentido más restringido, porque tal violencia puede conllevar el incumplimiento de obligaciones internacionales previas o posteriores a la comisión de los actos. A continuación realizaré una recopilación esquemática de algunas de las obligaciones relacionadas con la violencia sexual contra la infancia que pueden identificarse en instrumentos internacionales o en la jurisprudencia o desarrollo interpretativo de los órganos competentes. La recopilación se centrará en los desarrollos del Comité sobre los Derechos del Niño, del TEDH y de la Corte IDH.

---

227 Por la que se sustituye la Decisión marco 2004/68/JAI del Consejo.

228 En el párr. 1 del Preámbulo se indica: «Los abusos sexuales y la explotación sexual de los menores, incluida la pornografía infantil, constituyen graves violaciones de los derechos fundamentales y, en particular, de los derechos del niño a la protección y los cuidados necesarios para su bienestar, tal como establecen la Convención de las Naciones Unidas sobre los Derechos del Niño de 1989 y la Carta de los Derechos Fundamentales de la Unión Europea».

3.1.2. La violencia sexual contra la infancia en los sistemas de protección internacional

a) Ámbito universal

En el ámbito universal es el Comité de los Derechos del Niño el principal órgano en materia de derechos de la infancia. El artículo 19 de la Convención sobre los Derechos del Niño podría considerarse una garantía específica del derecho humano a la integridad personal que establece obligaciones «más estrictas», «específicas» o «adicionales» para abordar sus obligaciones de garantía del derecho a la integridad de los niños y las niñas[229]. La necesidad de una garantía específica se fundamenta, de acuerdo con el Preámbulo de la Convención, en razón de esa especial vulnerabilidad de los niños. Además, de acuerdo con la Observación General nº 13, donde el Comité interpreta el contenido y alcance de tal disposición, obedece también al contexto generalizado de violencia contra la infancia. Si bien el artículo 19 de la Convención, no versa exclusivamente sobre obligaciones específicas para la violencia sexual contra la infancia, sí que incluye expresamente la obligación del estado de proteger a la infancia frente a la violencia sexual. Todas las obligaciones y medidas señaladas por el Comité deben orientar la actuación del estado ante la violencia

---

229 Esta garantía se diferencia del fundamento del identificado como derecho a una vida libre de la violencia de las mujeres construido sobre la base del reconocimiento de esta violencia, además de como una vulneración a derechos humanos, como un problema vinculado a la discriminación. La garantía de la «especial protección d ella infancia» se ha fundamentado en la inherente vulnerabilidad de los niños y las niñas que les coloca en un mayor riesgo de sufrir violencia. Sobre el derecho a una vida libre de violencia de las mujeres, resulta especialmente relevante la En Recomendación General nº 35, de 2017, donde el Comité de la CEDAW rea reconocido que la prohibición de la violencia de género contra las mujeres ha evolucionado hasta convertirse en un principio de derecho internacional consuetudinario, que obliga a todos los estados.

sexual, o su deber de garantizar el derecho a la integridad de niños y niñas. Todas ellas habrán de considerarse para evaluar el cumplimiento de sus obligaciones convencionales.

El artículo 34 de la Convención sí que contiene lo que podríamos considerar una obligación específica de protección frente a la violencia sexual y a la explotación sexual[230]. Sin embargo, el Comité hasta la fecha no ha emitido una observación general en la que interprete el contenido y alcance de esta disposición. De ahí que las obligaciones positivas de los estados parte se precisen actualmente teniendo en cuenta con más frecuencia el artículo 19 de la Convención y la Observación General nº 13 del Comité de los Derechos del Niño, en la cual se incluyen expresamente referencias a la violencia sexual contra la infancia.

En la Observación General nº 13, el Comité aclara que «la obligación estricta» de adoptar «todas las medidas apropiadas» para proteger a los niños frente a la violencia, prevista en el artículo 19 de la Convención, no deja margen a la discreción de los estados[231]. Y precisa que no cualquier medida es suficiente para considerar que un estado efectivamente cumple su obligación de proteger a la infancia frente a la violencia. Las «medidas apropiadas» han de cumplir algunos requisitos: abarcar todos los sectores públicos, ser aplicadas y ser efectivas para prevenir y combatir toda forma

---

230 «Artículo 34
Los Estados Partes se comprometen a proteger al niño contra todas las formas de explotación y abuso sexuales. Con este fin, los Estados Partes tomarán, en particular, todas las medidas de carácter nacional, bilateral y multilateral que sean necesarias para impedir:
a) La incitación o la coacción para que un niño se dedique a cualquier actividad sexual ilegal;
b) La explotación del niño en la prostitución u otras prácticas sexuales ilegales;
c) La explotación del niño en espectáculos o materiales pornográficos».

231 Comité de los Derechos del Niño, *Observación General nº 13...*, cit, párr. 37.

de violencia. El estándar de efectividad exige que no puedan interpretarse en el sentido de que se aceptan algunas formas de violencia; que se articulen en un «un sistema integrado, cohesivo, interdisciplinario y coordinado que incorpore toda la gama de medidas indicadas en el artículo 19, párrafo 1, mediante toda la serie de intervenciones previstas en el párrafo 2»[232]; y que en su formulación, supervisión y evaluación participen los niños.

b) Ámbito europeo

Desde los 80's, el TEDH ha analizado una cantidad considerable de casos de violencia sexual contra la infancia[233]. Lo ha hecho con base principalmente en los artículos 3[234] y 8[235] de la Convención. De acuerdo con el TEDH, estos artículos implican la obligación del estado de salvaguardar la integridad física y psicológica de una persona. Aunque con menos frecuencia, también ha analizado casos con base en el artículo 13 y el artículo 10 de

---

232 Comité de los Derechos del Niño, *Observación General nº 13...*, cit, párr. 39.

233 A modo de síntesis de los principales casos, puede verse la ficha de «Protección de menores», elaborada por la Unidad de Prensa del TEDH: TEDH, *Protection of minors, Factsheet,* Unidad de Prensa, abril de 2024, disponible en: https://www.echr.coe.int/factsheets

234 «Artículo 3–Prohibición de tortura
Ninguna persona será sometida a tortura, castigo o trato degradante o inhumano».

235 «Artículo 8 – El derecho al respeto de la vida privada y familiar
1. Todas las personas tienen derecho al respeto por su vida privada y familiar, su casa y su correspondencia.
2. No deberá existir interferencia de una autoridad pública con el ejercicio de este derecho excepto aquella que sea de acorde con la ley y necesaria en una sociedad democrática interesada en la seguridad nacional, seguridad pública o el bienestar económico del país, la prevención del desorden o el crimen, la protección de la salud o la moral, o la protección de los derechos y libertades de otros».

la Convención[236]. En su jurisprudencia sobre estos artículos ha delimitado obligaciones positivas[237] y ha abordado lo que llama la vertiente sustancial y la vertiente procesal de estos derechos. Asimismo, el TEDH ha desarrollado un estándar de efectividad para el cumplimiento de sus obligaciones; en ocasiones también ha utilizado el término de «diligencia» de modo intercambiable por «efectividad»[238]. Este estándar se ha desarrollado principalmente con relación a la obligación de investigación y protección. De acuerdo con el Tribunal, el hecho de que tales obligaciones puedan considerarse de medio, y no de resultado, no implica que cualquier medida adoptada por el estado sea suficiente para cumplir efectivamente la obligación. En cambio, el Tribunal en virtud de la obligación general prevista en el artículo 1 de la Convención de garantizar a todas las personas dentro de su jurisdicción los derechos y libertades definidos en la Convención ha precisado, en relación con cada una de sus obligaciones, la necesidad de adoptar «medidas razonables» para garantizar el derecho en cuestión (por ejemplo, para lograr esclarecer los hechos o para

---

236 «Artículo 13 – Derecho a un recurso efectivo
Toda persona cuyos derechos y libertades reconocidos en la presente Convención hayan sido violados, tiene derecho a la concesión de un recurso efectivo ante una instancia nacional, incluso cuando la violación haya sido cometida por personas que actúen en el ejercicio de sus funciones oficiales».

237 Sobre el reconocimiento de obligaciones positivas, véase, entre otros: TEDH. *Caso X. e Y. c. Países Bajos,* cit., párr. 23: «[e]l Tribunal recuerda que, aunque el objeto de [ese artículo] es esencialmente el de proteger al individuo contra la interferencia arbitraria de las autoridades públicas, no se limita a obligar al Estado a abstenerse de dicha interferencia: además de este compromiso principalmente negativo, puede haber obligaciones positivas inherentes a un respeto efectivo de la vida privada o familiar». Y precisa que tales obligaciones «pueden implicar la adopción de medidas diseñadas para garantizar el respeto de la vida privada, incluso en el ámbito de las relaciones de las personas entre sí».

238 Entre otros, véase: TEDH. *Caso V C c. Italia,* sentencia de 1 de febrero de 2018, párr. 12; TEDH. *Caso Stankünaité c. Lituania,* sentencia de 29 de octubre de 2019, párr. 116.

salvaguardar la integridad personal en el marco de un procedimiento penal)[239]. En la determinación de las «medidas razonables» para garantizar los derechos convencionales, los estados deberán atender la jurisprudencia del propio Tribunal y los instrumentos específicos en la materia que hubieran sido ratificados por el estado en cuestión.

La «condición de vulnerabilidad» de niños y niñas ha sido estimada por el Tribunal como una condición relevante para evaluar el cumplimiento de las obligaciones por los estados parte, especialmente tratándose de hechos de violencia. Lo que implica, en primer lugar, determinar las obligaciones de los estados en coherencia con los instrumentos específicos que los estados hubieran ratificado en la materia[240], incluida la Convención sobre los

---

239 Entre otros, en relación con la obligación de investigación, véase: TEDH. *Caso A. y B. c. Croacia,* cit., párr. 108: «El Tribunal ha sostenido que, en principio, una investigación efectiva debería ser capaz de conducir al establecimiento de los hechos del caso y a la identificación y castigo de los responsables. Esta no es una obligación de resultado, sino uno de los medios. Las autoridades deben tomar las medidas razonables a su disposición para asegurar las pruebas relativas al incidente, como el testimonio de los testigos y las pruebas forenses. Las conclusiones de la investigación deben basarse en un análisis exhaustivo, objetivo e imparcial de todos los elementos relevantes». En relación con la obligación de protección, véase: TEDH. *Caso E. y otros c. Reino Unido,* sentencia de 26 de noviembre de 2022, párr. 88: «La obligación [...] en virtud del artículo 1 de la Convención de garantizar a todas las personas dentro de su jurisdicción los derechos y libertades definidos en la Convención, junto con el artículo 3, requiere que los Estados tomen medidas diseñadas para garantizar que las personas dentro de su jurisdicción no sean objeto de tortura o tratos inhumanos o degradantes, incluidos dichos malos tratos administrados por particulares [...]. Estas medidas deben proporcionar una protección efectiva, en particular, de los niños y otras personas vulnerables, e incluir medidas razonables para prevenir los malos tratos de los que las autoridades tenían o deberían haber tenido conocimiento».

240 Entre otros, véase: TEDH. *Caso R.B. c. Estonia,* sentencia de 22 de junio de 2021, párrs. 83 y 84: «En vista de lo anterior, los artículos 3 y 8 obli-

Derechos del Niño, y especialmente el Convenio de Lanzarote, recurrentemente utilizado por el TEDH para precisar las obligaciones en casos de violencia sexual[241]. Esa condición de niñez, para el TEDH, exige tener en cuenta el «mejor interés de la infancia», así como la obligación reforzada de evitar la revictimización[242].

---

gan a los Estados a promulgar disposiciones que tipifiquen como delito el abuso sexual de los niños y a aplicarlas en la práctica a través de una investigación y el enjuiciamiento efectivos, teniendo en cuenta la vulnerabilidad particular de los niños, su dignidad y sus derechos como niños y como víctimas [...]. Estas obligaciones también se derivan de otros instrumentos internacionales, como, *entre otros,* la Convención de las Naciones Unidas sobre los Derechos del Niño y la Convención de Lanzarote [...]. Al interpretar las obligaciones del Estado mencionadas anteriormente, el Tribunal tendrá en cuenta las normas y principios pertinentes del derecho internacional, así como los instrumentos no vinculantes de los órganos del Consejo de Europa».

241 TEDH. *Caso B. c. Rusia,* cit., párr. 54: «El derecho a la dignidad humana y a la integridad psicológica requiere una atención especial cuando un niño es víctima de violencia. Al interpretar las obligaciones del Estado mencionadas anteriormente en virtud de la Convención, el Tribunal tendrá en cuenta los instrumentos internacionales pertinentes, y específicamente la Convención de Lanzarote».

242 Entre otros: TEDH. *Caso B. c. Rusia,* cit., párr. 54: «El Tribunal reitera que las obligaciones positivas en virtud del artículo 3 de la Convención incluyen la protección de los derechos de las víctimas en los procedimientos penales [...]. En los casos de presunto abuso sexual de niños, esas obligaciones requieren la implementación efectiva de los derechos de los niños para tener sus mejores intereses como consideración principal y para que se aborde adecuadamente su vulnerabilidad particular y las necesidades correspondientes, con el fin de protegerlos contra la victimización secundaria». En un sentido similar, véase también: TEDH. *Caso N.Ç. c. Turquía,* cit., párrs. 95 y 101; TEDH. *Caso X. y otros c. Bulgaria,* sentencia de 2 de febrero de 2021, párr. 192. Es llamativo que, en la jurisprudencia del TEDH sobre violencia sexual contra la infancia al evaluar la coherencia de las actuaciones del estado con el principio del interés superior de la infancia, si bien se cita el artículo 3 de la Convención sobre los Derechos del Niño que establece el principio del interés superior del menor, no tenga en cuenta los desarrollos del Comité de los Derechos del Niño, particularmente su Observación

Si bien, sin utilizar el término de discriminación interseccional o discriminación múltiple, el TEDH en la evaluación de las obligaciones positivas derivadas de la Convención, se ha referido a la necesidad de tener en cuenta dos o más condiciones relevantes para determinar las obligaciones positivas del estado (por ejemplo, que la víctima sea un niño con discapacidad). Si se trata de condiciones respecto de las cuales existen instrumentos específicos de protección ratificados por el estado en cuestión, estos deberán, de acuerdo con el TEDH, ser tenidos en cuenta al interpretar las obligaciones convencionales en materia de violencia sexual contra la infancia.

La determinación del TEDH de analizar un caso sobre hechos de violencia sexual contra la infancia bajo el artículo 3 o el artículo 8 del Convenio Europeo ha atendido a distintos criterios. En ocasiones el Tribunal ha analizado los hechos, o parte de ellos, con base en ambos artículos o solo en alguno de ellos. Sobre el artículo 3, el Tribunal ha considerado que los actos de violencia han de alcanzar un nivel mínimo de gravedad para enmarcarse en el alcance del artículo 3. Para el TEDH alcanzar ese umbral depende, de las circunstancias del caso «principalmente la duración del tratamiento, sus efectos físicos o mentales y, en algunos casos, el sexo, la edad y el estado de salud de la víctima»[243]. En el

---

General nº 14, sobre el derecho del niño a que su interés superior sea una consideración primordial, de 2013. No obstante, en la Opinión disidente conjunta de los jueces Turkovic y Pejchal en el Caso A y B c. Croacia, se refiere a ala necesidad de que el TEDH tenga en cuenta las tres dimensiones del internes superior de la infancia desarrolladas por el Comité de los Derechos de los Niños en su Observación General nº 14, como derecho sustantivo, como principio de interpretación y como regla de procedimiento: TEDH. *Opinión conjunta disidente de Ksenija Turković y Aleš Pejchal,* Caso de A. y B. c. Croacia, sentencia de 20 de junio de 2019, párr. 34 y nota a pie de página nº 7.

243 Considera que «consagra uno de los valores fundamentales de la sociedad democrática. Prohíbe en términos absolutos la tortura o el trato o castigo inhumano o degradante. El maltrato debe alcanzar un nivel mínimo de gravedad si se va a caer dentro del alcance del artículo 3. La

caso B c. Rusia, de 2023, el Tribunal enmarcó bajo el artículo 3 el análisis de hechos relativos a la protección a la integridad personal proporcionada por el estado a una niña víctima de presuntos abusos sexuales en el curso del procedimiento penal. De manera que para el TEDH, tanto los actos de violencia sexual en sí, como los actos de desprotección o revictimización desplegados por el estado en el contexto de un proceso judicial donde la víctima sea un niño o niña pueden llegar a constituir malos tratos e incluso tortura. En estos casos, el Tribunal ha tenido en cuenta los criterios de «la particular vulnerabilidad debido a su corta edad y [la naturaleza del] presunto abuso sexual» como hechos relevantes para determinar su evaluación bajo el artículo 3[244].

c) Ámbito interamericano

La Corte IDH ha analizado casos de violencia sexual contra la infancia con base en los artículos artículo 5.1, sobre el derecho a la integridad personal[245] y 19, sobre el derecho a medidas de protección por

---

evaluación de ese nivel es, en la naturaleza de las cosas, relativa y depende de todas las circunstancias del caso, principalmente la duración del tratamiento, sus efectos físicos o mentales y, en algunos casos, el sexo, la edad y el estado de salud de la víctima» (véase, entre otras autoridades, Nicolae Virgiliu Tănase v. Rumania [GC], nº 41720/13, § 116, 25 de junio de 2019).

244 Una crítica sobre «el carácter genérico de la referencia que hace el TEDH al artículo 3 y la falta de criterios para distinguir los casos en los que el abuso infantil califica como tortura de aquellos en los que constituye un trato cruel, inhumano o degradante», se encuentra en: CATALANO, T. «Obblighi degli stati in materia di abusi sessuali su minora e margine di apprezzamento: il caso D.K c. Italia», *Ordine internazionale e diritti umani,* 2023, pp. 1129-1141, p. 1135.

245 «Artículo 5. Derecho a la Integridad Personal
Toda persona tiene derecho a que se respete su integridad física, psíquica y moral».

la condición de niñez[246]. En su Opinión Consultiva la Corte IDH reconoce que «[los] Estados Partes en la Convención Americana tienen el deber, conforme a los artículos 19 y 17[247], en relación con el artículo 1.1 de la misma, de tomar todas las medidas positivas que aseguren la protección a los niños contra malos tratos, sea en su relación con las autoridades públicas, o en las relaciones entre individuos o con entes no estatales»[248]. Como veremos, la Corte IDH ha interpretado el artículo 19 de la Convención a la luz de los «cuatro principios rectores» de la Convención sobre los Derechos del Niño[249]. Por otra parte, en análisis de casos de violencia sexual contra la infancia realizado por la Corte IDH también se ha basado en los artículo 8[250] y 11[251] sobre garantías judiciales y

---

246 «Artículo 19. Derechos del Niño
Todo niño tiene derecho a las medidas de protección que su condición de menor requieren por parte de su familia, de la sociedad y del Estado».

247 «Artículo 17. Protección a la Familia
La familia es el elemento natural y fundamental de la sociedad y debe ser protegida por la sociedad y el Estado.».

248 Corte IDH. *Opinión Consultiva OC-17/2002, sobre la Condición Jurídica y Derechos Humanos del Niño,* emitida el 28 de agosto de 2002 a solicitud de la Comisión Interamericana de Derechos Humanos.

249 Lo hizo por primera vez en el paradigmático caso de V.R.P., V.P.C. y otros c. Nicaragua, el primer caso que resolvió la Corte sobre hechos de violencia sexual contra la infancia, párr. 155 y ss.

250 «Artículo 8. Garantías Judiciales
Toda persona tiene derecho a ser oída, con las debidas garantías y dentro de un plazo razonable, por un juez o tribunal competente, independiente e imparcial, establecido con anterioridad por la ley, en la sustanciación de cualquier acusación penal formulada contra ella, o para la determinación de sus derechos y obligaciones de orden civil, laboral, fiscal o de cualquier otro carácter.
Toda persona inculpada de delito tiene derecho a que se presuma su inocencia mientras no se establezca legalmente su culpabilidad. Durante el proceso, toda persona tiene derecho, en plena igualdad, a las siguientes garantías mínimas».

251 «Artículo 11. Protección de la Honra y de la Dignidad
Toda persona tiene derecho al respeto de su honra y al reconocimiento de su dignidad.

protección judicial, en virtud de los cuales ha indagado en si ha tenido lugar una vulneración de derechos a lo largo del proceso judicial o investigación. Finalmente, según las particularidades del caso ha tenido en cuenta otros derechos, como el derecho a la vida o el derecho a la vida privada y familiar. La Corte, a día de hoy, ha determinado responsabilidad internacional en tres casos de violencia sexual contra la infancia: V.R.P., V.P.C. y otros c. Nicaragua, de 2018; Guzmán Albarracín c. Ecuador, de 2020, y Ángulo Losada c. Bolivia, de 2023.

De manera similar al TEDH, la Corte IDH considera que las obligaciones de garantía de los derechos contenidos en la Convención si bien son obligaciones de medio y no de resultado, han de asumirse como un deber jurídico propio no simplemente como una «formalidad condenada de antemano a ser infructuosa», de manera que los estados deben ser diligentes al cumplir sus obligaciones, adoptando las medidas adecuadas, según la obligación de que se trate, para tal fin. Tal obligación se mantiene «cualquiera sea el agente al cual pueda eventualmente atribuirse la violación, aun los particulares, pues, si sus actos no son investigados con seriedad, resultarían, en cierto modo, auxiliados por el poder público, lo que comprometería la responsabilidad internacional del Estado»[252]. La Corte ha utilizado el término «debida

---

Nadie puede ser objeto de injerencias arbitrarias o abusivas en su vida privada, en la de su familia, en su domicilio o en su correspondencia, ni de ataques ilegales a su honra o reputación.

Toda persona tiene derecho a la protección de la ley contra esas injerencias o esos ataques».

252 En relación con el «deber de investigar es una obligación de medio y no de resultado, que debe ser asumida por el estado como un deber jurídico propio y no como una simple formalidad condenada de antemano a ser infructuosa, o como una mera gestión de intereses particulares, que dependa de la iniciativa procesal de las víctimas o de sus familiares o de la aportación privada de elementos probatorios»: Corte IDH. *Caso V.R.P., V.P.C. y otros c. Nicaragua,* cit., párr. 151. Véase también: Corte IDH. Caso de las Hermanas Serrano Cruz c. El Salvador, sentencia de 1 de marzo de 2005, párr. 83.

diligencia» para nombrar las exigencias que cada derecho de la Convención en relación con el artículo 1, sobre el deber general de garantizar, se imponen a los estados. Por ejemplo, en relación con el deber de investigar, la debida diligencia exige que el «órgano que investiga lleve a cabo todas aquellas actuaciones y averiguaciones necesarias para procurar el resultado que se persigue. De otro modo, la investigación no es efectiva en los términos de la Convención»[253].

La Corte considera que, «sin perjuicio del estándar de debida diligencia en general, «los Estados deben adoptar, en el marco del acatamiento del artículo 19 de la Convención Americana, medidas particularizadas y especiales en casos donde la víctima es una niña, niño o adolescente». Lo cual implica analizar «las presuntas violaciones a derechos en perjuicio de una niña [...] 'a la luz del *corpus juris* internacional de protección de los niños y las niñas' [...], el cual debe servir para definir el contenido y los alcances de las obligaciones que ha asumido el Estado cuando se analizan los derechos de las niñas, niños y adolescentes, y en el caso particular, de la obligación estatal reforzada de debida diligencia»[254]. Ese corpus iuris internacional incluye la Convención sobre los Derechos del Niño, principalmente sus cuatro principios rectores, así como las Observaciones Generales en las que el Comité interpreta el contenido y alcance de sus disposiciones.

También de manera similar al TEDH, la Corte IDH señala que «[l]as medidas especiales de protección que el Estado debe adoptar se basan en el hecho de que las niñas, niños y adolescentes se consideran más vulnerables a violaciones de derechos humanos, lo que además estará determinado por distintos factores, como la edad, las condiciones particulares de cada uno, su grado de desarrollo y madurez, entre otros»[255]. Dentro de estas condiciones

---

253 Corte IDH. *Caso V.R.P., V.P.C. y otros c. Nicaragua,* cit., párr. 151.

254 Corte IDH. *Caso V.R.P., V.P.C. y otros c. Nicaragua,* cit., párr. 153. Véase también: Corte IDH. *Caso Angulo Losada c. Bolivia,* cit., párr. 105.

255 Corte IDH. *Caso V.R.P., V.P.C. y otros c. Nicaragua,* cit., párr. 156.

adicionales, la Corte se refiere en particular al caso de las niñas. En los tres casos que la Corte ha resuelto sobre hechos de violencia sexual contra la infancia, las víctimas eran niñas. Según la Corte, tratándose de niñas, «dicha vulnerabilidad a violaciones de derechos humanos puede verse enmarcada y potenciada, debido a factores de discriminación histórica que han contribuido a que las mujeres y niñas sufran mayores índices de violencia sexual, especialmente en la esfera familiar»[256]. En estas casos, las obligaciones se complementan y refuerzan, para aquellos estados que son parte, con la Convención de Belém do Pará»[257].

3.1.3. Obligaciones desde la perspectiva de la violencia sexual contra la infancia como una vulneración a derechos humanos

En el ámbito del derecho internacional de los derechos humanos, las obligaciones específicas a cargo de los estados para hacer frente a las vulneraciones a derechos humanos, y tratar a sus víctimas, se han derivando en la jurisprudencia internacional a partir de la obligación general de respeto que se encuentra prevista en todos los tratados de derechos humanos[258]. De acuerdo con esta obligación, los estados están obligados a «respetar, asegurar que se respeten y aplicar las normas» contenidas en tales instrumentos.

En la Resolución aprobada por la Asamblea General de Naciones Unidas en 2005, sobre los *Principios y directrices básicos sobre el derecho de las víctimas de violaciones manifiestas de las normas internacionales de derechos humanos y de violaciones graves del derecho internacional humanitario a interponer recursos y obtener reparaciones,* se precisaron cuáles son esas obligaciones específicas que pueden

---

256 Corte IDH. *Caso V.R.P., V.P.C. y otros c. Nicaragua,* cit., párr. 156. Véase también: Corte IDH. *Caso Angulo Losada c. Bolivia,* cit., párr. 183.

257 Corte IDH. *Caso V.R.P., V.P.C. y otros c. Nicaragua,* cit., párr. 152.

258 En los dos Pactos Internacionales se prevé en el artículo 2. Y en la CADH y en el CEDH, ambas en el artículo 1.

derivarse de la obligación general de respeto: a) adoptar disposiciones legislativas y administrativas y otras medidas apropiadas para impedir las violaciones; b) investigar las violaciones de forma eficaz, rápida, completa e imparcial y, en su caso, adoptar medidas contra los presuntos responsables de conformidad con el derecho interno e internacional[259]; c) dar a quienes afirman ser víctimas de una violación de sus derechos humanos o del derecho internacional humanitario un acceso equitativo y efectivo a la justicia, con independencia de quién resulte ser en definitiva el responsable de la violación; y d) proporcionar a las víctimas recursos eficaces, incluso reparación[260].

De conformidad con la Resolución de la Asamblea General las víctimas de vulneraciones a derechos humanos deben ser, a lo largo de todo el proceso de respuesta institucional, «tratadas con humanidad y respeto de su dignidad y sus derechos humanos». En consecuencia, en la Resolución se sostiene que los estados deben desplegar «medidas apropiadas para garantizar la seguridad, el bienestar físico y psicológico y la intimidad de las víctimas, así como los de sus familias». Ello implica que, «en la medida de lo posible, su derecho interno disponga que las víctimas de violencia o traumas gocen de una consideración y atención especiales para que los procedimientos jurídicos y administrativos destinados a

---

259 De acuerdo con la Resolución: «los Estados tienen la obligación de investigar y, si hay pruebas suficientes, enjuiciar a las personas presuntamente responsables de las violaciones y, si se las declara culpables, la obligación de castigarlas. Además, en estos casos los Estados deberán, en conformidad con el derecho internacional, cooperar mutuamente y ayudar a los órganos judiciales internacionales competentes a investigar tales violaciones y enjuiciar a los responsables»: NACIONES UNIDAS. *Resolución aprobada por la Asamblea General, 60/147, Principios y directrices...*, cit., párr. 4.

260 ASAMBLEA GENERAL DE LA ORGANIZACIÓN DE LAS NACIONES UNIDAS. *Resolución 60/147, Principios y directrices básicos sobre el derecho de las víctimas de violaciones manifiestas de las normas internacionales de derechos humanos y de violaciones graves del derecho internacional humanitario a interponer recursos y obtener reparaciones*, 2006, párr. 3.

hacer justicia y conceder una reparación no den lugar a un nuevo trauma»[261]. Esta última puede sintetizarse en una obligación de no revictimización o de protección especial de las víctimas de violaciones a derechos humanos cuyo cumplimiento exige medidas apropiadas para no causar nuevas lesiones a sus derechos a lo largo del proceso de respuesta institucional. El contenido y alcance de cada una de estas obligaciones ha sido objeto de desarrollo en la jurisprudencia internacional. las cinco obligaciones específicas enunciadas en la Resolución, serán utilizadas en lo siguiente para ordenar —al menos parte de las— obligaciones desarrolladas en la jurisprudencia internacional en torno a la violencia sexual contra la infancia.

3.2.1. Obligación de adoptar medidas para impedir que tenga lugar la violencia sexual contra la infancia

i. Ámbito universal

«El Comité afirma categóricamente que la protección del niño debe empezar por la prevención activa de todas las formas de violencia, y su prohibición explícita». En tal sentido, apunta la necesidad de que las normas nacionales establezcan claramente la prohibición de todas las formas de violencia en todos los contextos, a través de definiciones jurídicas operacionales claras de las distintas formas de violencia mencionadas en el artículo 19. En la Observación General nº 13, en la que el Comité de los Derechos del Niño interpreta tal artículo, establece algunas orientaciones para la delimitación de dichas definiciones por los estados[262].

---

261 ASAMBLEA GENERAL DE LA ORGANIZACIÓN DE LAS NACIONES UNIDAS. *Resolución 60/147*, cit., párr. 10.

262 Entre las definiciones, como se puso de manifiesto en el Capítulo 2, se encuentra el abuso sexual contra la infancia: «[s]e entiende por abuso y explotación sexuales, entre otras cosas: a) La incitación o la coacción

Desde un enfoque de prevención primaria, el Comité señala que los estados parte deben adoptar «medidas de salud pública y de otra índole, destinadas a promover positivamente una crianza respetuosa y sin violencia para todos los niños y a luchar contra las causas subyacentes de la violencia en distintos niveles (el niño, la familia, los autores de actos de violencia, la comunidad, las instituciones y la sociedad)», asegurando que «los adultos responsables de cuidar, orientar y criar a los niños respeten y protejan los derechos de estos»[263]. La priorización de la prevención, sin embargo,

---

para que un niño se dedique a cualquier actividad sexual ilegal o psicológicamente perjudicial9.
b) La utilización de un niño con fines de explotación sexual comercial.
c) La utilización de un niño para la producción de imágenes o grabaciones sonoras de abusos sexuales a niños.
d) La prostitución infantil, la esclavitud sexual, la explotación sexual en el turismo y la industria de viajes, la trata (dentro de los países y entre ellos) y la venta de niños con fines sexuales y el matrimonio forzado. Muchos niños sufren abusos sexuales que, pese a no mediar la fuerza o la coerción físicas, son intrusivos, opresivos y traumáticos desde el punto de vista psicológico»: Comité de los Derechos del Niño. *Observación General nº 13,* cit., párr. 25.

263 La OMS sigue la clasificación de las intervenciones de salud pública en tres niveles de prevención:
• Prevención primaria: intervenciones dirigidas a prevenir la violencia antes de que ocurra.
• Prevención secundaria: medidas centradas en las respuestas más inmediatas a la violencia, como la atención prehospitalaria, los servicios de urgencia o el tratamiento de las enfermedades de transmisión sexual después de una violación.
• Prevención terciaria: intervenciones centradas en la atención a largo plazo con posterioridad a los actos violentos, como la rehabilitación y reintegración, e intentos por reducir los traumas o la discapacidad de larga duración asociada con la violencia.
Estos tres niveles de prevención se definen por sus características temporales; es decir, si tienen lugar antes de que se produzca el acto violento, inmediatamente después o a un plazo más largo»: OMS. *Informe mundial sobre la violencia y la salud,* 2006, pp. 16 y 17.

advierte el Comité, «no exime a los Estados de sus obligaciones de responder eficazmente a la violencia cuando se produce»[264].

El Comité de los Derechos del Niño clasifica las medidas de prevención en función de sus destinatarios: i) medidas dirigidas a la sociedad en general para «[combatir] las actitudes que perpetúan la tolerancia y la aceptación de la violencia en todas sus formas, incluida la violencia basada en distintos «desequilibrios de poder»[265]; ii) medidas dirigidas a los niños para proporcionarles información sobre sus derechos y sobre la autoprotección y protección entre iguales[266]; iii) medidas para que las familias y comunidades pongan en práctica principios de crianza respetuosa con el fin

---

264 Comité de los Derechos del Niño, *Observación General nº 13...*, cit, párrs. 45 y 46.

265 Comité de los Derechos del Niño, *Observación General nº 13...*, cit, párr. 46, a). Listado completo de este tipo de medidas:
«i) Combatir las actitudes que perpetúan la tolerancia y la aceptación de la violencia en todas sus formas, incluida la violencia basada en el género, la raza, el color, la religión, el origen étnico o social, la discapacidad y otros desequilibrios de poder;
ii) Difundir información sobre el enfoque holístico y positivo de la Convención respecto de la protección del niño mediante campañas de información creativas en las escuelas y en la enseñanza entre homólogos, iniciativas educativas familiares, comunitarias e institucionales, profesionales y asociaciones de profesionales y de ONG y la sociedad civil;
iii) Concertar alianzas con todos los sectores».

266 Comité de los Derechos del Niño, *Observación General nº 13...*, cit, párr. 46, b). Listado completo de este tipo de medidas:
«b) Para los niños:
i) Registrar a todos los niños para facilitar su acceso a los servicios y a los procedimientos de reparación;
ii) Ayudar a los niños a protegerse y a proteger a sus compañeros informándoles acerca de sus derechos, enseñándoles a vivir en sociedad y dándoles un nivel de autonomía acorde con su edad;
iii) Poner en marcha programas de "tutoría" que prevean la intervención de adultos responsables y de confianza en la vida de niños que necesiten un apoyo complementario al prestado por sus cuidadores».

de garantizar un entorno seguro[267]; iv) medidas destinadas a los profesionales que trabajan con niños para detectar sospechas de violencia contra la infancia; v) medidas dirigidas a las instituciones para orientar las políticas de prevención sobre la base de datos y estudios de investigación y desde un enfoque de infancia[268].

---

267 Comité de los Derechos del Niño, *Observación General nº 13...*, cit, párr. 46, c). Listado completo de este tipo de medidas:
«i) Prestar apoyo a los padres y a las personas encargadas del cuidado de los niños para que entiendan, adopten y pongan en práctica los principios de una buena crianza de los niños, basados en el conocimiento de los derechos del niño, el desarrollo infantil y las técnicas de disciplina positiva a fin de reforzar la capacidad de las familias de cuidar a los niños en un entorno seguro;
ii) Ofrecer servicios pre y posnatales, programas de visitas a los hogares, programas de calidad para el desarrollo del niño en la primera infancia y programas de generación de ingresos para grupos desfavorecidos;
iii) Reforzar los vínculos entre los servicios de salud mental, el tratamiento de la toxicomanía y los servicios de protección del niño;
iv) Ofrecer programas de descanso y centros de apoyo a las familias que afrontan situaciones particularmente difíciles;
v) Ofrecer albergues y centros de atención en caso de crisis para los progenitores (sobre todo las madres) que hayan sufrido violencia en el hogar, y para sus hijos;
vi) Prestar asistencia a la familia con medidas que fomenten la unidad familiar y permitan el pleno ejercicio y disfrute por los niños de sus derechos en el ámbito privado, absteniéndose de inmiscuirse indebidamente en las relaciones privadas y familiares de los niños, en función de las circunstancias».

268 Comité de los Derechos del Niño, *Observación General nº 13...*, cit, párr. 46, d). Listado completo de este tipo de medidas:
«i) Detectar oportunidades de prevención y orientar las políticas y las prácticas sobre la base de estudios de investigación y la recopilación de datos;
ii) Aplicar, mediante un proceso participativo, políticas y procedimientos de protección del niño, códigos de deontología profesional y normas de atención de la infancia basados en los derechos;
iii) Prevenir la violencia en los lugares donde se cuida a los niños y en las instancias judiciales mediante, entre otras cosas, la elaboración y la aplicación de servicios de carácter comunitario, a fin de que el interna-

Por otra parte, el Comité contempla medidas dirigidas a crear los mecanismos para detectar indicios fundados de violencia contra la infancia. De acuerdo con el Comité, el estado debe dirigir medidas para que todas las personas que mantienen contacto con niños sean conscientes de los factores de riesgo y los indicadores de todas las formas de violencia, reciban orientación sobre la forma de interpretar esos indicadores y tengan los conocimientos, la voluntad y la capacidad necesarios para adoptar las medidas oportunas. Habría que asegurar a los niños el mayor número posible de oportunidades para que señalen sus problemas y para que los adultos reconozcan esos problemas y actúen en consecuencia aunque el niño no pida ayuda explícitamente. El Comité insiste en la necesidad de que los estados ejerzan una vigilancia particular en el caso de grupos de niños en situación de especial vulnerabilidad, como niños y niñas con discapacidad. En tales casos, los estados deben prever «las adaptaciones necesarias para que tengan las mismas posibilidades de comunicarse y señalar los problemas que los demás»[269].

Según el Comité, todos los estados partes deberían contar con mecanismos de atención seguros, bien divulgados, confidenciales y accesibles a los niños, sus representantes y otras personas, que permitan notificar los casos de violencia. En particular, recomienda el uso de líneas telefónicas gratuitas que atiendan las 24 horas del día. Entre los requerimientos de los mecanismos de notificación, el Comité contempla la elaboración de protocolos adaptados a las diferentes circunstancias, y su amplia difusión entre los niños y la ciudadanía en general; la formación permanente del personal involucrado en el proceso de notificación; el respeto del derecho de los niños a ser escuchados y a que su opinión sea

---

miento en una institución o la detención sean solo recursos de última instancia, con la finalidad exclusiva de proteger el interés superior del niño».

[269] Comité de los Derechos del Niño, *Observación General nº 13…*, cit, párr. 48.

tomada en serio; así como mecanismos para proteger a los profesionales que notifiquen de buena fe sus sospechas[270].

ii. Ámbito europeo

El Tribunal ha reconocido, entre otros casos, en X. e Y. c. Países Bajos, de 1985, que: si bien, el «recurso a la ley penal no es necesariamente la única respuesta», «[l]a protección legal ante la violencia sexual requiere de disposiciones de derecho penal», pues se trata de un tipo de vulneración «en el que están en juego los valores fundamentales y los aspectos esenciales de la vida privada [como la violencia sexual]. La disuasión efectiva es indispensable en esta área y solo se puede lograr mediante disposiciones de derecho penal[271]». En el caso citado, el TEDH condenó a Países Bajos por considerar que había obstaculizado el acceso a la protección legal en el marco del derecho penal a una mujer menor de edad con discapacidad que había sido víctima de violencia sexual. El estado preveía la violencia sexual contra la infancia como delito, pero establecía requisitos procesales que obstaculizaban que una mujer menor de edad con discapacidad pudiera presentar una denuncia, directamente, o a través de un representante. En ese caso, el estado mantenía cierto margen de protección en la legislación civil, sin embargo, el Tribunal consideró tal protección insuficiente[272].

Por otra parte, el TEDH también se ha referido a la obligación «agravada» de proteger en el supuesto de que el estado tenga co-

---

270 Comité de los Derechos del Niño, *Observación General nº 13…,* cit, párr. 49.

271 TEDH. *Caso X. e Y. c. Países Bajos,* cit., párr. 27.

272 TEDH. *Caso X. e Y. c. Países Bajos,* cit., párrs. 24-27, particularmente su párr. 27: «El Tribunal considera que la protección otorgada por el derecho civil en el caso de irregularidades del tipo infligido a la Srta. Y es insuficiente. Este es un caso en el que están en juego los valores fundamentales y los aspectos esenciales de la vida privada. La disuasión efectiva es indispensable en esta área y solo se puede lograr mediante disposiciones de derecho penal; de hecho, es mediante tales disposiciones que el asunto está normalmente regulado».

nocimiento o haya debido tenerlo sobre un riesgo de sufrir malos tratos. En el caso O'Keeffe c. Irlanda, de 2009, el Tribunal reitera que el artículo 3 en relación con la obligación del artículo 1 del Convenio (de garantizar a toda persona dependiente de su jurisdicción los derechos y libertades convencionales), requiere que los Estados «tomen medidas con el fin de velar para que los individuos dependientes de su jurisdicción no sean objeto de tortura o trato inhumano o degradante, incluyendo dicho maltrato infligido por personas individuales». No obstante, el TEDH ha precisado que tal obligación de proteger ha de interpretarse «de tal forma que no imponga una excesiva carga sobre las autoridades, considerando, en concreto la impredictibilidad de la conducta humana y las elecciones que deben realizarse en términos de prioridad y recursos». De modo que «no todos los riesgos de malos tratos podrían implicar para las autoridades un requisito del Convenio de tomar medidas para evitar que ese riesgo se materialice»[273]. Sin embargo, las medidas razonables de la obligación de protección frente a malos tratos deben incluir, en general, la previsión de normas penales de protección y, en el supuesto concreto de que las autoridades «tengan o deben tener conocimiento» medidas dirigidas a prevenir la comisión de tales tratos, es decir, a evitar la materialización del riesgo conocido[274].

Para el Tribunal uno de los contextos relevantes que «define en gran medida la naturaleza e importancia de esta obligación» (de prevención), es el educativo. De acuerdo con el Tribunal las autoridades escolares, están obligadas «a proteger la salud y el bienestar de sus alumnos y, en particular, de los niños pequeños que son especialmente vulnerables y están bajo el control exclusivo de estas autoridades»[275]. Teniendo en cuenta la importancia del entorno escolar y las obligaciones específicas en el mismo, en conjunto con «la naturaleza fundamental de los derechos

---

273 TEDH. *Caso O'Keeffe c. Irlanda,* cit., párr. 137.

274 TEDH. *Caso O'Keeffe c. Irlanda,* cit., párr. 142.

275 TEDH. *Caso O'Keeffe c. Irlanda,* cit., párr. 145.

garantizados por el artículo 3 y la naturaleza particularmente vulnerable de los niños», el TEDH considera que «es una obligación inherente del Gobierno garantizar [la protección de los niños y las niñas] contra los malos tratos [en tal contexto], mediante la adopción, en la medida que sea necesaria, de las medidas especiales y de seguridad»[276].

Entre estas medidas especiales el TEDH contempla la adopción de «mecanismos útiles de detección y de comunicación de la información» como «condición fundamental para la aplicación efectiva de las leyes penales aplicables»[277]. De acuerdo con el TEDH, «la naturaleza de los abusos sexuales sobre menores, sobre todo cuando el autor de estos abusos está en una posición de autoridad con respecto al niño, hace que la existencia de mecanismos útiles de detección y de comunicación de la información constituya una condición fundamental para la aplicación efectiva de las leyes penales aplicables[278]. Esta obligación específica reconoce la especificidad de la violencia sexual contra la infancia y al mismo tiempo el papel de los centros escolares como entorno clave en la protección de las víctimas y en la investigación de hechos de violencia sexual contra la infancia. Entorno que adquiere una especial relevancia si tenemos en cuenta que, según cifras oficiales, el entorno familiar es donde más actos de violencia sexual contra niños y niñas se cometen.

El TEDH, con base en el artículo 10 de la Convención, ha apuntado también la necesidad de garantizar cierto margen de libertad de expresión para informar sospechas de malos tratos contra la infancia[279]. Para el Tribunal, «[l]a posibilidad de expresar una

---

[276] TEDH. *Caso O'Keeffe c. Irlanda,* cit., párr. 146.

[277] TEDH. *Caso O'Keeffe c. Irlanda,* cit., párr. 140.

[278] TEDH. *Caso O'Keeffe c. Irlanda,* cit., párr. 148.

[279] Este caso versa sobre hechos de violencia física contra la infancia, sin embargo, en su análisis el TEDH desarrolla las exigencias de la obligación de protección contra los malos tratos (artículo 3) en relación con las obligaciones derivadas del artículo 10 sobre libertad de expresión. De modo que los desarrollos resultan relevantes también para abordar

sospecha de abuso infantil, formada de buena fe, en el contexto de un procedimiento de denuncia apropiado, [debe] estar disponible para cualquier persona sin el posible 'efecto disuasorio' de una condena penal o la obligación de pagar una indemnización por los daños sufridos o los costos incurridos». En el caso Juppala c. Finlandia, de 2009, el Tribunal condenó al estado por iniciar un proceso administrativo contra una mujer que informó a un médico sobre sus sospechas de violencia física infligida contra su nieto de tres años por el padre de este[280]. El TEDH, tuvo en cuenta los dos intereses involucrados en el caso: «cada uno de gran importancia social: la necesidad de proteger a los niños del abuso por parte de sus propios padres y la necesidad de proteger a los padres de la interferencia innecesaria en su derecho al respeto de su vida privada y familiar o el riesgo de arresto y enjuiciamiento injustificados»[281]. Asimismo, reconoció «que el espectro de los litigios vejatorios se utiliza a menudo como una razón para exigir que se mostrar un cuidado adicional al presentar un informe sobre el presunto abuso infantil a las autoridades»[282].

No obstante, según el TEDH, de los hechos del caso no se desprende que la mujer actuara «de manera imprudente, es decir, sin importar si la acusación de abuso del niño estaba bien fundada o no. Por el contrario, incluso un profesional de la salud, el médico, hizo su propia evaluación de que el caso debería

---

las obligaciones de los estados en relación con la violencia sexual. De hecho varios de los casos citados por el TEDH cuando se refiere a la obligación de protección son casos sobre abusos sexuales.

280 Después de una visita a su padre, el niño había vuelto con una lesión en la espalda y le había contado a su abuela que su padre le había pegado. El médico, después de observar la lesión del niño y escuchar las sospechas de la abuela, informó a los servicios sociales. El proceso por «vejaciones» fue iniciado por el padre después de que un tribunal interno considerara que no había suficientes pruebas para enjuiciarlo por actos de violencia.

281 TEDH. *Caso Juppala c. Finlandia,* sentencia de 2 de marzo de 2009, párr. 41.

282 TEDH. *Caso Juppala c. Finlandia.* cit., párr. 44.

ser reportado a las autoridades de bienestar infantil»[283]. El TEDH consideró como circunstancias relevantes para evaluar la actuación del estado, el hecho de que las sospechas de abuso fueran respecto del padre del niño, y que se tratara de un niño pequeño (tres años). El TEDH realizó un análisis priorizando el interés superior del niño:

> «Si la fuente del abuso es el padre, el niño está en riesgo de su protector primario y natural dentro de la privacidad de su hogar. De hecho, el abuso infantil es una forma difícil de combatir, porque su existencia es difícil de descubrir. Los bebés y los niños pequeños no pueden decirlo, los niños mayores a menudo están demasiado asustados»[284].

> «La pregunta planteada [...] es cómo encontrar un equilibrio adecuado cuando se sospecha erróneamente que un padre ha abusado de su hijo, al tiempo que protege a los niños en riesgo de sufrir un daño significativo. Al considerar estas preguntas, el punto de partida es señalar que el solicitante actuó correctamente al interesarse por si el moretón en la espalda del niño se había infligido deliberadamente. Después de sospechar, consultó a un médico que decidió con razón comunicar a las autoridades de bienestar infantil la sospecha que él confirmó personalmente después de haber examinado y entrevistado al niño. Ese es el siguiente paso esencial en la protección infantil»[285].

> «La gravedad del abuso infantil como problema social requiere que las personas que actúan de buena fe [...] en lo que creen que son el interés superior del niño, no debe verse influenciado por el miedo a ser procesado o demandado al decidir si y cuándo sus dudas deben comunicarse a los profesionales de la salud o a los servicios sociales. Hay una línea delicada y difícil de seguir entre tomar medidas demasiado pronto y no tomarla lo suficientemente pronto. El deber del niño para tomar estas decisiones no debe verse nublado por el riesgo de exposición a las reclamaciones de un padre angustiado si la sospecha de abuso resulta infundada»[286].

---

[283] TEDH. *Caso Juppala c. Finlandia*. cit., párr. 44.

[284] TEDH. *Caso Juppala c. Finlandia*. cit., párr. 42.

[285] TEDH. *Caso Juppala c. Finlandia*. cit., párr. 42.

[286] TEDH. *Caso Juppala c. Finlandia*. cit., párr. 42.

El TEDH también ha delimitado obligaciones específicas de protección a cargo de los servicios sociales. Ha señalado que estos últimos tienen el deber de realizar una supervisión o monitoreo estrecho ante supuestos de riesgo de malos tratos contra la infancia. De manera más amplia, ha destacado también la necesidad de que, como parte de la obligación de protección, las autoridades se comuniquen y coordinen de manera efectiva. Ambas obligaciones son abordadas en el caso E. y otros c. Reino Unido, de 2003. Este caso se involucran hechos de violencia física y sexual sufrida por cuatro hermanos por la pareja de su madre, quien fue condenado por dos delitos sexuales y luego de obtener la libertad condicional, volvió a convivir y violentar a los hermanos. En este caso, el TEDH condenó al estado por considerar que los servicios sociales, a pesar del conocimiento de riesgo a la integridad personal de los niños, en razón de conocer el historial de malos tratos, incluidos abusos sexuales, cometidos contra los niños por la pareja de su madre, no adoptaron medidas razonables de protección, particularmente medidas dirigidas a monitorear o supervisar la convivencia[287].

---

287 Teniendo en cuenta las alegaciones y argumentos presentados en el caso, el TEDH considera que «los servicios sociales deberían haber sido conscientes de que la situación en la familia reveló un historial de abuso sexual y físico en el pasado por parte de W. H. y que, a pesar de la orden de libertad condicional, seguía teniendo un contacto cercano con la familia, incluidos los niños. Incluso si los servicios sociales no eran conscientes de que estaba infligiendo abusos en este momento, deberían haber sido conscientes de que los niños seguían en riesgo potencial. El hecho de que en el momento relevante no hubiera conocimiento de la prevalencia y la persistencia de los delincuentes sexuales que victimizan a niños dentro de una familia que existe ahora, no es significativo en este caso donde, como enfatizan los solicitantes, los servicios sociales sabían que había habido incidencias de abuso sexual que resultaron en delitos penales y tenían la obligación de monitorear la conducta del delincuente después de la condena» (TEDH. *Caso E. y otros c. Reino Unido,* sentencia de 15 de enero de 2003, párr. 96).

Para el TEDH, «los servicios sociales no tomaron medidas que les habrían permitido descubrir el alcance exacto del problema y, potencialmente, evitar que se llevaran a cabo más abusos»[288]. Por otro lado, el Tribunal también consideró que el estado falló en su obligación de protección debido a la falta de «cooperación o intercambio de información efectiva entre las [distintas] autoridades» que tenían conocimiento de factores de riesgo y fallaron en su deber de protección al no intercambiar información y coordinarse para la actuación. En este caso, los servicios sociales conocían el historial de maltrato, las autoridades escolares sabía del «problema persistente de absentismo escolar» de los niños y las autoridades médicas habían recibido revelaciones de una de las niñas sobre hechos de violencia[289]. Debido a que fue en esas circunstancias de omisión estatal que tuvieron lugar nuevos actos de violencia contra los niños, el TEDH consideró al estado responsable por vulnerar el artículo 3 en su vertiente sustancial. Ante el argumento del Gobierno que de que no era posible demostrar que la ausencia de deficiencia, es decir, que un monitoreo y supervisión más estrechos, hubiesen evitado o hecho que se descubriese de manera más precoz los nuevos abusos, no debería determinarse su responsabilidad, el TEDH aclaró que: «la prueba en virtud del artículo 3 no requiere que se demuestre que 'si no fuera por' el fracaso u omisión de la autoridad pública, los malos tratos no habrían ocurrido. El hecho de no tomar medidas razonablemente disponibles que podrían haber tenido una perspectiva real de alterar el resultado o mitigar el daño es suficiente para asumir la responsabilidad del Estado»[290]. Consecuentemente,

---

288 TEDH. *Caso E. y otros c. Reino Unido,* cit., párr. 97.

289 TEDH. *Caso E. y otros c. Reino Unido,* cit., párr. 98.

290 «El Tribunal recuerda que el Gobierno argumentó que, a pesar de cualquier deficiencia reconocida, no se ha demostrado que los asuntos hubieran resultado de manera diferente, en otras palabras, que una cooperación y comunicación más completas entre las autoridades bajo el deber de proteger a los solicitantes y un monitoreo y supervisión más estrechos de la familia no necesariamente habrían descubierto el abuso

el TEDH concluye que «el patrón de falta de investigación, comunicación y cooperación por parte de las autoridades pertinentes revelada en este caso debe considerarse que ha tenido una influencia significativa en el curso de los acontecimientos y se podría haber esperado que la gestión adecuada y efectiva de sus responsabilidades, juzgada razonablemente, evitara, o al menos, minimizara el riesgo o el daño sufrido»[291].

iii. Ámbito interamericano

La Corte IDH ha abordado obligaciones positivas del estado en casos de violencia sexual contra la infancia específicamente en el ámbito educativo. El caso Guzmán Albarracín c. Ecuador es el primer caso en el que la Corte establece estándares para prevenir y proteger a las niñas, niños y adolescentes de la violencia sexual en el contexto escolar. Interpretando el alcance del artículo 19 de la CADH a la luz de la Convención sobre los Derechos del Niño, especialmente su artículo 26 sobre el derecho a la educación, la Corte determinó que niñas y niños «tienen derecho a un entorno educativo seguro y a una educación libre de violencia sexual»[292]. Asimismo, la Corte reconoció que los estados tienen «[l]a obligación de proteger a las niñas y adolescentes contra la violencia sexual en el ámbito escolar« y con la obligación «de no ejercer esa violencia en dicho ámbito»[293].

En el mismo caso, la Corte IDH advierte que «una educación que se imparta vulnerando derechos humanos no permite cumplir

---

o lo habrían evitado. Sin embargo, la prueba en virtud del artículo 3 no requiere que se demuestre que "si no fuera por" el fracaso u omisión de los malos tratos de la autoridad pública no habrían ocurrido. El hecho de no tomar medidas razonablemente disponibles que podrían haber tenido una perspectiva real de alterar el resultado o mitigar el daño es suficiente para asumir la responsabilidad del Estado»: TEDH. *Caso E. y otros c. Reino Unido*, cit., párr. 99.

291 TEDH. *Caso E. y otros c. Reino Unido*, cit., párr. 100.

292 Corte IDH. *Caso Guzmán Albarracín y otros c. Ecuador*, cit., párrs. 117 y 118.

293 Corte IDH. *Caso Guzmán Albarracín y otros c. Ecuador*, cit., párrs. 117 y 118.

los cometidos señalados, resulta frontalmente contraria a los mismos y, por ende, violatoria del derecho a la educación»[294]. Por esta razón, «[l]os Estados deben adoptar acciones adecuadas para prevenir violaciones a los derechos humanos en el curso del proceso educativo de niñas y niños». «Las niñas y niños, tienen, entonces, derecho a un entorno educativo seguro y a una educación libre de violencia sexual». Particularmente, deben «[adoptar] las medidas necesarias para prevenir y prohibir toda forma de violencia y abuso, incluidos los abusos sexuales, [...] en las escuelas por el personal docente» que goza, por su condición de tal, de una situación de autoridad y confianza respecto de estudiantes e incluso de sus familiares»[295]. Además, los estados parte, acuerdo con la Corte, deben tener en cuenta, «[la] particular vulnerabilidad de las niñas y adolescentes considerando que ellas «con frecuencia están expuestas a abuso sexual por parte de [...] hombres mayores»[296].

3.2.2. Obligación de investigar sin revictimizar

i. Ámbito universal

El Comité afirma que «[u]na vez ocurridos actos de violencia contra la infancia el estado debe «actuar con la debida diligencia [para] proteger a los niños que han sido víctimas o testigos de violaciones de los derechos humanos»[297]. Las medidas destinadas a proteger a la infancia frente a la violencia deben, según desarrolla el Comité, articularse en «un sistema integrado, cohesivo, interdisciplinario y coordinado que incorpore toda la gama de medidas indicadas en el artículo 19, párrafo 1, mediante toda la serie

---

[294] Corte IDH. *Caso Guzmán Albarracín y otros c. Ecuador*, cit., párrs. 118.

[295] Corte IDH. *Caso Guzmán Albarracín y otros c. Ecuador*, cit., párrs. 118 y 119.

[296] Corte IDH. *Caso Guzmán Albarracín y otros c. Ecuador*, cit., párr. 119.

[297] COMITÉ DE LOS DERECHOS DEL NIÑO, *Observación General nº 13...*, cit, párr. 5.

de intervenciones previstas en el párrafo 2»[298]; y en cuya formulación, supervisión y evaluación participen los niños. En un sentido amplio la protección, requiere de «todas las medidas legislativas, administrativas, sociales y educativas apropiadas para proteger al niño contra toda forma de [...] [malos tratos o explotación], incluido el abuso sexual»[299].

De acuerdo con el Comité, la investigación de los casos de violencia debe estar a cargo de profesionales cualificados que hayan recibido una formación amplia y específica para ello y debe obedecer a un enfoque basado en los derechos del niño y en sus necesidades. En tal sentido, los procedimientos de investigación (tanto en el marco de procesos administrativos, civiles, penales o de protección) deberán ser rigurosos a la vez que adaptados a los niños para identificar correctamente los casos de violencia y aportar pruebas. El Comité enfatiza que los estados parte deben evitar perjudicar al niño causándole ulteriores daños con el proceso de investigación, y deben recabar las opiniones del niño y tenerlas debidamente en cuenta[300].

ii. Ámbito europeo

El TEDH ha apuntado la obligación de investigar hechos de violencia sexual contra la infancia como una obligación positiva derivada del artículo 3. En el caso A. B. c. Croacia, de 2019, desarrolló algunas de las medidas razonables a cargo del estado para cumplir, entre otras obligaciones, con las obligaciones procesales de investigación efectiva. En este caso el Tribunal aborda hechos de violencia sexual presuntamente cometidos por un padre contra su hija de cuatro años. El comportamiento sexualizado de la

---

298 COMITÉ DE LOS DERECHOS DEL NIÑO, *Observación General nº 13...*, cit, párr. 39.

299 COMITÉ DE LOS DERECHOS DEL NIÑO, *Observación General nº 13...*, cit, párr. 39.

300 COMITÉ DE LOS DERECHOS DEL NIÑO, *Observación General nº 13...*, cit, párr. 51.

niña de una manera no acorde con su edad y madurez, en conjunto con la revelación que ella hace a su madre y otros familiares sobre comportamientos sexuales que su padre dirigía hacia ella, motivan a la madre a presentar una denuncia penal, después de distintas actuaciones de investigación, la autoridad fiscal decide no procesar por considerar que no tenía material probatorio suficiente para tal fin. El TEDH evalúa la actuación del estado bajo los artículos 3 y 8 para determinar si el estado cumplió con sus obligaciones de protección e investigación de manera efectiva.

En este caso, el Tribunal reitera que «[l]as obligaciones positivas de los Estados en virtud de los artículos 3 y 8 de la Convención también incluyen requisitos relacionados con la eficacia de la investigación»[301], precisa que por investigación efectiva habrá de entenderse aquella que sea «capaz de conducir al establecimiento de los hechos del caso y a la identificación y castigo de los responsables» y recuerda que la obligación de investigación efectiva «no es una obligación de resultado, sino de medios». En cumplimiento de la obligación de investigación efectiva:

> «[l]as autoridades deben tomar las medidas razonables a su disposición para asegurar las pruebas relativas al incidente, como el testimonio de los testigos y las pruebas forenses. Las conclusiones de la investigación deben basarse en un análisis exhaustivo, objetivo e imparcial de todos los elementos relevantes. Un requisito de prontitud y una expedición razonable es un factor importante. También debe haber un elemento suficiente de escrutinio público de la investigación, cuyo grado puede variar de un caso a otro. Además, a pesar de su papel subsidiario en la evaluación de las pruebas, el Tribunal reitera que cuando se hacen alegaciones en virtud del artículo 3 de la Convención, el Tribunal debe aplicar un escrutinio particularmente minucioso, incluso si ya se han llevado a cabo ciertos procedimientos e investigaciones nacionales»[302].

---

301 Vid. M.C. v. Bulgaria, citada anteriormente, §§ 150-152 y, en lo que respecta a los principios generales, Armani Da Silva contra el Reino Unido [GC], nº 5878/08, §§ 233-238, 30 de marzo de 2016; Bouyid v. Bélgica [GC], nº 23380/09, §§ 114-123, TEDH 2015; y Tadić v. Croacia, nº 10633/15, § 66, 23 de noviembre de 2017.

302 TEDH. *Caso A y B c. Croacia*, cit., párr. 108.

En relación con las obligaciones de protección, en un sentido más estricto, la aplicación de ese estándar de efectividad específico tratándose de niños víctimas de presunta violencia sexual ha llevado al TEDH a reconocer la obligación de los estados de evitar la revictimización a manos de agentes estatales o privados que intervengan en el curso de procedimientos penales. Así, en el caso B. c. Rusia, de 2023, el TEDH reitera que las obligaciones positivas en virtud del artículo 3 de la Convención incluyen la protección de los derechos de las víctimas en los procedimientos penales. Y, en «los casos de presunto abuso sexual de niños, esas obligaciones requieren la implementación efectiva de los derechos de los niños para tener sus mejores intereses como consideración principal y para que se aborde adecuadamente su vulnerabilidad particular y las necesidades correspondientes, con el fin de protegerlos contra la victimización secundaria[303]».

En un buen número de casos, el Tribunal ha analizado el cumplimiento de obligaciones de protección en el marco de procedimientos de investigación o procesos judiciales, en tales casos el Tribunal ha distinguido los dos tipos de obligaciones, de investigación y de protección, aunque su vulneración puede estar implicada en actuaciones muy similares. E incluso pueda haber medidas, como la limitación de testimonios tratándose de niños que sirvan a fines de investigación y de protección. En tales casos, el TEDH es tendente a reconocer la importancia de esta medida para la investigación, pero en particular ha destacado, de manera más claro en el caso B. c. Rusia, de 2023, que el objetivo prioritario de tal limitación es la protección de los niños y niñas víctimas de violencia. En este caso, el TEDH observa que, a pesar de que el Código Penal de Rusia contempla como obligatorio grabar en vídeo todas las actividades de investigación con víctimas de delitos contra la integridad sexual menores de 16 años, «el Código no

---

303 TEDH. Caso B. c. Rusia, sentencia de… 2023, párr. 54. Esta obligación se encuentra también en: N.C. c. Turquía… párrs. 95 y 101; y X y otros c. Bulgaria, sentencia de 2 de febrero de 2021, párr. 192

especifica la justificación detrás de esa regla, en particular que las investigaciones y los procedimientos penales deben tener como objetivo evitar el empeoramiento del trauma experimentado por el niño, y deben llevarse a cabo en el mejor interés del niño. Tampoco contiene disposiciones que garanticen que el número de entrevistas sea lo más limitado posible y en la medida en que sea estrictamente necesario a efectos de los procedimientos penales (véanse los artículos 30 y 35 del Convenio de Lanzarote)»[304].

Sobre las medidas razonables que los estados deberían adoptar para cumplir con esta obligación, el TEDH se ha referido tanto a la limitación de pruebas médicas[305], como a la limitación de entrevistas a la víctima a través de la grabación de su testimonio y de su adecuada conservación para ser reproducida cuando sea necesario en el marco del proceso judicial en cuestión[306]. Ambos requerimientos han sido apuntados por el TEDH teniendo en cuenta el artículo 35 del Convenio de Lanzarote, que prevé el uso de la grabación de vídeo y recomienda que dichas grabaciones se acepten como prueba[307]. Si bien, estas medidas también se han considerado por el TEDH funcionales para lograr una investigación efectiva, el Tribunal se ha referido a la necesidad específica

---

304 TEDH. *Caso B. c. Rusia,* cit., párr. 56.

305 En Y. c. Eslovenia, el Tribunal hizo apuntó que los Estados tenían la «obligación positiva de proteger los derechos de las víctimas, y entre los criterios para dicha protección destacó el deber de proteger a las víctimas de la intimidación y la victimización repetida, y de mantener los exámenes médicos al mínimo». n.o 41107/10, §§ 104, 108, 109, 112 y 114, 28 de mayo de 2015

306 «En G.U. v. Turquía (nº 16143/10, §§ 72-73, 18 de octubre de 2016), el Tribunal hizo hincapié en que los Estados tenían que adoptar normas de procedimiento que garantizaran y salvaguardaban el testimonio de los niños. Esto se refiere igualmente al juicio y a la investigación previa al juicio». En un sentido similar también véase: TEDH.

307 TEDH, Caso B. c. Rusia, sentencia de… 2023, párr. 56. También véase en: TEDH, Caso X. e otros c. Bulgaria, cit., párr. 214.

de cumplir con esta obligación «con el fin de mantener el número de entrevistas al mínimo y así evitar más traumas»[308].

El TEDH, ha emitido varias condenas a estados por el incumplimiento de obligaciones de protección, una de las más recientes y emblemáticas, en razón de su alcance y en particular por el extenso desarrollo vinculado con la exigencia de no revictimización, es la que tuvo lugar en el caso B. c. Rusia, de 2023. En este caso, la solicitante enfocó su demanda en pedir al TEDH que analizara si el estado, a lo largo del proceso judicial, había cumplido efectivamente con su obligación de protección, sin entrar al análisis de la investigación en sí. El TEDH identificó una serie de omisiones y acciones contrarias a los requerimientos de la obligación tratándose de una niña víctima de violencia sexual. Además, el TEDH destacó que la niña se encontraba en una situación de especial vulnerabilidad en razón de sus circunstancias personales: el hecho de que se trata de una niña pequeña, huérfana y que hubiera tenido que ser ingresada en un orfanato, donde habrían tenido lugar presuntamente los actos de violencia sexual. El TEDH considero que la actuación del estado vulneró el artículo 3 de la Convención. De acuerdo con el TEDH, las autoridades del estado: «mostraron total desprecio por los sufrimientos de la solicitante [...] no protegieron su integridad personal en el curso del proceso penal contra los presuntos autores de su abuso sexual, lo que condujo a su victimización secundaria»[309].

---

308 TEDH. Caso B. c. Rusia, sentencia de... 2023, párr. 55. Véase también: TEDH, Caso X y otros c- Bulgaria, cit., párr. 214.

309 «El Estado demandado, cuyas autoridades mostraron total desprecio por los sufrimientos de la solicitante que se encontraba en una situación de vulnerabilidad aguda debido a su corta edad, su trágica situación familiar, su experimentada colocación en un orfanato y el presunto abuso sexual por parte de varias personas, no protegieron su integridad personal en el curso del proceso penal contra los presuntos autores de su abuso sexual, lo que condujo a su victimización secundaria [...]. En consecuencia, ha habido una violación del artículo 3 de la Convención».

En el caso de B. c. Rusia, de 2023, el Tribunal, teniendo en cuenta el artículo 36.1 del Convenio de Lanzarote[310] considera dentro de las medidas razonables para cumplir con la obligación positiva de protección derivada del artículo 3, «la formación sobre los derechos de los niños víctimas de abuso sexual, que debería estar disponible en beneficio de todas las personas involucradas en el procedimiento, en particular los jueces, fiscales y abogados»[311]. En este caso el TEDH considera que los distintos profesionales que intervinieron en la respuesta institucional no estaba formados en tales conocimientos y plantea que esto pudo incidir en la revictimización a la niña en el caso. Para el Tribunal esa falta de formación dificulta el enfoque, no solo especializado, sino sensible que requieren específicamente los niños y las niñas como víctimas de violencia sexual.

En ese mismo caso, de B. c. Rusia, el TEDH observa que una serie de acciones y omisiones desplegados por distintas autoridades en el marco de las investigaciones y el proceso judicial pusieron en evidencia la carencia del enfoque sensible que este tipo de casos requiere. Entre tales acciones y omisiones el Tribunal contempla el hecho de que «[el] juez no diera razones para su decisión de interrogar a la [niña solicitante] y [que no tuviera] en cuenta [su] vulnerabilidad particular [como] niña víctima de abuso sexual, la evidencia del estado preocupante de su salud psicológica, la recomendación de los expertos en contra de su participación en la audiencia, o incluso la solicitud del psicólogo y del tutor de detener su examen porque estaba aún más traumatizada. Esto era incompatible con el enfoque sensible requerido por parte de las

---

310 «Artículo 36. Procedimiento penal.
Cada Parte adoptará las medidas legislativas o de otro tipo que sean necesarias, con el debido respeto a las normas por las que se rige la autonomía de las profesiones judiciales, para que se ponga a disposición de todos los que intervienen en el procedimiento judicial, en particular jueces, fiscales y abogados, la formación apropiada en materia de derechos del niño y explotación y abuso sexual de los niños».

311 TEDH. *Caso B c. Rusia,* cit., párr. 68.

autoridades para la realización de procedimientos penales relacionados con el abuso sexual de un menor»[312].

iii. Ámbito interamericano

En primer lugar, sobre el deber de evitar la revictimización:

> «[l]a Corte advierte que las niñas, niños y adolescentes víctimas, en particular de violencia sexual, pueden experimentar graves consecuencias físicas, psicológicas y emocionales causadas por el hecho violatorio de sus derechos, así como una nueva victimización a manos de los órganos del Estado a través de su participación en un proceso penal, cuya función es justamente la protección de sus derechos. En este sentido, si se estima que la participación de la niña, niño o adolescente es necesaria y puede contribuir con la recolección de material probatorio, deberá evitarse en todo momento la revictimización y se limitará a las diligencias y actuaciones en donde su participación se estime estrictamente necesaria y se evitará la presencia e interacción de aquellos con su agresor en las diligencias que se ordenen»[313].

La Corte toma en cuenta las especialmente graves consecuencias de la violencia sexual cuando es sufrida por niños o niñas. Además del hecho de que «[la] violación sexual es una experiencia sumamente traumática que puede tener severas consecuencias y causa gran daño físico y psicológico, que deja a la víctima 'humillada física y emocionalmente', situación difícilmente superable por el paso del tiempo, a diferencia de lo que acontece con otras experiencias traumáticas», en el caso de las niñas, niños y adolescentes víctimas de violencia sexual, la Corte IDH estima que «[ese] impacto podría verse severamente agravado, por lo que podrían sufrir un trauma emocional diferenciado de los adultos, y un impacto sumamente profundo, en particular cuando el agresor mantiene un vínculo de confianza y autoridad con la víctima, como un progenitor».

---

312 TEDH. *Caso B. c. Rusia,* cit., párr. 68. Véase también: *TEDH. Caso Y. v. Eslovenia,* cit., párr. 114.

313 Corte IDH. *Caso V.R.P., V.P.C. y otros c. Nicaragua,* cit., párr. 163.

Tomando en cuenta las anteriores consideraciones, la Corte subraya la importancia de la adopción de un «protocolo de atención cuyo objetivo sea reducir las consecuencias sobre el bienestar biopsico-social de la víctima»[314]. Asimismo, para la Corte «tomando en cuenta el interés superior, no solo se debe evitar la revictimización, sino que, a través de las protecciones especiales y acompañamiento especializado, se deberán generar las condiciones adecuadas para que la niña, niño o adolescente pueda participar de forma efectiva en el proceso penal [evitando que] que su participación en el proceso penal les cause nuevos perjuicios y traumas adicionales, revictimizándolos»[315].

En segundo lugar, la Corte IDH contempla el deber de asegurar servicios de atención especializados, con perspectiva de género y niñez. De acuerdo con la Corte: «[en] casos de violencia sexual, el Estado deberá, una vez conocidos los hechos, brindar asistencia inmediata y profesional, tanto médica como psicológica y/o psiquiátrica, a cargo de un profesional específicamente capacitado en la atención de víctimas de este tipo de delitos y con perspectiva de género y niñez. El acompañamiento deberá mantenerse durante el proceso penal, procurando que sea el mismo profesional que atienda a la niña, niño o adolescente. Es trascendental que durante el proceso de justicia y los servicios de apoyo se tomen en cuenta, sin discriminación alguna, la edad, el nivel de madurez y de comprensión, el sexo, la orientación sexual, el nivel socioeconómico, las aptitudes y capacidades del niño, niña o adolescente, así como cualquier otro factor o necesidad especial en la que se encuentren. Todo ello con el fin de brindar a la víctima el apoyo y los servicios necesarios, conforme a sus vivencias y entendimientos, y de acuerdo a las vulneraciones sufridas. Por ello, se entiende como necesaria la existencia de servicios y protección específicos

---

314 Corte IDH. *Caso V.R.P., V.P.C. y otros c. Nicaragua*, cit., párr. 163.
315 Corte IDH. *Caso V.R.P., V.P.C. y otros c. Nicaragua*, cit., párr. 164.

para las víctimas de determinados delitos, como los referidos a agresiones sexuales, especialmente la violación sexual»[316].

En tercer lugar, la Corte desarrolla algunas de las medidas que tendrán que ser adoptadas por los estados para garantizar que las diligencias en las que participe la infancia durante el proceso penal, se realicen en un entorno adecuado y desde un enfoque sensible, que garantice el derecho a ser oído y la no revictimización. Entre ellas:

> «Los Estados deben garantizar que el proceso se desarrolle en un entorno que no sea intimidatorio, hostil, insensible o inadecuado a la edad de la niña, niño o adolescente y que el personal encargado de recibir el relato esté debidamente capacitado en la materia, de modo que aquél se sienta respetado y seguro al momento de expresar su opinión en un entorno físico, psíquico y emocional adecuado. Las niñas, ninos y adolescentes deberán ser tratados a lo largo del proceso penal con tacto y sensibilidad. Se buscará explicarle la razón y utilidad de las diligencias a llevarse a cabo o la naturaleza de los peritajes a los cuales se le someterá, siempre con base en su edad, grado de madurez y desarrollo, y conforme a su derecho a la información»[317].

> «[l]as autoridades estatales deberán tomar en cuenta las opiniones de las víctimas, respetando en todo momento su intimidad y la confidencialidad de la información»[318].

> «[l]as autoridades estatales deberán [evitar] en todo momento la participación [del niño o niña] en una cantidad excesiva de intervenciones o su exposición al público, adoptando las medidas que sean necesarias para evitar su sufrimiento durante el proceso y causarle ulteriores daños»[319].

> [se exige a los estados parte contar con] «personal capacitado, incluyendo autoridades fiscales, judiciales, administrativas, personal de salud, entre otras», que está habilitado para comunicarse con

---

316 Corte IDH. *Caso V.R.P., V.P.C. y otros c. Nicaragua,* cit., párr. 165.

317 Corte IDH. *Caso V.R.P., V.P.C. y otros c. Nicaragua,* cit., párr. 166.

318 Corte IDH. *Caso V.R.P., V.P.C. y otros c. Nicaragua,* cit., párr. 167.

319 Corte IDH. *Caso V.R.P., V.P.C. y otros c. Nicaragua,* cit., párr. 168.

> las niñas, niños y adolescentes en un lenguaje adecuado y terminología conforme a su edad, que permitirán que relaten los hechos ocurridos o sus vivencias de la manera que elijan, sin la utilización de un lenguaje ofensivo, discriminatorio o estigmatizante»[320].

En cuarto lugar, la Corte establece una serie de requerimientos que los estados deberán garantizar específicamente en caso de considerarse pertinente la declaración de la niña, niño o adolescente en tanto víctima del delito:

> «[l]a entrevista deberá llevarse a cabo por un psicólogo especializado o un profesional de disciplinas afines debidamente capacitado en la toma de este tipo de declaraciones. [que le permita] a la niña, niño o adolescente expresarse de la manera que elija y de forma adaptada a sus requerimientos, no pudiendo ser interrogada en forma directa por el tribunal o las partes»[321].
>
> «[La finalidad de la entrevista será obtener] información precisa, confiable y completa de lo ocurrido a través del relato de la víctima»[322].
>
> «[Las] salas de entrevistas otorgarán un entorno seguro y no intimidatorio, hostil, insensible o inadecuado, que les brinde privacidad y confianza»[323].
>
> «Los estados deben [procurar] que las niñas, niños y adolescentes no sean interrogados en más ocasiones que las estrictamente necesarias, atendiendo a su interés superior, para evitar la revictimización o un impacto traumático»[324].
>
> [Para lograr el fin anterior, se recomienda a los estados emplear] «[la] videograbación de las declaraciones de las niñas, niños y adolescentes víctimas para no reiterar el acto». Para la Corte, esa medida no «solo evit[a] la revictimización de la niña, niño o ado-

---

320 Corte IDH. *Caso V.R.P., V.P.C. y otros c. Nicaragua*, cit., párr. 166.
321 Corte IDH. *Caso V.R.P., V.P.C. y otros c. Nicaragua*, cit., párr. 168.
322 Corte IDH. *Caso V.R.P., V.P.C. y otros c. Nicaragua*, cit., párr. 168.
323 Corte IDH. *Caso V.R.P., V.P.C. y otros c. Nicaragua*, cit., párr. 168.
324 Corte IDH. *Caso V.R.P., V.P.C. y otros c. Nicaragua*, cit., párr. 168.

> lescente víctima y el deterioro de las pruebas, sino que también garantizan el derecho de defensa del imputado»[325].

En quinto lugar, sobre la realización de pruebas médico-forenses, a Corte IDH también ha apuntado una serie de requerimientos para el desarrollo de los exámenes médicos en el marco de procesos por hechos de violencia sexual contra la infancia.

> «Las autoridades deberán evitar en la medida de lo posible que sean sometidos a más de una evaluación física, ya que podría ser revictimizante»[326].

> «[El examen médico] debe ser realizado por un profesional con amplio conocimiento y experiencia en casos de violencia sexual contra niñas, niños y adolescentes, quien buscará minimizar y evitar causarles un trauma adicional o revictimizarlos»[327].

> «Es recomendable que la víctima, o de corresponder su representante legal, pueda elegir el sexo del profesional y que el examen esté a cargo de un profesional de salud especialista en ginecología infanto-juvenil, con formación específica para realizar los exámenes médicos forenses en casos de abuso y violación sexual»[328].

> «El examen médico deberá llevarse a cabo luego del consentimiento informado de la víctima o de su representante legal, según

---

325 Corte IDH. *Caso V.R.P., V.P.C. y otros c. Nicaragua,* cit., párr. 168. La Corte resalta que varios países han adoptado, como una buena práctica, el uso de dispositivos especiales como la Cámara de Gesell o Circuitos cerrados de televisión (CCTV) que habilitan a las autoridades y las partes a seguir el desarrollo de la declaración de la niña, niño o adolescente desde el exterior, a fin de minimizar cualquier efecto revictimizante. Estas buenas prácticas para garantizar los derechos de las niñas, niños y adolescentes víctimas durante su declaración en procesos judiciales han sido implementadas, con diferentes alcances, por Estados Parte de la Convención Americana, como Argentina, Bolivia, Brasil, Chile, Colombia, Costa Rica, Ecuador, El Salvador, Guatemala, Honduras, México, Nicaragua, Paraguay, Perú, República Dominicana y Uruguay.

326 Corte IDH. *Caso V.R.P., V.P.C. y otros c. Nicaragua,* cit., párr. 169.

327 Corte IDH. *Caso V.R.P., V.P.C. y otros c. Nicaragua,* cit., párr. 169.

328 Corte IDH. *Caso V.R.P., V.P.C. y otros c. Nicaragua,* cit., párr. 169.

> su grado de madurez, tomando en cuenta el derecho de la niña, niño o adolescente a ser oído, en un lugar adecuado, y se respetará su derecho a la intimidad y privacidad, permitiendo la presencia de un acompañante de confianza de la víctima»[329].
>
> «[La procedencia del examen perito-ginecológico] debe ser considerada sobre la base de un análisis realizado caso por caso, tomando en cuenta el tiempo transcurrido desde el momento en que se alega que ocurrió la violencia sexual». [De modo que la] solicitud de realizar[lo] debe ser motivada detalladamente y, en caso de no ser procedente o no contar con el consentimiento informado de la víctima, el examen debe ser omitido, lo que en ninguna circunstancia debe servir de excusa para desacreditarla y/o impedir una investigación»[330].

En sexto lugar, la Corte ha abordado obligaciones positivas del estado en casos de violencia sexual contra la infancia específicamente en el ámbito educativo. De acuerdo con la Corte, los estados deben cumplir con «[l]a obligación de proteger a las niñas y adolescentes contra la violencia sexual en el ámbito escolar« y con la obligación «de no ejercer esa violencia en dicho ámbito». Entre las medidas que deben adoptar para la protección en el entorno escolar, «[los] Estados deben establecer acciones para vigilar o monitorear la problemática de la violencia sexual en instituciones educativas y desarrollar políticas para su prevención. Deben existir, también, mecanismos simples, accesibles y seguros para que los hechos puedan ser denunciados, investigados y sancionados»[331].

---

329 Corte IDH. *Caso V.R.P., V.P.C. y otros c. Nicaragua,* cit., párr. 169.
330 Corte IDH. *Caso V.R.P., V.P.C. y otros c. Nicaragua,* cit., párr. 169.
331 Corte IDH. Caso Guzmán Albarracín c. Ecuador, párr. 120.

3.2.3. Obligación de garantizar el acceso a la justicia

i. Ámbito universal

Sobre la intervención judicial en casos de violencia contra la infancia. De acuerdo con el Comité, las garantías procesales dirigidas a proteger a la infancia durante el proceso en cuestión para responder a la violencia deben respetarse en todo momento y lugar. En particular, los estados parte deben garantizar que todas las decisiones que se adopten atiendan a la finalidad principal de proteger al niño, salvaguardar su posterior desarrollo y velar por su interés superior, y el de otros niños, si existe un riesgo de reincidencia del autor de los actos de violencia. En particular, los estados deben evitar causar un nuevo perjuicio al niño. El Comité despliega un listado de recomendaciones sobre garantías procesales de protección concretas. Entre ellas, señala que los niños y sus padres deberían ser informados debidamente y con prontitud por el sistema judicial u otras autoridades competentes. Asimismo contempla que los niños que hayan sido víctimas de actos de violencia deben ser tratados por el estado con tacto y sensibilidad durante todo el procedimiento judicial, teniendo en cuenta su situación personal, sus necesidades, su edad, su sexo, los impedimentos físicos que puedan tener y su nivel de madurez, y respetando plenamente su integridad física, mental y moral. En la medida de lo posible, la intervención judicial se realizará desde un el principio de celeridad[332].

De acuerdo con el Comité, cuando proceda, deben establecerse tribunales especializados de menor o familia para casos de violencia contra la infancia. Lo que podría implicar unidades especializadas en la policía, judicatura o fiscalía. En cualquier caso, deberán preverse las adaptaciones necesarias para que los niños y niñas con discapacidad puedan participar en condiciones

---

332 COMITÉ DE LOS DERECHOS DEL NIÑO, *Observación General nº 13...*, cit, párr. 55.

de igualdad. Se trate de tribunales especializados o no, todos los profesionales que intervengan en casos de violencia contra la infancia deberían recibir una formación interdisciplinaria especial sobre los derechos y necesidades de los niños, así como los procedimientos más idóneos según los mismos. Según el Comité, en casos de violencia ejercida por cuidadores es preferible optar por medidas de carácter social, educativo y restaurativo, que exclusivamente punitivo[333].

En su Observación General nº 12, sobre el derecho a ser escuchado, de 2009, el Comité desarrolla algunas medidas específicas para su garantía en el marco del procedimientos judiciales penales. De acuerdo con el Comité, «[e]n los procedimientos penales, el derecho del niño a expresar su opinión libremente en todos los asuntos que afectan al niño debe ser respetado y observado escrupulosamente en todas las etapas del proceso»[334]. El Comité subraya que un niño que ha sido víctima o testigo de violencia, debe «tener la oportunidad de ejercer plenamente su derecho a expresar libremente sus opiniones de conformidad con la resolución 2005/20 del Consejo Económico y Social, "Directrices sobre la justicia en asuntos concernientes a los niños víctimas y testigos de delitos"[335]». Lo cual implica que que el estado debe

---

333 COMITÉ DE LOS DERECHOS DEL NIÑO, *Observación General nº 13...*, cit, párr. 56.

334 COMITÉ DE LOS DERECHOS DEL NIÑO. *Observación General nº 12, Sobre el derecho de los niños a ser escuchados,* artículo 12, 2009, párr. 57.

335 Entre algunos de los derechos específicos que contempla este documento para garantizar necesidades de la infancia en el marco de los procesos judiciales donde intervenga como víctima o testigo un/a niño/a:, están: «V. Derecho a un trato digno y comprensivo [...] Los niños víctimas y testigos de delitos deberán ser tratados con tacto y sensibilidad a lo largo de todo el proceso de justicia, tomando en consideración su situación personal y sus necesidades inmediatas, su edad, sexo, impedimentos físicos y nivel de madurez y respetando plenamente su integridad física, mental y moral»; «VI. Derecho a la protección contra la discriminación [dentro del cual se incluye, entro otros] 18. La edad no deberá ser obstáculo para que el niño ejerza su derecho a participar ple-

hacer todo lo posible para que se consulte a los niños —víctimas o testigos— su interés en participar en el proceso, y asegurar que «puedan expresar libremente y a su manera sus opiniones y preocupaciones en cuanto a su participación en el proceso judicial»[336]. El Comité subraya que este derecho del niño víctima y testigo a ser escuchado en el proceso, también se vincula con el «derecho a ser informado de cuestiones tales como la disponibilidad de servicios médicos, psicológicos y sociales, el papel del niño víctima y/o testigo, la forma en que se realizará el "interrogatorio", los mecanismos de apoyo a disposición del niño cuando haga una denuncia y participe en la investigación y en el proceso judicial, las fechas y los lugares específicos de las vistas, la disponibilidad

---

namente en el proceso de justicia. Todo niño deberá ser tratado como testigo capaz, a reserva de su examen, y su testimonio no se considerará carente de validez o de credibilidad sólo en razón de su edad, siempre que por su edad y madurez pueda prestar testimonio de forma inteligible y creíble, con o sin el uso de ayudas de comunicación u otro tipo de asistencia»; «VIII. Derecho a ser oído y a expresar opiniones y preocupaciones [...] Los profesionales deberán hacer todo lo posible para que los niños víctimas y testigos de delitos puedan expresar sus opiniones y preocupaciones en cuanto a su participación en el proceso de justicia»; IX. Derecho a una asistencia eficaz [...] Los niños víctimas y testigos de delitos deberán recibir asistencia del personal de apoyo, por ejemplo, especialistas en niños víctimas y testigos de delitos, a partir del informe inicial y de forma ininterrumpida hasta que esos servicios dejen de ser necesarios»; «XI. Derecho a ser protegido de sufrimientos durante el proceso de justicia [...] Los profesionales deberán tomar medidas para evitar sufrimientos a los niños víctimas y testigos de delitos durante el proceso de detección, instrucción y enjuiciamiento a fin de garantizar el respeto de su interés superior y su dignidad»; «XII. Derecho a la seguridad [...][entre otras medidas:] a) [e]vitar el contacto directo entre los niños víctimas y testigos de delitos y los presuntos autores de los delitos durante el proceso de justicia»: CONSEJO ECONÓMICO Y SOCIAL DE LAS NACIONES UNIDAS. *Directrices sobre la justicia en asuntos concernientes a los niños víctimas y testigos de delitos*, Naciones Unidas, 2005, párrs. 10-34.

336 COMITÉ DE LOS DERECHOS DEL NIÑO. *Observación General nº 12*, cit., párr. 63.

de medidas de protección, las posibilidades de recibir reparación y las disposiciones relativas a la apelación»[337].

ii. Ámbito europeo

En relación con el artículo 13, en el caso E. y otros c. Reino Unido, de 1985, el Tribunal señala que «garantiza la disponibilidad a nivel nacional de un recurso para hacer cumplir la esencia de los derechos y libertades de la Convención en cualquier forma que puedan estar garantizados en el ordenamiento jurídico interno. El efecto del artículo 13 es, por lo tanto, exigir la provisión de un recurso nacional para tratar el fondo de una «queja argumentable» en virtud de la Convención y conceder la reparación adecuada». Si bien ha reconocido que «los Estados Contratantes tienen cierta discreción en cuanto a la forma en que cumplen con sus obligaciones de la Convención en virtud de esta disposición [...] el recurso requerido por el artículo 13 debe ser 'eficaz' en la práctica, así como en la ley. En particular, su ejercicio no debe verse obstaculizado injustificadamente por los actos u omisiones de las autoridades del Estado demandado»[338]. En lo que respecta a la presunta falta de protección de las personas de los actos de particulares por parte de las autoridades, el artículo 13 no siempre puede exigir que las autoridades asuman la responsabilidad de investigar las acusaciones. Sin embargo, debe haber un mecanismo disponible para la víctima o la familia de la víctima para establecer cualquier responsabilidad de los funcionarios u organismos estatales por actos u omisiones que impliquen la violación de sus derechos en virtud de la Convención[339].

---

[337] COMITÉ DE LOS DERECHOS DEL NIÑO. *Observación General nº 12,* cit., párr. 64.

[338] TEDH. *Caso E. y otros c. Reino Unido,* cit., párr. 109.

[339] TEDH. *Caso E. y otros c. Reino Unido,* cit., párr. 109.

iii. Ámbito interamericano

En general, la Corte ha establecido que en virtud del artículo 25, los estados parte «están obligados a suministrar recursos judiciales efectivos a las víctimas de violaciones a los derechos humanos»; recursos que, según el artículo 8.1, deben ser sustanciados de conformidad con las reglas del debido proceso legal. El contenido y alcance de ambas obligaciones, como el resto de la Convención, deben interpretarse en relación con la obligación general, a cargo de los estados parte, «de garantizar el libre y pleno ejercicio de los derechos reconocidos por la Convención a toda persona que se encuentre bajo su jurisdicción (artículo 1.1)»[340]. Respecto del derecho de acceso a la justicia, que la Corte deriva de manera conjunta de los artículos 25 y 8.1, los estados parte deben «asegurar, en tiempo razonable, el derecho de las presuntas víctimas o sus familiares a que se haga todo lo necesario para conocer la verdad de lo sucedido e investigar, juzgar y, en su caso, sancionar a los eventuales responsables»[341].

Respecto de la la respuesta institucional con miras a garantizar el acceso a la justicia para víctimas de violencia sexual, la Corte nota que «las niñas, niños y adolescentes pueden enfrentarse a diversos obstáculos y barreras de índole jurídico y económico que menoscaban el principio de su autonomía progresiva, como sujetos de derechos, o que no garantizan una asistencia técnica jurídica que permita hacer valer sus derechos e intereses en los procesos que los conciernen». Obstáculos

---

340 Corte IDH. *Caso V.R.P., V.P.C. y otros c. Nicaragua,* cit., párr. 150. Véase también: Corte IDH. Caso Velásquez Rodríguez c. Honduras, sentencia de 29 de julio de 1988, párr. 91; Corte IDH. Caso Gutiérrez Hernández y otros c. Guatemala, sentencia de 24 de agosto de 2017, párr. 147.

341 Corte IDH. *Caso V.R.P., V.P.C. y otros c. Nicaragua,* cit., párr. 150. Véase también: Corte IDH. Caso Velásquez Rodríguez c. Honduras, sentencia de 29 de julio de 1988, párr. 91; Corte IDH. Caso Gutiérrez Hernández y otros c. Guatemala, sentencia de 24 de agosto de 2017, párr. 147.

que «no solo contribuyen a la denegación de justicia, sino que resultan discriminatorios, puesto que no permiten que se ejerza el derecho de acceso a la justicia en condiciones de igualdad». Por ello, la para la Corte, «[e]l deber de garantía adquiere especial intensidad cuando las niñas son víctimas de un delito de violencia sexual y participan en las investigaciones y procesos penales, como en el presente caso»[342].

Para la Corte IDH, la «protección especial derivada del artículo 19 de la Convención en relación con el deber de garantizar el debido proceso, derivado de los artículos 8.1 y 25, «[se] traduce en algunas garantías o componentes diferenciados en el caso de niñas, niños y adolescentes, que se fundan en el reconocimiento de que su participación en un proceso no se da en las mismas condiciones que un adulto». La Corte comprende que «[e]l sistema de justicia adaptado a las niñas, niños y adolescentes» exige que los estados parte «[tomen] en consideración no solo el principio del interés superior, sino también su derecho a la participación con base en sus capacidades en constante evolución, conforme a su edad, grado de madurez y nivel de comprensión, sin discriminación alguna». «La Corte recuerda que los Estados tienen el deber de facilitar la posibilidad de que la niña, niño o adolescente participe en todas y cada una de las diferentes etapas del proceso. A estos efectos, tendrá derecho a ser oído, con las debidas garantías y dentro de un plazo razonable [...], por la autoridad competente. Dicho derecho debe ser interpretado a la luz del artículo 12 de la Convención sobre los Derechos del Niño, [que] contiene adecuadas previsiones, con el objeto de que la participación de la niña, niño o adolescente se ajuste a su condición y no redunde en perjuicio de su interés genuino»[343].

---

342 Corte IDH. *Caso V.R.P., V.P.C. y otros c. Nicaragua,* cit., párr. 156.

343 Corte IDH. *Caso V.R.P., V.P.C. y otros c. Nicaragua,* cit., párr. 158.

3.2.4. Obligaciones de reparación

i. Ámbito universal

Teniendo en cuenta el artículo 39 de la Convención, el Comité de los Derechos del Niño señala que el tratamiento es uno de los servicios necesarios para «promover la recuperación física y psicológica y la reintegración social» del niño o niña víctima de violencia. De acuerdo con el Comité, el tratamiento debe llevarse a cabo «en un ambiente que fomente la salud, el respeto de sí mismo y la dignidad del niño». Los estados deberían, una vez identificada la violencia[344], asegurar que el niño reciba lo servicios y atención médica, psiquiátrica y jurídica que necesite por el tiempo que lo requiera. En el marco del tratamiento, según el Comité, debe darse prioridad a medidas educativas para desarrollar actitudes, competencias y comportamientos más propicios a la vida en sociedad. En todo caso, ls medidas han de ser de carácter asistencial y en ningún caso punitivas[345].

El Comité señala que los estados parte deben garantizar medios de reparación eficaces, incluida la indemnización, así como el acceso a mecanismos de reparación, apelación y mecanismos independientes de la denuncia.

---

344 El Comité, al parecer siguiendo el enfoque de la violencia como problema de salud, usa el término diagnosticar para referirse a la conformación de lesiones o hechos de violencia, sin embargo prefiero utilizar el término de identificar para llamar la atención sobre el hecho de que no hablamos de un daño producido por procesos patógenos, sino daños producidos por decisiones y actos personales. En ese mismo sentido, el término tratamiento parece tener connotaciones médicas, más que de justicia.

345 Comité de los Derechos del Niño, *Observación General nº 13…*, cit, párr. 52

ii. Ámbito europeo

De acuerdo con la Corte, en el caso de un incumplimiento de los artículos 2 y 3 de la Convención Europea sobre Derechos Humanos, que se clasifican como las disposiciones más fundamentales de la Convención, la indemnización por el daño no pecuniario que se deriva del incumplimiento debe, en principio, estar disponible como parte de la gama de reparaciones.

iii. Ámbito interamericano

La Corte considera que «la debida diligencia del Estado no solo abarca las medidas de protección reforzada antes y durante el desarrollo de las investigaciones y proceso penal, sino que debe incorporar también medidas a ser adoptadas con posterioridad, para lograr la recuperación, rehabilitación y reintegración social de la niña, niño o adolescente, teniendo en cuenta su derecho a la supervivencia y al desarrollo integral. Aquellas medidas deberán ser extendidas además a los familiares de las víctimas, en lo que corresponda. Es decir que, la atención médica y psicosocial se adoptará de forma inmediata y desde conocidos los hechos, se mantendrá de forma continuada, si así se requiere, y se extenderá más allá del proceso de investigación»[346].

> En el caso de V.R.P, V.P.C y otros c. Nicaragua la Corte condena al estado por considerar que el estado no ha cumplido con las medidas anteriormente señaladas, incumpliendo así obligaciones positivas y revictimizando a la niña solicitante, tanto por acción como por omisión. En él:
>
> «la Corte considera que el Estado no brindó acompañamiento y atención integral a la niña V.R.P. durante la sustanciación del proceso ni con posterioridad, para lograr su recuperación, reintegración y rehabilitación. [...] A raíz de las consideraciones precedentes, la Corte concluye que el Estado es responsable por la violación de los derechos a la integridad personal, a las garantías judiciales, a la vida privada y familiar y a la protección judicial, tanto por

---

[346] Corte IDH. *Caso V.R.P., V.P.C. y otros c. Nicaragua,* cit., párr. 170

acción como por omisión, en los términos de los artículos 5.1, 8.1, 11.2 y 25.1 de la Convención Americana sobre Derechos Humanos, en relación con los artículos 1.1 y 19 de la misma, así como por el incumplimiento de las obligaciones derivadas del artículo 7.b) de la Convención de Belém do Pará, en perjuicio de V.R.P. y V.P.C.»[347].

3.2.5. Medida de protección sobre custodia

En el ámbito internacional particularmente después de que se emitiera el dictamen del Comité CEDAW sobre el caso Carreño González c. España, de 2014, se ha mostrado preocupación por la forma en que los tribunales, particularmente los tribunales de familia, deciden sobre las cuestiones de patria potestad, custodia y visitas en el marco de procedimientos abiertos por separación, violencia de género o denuncias de violencia sexual en el entorno familiar. Particularmente por la falta de perspectiva de género, se ha señalado que en muchas ocasiones las decisiones se basan en estereotipos sobre la mujer (madre que denuncia abusos sexuales contra sus hijos por el padre de éstos y madre que denuncia a su pareja por malos tratos) y la ausencia de perspectiva de infancia: porque tales decisiones se adoptan en muchas ocasiones ignorando las manifestaciones del niño/a de no querer convivir con su padre o incluso a pesar de que el niño o la niña manifieste el temor que le genera tal convivencia o comunicación, y muchas veces omitiendo la motivación y fundamentación de la decisión desde el interés superior de la infancia.

La sociedad civil, expertos y organismos de derechos humanos han denunciado también concretamente el uso de artilugios dirigidos a desvirtuar denuncias sobre abusos sexuales e influir de manera determinante en decisiones sobre custodia y convivencia en contextos de violencia en el entorno familiar; particularmente el uso del llamado (pseudo)síndrome de alienación parental, que

---

347 Corte IDH. *Caso V.R.P., V.P.C. y otros c. Nicaragua,* cit., párr. 212.

ya ha sido apuntado, entre otros, por la Relatora Especial sobre la Violencia contra las Mujeres y las Niñas, sus Causas y Consecuencias (en adelante, Relatora Especial sobre la Violencia), para quien «el hecho de no tener en cuenta la violencia en la pareja y la violencia contra los hijos en las decisiones sobre la custodia y el régimen de visitas constituye una violación de los derechos del niño y del principio del interés superior del niño»[348]. Sin embargo, hasta la fecha es poca la jurisprudencia internacional en la materia. En el ámbito interamericano no se encuentran referencias, y en el ámbito europeo y en el ámbito universal, los escasos desarrollos no versan sobre cuestiones de custodia y visitas en el contexto de procedimientos por hechos de violencia sexual contra la infancia en el entorno familiar. El desarrollo, aunque breve, sobre cuestiones de custodia vinculadas a la protección de los niños y las niñas ha tenido lugar en el marco del tratamiento de la violencia de género.

El Comité de los Derechos del Niño en sus Observaciones Generales nº 13 y nº 14, esta última sobre el interés superior de la infancia, ha apuntado algunas obligaciones sobre el establecimiento de medidas de protección y decisiones sobre la custodia en el marco de denuncias, notificaciones o procedimientos abiertos por hechos de malos tratos, incluidos actos de violencia sexual, por parte de alguno de los progenitores. La Observación General nº 14 señala que «[l]os elementos de la evaluación del interés superior pueden entrar en conflicto cuando se estudia un caso concreto y sus circunstancias. Por ejemplo, la preservación del entorno familiar puede chocar con la necesidad de proteger al niño contra el riesgo de violencia o malos tratos por parte de los padres. En esas situaciones, se tendrán que ponderar los elementos entre sí para determinar la solución que atienda mejor al interés superior

---

348 RELATORA ESPECIAL SOBRE LA VIOLENCIA CONTRA LA MUJER, SUS CAUSAS Y CONSECUENCIAS. *Custodia, violencia contra las mujeres y violencia contra los niños...*, cit., párr. 27.

del niño o los niños»[349]. El Comité recuerda que en tal ponderación el estado tiene que «tener en cuenta que el propósito de la evaluación y la determinación del interés superior del niño es garantizar el disfrute pleno y efectivo de los derechos reconocidos en la Convención y sus Protocolos facultativos, y el desarrollo holístico del niño»[350]. Finalmente, la Observación General nº 12 sobre el derecho de los niños a ser escuchados se especifica que las oportunidades de ser escuchado que deben garantizarse al niño, deben comprender, en particular, «todo procedimiento judicial o administrativo que afecte al niño [...] sin limitaciones y con inclusión de, por ejemplo, cuestiones de separación de los padres, custodia [...] niños víctimas de violencia física o psicológica, abusos sexuales u otros delitos»[351]. Este derecho debe garantizarse «tanto en los procedimientos iniciados por el niño, por ejemplo denuncias de malos tratos y recursos contra la exclusión de la escuela, como a los iniciados por otras personas que afecten al niño, como la separación de los padres o la adopción»[352].

A modo de cumplir con esta obligación, el Comité de los Derechos del Niño «alienta a los Estados parte a que introduzcan medidas legislativas por las que se exija a los responsables de adoptar decisiones en los procedimientos judiciales o administrativos que expliquen en qué medida se han tomado en consideración las opiniones del niño y las consecuencias para el niño». Finalmente, el Comité sobre este punto ha reiterado la necesidad de que la escucha del niño tenga lugar en un entorno que no sea «intimidatorio, hostil, insensible o inadecuado para su edad», sino adaptado a sus necesidades y con la «debida capacitación del personal» e

---

349 COMITÉ DE LOS DERECHOS DEL NIÑO. *Observación General nº 14...* cit., párr. 81.

350 COMITÉ DE LOS DERECHOS DEL NIÑO. *Observación General nº 14...* cit., párr. 82.

351 COMITÉ DE LOS DERECHOS DEL NIÑO. *Observación General nº 12, Sobre el derecho del niño a ser escuchado, artículo 12,* 2009, párr. 32.

352 COMITÉ DE LOS DERECHOS DEL NIÑO. *Observación General nº 12...* cit., 33.

infraestructura necesaria, incluidas «pantalla de protección visual y sala de espera separadas»[353].

Por su parte, el Comité CEDAW también ha señalado en su Recomendación General nº 35, de 2017, que del «los derechos o reclamaciones de los autores o presuntos autores durante y después de los procedimientos judiciales, en particular en lo que respecta a [...] la custodia de los hijos, el acceso, los contactos y las visitas, deberían determinarse a la luz de los derechos humanos de las mujeres y los niños a la vida, integridad física, sexual, psicológica y regirse por el principio del superior interés del niño»[354].

Estas obligaciones tendrían que concretarse por los estados parte teniendo en cuenta el Informe sobre *Custodia, violencia contra las mujeres y violencia contra los niños* emitido por la Relatora Especial sobre la Violencia, en 2023[355]. Este informe nace de la «preocupación por la tendencia que [la Relatora observa] en todas las jurisdicciones a ignorar la violencia de pareja contra la mujer al dictaminar los litigios por la custodia de los hijos»[356]. Y aunque su objeto principal sea examinar la forma en que los tribunales de familia, en el contexto de procedimientos por violencia de género, basan sus decisiones sobre custodia en pseudoconceptos como el de «alienación parental», produciendo una «doble revictimización» en las víctimas[357], también aborda la relación entre estos

---

353 COMITÉ DE LOS DERECHOS DEL NIÑO. *Observación General nº 12...* cit., párr. 34.

354 COMITÉ CEDAW. *Recomendación General nº 35...*, cit., párr. 21.

355 Hasta la fecha, se trataría del órgano de Naciones Unidas que con mayor alcance se ha pronunciado sobre las medidas de protección y custodia en el contexto de violencia de género o violencia sexual en el entorno familiar.

356 RELATORA ESPECIAL SOBRE LA VIOLENCIA CONTRA LA MUJER, SUS CAUSAS Y CONSECUENCIAS. *Custodia, violencia contra las mujeres y violencia contra los niños...*, cit., párrs. 1 y 2.

357 La Relatora observa que en las distintas «jurisdicciones se utilizan expresiones parecidas a "alienación parental", como "disputas de alta conflictividad", "manipulación parental", "intolerancia al apego" o "problema relacional entre progenitor e hijos"». Anteriormente, en Estados Unidos, el *Manual diagnósti-*

artificios y los abusos sexuales de niños y niñas. Relación, esta última, presente desde los orígenes del falso síndrome de «alienación parental»[358].

---

co y estadístico incluía los diagnósticos de "menor afectado por la angustia en la relación parental" y "maltrato psicológico infantil", que los profesionales a favor del síndrome de alienación parental utilizan para invocar alienación. Aunque ambos términos, se han excluidos del Manual, la Relatora advierte que algunos autores han señalado que otros diagnósticos aun incluidos, como el «diagnóstico de angustia en la relación parental», englobaba una serie de comportamientos y situaciones de alienación parental»: RELATORA ESPECIAL SOBRE LA VIOLENCIA CONTRA LA MUJER, SUS CAUSAS Y CONSECUENCIAS. *Custodia, violencia contra las mujeres y violencia contra los niños...,* cit., párr. 46.

358 Según la investigación realizada por la Relatora: «No existe una definición clínica o científica de "alienación parental" que se acepte comúnmente. En general, se entiende por alienación parental una serie de actos deliberados o involuntarios que provocan un rechazo injustificado del niño hacia uno de los progenitores, normalmente el padre. [El término de alienación parental] fue acuñado por el psicólogo Richard Gardner, que afirmó que los niños que denuncian abusos sexuales durante los casos de divorcio muy conflictivos padecen el "síndrome de alienación parental", provocado por la madre que hace creer a sus hijos que su padre los ha maltratado y los lleva a denunciar esos presuntos hechos. Como remedio del síndrome, recomendó opciones draconianas como el separar totalmente al niño de la madre para "desprogramarlo". Argumentó que cuanto más rechazaban los niños la relación con el padre, más evidente era que sufrían el síndrome de alienación». La Relatora advierte que la «teoría de Gardner ha sido criticada por falta de fundamento empírico, por sus afirmaciones problemáticas sobre los abusos sexuales y por convertir las denuncias de malos tratos en falsas herramientas de alienación, lo que, en algunos casos, ha disuadido a evaluadores y tribunales de examinar si se han cometido realmente los malos tratos, [estando actualmente] desacreditada por asociaciones médicas, psiquiátricas y psicológicas. A pesar de ello, ha ganado una gran cantidad de adeptos y muchos tribunales de familia de todo el mundo la han utilizado profusamente para desestimar alegaciones de violencia doméstica y abusos sexuales»: RELATORA ESPECIAL SOBRE LA VIOLENCIA CONTRA LA MUJER, SUS CAUSAS Y CONSECUENCIAS. *Custodia, violencia contra las mujeres y violencia contra los niños, Informe de la Relatora Especial sobre la violencia contra las mujeres y las niñas, sus causas y consecuencias,* Informe de la Relatora Especial Reem Alsalem, 2023, párrs. 9-11.

Para la Relatora Especial sobre la Violencia, de conformidad con el principio del interés superior del niño en el contexto de denuncias por hechos de violencia doméstica o violencia sexual presuntamente cometida por el padre hacia la mujer o sus hijos/as, «los tribunales tienen la obligación de escuchar la versión de los hijos sobre dicha violencia y de dar una respuesta que valide su vivencia, garantizando con ello que sus resoluciones estén mejor informadas y promuevan la seguridad y el bienestar del niño. Sin embargo, las investigaciones demuestran que las opiniones de los hijos se integran de forma selectiva, dependiendo de si concuerdan o no con la tendencia predominante a «favorecer el contacto» con ambos progenitores»[359]. Lo contrario («[c]uando se adopta una decisión sobre la custodia favorable al progenitor que alega alienación sin tener suficientemente en cuenta la opinión del niño») merma la resiliencia del niño/a y le deja expuesto a sufrir daños duraderos[360].

Con base en su investigación, la Relatora Especial sobre la Violencia concluye que «el desacreditado y poco científico pseudoconcepto de la alienación parental es utilizado en los litigios de derecho de familia por maltratadores como herramienta para continuar con sus abusos y coacciones y para socavar y desacreditar las denuncias de violencia doméstica presentadas por madres que intentan mantener a salvo a sus hijos»[361]. Asimismo, la experta advierta «cómo se viola la norma del interés superior del niño al imponer el contacto entre este y uno o ambos progenitores y al priorizarlo, incluso cuando existen pruebas de violencia domés-

359 RELATORA ESPECIAL SOBRE LA VIOLENCIA CONTRA LA MUJER, SUS CAUSAS Y CONSECUENCIAS. *Custodia, violencia contra las mujeres y violencia contra los niños…*, cit., párr. 22.

360 RELATORA ESPECIAL SOBRE LA VIOLENCIA CONTRA LA MUJER, SUS CAUSAS Y CONSECUENCIAS. *Custodia, violencia contra las mujeres y violencia contra los niños…*, cit., párr. 23.

361 RELATORA ESPECIAL SOBRE LA VIOLENCIA CONTRA LA MUJER, SUS CAUSAS Y CONSECUENCIAS. *Custodia, violencia contra las mujeres y violencia contra los niños…*, cit., párr. 73.

tica [o] pruebas de sus abusos físicos en el hogar o sexuales»[362]. Con base en sus conclusiones, la Relatora emite una serie de recomendaciones, enfocadas especialmente para los tribunales de familia. Sin embargo, las medidas planteadas podrían ser extensivas a todos aquellos procedimientos abiertos por hechos de violencia cometida por uno de los progenitores hacia el otro y/o sus hijos/as, en las que se decidan cuestiones sobre patria potestad, custodia y régimen de visitas y comunicación. Entre esas recomendaciones para los estados parte formuladas por la Relatora en su informe, se contemplan las siguientes:

- legislar para prohibir la invocación de la alienación parental o pseudoconceptos similares en litigios donde se decidan cuestiones que afecten a los niños;
- garantizar la formación obligatoria a los profesionales del sistema de justicia de familia sobre la relación entre las acusaciones de alienación parental, la violencia doméstica y los abusos sexuales, sobre estereotipos de género con el fin de asegurar que se comprenden y aplican adecuadamente las normas jurídicas sobre la violencia contra las mujeres y los niños a este respecto;
- emitir y aplicar orientaciones específicas a la judicatura acerca de la necesidad de examinar cada caso sobre la base de los hechos y de juzgar con imparcialidad, según el conjunto de pruebas de que dispongan, cuál es la solución que mejor favorece el bienestar del niño;
- elaborar una lista de personas peritas aprobadas para el sistema de derecho de familia e introducir un mecanismo formal de denuncia y un código deontológico aplicable que aborde los conflictos de intereses y el reconocimiento de las cualificaciones necesarias para ejercer en este ámbito;

---

362 RELATORA ESPECIAL SOBRE LA VIOLENCIA CONTRA LA MUJER, SUS CAUSAS Y CONSECUENCIAS. *Custodia, violencia contra las mujeres y violencia contra los niños...*, cit., párr. 73.

- si se recomienda otorgar a la persona acusada el derecho de visita o la custodia, que se proporcione una explicación completa del porqué de esa decisión; y
- velar para que las opiniones del niño estén representadas de manera suficiente e independiente en los litigios de derecho de familia y para que los niños puedan participar en dichos litigios, de acuerdo con su edad, madurez y capacidad de comprensión, cumpliendo todas las obligaciones contenidas en la Convención sobre los Derechos del Niño[363].

Aunque no en la resolución de casos de violencia sexual, el TEDH también ha desarrollado obligaciones en relación con la participación de los niños en los procedimientos que determinan cuestiones de custodia y convivencia con los padres, en particular sobre la base del artículo 6 del Convenio sobre el derecho a un proceso judicial equitativo. El TEDH en su análisis sobre el cumplimiento de obligaciones convencionales en el marco de procesos judiciales parte siempre de la premisa de que «no le compete conocer de los errores de hecho o de derecho, eventualmente cometidos por una jurisdicción interna, salvo si y en la medida en que hubieran podido vulnerar los derechos y libertades protegidos por el Convenio»[364]. Una excepción considera por el Tribunal es que tales errores se consideren «excepcionalmente [...] como una "'alta de equidad' incompatible con el artículo 6 del Convenio»[365]. El TEDH recuerda que el derecho a un proceso equitativo, en términos de esta disposición, abarca, entre otros, «el derecho de las partes en el proceso a presentar las observacio-

---

363 Ibid., párr. 74, literales a), c), d), f), h), j), o). El listado completo de las recomendaciones comprende de la literal a) a la s).

364 El TEDH entiende que «[a]l no tener el Convenio como objetivo garantizar derechos teóricos o ilusorios, sino derechos concretos y efectivos, este derecho solo puede ser efectivo si estas observaciones son realmente "entendidas", es decir debidamente examinadas por el Tribunal al que se recurre»: TEDH. *Caso García Ruiz c. España,* sentencia de 21 de enero de 1999, párr. 28.

365 TEDH. *Caso Iglesias Casarrubios y Cantalapiedra Iglesias c. España,* cit., párr. 35.

nes que consideren oportunas para el asunto». En el caso Iglesias Casarrubios y Cantalapiedra Iglesias c. España, de 2016, la solicitante reclama que el Tribunal no haya respondido a sus requerimientos de que escuchara la opinión de sus hijas (de 12 y 14 años) en relación con la cuestión de la custodia y el régimen de visitas con su padre, en el marco de un proceso de separación en el que también se abordaron hechos de violencia contra la mujer y contra una de las hijas por parte de su padre.

En tal caso el TEDH reitera que la obligación de los tribunales internos de escuchar a los menores involucrados, «depende de las circunstancias particulares de cada caso y teniendo debida cuenta de la edad y de la madurez del niño afectado»[366]. El Tribunal considera que en el ordenamiento jurídico de España se contempla una obligación de escuchar al niño en el marco de procedimientos contenciosos de divorcio, en los que «los hijos menores, si son capaces de discernimiento, deben ser oídos por el Juez y, en todo caso, los menores con edades de 12 y más años»[367]. Además el mismo órgano internacional reconoce, al margen de las regulaciones específicas de los estados, la obligación a cargo de todos los estados parte de motivar la denegación del derecho a ser escuchado: «en cualquier caso, cuando el menor solicita ser oído, la denegación del trámite de audiencia deberá ser motivada»[368]. En este caso el TEDH condena a España por considerar que la denegación de escuchar a una niña y la falta de motivación para tal denegación vulneraron el artículo 6 del Convenio.

---

366 El TEDH no establece una obligación absoluta de escuchar a los niños en audiencias específicamente sobre el derecho de visita d padre que no ejerce guarda: «sería ir demasiado lejos decir que los Tribunales internos están siempre obligados a oír a un niño en audiencia cuando está en juego el derecho de visita de un padre que no ejerce la guarda»: TEDH. *Caso Iglesias Casarrubios y Cantalapiedra Iglesias c. España,* cit., párr. 36.

367 TEDH. *Caso Iglesias Casarrubios y Cantalapiedra Iglesias c. España,* cit., párr. 36.

368 TEDH. *Caso Iglesias Casarrubios y Cantalapiedra Iglesias,* cit., párr. 36.

Capítulo 4.

La respuesta institucional de España ante la violencia sexual contra la infancia

Con el objetivo de mostrar de manera panorámica el estado del cumplimiento de las obligaciones internacionales en la materia, en la primera parte de este Capítulo (4.1) se analizará la respuesta institucional del estado español a la violencia sexual contra la infancia. Si bien a la fecha España no ha sido condenada por ningún órgano internacional, es posible encontrar argumentos fuertes para ello. No obstante, este trabajo más que interesarse por construir un caso viable para exigir la responsabilidad internacional de España, busca mostrar esa brecha entre el compromiso por la erradicación de la violencia sexual contra la infancia y las acciones realizadas en tal sentido para, más adelante (Capítulo 5), preguntarse por las razones de esta distancia. España no solo ha ratificado todos los instrumentos internacionales de derechos humanos, e instrumentos específicos referidos a los derechos de la infancia, así como los referidos a la protección especial a los niños y las niñas frente a la violencia. Además ha mostrado públicamente un rechazo, condena y compromiso por su erradicación, lo cual ha llevado a la adopción de normativa nacional[368] que recoge en parte algunos de esos compromisos.

En la segunda parte se intentará explicar brevemente el marco teórico de Young en torno a su concepto de «violencia sistémica»

---

368 Sobre la incorporación de las disposiciones de la Convención sobre los Derechos de los Niños en diferentes estados miembros con perspectiva comparada, puede verse: KILKELLY, U., LUNDY, L. y BYRNE, B. (eds). *Incorporating the UN Convention on the Rights of the Child into National Law*, Interesentia, Cambridge, 2021.

como una forma de injusticia social. Me apoyaré en este concepto para enfocar la atención en el problema que interesa abordar en este trabajo y al mismo tiempo logra captar su gravedad: el de la negligente respuesta institucional a la violencia sexual contra la infancia y su papel en la reproducción de las condiciones que facilitan su prevalencia. Se trata de un concepto que nombra un proceso institucional: la respuesta del estado, a través de sus instituciones, a actos de violencia individuales cuando se dirigen a miembros de un grupo social concreto. Hablamos de violencia sistémica cuando tal respuesta es su aceptación o tolerancia. La hipótesis es que la respuesta institucional actual en España a la violencia sexual contra la infancia permite hablar no solo de una vulneración grave de derechos humanos, sino también de una violencia sistémica, en los términos de Young. No es solo que que todo acto de violencia sexual contra la infancia constituya una grave vulneración a derechos humanos, ni es solo que el estado español falle en el cumplimiento de algunas de sus obligaciones en la materia, según esta hipótesis, la realidad actual pone de manifiesto fallos importantes y sistemáticos claves para facilitar la reproducción de condiciones para su prevalencia. Quizá el concepto de vulneración «sistémica» de derechos humanos para referirnos al estado de la violencia sexual contra la infancia en España sea un concepto que nos permita enfatizar la gravedad.

Finalmente, en la última parte de este Capítulo se intentará argumentar que la violencia sexual contra la infancia en España constituye una violencia sistémica, lo que puede constatarse por tres elementos: 1) los fallos sistemáticos y graves en la respuesta que en muchas ocasiones podrían considerarse violencia institucional, y dan cuenta de un importante nivel de tolerancia, aceptación o insensibilidad institucional ante esta violencia; 2) la elevada prevalencia, que nos muestra su grado de habitualidad, y 3) los efectos incapacitantes, que van más allá de las consecuencias individuales y sociales, ya de por sí graves, propias de la vulneración a derechos que conlleva, que en muchos casos permiten hablar de tortura en razón de las profundas secuelas a largo plazo, sino también, nuevas vulneraciones y secuelas por la propia respuesta ineficaz, por el contexto de tolerancia o impunidad.

4.1. DIAGNÓSTICO SOBRE EL TRATAMIENTO DE ESPAÑA A LA VIOLENCIA SEXUAL CONTRA LA INFANCIA

España ha firmado los instrumentos de derechos humanos, de derechos de la infancia y de protección a la infancia frente a la violencia sexual. Asimismo, a nivel nacional ha reconocido en discurso público la gravedad del problema de la violencia contra la infancia, y en particular de la violencia sexual contra la infancia. En 2021 adoptó la LOPIVI, una ley que se aspiraba tuviera una vocación integral, incluyendo medidas de prevención y mecanismos para la coordinación de las distintas actuaciones estatales frente a la violencia contra niños, niñas y adolescentes. No obstante, tanto la sociedad civil como distintos órganos internacionales han llamado la atención sobre incumplimientos de sus compromisos internacionales, algunos de ellos particularmente graves. Parece que el problema no está en la no adopción de medidas, tanto a nivel nacional como internacional sino en una brecha entre la adopción y la aplicación o puesta en marcha de las medidas. Algunos de los fallos más profundos son el uso del llamado (falso) síndrome de alienación parental, como un obstáculo para el acceso a la justicia y un mecanismo que tiene el potencial de vulnerar gravemente la integridad de los niños y las niñas a los que se aplique.

Existen casos en el ámbito internacional en los que se ha determinado la responsabilidad de España por vulnerar derechos humanos y derechos específicos de la infancia. En particular, hay dos decisiones de especial interés, una por la desprotección de una niña en un contexto de violencia de género, en este caso las autoridades judiciales mantuvieron un régimen de visitas sin supervisión entre un padre denunciado por violencia de género y su hija, la niña fue asesinada por su padre en el marco de una de esas visitas (Comité CEDAW, Caso González

Carreño c. España, de 2014,) y otra por no respetar el derecho de dos niñas a ser escuchadas en el procedimiento para decidir sobre el régimen de custodia y visitas, en este caso las autoridades judiciales se negaron a escuchar a dos niñas de más de 12 años, sin fundamentar debidamente su decisión (TEDH, Caso Iglesias Casarrubios y Cantalapiedra Iglesias c. España, de 2016). Sin embargo, a la fecha no existe una condena a España por el incumpliento de obligaciones en un caso de violencia sexual contra la infancia. Según la información disponible en la web, hay un caso que ha sido registrado ante Comité de los Derechos del Niño sobre violencia sexual contra la infancia, está por ver si esté caso es admitido. En cualquier caso, mi hipótesis es que hay argumentos que permitirían articular un caso a nivel internacional.

Lo que viene a continuación es un diagnóstico propio, fruto del trabajo de incidencia práctica que he tenido la oportunidad de realizar , particularmente a través de la elaboración de informes en el marco de la Clínica per la Justicia Social de la Facultad de Dret, en la que colaboro como tutora jurídica y de las investigaciones hechas en el marco del Proyecto europeo EDUCAP (2022-2024).

4.1.1. Carencias en la obligación de adoptar medidas para impedir que tenga lugar la violencia sexual contra la infancia

a) Datos

Una de las medidas generales de aplicación de la Convención sobre los Derechos del Niño, sobre las que el Comité de Derechos Humanos ha mostrado preocupación es la relativa a la recopilación de datos[369]. Actualmente en España no se cuenta, como lo re-

---

369 En las Observaciones Finales de 2018 dirigidas por el Comité a España recomienda algunas medidas relacionadas con la recopilación de datos, entre otras, que «[a]mplíe la capacidad de reunión de datos desglosados sobre los niños en todos los aspectos de la Convención a distintos niveles territoriales, especialmente sobre los niños en situaciones de

quiere el Comité en su Observación General nº 13, con un «sistema nacional amplio y fiable de recopilación de datos» que garantice la elaboración, supervisión y evaluación sistemáticas de programas de prevención[370]. A pesar de que el deber general de notificación de sospechas de violencia contra la infancia y el deber cualificado para los poderes públicos se reconocen legalmente desde 1996[371] —y se han perfeccionado recientemente en la LOPIVI[372]—, los mismos

---

vulnerabilidad» y que «[a]segure que los datos e indicadores estén a disposición de todos los ministerios competentes y se utilicen para la formulación, vigilancia y evaluación de las políticas, los programas y los proyectos encaminados a la aplicación efectiva de la Convención»: COMITÉ DE LOS DERECHOS DEL NIÑO. *Observaciones finales sobre los informes periódicos quinto y sexto combinados de España,* 2018, párr. 10, a) y b).

370 COMITÉ DE LOS DERECHOS DEL NIÑO. *Observación General nº 13...*, cit., párr. 42, a), v).

371 «Artículo 13. Obligaciones de los ciudadanos y deber de reserva.
1. Toda persona o autoridad, especialmente aquellas que por su profesión, oficio o actividad detecten una situación de riesgo o posible desamparo de una persona menor de edad, lo comunicarán a la autoridad o sus agentes más próximos, sin perjuicio de prestarle el auxilio inmediato que precise.
2. Cualquier persona o autoridad que tenga conocimiento de que un menor no está escolarizado o no asiste al centro escolar de forma habitual y sin justificación, durante el período obligatorio, deberá ponerlo en conocimiento de las autoridades públicas competentes, que adoptarán las medidas necesarias para su escolarización.
3. Las autoridades y las personas que por su profesión o función conozcan el caso actuarán con la debida reserva».
En las actuaciones se evitará toda interferencia innecesaria en la vida del menor» (Ley Orgánica 1/1996, de 15 de enero, de Protección Jurídica del Menor, de modificación parcial del Código Civil y de la Ley de Enjuiciamiento Civil).

372 «Artículo 15. Deber de comunicación de la ciudadanía.
Toda persona que advierta indicios de una situación de violencia ejercida sobre una persona menor de edad, está obligada a comunicarlo de forma inmediata a la autoridad competente y, si los hechos pudieran ser constitutivos de delito, a las Fuerzas y Cuerpos de Seguridad, al Ministerio Fiscal o a la autoridad judicial, sin perjuicio de prestar la atención inmediata que la víctima precise.

no se ha acompañado del deber de recopilación sistemática de los datos de las notificaciones. Esos datos son útiles para dimensionar el problema y diseñar los planes de acción, pero también para evaluar el nivel de eficacia de las medidas institucionales dirigidas a la identificación y actuación ante casos de violencia. Desde el punto de vista institucional no solo es llamativo la habitualidad de la violencia sexual contra la infancia en España indicada en los distintos estudios existentes, sino la carencia de estudios de datos impulsados y subvencionados desde las instituciones públicas[373].

En relación con los estudios de prevalencia, no existen investigaciones dirigidas desde instituciones públicas de investigación. La LOPIVI contempla un mandato a cargo del Centro de Investigaciones Sociológicas (en adelante, CIS) para realizar anualmente encuestas sobre la violencia contra la infancia, pero más allá de la falta de implementación de estas encuestas, el mandato no incluye encuestas sobre la prevalencia de la violencia sexual, sino

---

Artículo 16. Deber de comunicación cualificado.
1. El deber de comunicación previsto en el artículo anterior es especialmente exigible a aquellas personas que por razón de su cargo, profesión, oficio o actividad, tengan encomendada la asistencia, el cuidado, la enseñanza o la protección de niños, niñas o adolescentes y, en el ejercicio de las mismas, hayan tenido conocimiento de una situación de violencia ejercida sobre los mismos.
En todo caso, se consideran incluidos en este supuesto el personal cualificado de los centros sanitarios, de los centros escolares, de los centros de deporte y ocio, de los centros de protección a la infancia y de responsabilidad penal de menores, centros de acogida de asilo y atención humanitaria de los establecimientos en los que residan habitualmente o temporalmente personas menores de edad y de los servicios sociales (CORTES GENERALES. Ley Orgánica 8/2021, de 4 de junio, de protección integral a la infancia y la adolescencia frente a la violencia).

373 Me he ocupado de este asunto más ampliamente en RAMÍREZ, A., «La prevención del abuso sexual contra la infancia a través de la formación al profesorado a la luz de la normativa nacional e internacional», en GARCÍA SÁEZ, J. A. y RAMÍREZ, A. (eds.), *Luchar contra el abuso sexual infantil desde las aulas. Un asunto de derechos humanos*, Tirant lo Blanch, Valencia, 2024, pp. 31-58.

sobre la percepción social[374]. Se trata de un tipo de estudios conocidos por la administración pública y cuya metodología ha sido utilizada por el CIS para realizar las macroencuestas de violencia contra la mujer que se realizaron desde 1999, la última en 2019, cuyo diseño también estuvo a cargo del CIS tuvo como muestra a 9.568 mujeres[375].

En relación con los estudios de incidencia sobresalen distintas carencias. El último estudio nacional sobre expedientes en servicios sociales es de hace más de 20 años, por otro lado a día de hoy no está en marcha ningún sistema institucional de recopilación unificada de datos de los servicios sociales[376]. Conocer las cifras de los servicios sociales es especialmente importante si tenemos en cuenta que los distintos protocolos de detección y actuación en los diferentes entornos donde se tiene un contacto habitual con los niños, incluidos centros de sanidad pública y centros educativos, canalizan las sospechas en primer lugar a las servicios sociales. Desde la Ley de Protección del Menor de 1996 se acordó la creación de un Registro Unificado de Maltrato Infantil (RUMI),

---

374 «Disposición adicional tercera. Mejora de los datos de opinión pública. El Centro de Investigaciones Sociológicas realizará anualmente una encuesta acerca de las opiniones de la población, tanto adulta como infantil y adolescente, con respecto a la violencia ejercida sobre los niños, niñas y adolescentes y la utilidad de las medidas establecidas en la ley, que permita establecer series temporales para valorar los cambios sociales más relevantes sobre la violencia hacia la infancia y la adolescencia. La encuesta tendrá perspectiva de discapacidad y género; garantizará que los niños, niñas y adolescentes con discapacidad estén representados entre las personas encuestadas.
Los resultados de este análisis deberán ser incluidos en el informe anual de evaluación de la Estrategia de erradicación de la violencia sobre la infancia y la adolescencia previsto en el artículo 21.2» (CORTES GENERALES. *Ley Orgánica 8/2021*..., cit.).

375 Macroencuestas disponibles en la página de la Delegación del Gobierno contra la Violencia de Género: https://violenciagenero.igualdad.gob.es/macroencuesta2015/macroencuesta2019/

376 PEREDA, N. «¿Uno de cada cinco?: Victimización sexual infantil en España», *Papeles del Psicólogo,* vol. 27, nº 2, 2016, pp. 126-133, p. 127.

sin embargo fue un sistema fallido, cuya principal debilidad consistía en el carácter voluntario para las comunidades autónomas. La LOPIVI sustituyó el RUMI por el el *Registro Unificado de Servicios Sociales sobre Violencia contra la Infancia* (RUSSVI). Sin embargo, se trata de un sistema aún en fase de diseño y no hay claridad sobre el tipo de exigibilidad para las comunidades autónomas.

Por otra parte, en relación con los estudios de incidencia con base a denuncias, a pesar de que las publicaciones sobre delitos sexuales elaborada por el Ministerio de Interior anualmente, desde 2017, ha proveído de una fuente oficial específica[377], una crítica importante es que los ítems utilizados para realizar el análisis, no desglosan adecuadamente todos los aspectos necesarios para realizar contrastes con otros estudios y con los cambios institucionales específicamente en materia de violencia contra la infancia. Por ejemplo, se contemplan dos tramos edad: de 0-13 y de 14-17, sin explicitarse el criterio para esa clasificación, considerando que la edad mínima del consentimiento sexual actualmente está en los 16 años, tendría sentido tener información sobre cuántos delitos sexuales se cometen directamente contra menores de 16 años. Por otro lado, estos estudios no proporcionan información sobre el número de condenas y de absoluciones, ni ninguna otra información sobre el desarrollo del proceso penal. La forma en que se desglosan los ítems tampoco permite saber cuántos abusos tienen lugar en el entorno familiar, y por qué miembro de la familia, a pesar de que los estudios de prevalencia lo señalan como el tipo de abuso más común.

La LOPIVI también prevé, además, la creación a cargo del gobierno del *Registro Central de información sobre la violencia contra la infancia y la adolescencia*, con la finalidad de «compartir informa-

---

377 Anteriormente solo se publicaba el anuario de delitos que contenía algunos datos sobre los delitos sexuales pero más genéricos. Los anuarios estadísticos se encuentran en la página de Publicaciones del Ministerio de Interior, disponible en: https://estadisticasdecriminalidad.ses.mir.es/publico/portalestadistico/publicaciones.html

ción que permita el conocimiento uniforme de la situación de la violencia contra la infancia y la adolescencia», y al que «deberán remitir información las administraciones públicas, el Consejo General del Poder Judicial y las Fuerzas y Cuerpos de Seguridad»[378]. Sin embargo, no se han encontrado ni pronunciamientos ni ninguna medida clara dirigida a su implantación. Tratándose de una tarea ambiciosa, y considerando el estado de la cuestión del que se parte: descoordinación de los diferentes centros con funciones de recogida de información a nivel autonómico y estatal, y la falta de estudios de prevalencia impulsados o dirigidos desde instituciones públicas de investigación, como el CIS, es razonable que sea una acción que tome su tiempo. Las organizaciones internacionales de defensa de los derechos de los niños, ya han mostrado preocupación sobre la desinformación sobre plazos o planes claros implementación y sobre todo muestran preocupación por la falta de una partida presupuestaria dedicada a esta tarea[379].

---

378 «Artículo 56. Registro Central de información sobre la violencia contra la infancia y la adolescencia.
Con la finalidad de compartir información que permita el conocimiento uniforme de la situación de la violencia contra la infancia y la adolescencia, el Gobierno establecerá, mediante real decreto la creación del Registro Central de información sobre la violencia contra la infancia y la adolescencia, así como la información concreta y el procedimiento a través del cual el Consejo General del Poder Judicial, las Fuerzas y Cuerpos de Seguridad, el RUSSVI y las distintas administraciones públicas deben suministrar los datos requeridos al registro» (CORTES GENERALES. *Ley Orgánica 8/2021…*, cit.).

379 Por ejemplo, en una entrevista realizada a la responsable de Políticas de Infancia de Save the Children, Carmela del Moral, esta señaló que «La ley de infancia no incorpora un plazo para la puesta en marcha del registro de información» y que no consta que exista una partida presupuestaria para tal objetivo: «Sin noticias del Registro de violencia contra la infancia tras nueve meses con la ley en vigor», por MOLINA GALLARDO, V., en *La Provincia. El diario de las palmas,* 6 de abril de 2022, disponible en: https://www.laprovincia.es/sociedad/2022/04/06/noticias-registro-violencia-infancia-nueve-64708497.html

Es necesario instaurar un riguroso procedimiento de recogida de datos sobre la violencia contra la infancia, incluidos los abusos sexuales, como una actividad institucional regular, que se realice periódicamente, tanto de incidencia como de prevalencia. Que se establezcan criterios más rigurosos y específicos sobre la violencia sexual contra la infancia que nos permitan poder indagar qué relación guardan las cifras al alza en la incidencia con una mayor tasa de casos y/o con una mayor capacidad institucional de notificación. Estos datos solo son posibles si tenemos estudios que sigan una metodología rigurosa y similar sobre distintas fuentes y con un adecuado desglose de los criterios de selección e ítems de investigación (rangos de edad en que tuvieron lugar los abusos, años de ocurrencia de los hechos, notificación o no) que nos permitan realizar comparaciones. Y solo son posibles con presupuesto y planificación. La distancia entre el discurso y las acciones concretas, y, particularmente la ausencia de una partida presupuestaria destinada a esos efectos, son el resultado de una posición institucional tibia, incoherente con las estimaciones conocidas e inadmisible ante una grave vulneración de derechos humanos.

Uno de los pasos que se han concretado para conocer la prevalencia del abuso sexual contra la infancia, es el Informe de Abusos en la Iglesia elaborado por una Comisión independiente de expertas bajo la coordinación por el Defensor del Pueblo por mandato del Pleno del Congreso de los Diputados, que ha sido publicado en octubre de 2023[380]. La encomienda era que el informe describiera «la dimensión del fenómeno, sus causas y sus consecuencias en las personas afectadas, con el fin de emitir recomendaciones dirigidas a la prevención y a la reparación de las víctimas», y su metodología fue la realización de entrevistas a una muestra de víctimas[381]. Sin embargo, la manera en que se ha

---

380 DEFENSOR DEL PUEBLO. *Informe sobre los abusos sexuales en el ámbito de la Iglesia...*, cit.

381 Un total de 487 víctimas de violencia sexual en el entorno eclesiástico en España, la mayoría de ellas abusadas entre el periodo de 1960 a

dado este paso, importante por el reconocimiento de abusos que durante décadas han permanecido en el silencio, ha puesto sobre la mesa también la dificultad y tensiones institucionales para afrontar la violencia contra la infancia. Inicialmente, la propuesta planteada por varios grupos parlamentarios era que se realizara una comisión de investigación parlamentaria que permitiera obtener mayores facultades coercitivas para obtener información de la iglesia, como citatorios obligatorios para sus miembros y, en tal marco, la solicitud de presentar información en posesión de los archivos de la iglesia[382]. Después de un intenso debate, con la abstención del gobierno actual a esta propuesta se optó solo por mandatar al Defensor del Pueblo para la elaboración de un informe basado en la recopilación de testimonios directos de las víctimas, una especie de Comisión de la Verdad[383]. Algunos de los partidarios de la comisión de investigación parlamentaria habían señalado la compatibilidad de ambas vías[384]. Una con un objetivo

---

1990: DEFENSOR DEL PUEBLO. *Informe sobre los abusos sexuales en el ámbito de la Iglesia…*, cit., p. 205.

382 La carencia de este tipo de facultades ha impacto en el alcance del informe. En él se ha reconocido la colaboración de la Iglesia para la elaboración del informe no ha sido unánime, algunas diócesis han mostrado una actitud colaboradora, aportando datos relevantes para la investigación; pero otras, en cambio, han rechazado colaborar: DEFENSOR DEL PUEBLO. *Informe sobre los abusos sexuales en el ámbito de la Iglesia…*, cit., pp. 474-481.

383 CONGRESO DE DIPUTADOS. Nota de prensa «El Defensor del Pueblo entrega el informe encargado por el Congreso sobre denuncias por abusos sexuales en el ámbito de la Iglesia católica y el papel de los poderes públicos», 27 de octubre de 2023.

384 Por ejemplo, en una entrevista el entonces presidente del Grupo Parlamentario de Unidas Podemos en el Congreso, Jaume Asens, señalaba que ambas investigaciones son totalmente «compatibles» y «no son excluyentes»: «Unidas Podemos plantea que Congreso y Defensor del Pueblo investiguen "en paralelo" los abusos en la Iglesia», en RTVE.es, 8 de febrero de 2022, disponible en: https://www.rtve.es/noticias/20220208/unidas-podemos-comision-investigacion-abusos-sexuales-congreso-defensor-pueblo/2285240.shtml

más claro de investigación con miras a encontrar responsabilidades y determinar necesidades de justicia y reparación; y otra más encaminada a reconocer a las víctimas y llamar a la conciencia social.

En el Informe sobre los abusos en la Iglesia, se advierte también sobre «las carencias del conocimiento existente hasta el momento, derivadas de las limitaciones de los datos oficiales sobre delincuencia y de la imposibilidad existente hasta el momento de acceder a información de los archivos diocesanos o de los institutos de vida consagrada sobre las denuncias registradas»[385]. Particularmente este fue un tema de debate antes de la asignación de la tarea de coordinar la elaboración del Informe al Defensor del Pueblo.

Hay algunos pasos dados por la Administración para subsanar esta carencia, muestras de compromiso, concretamente ha plasmado compromisos sobre la recopilación y sistematización de datos e información sobre la violencia contra la infancia en la Estrategia de erradicación de la violencia sobre la infancia y la adolescencia[386]. Este documento establece como área estratégica uno el conocimiento de la realidad de la violencia contra la infancia cuyo objetivo es «garantizar el conocimiento de la realidad de la violencia contra la infancia y adolescencia, necesario para desarrollar estrategias de actuación eficaces y ajustadas a la misma». Como punto de partida, el estado reconoce que «no existe una línea de base de conocimiento del problema»[387], ni «investigaciones actualizadas sobre la prevalencia e impacto» de esta violencia», y es «imposible conocer los presupuestos estatales, autonómicos y locales destinados a medidas de prevención e

---

[385] DEFENSOR DEL PUEBLO. *Informe sobre los abusos sexuales en el ámbito de la Iglesia…*, cit., p. 162.

[386] Estrategia elaborada por el Ministerio de Derechos Sociales y Agenda 2030 por mandato previsto en el artículo 21 de la LOPIVI.

[387] Según señala el Ministerio, «los datos […] son incompletos, proviene de fuentes y metodologías diversas, abordan de manera diferente las distintas formas de violencia y en su mayoría sin desagregar»: MINISTERIO DE DERECHOS SOCIALES. *Estrategia de Erradicación de la Violencia contra la infancia y adolescencia*, 2022, p. 19.

intervención ante la violencia contra la infancia y adolescencia». Las áreas de actuación en este objetivo incluyen acciones de investigación para conocer prevalencia, impacto y factores para la prevención; la creación del registro unificado con datos de los servicios sociales, sanitarios, policiales y judiciales; y mecanismos y acciones dirigidas a hacer públicos los datos y los propuestos dedicados a la prevención e intervención ante la violencia. De acuerdo con la Estrategia, en 2025 tendrían que estar en funcionamiento el RUSSVI y el Registro Central de Información sobre Violencia contra la Infancia y Adolescencia, así como publicado el estudio de prevalencia. No obstante, la propia Estrategia señala que los compromisos previstos en la Estrategia quedan condicionados a la disponibilidad presupuestaria[388], y su articulación y concreción a planes operativos[389], la información sobre ambas cuestiones aún no se hace pública.

b) Prevención

El Comité de los Derechos del Niño, en línea con distintos órganos internacionales, ha afirmado categóricamente que la protección del niño debe empezar por la prevención activa de todas las formas de violencia, y su prohibición explícita[390]. Hay un punto

---

388 «Todos los compromisos que se deriven de la aplicación de esta Estrategia quedan condicionados a las disponibilidades presupuestarias existentes en el ejercicio en curso y en los ejercicios siguientes, de acuerdo con la senda de consolidación fiscal fijada por el Gobierno y, en el caso de actuaciones para las que resulten competentes las Comunidades Autónomas y Entidades Locales, lo recogido en la Estrategia tiene carácter potestativo»: MINISTERIO DE DERECHOS SOCIALES. *Estrategia de Erradicación…*, cit., p. 14.

389 «La articulación y concreción de los objetivos y medidas contempladas en esta Estrategia y su implementación se desarrollarán en los Planes Operativos previstos. Atendiendo al marco temporal de esta Estrategia, se prevé poner en marcha tres Planes Operativos: el primero correspondiente al periodo 2023-2025, el segundo para el periodo 2026-2028 y el tercero en el periodo 2029-2030»: Ibid.

390 Comité de los derechos del niño, *Observación General nº 13…*, cit., párr. 46.

que me parece especialmente preocupante porque se ha mantenido en el tiempo a pesar de distintas llamadas de atención y por la centralidad para prevenir situaciones de violencia: la falta de información a los niños sobre su derecho a una vida libre de violencia y los recursos disponibles ante su vulneración. El primer paso para denunciar es saber las formas en que pueden vulnerarse nuestros derechos. Proporcionar información[391] sobre nuestros derechos es una obligación a cargo de los estados[392], tratándose de niños existe una obligación reforzada de proveerles de conocimientos para prevenir y actuar ante la violencia[393].

---

391 Por ejemplo, el artículo 29.b de la Convención sobre los derechos del niño establece que la educación de los niños y las niñas deberá dirigirse a: «[v]nculcar al niño el respeto de los derechos humanos y las libertades fundamentales y de los principios consagrados en la Carta de las Naciones Unidas». En su observación general sobre el alcance de este derecho, el Comité de los derechos del niño sostiene que: «[l]a educación en la esfera de los derechos humanos debe facilitar información sobre el contenido de los tratados de derechos humanos, pero los niños también deben aprender lo que son esos derechos observando la aplicación en la práctica de las normas de derechos humanos, ya sea en el hogar, en la escuela o en la comunidad. La educación en la esfera de los derechos humanos debe constituir un proceso integral que se prolongue toda la vida y empiece con la manifestación de valores de derechos humanos en la vida y las experiencias cotidianas de los niños»: Comité de los Derechos del Niño, *Observación General nº 1 sobre el derecho a la educación*, 2001, párr. 15.

392 El Comité de los Derechos del Niño sostiene que la condición de desarrollo y la situación de dependencia de los niños justifica una garantía reforzada del derecho a acceder a recursos ante vulneraciones a derechos que «... debería incluir el suministro de información adaptada a las necesidades del niño, el asesoramiento, la promoción, incluido el apoyo a la autopromoción, y el acceso a procedimientos independientes de denuncia y a los tribunales con la asistencia letrada y de otra índole necesaria»: : Comité de los derechos del niño, *Observación general nº 5 sobre las Medidas generales de aplicación de la Convención sobre los Derechos del Niño,* Naciones Unidas, 2003, párr. 24.

393 Probablemente donde más claro se establezca es en el artículo 6 del Convenio del Consejo de Europa para la protección de los niños contra

La LOPIVI, vino a responder a varios compromisos internacionales y llamadas de atención del Comité de Derechos del Niño, sobre distintos aspectos del abordaje de la violencia, también la violencia sexual, incluido el aspecto preventivo[394], en el que en el texto de la ley se insiste. Sin embargo, hay varios asuntos cuestionables especialmente sobre su alcance y en relación concretamente con la prevención de la violencia a nivel de aulas. Más que con la falta de reconocimiento del derecho, el problema radica en las garantías. El artículo 30 de la LOPIVI señala que «[l]os niños, niñas y adolescentes en todas las etapas educativas e independientemente de la titularidad del centro, recibirán, de forma transversal, una educación que incluya [...] la adquisición de habilidades para la elección de estilos de vida saludables, incluyendo [...] una educación afectivo sexual, adaptada a su nivel madurativo y, en su caso, discapacidad, orientada al aprendizaje de la prevención y evitación de toda forma de violencia y discriminación, con el fin de ayudarles a reconocerla y reaccionar frente a la misma». Tal

---

la explotación y el abuso sexual, firmado en Lanzarote el 25 de octubre de 2007 (Convenio de Lanzarote). Según esta disposición, los estados parte están obligados a adoptar: «las medidas legislativas o de otro tipo que sean necesarias para que los niños reciban, durante su educación primaria y secundaria, información sobre los riesgos de explotación y abuso sexual, así como sobre los medios para protegerse, adaptada a su etapa evolutiva». El Comité de Derechos del Niño también ha señalado como una de las medida de prevención de la violencia a cargo de los estados parte: «[a]yudar a los niños a protegerse y a proteger a sus compañeros informándoles acerca de sus derechos, enseñándoles a vivir en sociedad y dándoles un nivel de autonomía acorde con su edad»: COMITÉ DE LOS DERECHOS DEL NIÑO, Observación General nº 13... cit, párr. 47 b) ii).

394 El Comité, entre otras cosas, pidió al estado que «[a]umente la disponibilidad de programas orientados a crear conciencia entre los niños y educarlos sobre su derecho a vivir a salvo de la violencia y sobre dónde buscar asistencia en casos de violencia, malos tratos o descuido, y consultar a los niños a la hora de diseñar y aplicar esos programas a fin de asegurar que sean pertinentes y útiles»: COMITÉ DE LOS DERECHOS DEL NIÑO. *Observaciones Finales...*, cit., párr. 22, d).

reconocimiento es un avance. No obstante, esta disposición no se complementa con disposiciones adicionales dirigidas a materializar la realización de este derecho a través de la modificación de los reales decretos que establecen las enseñanzas mínimas obligatorias no universitarias para que incorporen estos contenidos. Ni siquiera se deja claro quiénes son los sujetos obligados a la realización de este derecho. ¿Está obligado el Ministerio de Educación, que es quien tiene las competencias para establecer las enseñanzas mínimas obligatorias en los niveles de educación no universitaria? ¿O bien son los propios centros escolares, en el margen de su autonomía, los obligados a garantizar tales contenidos?

Lo más cercano a una garantía prevista en la LOPIVI y aplicable a este derecho se encuentra en el artículo 31, que establece la obligación a cargo de las administraciones educativas de «velar por el cumplimiento de los principios y actuaciones» contenidas, no solo en el artículo 30, sino en todo el Capítulo IV del Título III dedicado a la sensibilización, prevención y detección precoz en el ámbito educativo, en el que se enmarca tal disposición normativa. Sin embargo, se trata de una garantía más bien genérica en la que no se identifica con precisión qué organismo concreto velará por ese cumplimiento, ni tampoco qué actuación de qué sujeto es la que será objeto de supervisión. De modo que se trata de una garantía jurídicamente insuficiente y destinada a ser ineficaz en relación con esta obligación de incorporar contenidos de educación sexual y afectiva en las aulas. Para hacer efectivo este derecho se requiere asegurar que el profesorado encargado de transmitir los contenidos a nivel de aula tenga la capacidad para hacerlo y que los centros estén obligados y se instauren mecanismos para supervisar la inclusión dotándoles de contenidos en los planes obligatorios de estudios, pero la Ley no contempla garantías sobre tales cuestiones.

Por otra parte, en la Estrategia estatal de erradicación de las violencias contra la infancia y adolescencia, el área estratégica dos incorpora la medida 2.1.3 consistente en «sensibilizar y concienciar a niños, niñas y adolescentes de varias edades sobre las formas de violencia, su derecho al buen trato y a la protección, estrategias para mejorar su protección y los recursos a su disposición». Esta medida apunta como responsables: a la Administración General de Estado, las comunidades y las ciudades autónomas, la sociedad civil, las universidades y los centros de educación y formación, los responsables de entornos y las ONG. Los indicadores previstos para evaluar esta medida son: el número de campañas y acciones de sensibilización implementadas y el incremento del porcentaje de las respuestas de los niños y niñas, a partir de los 8 años, que dicen reconocer las formas de violencias y los recursos con los que cuentan. Se trata de una medida redactada de manera muy amplia y con indicadores, en cualquier caso, insuficientes. ¿Por qué solo se evalúa la integración de los contenidos en relación con el alumnado mayor de 8 años?

La Estrategia también contiene medidas específicas sobre la formación del personal educativo. Hay tres relevantes. La medida 3.2.1 prevé el desarrollo de un plan de formación continua para las y los profesionales que trabajen en entornos de contacto habitual con niños y niñas. La medida 3.2.2. contempla el desarrollo de un plan de formación continua específico para las y los profesionales que tengan puestos de responsabilidad dentro del área de protección, como podría ser el caso de la figura de coordinación de bienestar y protección en el contexto escolar. Finalmente, la medida 3.2.3 establece que habrá de promoverse la incorporación de contenidos sobre derechos de la infancia, protección integral y violencia contra la infancia directamente en los títulos académicos orientados al ejercicio de profesiones que impliquen el contacto habitual con menores. Medidas importantes pero sin el carácter obligatorio que implicaría su inclusión en una ley. Además en relación con la última, la medida habla no de «incorporar» sino de «promover la incorporación». Será interesante ver la información recopilada en los informes de seguimiento. Especialmente en relación con la medida 3.2.3 que establece como indicador el porcentaje de títulos universitarios y de grado medio de profesiones relacionadas con la infancia y adolescencia que incluyen en su currículo docente al menos 50 horas lectivas obligatorias sobre enfoque de derechos de la infancia y adolescencia, violencia contra la infancia y adolescencia, enfoque de protección integral, enfoque de género, desarrollo evolutivo, psicología del trauma y psicología del vínculo. Así, de lo que probablemente nos provea esta Estrategia es de un valioso banco de información sobre el estado de la prevención en la actualidad.

Finalmente, en materia de presupuesto, la LOPIVI establece con carácter general que las actuaciones de prevención tendrán una consideración prioritaria, y que, para tal fin, los Presupuestos Generales del Estado deben acompañarse de la documentación sobre la manera en que los distintos «centros gestores del presupuesto individualizarán las partidas presupuestarias consignadas para llevarlas a cabo». Sin embargo, en la disposición adicional primera sobre la «Dotación presupuestaria», no se establece una dotación estatal y autonómica específica para la formación de profesional educativo. La Estrategia, como se ha señalado ya, condiciona el cumplimiento de los compromisos derivados de la aplicación de la Estrategia «a las disponibilidades presupuestarias existentes» y precisa que lo recogido en la Estrategia tiene carácter potestativo.

Si bien el derecho de los niños y las niñas a recibir educación afectivo-sexual y concretamente conocimientos para prevenir la violencia sexual en su contra, se prevé en otras normas, como en Ley Orgánica 10/2022, de 6 de septiembre, de garantía integral de la libertad sexual (LOGILS)[395]; Ley Orgánica 2/2006, de 3 de

---

395 Particularmente su artículo 7:
«1. El sistema educativo español incluirá, dentro de sus principios de calidad, la integración de contenidos basados en la coeducación y en la pedagogía feminista sobre educación sexual e igualdad de género y educación afectivo-sexual para el alumnado, apropiados en función de la edad, en todos los niveles educativos y con las adaptaciones y apoyos necesarios para el alumnado con necesidades educativas específicas, respetando en todo caso las competencias en materia de educación de las comunidades autónomas y en colaboración con el ámbito sanitario.

mayo, de Educación (LOE)[396]; y la Ley Orgánica 1/2023, de 28 de febrero, por la que se modifica la Ley Orgánica 2/2010, de 3 de marzo, de salud sexual y reproductiva y de la interrupción voluntaria del embarazo (LOSSR)[397]; lo cierto es que un análisis sobre las mismas muestra que adolecen de carencias similares a las señaladas en relación con la LOPIVI[398]. Teniendo en cuenta el marco normativo español de prevención en su conjunto podríamos resumir diciendo que el estado de la cuestión actual es el siguiente: se reconoce el derecho de las niñas y niños a recibir contenidos de educación afectivo-sexual, igualdad de género y educación en derechos humanos en la educación reglada. Hay agentes estatales, particularmente las administraciones generales y autonómicas con competencia en materia de educación,

---

2. Los currículos de todas las etapas educativas no universitarias incluirán contenidos formativos sobre el uso adecuado y crítico de internet y las nuevas tecnologías, destinados a la sensibilización y prevención de las violencias sexuales, la protección de la privacidad y los delitos cometidos a través de las nuevas tecnologías de la información y la comunicación promoviendo una educación en la ciudadanía digital mediante la consecución de competencias digitales adaptadas a nivel correspondiente del tramo de edad» (CORTES GENERALES. Ley Orgánica 10/2022, de 6 de septiembre, de Garantía Integral de la Libertad Sexual).

396 En cuyos artículos 19 y 24 se prevén disposiciones sobre la educación afectivo-sexual en la educación primaria y secundaria. El artículo 19 prevé, en su segundo apartado, la inclusión transversal de contenidos de educación para la salud afectivo-sexual e igualdad de género concretamente para el nivel de educación primaria. El artículo 24 mantiene una previsión muy similar pero en relación con la educación secundaria.

397 Particularmente en su artículo 9.2, donde se establece que:
«La educación afectivo-sexual, en todas sus dimensiones, forma parte del currículo durante toda la educación obligatoria, y será impartida por personal que habrá recibido la formación adecuada para ello, en consonancia con la Ley Orgánica 3/2020, de 29 de diciembre, por la que se modifica la Ley Orgánica 2/2006, de 3 mayo, de Educación».

398 En RAMÍREZ, A. «La prevención del abuso sexual contra la infancia...», cit., realizo un análisis crítico sobre cada una de estas normas identificando carencias concretas.

obligados a garantizar esa transmisión en las aulas. Sin embargo, hay críticas que podrían englobarse en tres objeciones principales. Por un lado, esta obligación tiene fallos en el diseño y establecimiento de sus garantías. Lo cual, por otro lado, es muy común tratándose de medidas de prevención en general. Es común, por ejemplo, que carezcan de un presupuesto específico. Ninguna de las normas analizadas tiene una partida presupuestaria dedicada a la prevención de las violencias sexuales en el ámbito educativo. Muchas de ellas carecen, además, de instituciones de garantía que supervisen su cumplimiento. En segundo lugar, podría mejorarse mucho la formulación de las obligaciones, eliminando su ambigüedad. Esa falta de claridad puede dificultar y obstaculizar su cumplimiento. En tercer lugar, hace falta garantizar una formación adecuada del profesorado que los habilite para transmitir contenidos de prevención de las violencias, educación afectivo-sexual y educación en derechos humanos en el aula; y que les capacite para configurar las aulas como entornos seguros.

Aunado a lo anterior, actualmente, ciertos contenidos de derechos humanos y sexualidad, se dejan, en algunas comunidades autónomas a disposición de la decisión de los padres, a través del mecanismo conocido como pin parental[399], al que volveré más adelante y que ha sido rechazado por las distintas organizaciones de derechos humanos. La posibilidad de que un niño identifique la violencia que sufre o los riesgos de sufrirla y desarrolle capacidades para solicitar ayuda es casi nula sin estos conocimientos.

c) Notificación

En relación con la manera en que institucionalmente se aborda la obligación de contar con mecanismos efectivos de notificación, hay distintas cuestiones problemáticas, como la falta de

---

399 Actualmente se encuentra implantado en la Comunidad Autónoma de Murcia, en la Comunidad de Madrid hay una obligación de informar a los padres pero «sin vetos».

mecanismos específicos creados para niños y la información a los mismos sobre ellos, o la falta de información sobre la existencia de protocolos de notificación y la evaluación de su coherencia con los principios de la Convención sobre los Derechos del Niño, por ejemplo. En el ordenamiento jurídico existe una obligación legal —general para toda la ciudadanía y cualificada para grupos específicos en contacto habitual con niños o niñas— de notificación de sospechas de violencia contra la infancia[400]. Con todo, las cifras conocidas señalan un elevado nivel de infra-notificación en España. Un estudio de Greco y otras realizado en 2017 con una muestra de 183 profesionales escolares encontró que más del 74% habían sospechado al menos una situación de un caso de violencia contra la infancia durante sus carreras, pero solo el 27% había informado de estas preocupaciones[401]. El entorno escolar es un ámbito estratégico, entre otras cosas, por el tiempo que pasan en el centro escolar y por el hecho de que la mayoría de los abusos sexuales se cometen en el espacio familiar, de manera que la escuela tendría que ser su siguiente entorno seguro[402].

Faltan investigaciones impulsadas desde las instituciones para conocer las razones detrás de esta infra-notificación. Entre los que se han publicado, se señala como una de las principales causas, la ausencia de formación específica sobre indicadores y pautas de actuación necesarios para detectar y reaccionar adecuadamente a

---

400 Ley Orgánica 8/2021, de 4 de junio, *de protección integral a la infancia y la adolescencia frente a la violencia,* artículos 15 y 16.

401 GRECO, A. M., et al. «School staff members experience and knowledge in the reporting of potential child and youth victimization», *Child Abuse & Neglect,* vol. 72, 2017, pp. 22-31, p. 22.

402 SCHOLS, M., et al. «How do public child healthcare professionals and primary school teachers identify and handle child abuse cases? A qualitative study», *BMC Public Health,* vol. 13, pp. 1-16, pp. 1 y 2. Véase también: GARCíA SÁEZ, J. A. et al. *Guía EDUCAP. Guía en prevención, detección, actuación y acompañamiento para centros educativos de Infantil y Primaria en casos de abuso sexual contra la infancia,* Publicacions de la Universitat de València, 2023

una revelación en el aula y notificar[403]. Actualmente no se garantiza institucionalmente una formación inicial o continua, unificada y sistematizada, para el profesorado sobre estos contenidos[404]. Hay solo iniciativas aisladas, en su mayoría impulsadas por la sociedad civil organizada o por la academia, que por su propia naturaleza tienen serias dificultades para lograr continuidad y un mayor alcance territorial[405].

4.1.2. Carencias en la obligación de investigar sin revictimizar

Incluso cuando se detectan y notifican sospechas de abuso sexual contra la infancia, en muchas ocasiones la respuesta institucional es inadecuada a tal punto que causa nuevos daños a las víctimas. Uno de los aspectos más mencionados como ejemplo de una inadecuada respuesta que puede revictimizar a un niño es el tener que hacerle relatar los hechos en múltiples ocasiones. En España, en 2017 un informe de Save the Children señalaba que de media los niños tienen que relatar los hechos cuatro veces, a cuatro agentes institucionales distintos, que además, normalmente no han recibido una formación especializada para abordar adecuadamente este tipo de casos, un dato que seguía manteniéndose en 2021. Esta repetición no solo afecta al niño sino también al proceso. Cada diferencia entre un relato y otro, por ejemplo, es tomado como un argumento en sí mismo para restar credibi-

---

403 VILA, R., et al. «El profesorado español ante el maltrato infantil. Estudio piloto sobre variables que influyen en la detección de menores en riesgo», *Revista Española de Investigación Criminológica,* nº 17, artículo 8, 2019, pp. 1-25, pp. 18-23.

404 Save the Children es una de las organizaciones que ha denunciado esa omisión: Save the Children. *(Des)información sexual...* cit., p. 58; y en *Ojos que no quieren ver: Los abusos sexuales a niños y niñas en España y los fallos del sistema,* 2017, pp. 20, 141 y 142.

405 Es el caso del Proyecto Europeo EDUCAP (*Multiplying Educational Capacities to Combat Sexual Violence against Children*), que fue coordinado desde el Instituto de Derechos Humanos de la Universitat de València entre 2022 y 2024 (https://proyectoeducap.eu).

lidad. De manera que este fallo institucional podría considerarse no solo un acto de violencia en sí mismo por el daño causado en el niño, sino un obstáculo institucional al acceso a la justicia, contrario a las obligaciones y estándares internacionales.

La prueba preconstituida es una de las medidas que las organizaciones de derechos de la infancia han exigido al estado como parte de la solución a ese problema de la revictimización. En 2021 la LOPIVI incluyó la obligación de la prueba preconstituida en el marco del proceso penal donde el niño o la niña sea víctima. Sin embargo, esta medida no resuelve el problema en su totalidad, y su formulación y aplicación ha suscitado críticas importantes. Por un lado, porque la ley contempla un supuesto de excepción de la prueba preconstituida tan amplio que podría dar lugar a la arbitrariedad en su aplicación. Por otro lado, porque la comunidad científica ha señalado que la prueba debería realizarse por profesionales capacitados para no revictimizar y para garantizar una práctica adecuada que no dé lugar a su impugnación por la defensa. Sin embargo, a día de hoy no existe normativa específica y vinculante sobre las condiciones de realización de la prueba y los requisitos de cualificación y formación de los profesionales que la realizan[406].

Sobre la parcialidad, la prueba preconstituida no garantiza que en las fases de respuesta institucional, distintas a la judicial, en donde intervienen distintos profesionales la mayoría de las veces de manera descoordinada entre sí, no se pida al niño repetir su relato. Se requiere una respuesta coordinada por profesionales con formación especializada que actualmente no se da. Si bien,

---

406 Actualmente existen diversas pruebas piloto de espacios respetuosos y de atención integral a la infancia donde pueden obtenerse las pruebas preconstituidas evitando la revictimización de niños y niñas. La propuesta más completa es probablemente la del llamado modelo *Barnahus*, originario de Islandia y promovido por el miembro del Comité de los Derechos del Niño Bragi Guðbrandsson (vid. SAVE THE CHILDREN, *Bajo el mismo techo. Un recurso para proteger a niños y niñas víctimas de violencia en la Comunitat Valenciana*, 2021).

en 2022 se reconoció legalmente el derecho de los niños a un servicio de atención centralizada, adaptado y multidisciplinar; no se han establecido garantías claras para su realización. En 2024 solo existe una prueba piloto en Tarragona, y no hay información pública con plazos ni compromisos de todas las comunidades autónomas sobre el plan de instauración en todo el territorio. Sobre la formación y especialización, en 2021 la LOPIVI mandató al gobierno para instaurar juzgados adaptados y especializados para atender los casos de violencia contra la infancia y programas de formación continua para operadores de justicia. Sin embargo, sobre lo primero solo se ha puesto en marcha un juzgado en Canarias. A día de hoy no han sido publicados proyectos con plazos, pasos y presupuesto ni para instauración de justicia especializada en todo el territorio, ni para garantizar la formación al personal judicial, ni a ningún otro colectivo profesional con intervención en la respuesta institucional[407]. Actualmente es una cuestión de un suerte que un niño, dentro del entramado institucional de respuesta al abuso sexual, se encuentre con un profesional que haya realizado por su cuenta algún curso sobre derechos de la infancia, no revictimización o, con mucha suerte, sobre un abordaje específico de casos de abuso sexual contra la infancia; y es muy poco probable que tenga la misma suerte con la multiplicidad de profesionales que intervendrán en el proceso que suele alargarse, solo en la fase judicial, de tres a cinco años.

En la mayoría de los casos que llegan a fase judicial, la cuestión se reduce a decidir entre el testimonio de la víctima y el del imputado. Por su propia naturaleza y la manera en que ocurre la revelación o detección, normalmente mucho tiempo después de los abusos, no suelen existir más medios de prueba que el propio testimonio del niño o la niña. En España, la posibilidad de que un testimonio sea suficiente para una condena depende del cumplimiento de tres condiciones establecidas por el Tribunal Supre-

---

407 SAVE THE CHILDREN. *Por una justicia a la altura de la infancia. Análisis de sentencias sobre abusos sexuales a niños y niñas en España*, 2023

mo[408] que tienen que valorarse por el juez. La comunidad científica y organizaciones internacionales han apuntado la necesidad de que los requerimientos exigidos para dar credibilidad a un testimonio se adapten a las especificidades propias de la infancia y del abuso sexual contra la infancia, adaptación que no ha tenido lugar. Los requerimientos para valorar el testimonio de un adulto respecto de cualquier delito en el cual este sea el único medio de prueba posible es el mismo aplicado a un niño víctima de abuso sexual. Distintas organizaciones, como Save the Children, han denunciado varios de los fallos institucionales que tienen lugar en el desarrollo y valoración de la credibilidad en casos de abuso sexual a niños.

La primera condición exigida para creer al niño es que su testimonio sea persistente, es decir, que pueda ser repetido sin contradicciones relevantes. Esta condición genérica no tiene en cuenta que en casos de abusos sexuales, especialmente cuando son intrafamiliares —los más comunes— el niño se sienta intimidado tras la revelación y que una respuesta inadecuada por parte de su entorno, como puede ser dudar o culpabilizarlo —que es una reacción muy común— le lleve a retractarse. Esta condición no tiene en cuenta que la mayoría de las retractaciones son falsas. Dependerá del juez, que no tiene por qué tener una formación específica en abuso sexual infantil o revictimización— decidir si un niño que se desdice miente o no[409].

La segunda condición exigida para creer al niño es que haya datos o testimonios que facilitan corroborar lo que dice. Esa condición no tiene en cuenta la naturaleza del abuso sexual, un tipo de violencia que además de ocurrir en la privacidad se desarrolla a través de la imposición del silencio, culpa y secreto. Eso explica la dificultad de encontrar a una tercera persona que pueda corroborar el relato del niño. En tales casos es necesario que un psicólogo forense

---

408 Sentencias del Tribunal Supremo 229/1991 de 28 de noviembre, 64/1994 de 28 de febrero, 195/2002 de 28 de octubre.

409 Save the Children, *Ojos que no quieren ver…* cit., p. 99.

aporte motivos adicionales para aceptar la declaración de la víctima como prueba de cargo, a través de un informe que el juez deberá valorar. Sin embargo, hay muchos omisiones en relación con este informe pericial. Es una figura que existe desde 1983, pero a día de hoy no existe una regulación común, similar a la de los médicos forenses, que establezca procesos de selección, requisitos para el ejercicio de sus funciones; ni requisitos sobre formación específica para casos donde la víctima sea un niño. De manera que no se garantiza que tengan los conocimientos necesarios para utilizar una metodología adecuada y para no revictimizar al niño. Esto se agrava si consideramos que no existe estandarización ni protocolización de la pruebas periciales, a pesar de que el Consejo General del Poder Judicial ha denunciado esta ausencia y la necesidad de su subsanación[410]. Para cerrar esta cadena de omisiones, los jueces en muchas ocasiones no valoran el informe, sino que asumen sus conclusiones sin mayor motivación: sin confirmar el uso de una metodología rigurosa por el perito, la cualificación de éste y la coherencia de su argumentación. Un dato llamativo señalado en un trabajo de investigación por Novo y Seijo, es que «[m]ientras que el 93,3% de los veredictos de culpabilidad se apoyan en informes periciales que concluyen que el testimonio de la o el menor de edad es creíble, el 100% de las absoluciones se apoyan en informes periciales que no dan credibilidad a lo que dice el niño o niña»[411].

La tercera condición para creer a un niño o niña víctima de abusos sexuales es que no se perciba un interés en mentir o «vengarse». Esta condición y la manera en que se evalúa tampoco tiene en cuenta las especificidades del abuso sexual contra la infancia, particularmente dos datos. Primero, que el padre es, según los estudios existentes, la principal figura agresora; y segundo, que la

---

410 CONSEJO GENERAL DEL PODER JUDICIAL. *99 Cuestiones básicas sobre la prueba en el proceso penal.* Manuales de Formación Continuada, 2010

411 NOVO, M. y SEIJO, D. «Judicial judgement-making and legal criteria of testimonial credibility», *The European Journal of Psychology Applied to Legal Context,* vol. 2, nº 2, 2010, pp. 91-115, p. 99

madre es, según los estudios existentes, la principal figura protectora del niño, quien regularmente denuncia los hechos, sean o no cometidos por el padre[412]. Distintas investigadoras y organizaciones internacionales han denunciado cómo en muchas ocasiones esta condición se tergiversa o la necesidad de su evaluación da pie a argumentaciones contrarias al interés superior de la infancia, especialmente cuando se trata de casos de abuso sexual cometidos por el padre en contextos de separación de los progenitores y/o de violencia de género, cuando la madre es la denunciante de los abusos. En tales casos, es recurrente que ya sea el psicólogo forense o el juez valoren de manera automática el conflicto entre los padres y/o la denuncia por parte de la madre como argumentos suficientes para tener por incumplida esa condición de ausencia de «motivos espurios» y/o para rechazar medidas de protección, como la suspensión provisional de la convencida entre el padre investigado y su hija/o. Esta práctica resulta totalmente contraria al interés superior de la infancia y profundamente discriminatoria.

---

412 Uno de estos informes realizados por Save the Children señala que de un análisis de 432 sentencias: «[a]lrededor del 84 % de los abusadores son conocidos, en mayor o menor grado, por los niños y las niñas. Entre los espacios más comunes destaca el entorno familiar con casi la mitad (49,5 %) de los casos analizados donde alguno de los perfiles de abusador más frecuentes son: el padre (24,9 % del total del entorno familiar y 12,3 % del total), otro familiar no identificado (19,7 % del entorno fa- miliar y 9,7 % del total), la pareja de la madre típicamente masculina (18,8 % del entorno familiar y 9,3 % del total), el abuelo (12,2 % del entorno familiar y 6 % del total) o el tío (6,6 % dentro del entorno familiar y 3,2 % sobre el total)». Respecto de la presentación de la denuncia: esta «se presentó por la víctima (33,8 %), seguida por la madre (28 %), y ambos padres (13,7 %)» (SAVE THE CHILDREN. *Los abusos sexuales hacia la infancia en España. Principales características, incidencia, análisis de los fallos del sistema y propuestas para la especialización de los Juzgados y la Fiscalía,* 2021, pp. 4 y 5. Este informe se basa en el análisis de sentencias (432 caso) del del periodo 2019-2020 realizado por la Clínica per la justicia jurídica de la Facultad de Derecho, de la Universitat de València).

Para argumentar que no se cumple la condición de desinterés, suele recurrirse a un artilugio que a pesar de rechazarse por la comunidad científica, de estar en la actualidad prohibido por ley y de que órganos internacionales han manifestado su preocupación por esta práctica no aislada en España[413], continúa aplicándose con regularidad en los juzgados, penales y familiares, aunque en ocasiones con otros términos: el pseudo-síndrome de alienación parental. El propio juez o psicólogo diagnostican que en tales casos es muy probable que la madre, que busca el divorcio o ha denunciado al padre por violencia de género, manipule a su hijo/a para vengarse del padre. Bajo esta presunción de venganza de la madre y el diagnóstico pseudoclínico sobre el hijo se resuelve el caso. Ni siquiera es el propio testimonio del niño lo que suele valorarse, sino una presunción machista que opera sobre la madre, la mujer despechada con sed de venganza que le lleve a incumplir con su otro rol de madre sacrificada[414]. Cuando se aplica este artificio se le niega al niño o la niña toda posibilidad de ser escuchada y tratada con dignidad. Más grave que la propia desacreditación del niño, el efecto más sangrante del uso de este pseudosíndrome es que los jueces con base en él acuerdan, en muchas ocasiones mantener la convivencia entre padres investigados e hijos, a pesar de no decidirse aun sobre el fondo. Acuerdos de convivencia que incluso son impuestos al niño o la niña en contra de su voluntad manifiesta. Activistas, abogadas, investigadoras han documentado casos como éste, incluso se ha apuntado un patrón sistemático en este tipo de casos, que incluye esa convivencia obligada[415]. El

413 ÁVILA, D., et al. «Violencia institucional contra las madres y la infancia. Aplicación del falso síndrome de alienación parental en España», Ministerio de Igualdad, 2023.

414 Una práctica adultista y sexista, que niega cualquier atisbo de autonomía del niño y subsume su manipulación como efecto obvio de una expectativa machista sobre la mujer: la mujer que se separa de un hombre quiere venganza a toda costa, incluso a costa de sus hijos.

415 Picontó, desde un enfoque de derechos humanos, infancia y género, ha abordado a profundidad la cuestión de los regímenes de custodia compartida y de visitas y comunicación en supuestos de violencia de género:

SAP es, desde el punto de vista de los derechos de la infancia, un espacio para la impunidad.

4.1.3. Carencias en las obligaciones de acceso a la justicia: atención particular al uso judicial del pseudo-síndrome de alienación parental en España

El extendido uso judicial del llamado (pseudo)«síndrome de alienación parental» (SAP) es actualmente una de las falencias más graves del estado en su respuesta a la violencia contra la infancia. Lograr la efectiva exclusión del SAP de los tribunales es uno de las tareas más urgentes en la garantía de los derechos de los niños y las niñas en España. A través de su uso, no solo se están omitiendo obligaciones de protección, sino que se están, además, vulnerando de manera grave y directa derechos de la infancia por parte de los operadores de justicia. En ese sentido, en 2022 el Comité de Expertas del Mecanismo de Seguimiento de la Convención de Belém do Pará y la Relatora Especial sobre la Violencia instaron a los Estados parte a que prohibieran

---

PICONTÓ, T. «Los derechos de los niños y niñas a vivir en un entorno familiar libre de violencia de género», *Derechos y Libertades*, nº 51, 2024, pp. 249-282; o Id. «Los derechos de las víctimas de violencia de género las relaciones de los agresores con sus hijos», *Derechos y Libertades*, nº 39, 2018, pp. 121-156. Por su parte, Sordo es una de las activadas e investigadoras que más ha profundizado, también desde ese mismo enfoque, sobre la cuestión del uso del falso síndrome de alienación parental o artificios similares en el marco de denuncias e investigaciones por hechos de violencia de género o violencia sexual, cometidos por el padre contra su pareja o su hija/o: SORDO RUZ, T. «El uso del falso Síndrome de Alienación Parental como violencia institucional», en CABEZAS FERNÁNDEZ, M. y MARTÍNEZ PÉREZ, A. (coords.), *Cuando el estado es violento: Narrativas de violencia contra las mujeres y las disidencias sexuales*, Bellaterra, Barcelona, 2022, pp. 99-116. Una contextualización del SAP en el marco de los estereotipos de género presentes en el poder judicial puede verse en: GIMENO, B. *Misoginia judicial. La guerra jurídica contra el feminismo*, Catarata, Madrid, 2022.

expresamente el uso del síndrome de alienación parental en los procedimientos judiciales para no colocar en una situación de vulnerabilidad tanto a las niñas y niños como a las madres, y agregaron que esa figura podría utilizarse como un *continuum* de violencia de género y generar responsabilidad a los estados por violencia institucional[416].

Distintos organismos internacionales, organizaciones de derechos humanos e investigadores han documentado y denunciado el problema de la aplicación del llamado (pseudo)síndrome de alienación parental en el ámbito judicial español. Según destacan diferentes investigadoras, como Sordo[417], Reyes[418] o Casas[419], a pesar de carecer de aval científico, este mecanismo está siendo utilizado con frecuencia en la práctica judicial en España, hecho sobre el que han mostrado preocupación distintos órganos de Naciones Unidas, e incluso instituciones dentro del propio estado. Entre ellos, el Consejo General del Poder Judicial (en adelante, CGPJ) ha mostrado su rechazo hacia el uso de este artificio en sede judicial. En la Guía práctica de la Ley Orgánica 1 /2003, de 28 de diciembre, de medidas de protección integral contra la violencia de género, aprobada por el Grupo de expertos en violencia de género y doméstica del CGPJ, se señala que este pseudo-síndrome no ha sido reconocido por ninguna asociación científica, y que, en cambio, ha sido excluida de los dos grandes sistemas a ni-

---

416 RELATORA ESPECIAL SOBRE LA VIOLENCIA CONTRA LA MUJER, SUS CAUSAS Y CONSECUENCIAS. *Custodia, violencia contra las mujeres y violencia contra los niños… cit.*, párr. 35.

417 En SORDO RUZ, T. «El uso del falso Síndrome de Alienación Parental como violencia institucional», cit.

418 REYES CANO, P. «Las estrategias para la aplicación del llamado 'Síndrome de Alienación Parental'», *Anuario de Filosofía del Derecho,* 2025 (XLI), pp. 111-142.

419 CASAS VILA, G. «Parental Alienation Syndrome in Spain: opposed by the Government but accepted in the Courts», *Journal of Social Welfare and Family Law,* vol. 42, nº 1, 2020, pp. 45-55

vel mundial de diagnóstico de salud mental[420]. Sin embargo, para Reyes es precisamente a partir de ese rechazo por el CGPJ que comienza un proceso de mutación del artificio[421]. Como parte de este proceso, se incorporan nuevos términos al ámbito judicial para evadir el término de SAP, pero se mantiene su argumento, su contexto de aplicación y sus efectos.

En 2021 unGrupo de expertas de Naciones Unidas que presentó la última llamada de atención a España sobre el uso de este falso síndrome de alienación parental explica en qué consiste. Según el comunicado este constructo «refleja la idea de que cuando un niño o niña teme o evita a su padre o madre, se debe a la influencia del otro progenitor, más que a las propias experiencias del niño»[422]. Sus planteamiento original se atribuye al psiquiatra Richard Garner. En 1985 este psiquiatra acuñó el término de «síndrome de alienación parental» y lo definió como «un trastorno infantil que surge casi exclusivamente en el contexto de disputas por la custodia de menores. Su principal manifestación es la campaña de denigración del niño contra su progenitor, una campaña injustificada. Resulta de la combinación del adoctrinamiento de un progenitor que lo programa (lavado de cerebro) y la propia contribución del niño a la difamación del progenitor afectado»[423].

---

420 CONSEJO GENERAL DEL PODER JUDICIAL. *Guía práctica de la Ley Orgánica 1/2004, de 28 de diciembre, de Medidas de Protección Integral contra la Violencia de Género,* 2016, p. 272.

421 REYES CANO, P. «Las estrategias para la aplicación del llamado 'Síndrome de Alienación Parental'»... cit., pp. 116 y ss.

422 NACIONES UNIDAS. «Los tribunales españoles deben proteger a los niños y niñas de la violencia doméstica y los abusos sexuales, dicen los expertos de la ONU», comunicado de prensa del 9 diciembre 2021, disponible en: https://www.ohchr.org/es/2022/01/spanish-courts-must-protect-children-domestic-violence-and-sexual-abuse-say-un-experts

423 GARDNER, R. «Parental Alienation Syndrome vs. Parental Alienation: Which Diagnosis Should Evaluators Use in Child Custody Disputes?», *American Journal of Family Therapy,* 30, 2002, pp. 93-115, p. 95.

El comunicado de 2021 antes citado también advierte que, «aunque el concepto de alienación parental es teóricamente neutro en cuanto al género, las investigaciones realizadas en España y las opiniones de los expertos que siguen el tema han demostrado que en varios países, entre ellos España, son las madres las que han sido regularmente acusadas de recurrir a la 'alienación parental', acusando a los padres de sus hijos erróneamente de cometer abusos contra ellos en los litigios por la custodia»[424]. Este sesgo de género ha sido identificado también por Reyes en un estudio de resoluciones que procedían de los juzgados de violencia, en los cuales las madres invocaron la existencia de este supuesto síndrome por parte del padre. En tales casos, se otorgó la guarda y custodia al padre por el rechazo del niño o la niña a la madre, no teniendo ninguna consecuencia la alegación del referido síndrome, basando la decisión en informes de los equipos psicosociales que atribuyeron la responsabilidad a la madre por un «sistema defectuoso de cuidados», o por considerar al padre más adecuado para ostentar la guarda y custodia[425].

De acuerdo con Reyes, la aplicación del síndrome de alienación parental por los tribunales españoles inició en el año 2002, pero alcanzó especial popularidad con una resolución emitida por el Juzgado de Primera Instancia n° 4 de Manresa, en junio de 2007[426]. Esta última se enmarca en hechos de violencia de gé-

---

424 NACIONES UNIDAS. «Los tribunales españoles deben proteger a los niños y niñas de la violencia doméstica y los abusos sexuales... » cit.

425 REYES CANO, P. *El olvido de los derechos de la infancia en la violencia de género,* Reus, Madrid, 2019, pp. 254 y ss.

426 REYES CANO, P. «Las estrategias para la aplicación del llamado 'Síndrome de Alienación Parental'»... cit., p. 116; CORTES GENERALES. Ley 1/2000, de 7 de enero, de Enjuiciamiento Civil, artículo 776, sobre la ejecución forzosa de los pronunciamientos de medidas:
«Los pronunciamientos sobre medidas se ejecutarán con arreglo a lo dispuesto en el Libro III de esta ley, con las especialidades siguientes:
(...)
3.ª El incumplimiento reiterado de las obligaciones derivadas del régimen de visitas, tanto por parte del progenitor guardador como del no

nero. En su resolución, la jueza considera que el rechazo de la niña hacia su padre, expresamente manifestado, era el resultado de la manipulación de la madre y, en consecuencia, modificó la guarda y custodia a favor del padre. La decisión de la jueza solo tomó en cuenta los informes de equipos psicosociales que aludían a la manipulación, obviando otros informes que evidenciaban que el rechazo la niña al padre provenía de haber vivido en un ambiente de violencia de género. La Audiencia confirmó la decisión de primera instancia, pero mantuvo la custodia a la madre por considerar que no había razones suficientes para privarla de contacto con su hija. No obstante, la Audiencia indica cuáles son las funciones que se esperan de la madre custodia: «lograr, fomentar y potenciar la relación de los hijos con el otro progenitor». La validación de la resolución de primera instancia por la Audiencia se ampara en el artículo 776.3 de la Ley de Enjuiciamiento Civil[427].

Desde ese momento hasta día de hoy, en los tribunales de España no ha dejado de aplicarse este constructo que atenta contra la integridad y el desarrollo de los niños y las niñas. La extensión que en España ha logrado este artificio ha tenido lugar, sobre todo, a través de informes de los equipos psicosociales, que diagnostican que el rechazo de los niños, niñas o adolescentes hacia la figura paterna se explica por la existencia de este síndrome, es decir, se entiende como un efecto de la influencia negativa o manipulación de la madre, que busca dañar o vengarse de su ex pareja. De manera que se prejuzgan los hechos y se valora el riesgo, que para el niño o la niña pueda suponer la convivencia con un padre violento, con base a una concepción estereotipada de los roles del padre (el buen padre, cuyo vínculo con los hijos

---

guardador, podrá dar lugar a la modificación por el Tribunal del régimen de guarda y visitas siempre y cuando sea acorde con la evaluación del interés superior del menor realizada previamente».

427 AUDIENCIA PROVIVINCIAL DE BARCELONA, Sala de lo Civil, de 17 de abril de 2008, CENDOJ. ROJ: SAP B 1590/2008, ponente: Enric Anglada Fors.

ha de mantenerse por sobre todas las cosas; y la mala madre, que en contextos de separación o violencia busca vengarse del padre utilizando a los hijos). Y, a mi parecer también, con base en estereotipos sobre los niños y las niñas, como el objetos maleables, presumiendo siempre un tipo de comportamiento: el rechazo al padre resultado de la manipulación de la madre. El tratamiento para este diagnóstico consiste en los que se ha denominado «terapia de amenaza»:la modificación de la guarda y custodia a favor del padre o la amenaza de dicho cambio; decisión que se toma a pesar de la negativa, rechazo o miedo manifestado por el niño o la niña hacia el padre o de la existencia de hechos de violencia de género de éste hacia la madre[428].

El uso del SAP en casos de violencia sexual intrafamiliar contra la infancia denunciados por madres afecta principalmente en dos ámbitos del plano judicial. Por un lado, impacta en la valoración de la credibilidad del niño, tratándose en muchas ocasiones de la única prueba, condiciona la investigación de los hechos. Por otro lado, impacta en la determinación de las decisiones sobre la custodia y convivencia (régimen de visitas) del padre denunciado con su hijo/a, sustituyendo la motivación y fundamentación de la decisión en el interés superior de la infancia por el argumento de la necesidad irrestricta de favorecer o «reparar» la relación paterno-filial con el padre investigado por violencia.

Durante el periodo 2019-2021 distintos órganos internacionales han mostrado su preocupación por la extensión del SAP en casos judiciales en los que se decide sobre la custodia en España, y han realizado recomendaciones al respecto. En un comunicado de 2020, la Relatora Especial sobre la Violencia contra la Mujer, manifestó su preocupación por el caso concreto de Irune Costumero Estéves y su hija, destacando, por un lado, el «uso del presunto Síndrome de Alienación Parental (SAP), contra las madres y la falta de credibilidad que algunos tribunales otorgan al

---

428 REYES CANO, P. «Las estrategias para la aplicación del llamado 'Síndrome de Alienación Parental'»... cit., p. 117.

testimonio de los niños y niñas cuando la madre denuncia abusos hacia el menor por parte del padre». Por otro lado, la Relatora señala que «los mecanismos legislativos actuales y futuros no abordan adecuadamente la consideración que debe acordarse a la existencia de violencia doméstica a la hora de determinar la custodia de los hijos»[429]. En todas las comunicaciones se advierte a España sobre su deber de aplicar «los estándares y normas internacionales que protegen los derechos que se les están vulnerando a las víctimas mencionadas anteriormente, tales como el derecho fundamental a la integridad física y psicológica, el interés superior de la niña o el derecho de toda mujer a una vida libre de violencia». Igualmente, solicita información sobre las medidas adoptadas por parte del Estado para proteger los derechos humanos en estos casos».

En otros dos comunicados, de 2019, se alude a a denuncias concretas interpuestas por madres contra los padres de sus hijas por sospechas de violencia sexual en contra de estas últimas. En uno de los procedimientos se concedió la custodia exclusiva al padre y en otro se decretó el mantenimiento del régimen de visitas no supervisado, en ambas se desplegaron actos para obligar a la madre a cumplir con entregar a su hija a su padre para el cumplimiento de las decisiones sobre custodia y visitas, respectivamente[430]. La última llamada de atención, realizada por un Grupo de expertas de la Naciones Unidas, incluida la Relatora Especial sobre la Violencia contra la Mujer muestra preocupación en general por el uso extendido del SAP y por la exposición de los niños en España «a la violencia y los abusos sexuales por un sistema judicial que no les protege de los padre abusivos [...]. Incluso en los casos en los que existen antecedentes de violencia doméstica o pruebas de maltrato, las decisiones

---

429 NACIONES UNIDAS. *Comunicado de la Relatora Especial sobre la violencia contra la mujer, sus causas y consecuencias y del Grupo de Trabajo sobre la discriminación contra las mujeres y las niñas,* AL ESP 3/2020, 2020.

430 NACIONES UNIDAS. *Comunicado de la Relatora Especial sobre la violencia contra la mujer, sus causas y consecuencias,* ESP 11/2019 y ESP 9/2019.

judiciales a menudo favorecen a los padres varones, incluso en aquellos casos en los que existen motivos razonables para sospechar que abusan hacia los niños y sus madres». De manera particular, los expertos mostraron preocupación por el caso de Diana García M., quien «perdió la custodia en primera instancia de su hija de 6 años tras ser acusada de obstaculizar la relación entre la niña y su padre. A pesar de los antecedentes de violencia doméstica y de las pruebas que apuntaban a que había cometido abusos sexuales contra su hija durante años, el padre obtuvo la custodia completa en el juzgado de Pozuelo de Alarcón»[431].

En una nota de prensa de 2021, un Grupo de Expertas de Naciones Unidas manifestaron su preocupación por el contexto estructural del uso del SAP en España. Señalaron que una década después de estar siguiendo este tipo de casos y de compartir sus preocupaciones con el Gobierno, «siguen recibiendo información de nuevos casos en España de madres que pierden la custodia de sus hijos a manos de padres maltratadores. Acusadas de dificultar el contacto de los padres con sus hijos (...), estas mujeres han sido castigadas por los tribunales en lugar de conseguir la protección de su prole». De acuerdo con el grupo de expertos: «una de las causas fundamentales de este problema es la existencia de un sesgo discriminatorio contra las mujeres, que hace que su testimonio se perciba como menos creíble que el de los hombres». «Las mujeres tienen aún menos probabilidades de ser creídas cuando denuncian la violencia física y sexual cometida por los padres contra ellas y sus hijos». El sesgo discriminatorio tendría lugar en un contexto en el que la discriminación estructural contra las mujeres se ha profundizado. De acuerdo con los expertos: «tales teorías aprovechan las actitudes patriarcales arraigadas en el sistema legal, así como una creciente oleada de críticas contra la igualdad

---

[431] OFICINA DEL ALTO COMISIONADO DE NACIONES UNIDAS. *Comunicado de Prensa: Los tribunales españoles deben proteger a los niños y niñas...*, cit.

de género en varios países donde los grupos anti-derechos han retratado los derechos de las mujeres como anti-familia»[432].

Finalmente, el mismo Grupo de expertas advierte que «a pesar de las claras directrices en sentido contrario de la Convención sobre los Derechos del Niño», y al margen de que las teorías sobre la llamada alienación parental «están prohibidas por la reciente legislación española», las mismas «parecen seguir desempeñando un papel en las decisiones judiciales en España». «Los tribunales siguen determinando que el interés superior del niño y de la niña es siempre mantener el contacto con uno de sus progenitores, incluso cuando éstos son violentos o abusivos»[433]. En este sentido, también se han posicionado algunas autoras como Picontó y Casas que han apuntado esa brecha entre el discurso público y el desarrollo legislativo y por otro su aplicación en la práctica judicial[434]. El Grupo de expertas es contundente al concluir que

---

432 OFICINA DEL ALTO COMISIONADO DE NACIONES UNIDAS. *Comunicado de Prensa: Los tribunales españoles deben proteger a los niños y niñas...*, cit..

433 OFICINA DEL ALTO COMISIONADO DE NACIONES UNIDAS. *Comunicado de Prensa: Los tribunales españoles deben proteger a los niños y niñas...*, cit..

434 PICONTÓ NOVALES, T. «Los derechos de los niños y las niñas a vivir en un entorno familiar libre de violencia de género», cit., p. 259; CASAS VILA, G. «Parental Alienation Syndrome in Spain...», cit., pp. 4 y 5. Picontó ha señalado que recientemente, a partir del caso de Ángela González Carreño y su hija Andrea en España han surgido distintos cambios legislativos. Entre ellos, la Lea Orgánica 8/2015 de 22 de julio, de modificación del sistema de protección a la infancia y la adolescencia que dio un contenido al interés superior del menor, siguiendo en buena parte las pautas recogidas en la Observación General nº 14 del Comité de los derechos del Niño, incluida la incorporación de los tres sentidos de este concepto: como derecho sustantivo, como principio interpretativo y como norma de procedimiento, de manera que este principio tendría que primar en las decisiones sobre la custodia y convivencia. También se incluyo la concepción de los hijos/as como víctimas directas de la violencia de género en el entorno familiar. Sin embargo, Picontó, apunta que «el legislador se ha limitado a incluir a los menores

«guiados por teorías pseudocientíficas y regresivas, como la alienación parental, los tribunales de España y otros países no están garantizando el derecho de los menores a estar libres de violencia ni el derecho de las mujeres a la no discriminación» y que tal situación es parte de una «preocupante tendencia» detectada también en otros países europeos y regiones a nivel mundial[435].

A modo de recomendaciones, el Grupo de expertas señala: que «España debe hacer más, para que su legislación sea operativa y para que todos los funcionarios del sistema de justicia apliquen un enfoque sensible al género y centrado en el niño en los casos de custodia de los hijos y de violencia doméstica, además de tomar medidas efectivas para prevenir estos actos de violencia que pueden constituir tratos o penas crueles, inhumanos o degradantes, o incluso tortura (...). El Gobierno debe cumplir con su responsabilidad de garantizar que los niños, las niñas y las mujeres puedan vivir y prosperar libres de violencia»[436].

El Grupo de expertos y expertas sobre la lucha contra la violencia sobre la mujer y doméstica (GREVIO), que supervisa el cumplimiento del Convenio del Consejo de Europa sobre prevención y lucha contra la violencia contra las mujeres y la violencia doméstica, de 2011 (conocido como Convenio de Estambul), también ha mostrado su preocupación por el difundido uso de este constructo. En su Primer informe de evaluación España, del año 2019, el Comité GREVIO daba cuenta de esa preocupación, señalando, entre otras consideraciones, que «la violencia en el ámbito de la pareja es un factor esencial en la determinación de la custodia de los hijos y se deben hacer esfuerzos para garantizar que se reco-

---

como víctimas directas, pero no ha habido una ampliación de los derechos, prestaciones ni nuevas medidas destinadas a protegerlos».

435 OFICINA DEL ALTO COMISIONADO DE NACIONES UNIDAS. *Comunicado de Prensa: Los tribunales españoles deben proteger a los niños y niñas...*, cit..

436 OFICINA DEL ALTO COMISIONADO DE NACIONES UNIDAS. *Comunicado de Prensa: Los tribunales españoles deben proteger a los niños y niñas...*, cit.

nozca como tal, en lugar de descartar información crucial sobre la base de conceptos obsoletos como los de manipulación y alienación». En ese informe, a pesar de valorar con satisfacción los directrices del CGPJ que advertían a los jueces de todo el estado sobre la falta de base científica de conceptos como 'alienación parental', reiterada también en la Medida 129 del Pacto de Estado contra la Violencia de Género[437], advierte que el uso del artilugio se mantiene operando en la práctica judicial en todo el país[438]. Recientemente, en el Primer informe de evaluación temática a España, de 2024, GREVIO ha reafirmado su preocupación por la falta de comprensión por parte de los/as operadores jurídicos sobre el impacto de la violencia de género en los niños, niñas y adolescentes, y de los riesgos que supone el aumento de esta violencia tras la ruptura, así como «el recurso sin control a conceptos como el llamado síndrome de alienación parental»[439].

La LOPIVI respondió en parte a esas llamadas de atención y en su artículo 11 establece que «los poderes públicos tomarán las medidas necesarias para impedir que planteamientos teóricos o criterios sin aval científico que presuman interferencia o manipulación adulta, como el llamado síndrome de alienación parental, puedan ser tomados en consideración». Sin embargo, el Informe «Violencia institucional contra las madres. Aplicación del falso síndrome de alienación parental (SAP)», promovido y financiado

---

437 Documento refundido de Medidas del Pacto de Estado en materia de Violencia de Género, 2019. De acuerdo con su Medida 129, el estado se compromete a: «a realizar aquellas actuaciones que sean necesarias para evitar el denominado Síndrome de Alienación Parental pueda ser tomado en consideración por los órganos judiciales, fomentando el conocimiento entre los operadores jurados del significado de dicha expresión. ElSAP carece de base científica (...) por lo que será inadmisible como acusación de una parte contra la otra en los procesos de Violencia de Género, separación, divorcio o atribución de custodias a menores».

438 GREVIO. *Primer informe de evaluación a España,* 2019, párr. 201.

439 GREVIO. *Primer informe de evaluación temática del Grupo de expertos y expertas sobre la lucha contra la violencia sobre la mujer y doméstica,* 2024, p. 4.

por la Delegación del Gobierno contra la Violencia de Género, encuentra casos de uso del síndrome posteriores a la entrada en vigor de la LOPIVI. Siguen detectándose problemas: falta de documentación de los casos, uso de términos distintos a «alienación parental», falta de formación. En este estudio se realiza un análisis cualitativo de 47 casos en los que se ha utilizado el pseudo-síndrome de alienación parental, así como un análisis de 40 sentencias en materia civil y 63 en el ámbito penal.

A tres años de su adopción, la LOPIVI se encuentra actualmente sometida a consulta pública para su modificación. Partiendo del reconocimiento de que esta ley —y a pesar de que indudablemente ha implicado un avance en la garantía de los derechos de los niños y las niñas,— no se adapta completamente a las necesidades de la infancia y la adolescencia, traza como su objetivo «reformar la LOPIVI para incluir elementos que se consideran esenciales», garantizando así el cumplimiento de las recomendaciones del Comité de los Derechos del Niño y la armonización respecto al cumplimiento efectivo de las disposiciones de la Convención sobre Derechos del niño en el respeto de los derechos de la infancia y adolescencia. En ese marco, el artículo sobre la prohibición del pretendido síndrome de alienación parental es precisamente una de las disposiciones que se está estudiando para identificar las falencias en su aplicación y, en caso necesario, valorar su modificación.

En el contexto de las recomendaciones sobre los pasos a seguir para una efectiva implementación de la prohibición del uso judicial del síndrome de alienación parental, las expertas apuntan que tal tarea exige, especialmente, la formación no solo de los jueces, sino de todos los operadores de justicia. El propio Defensor del Pueblo, en su Informe sobre Violencia Vicaria, del año 2024, realiza diversas recomendaciones encaminadas a la protección de la infancia y adolescencia frente al uso en el ámbito judicial del falso síndrome de alienación parental. Entre ellas, el informe señala la necesidad de garantizar que los operadores de justicia cuenten con la cualificación y capacitación adecuada y suficiente para evitar «que el propio procedimiento judicial incida negativamente en la situación personal del niño o la niña y genere una violencia institucional añadida»[440]. Asimismo, señala que el estado habría de asegurar la formación y mayor cualificación de los profesionales que evalúan a los menores, y a sus padres y madres, bien en los institutos de medicina legal, en las entidades colaboradoras o en los servicios de intervención, como los puntos de encuentro familiar, o bien en los servicios familiares de mediación, entre otros, con el fin de dotarlos de las herramientas necesarias para detectar situaciones de abuso contra la infancia, así como prácticas prohibidas como el uso del falso síndrome de alienación parental, bajo cualquier nomenclatura en que se presente[441].

Entre algunos de los desafíos para lograr la efectividad de la prohibición del uso institucional del SAP en España, Reyes destaca dos. Por un lado, la autora advierte que en ese proceso de adaptación del constructo del SAP frente a la prohibición de su uso en sede judicial, hay una práctica que ha logrado salvarse: la figura de la coordinación de parentalidad. Para la autora se trata de una figura que habría que prohibirse expresamente, y no simplemente regularse, pues se basa en la misma lógica de culpabilización estereotipada de las madres y se construye sin tener soporte científico. De acuerdo con la autora, «las estrategias de intervención de la coordinación de parentalidad coinciden con las estrategias diseñadas por Gardner». En ambas figuras las decisiones se toman siguiendo la lógica según la cual «ante el rechazo del niño o la niña hacia el padre, la responsable será la madre y deberán emplearse métodos coactivos para garantizar esta relación»[442]. Sin embargo, Reyes muestra su preocupación en cuanto a que, a diferencia de lo que ocurre con el SAP, que ha logrado el rechazo al

---

440 DEFENSOR DEL PUEBLO. *Violencia vicaria de género. Las otras víctimas*, 2024, pp. 54 y 55.

441 DEFENSOR DEL PUEBLO. *Violencia vicaria de género… cit.*, p. 55.

442 REYES CANO, P. «Las estrategias para la aplicación del llamado 'Síndrome de Alienación Parental'»… cit., p. 140.

menos en el discurso institucional, esta figura mantiene el respaldo de las instituciones de gobierno[443].

Por otro lado, Reyes advierte sobre la existencia de iniciativas públicas y privadas de formación a operadores de justicia que colisiona con las recomendaciones del Defensor del Pueblo. Actualmente en España existe una amplia oferta de másteres, diplomados y cursos, ofrecidos por instituciones públicas y del sector privado, que capacitan sobre las estrategias de intervención del falso síndrome de alienación parental. Estas formaciones contradicen la exigencia de la LOPIVI de que los poderes públicos deben tomar las medidas necesarias para impedir que planteamientos teóricos o criterios sin base científica que presuman interferencia o manipulación adulta, como el llamado «síndrome de alienación parental», puedan ser tomados en consideración. Precisamente, advierte Reyes, el grueso de esta capacitación se destina a profesionales con aspiración de ejercer como coordinadores y coordinadoras de parentalidad[444].

4.1.4. Carencias en las obligaciones de reparación

Si bien tanto la LOPIVI como la LOGILS abordan aspectos de la reparación aplicables a casos de violencia sexual contra la infancia, actualmente no contamos con estudios rigurosos que nos indiquen cómo se están desarrollando las reparaciones a niños y niñas víctimas de violencia sexual después de la entrada en vigor de ambas normas. Por lo que hace a la LOPIVI, en su artículo 1 se establece como parte del objeto de la ley, «garantizar los derechos fundamentales de los niños, niñas y adolescentes a su integridad física, psíquica, psicológica y moral frente a cualquier forma de violencia y contempla como parte de sus medidas de protección

---

443 REYES CANO, P. «Las estrategias para la aplicación del llamado 'Síndrome de Alienación Parental'»... cit., pp. 126 y ss.

444 REYES CANO, P. «Las estrategias para la aplicación del llamado 'Síndrome de Alienación Parental'»... cit., pp. 133 y 134.

integral, la reparación del daño en todos los ámbitos en los que se desarrolla su vida»[445]. En ese mismo sentido, su artículo 3 establece entre sus fines, el de «garantizar la reparación y restauración de los derechos de las víctimas menores de edad»[446].

Por su parte, en el artículo 11 se establece la obligación de los poderes públicos de garantizar que los niños, niñas y adolescentes sean escuchados con todas las garantías y sin límite de edad en todos los procedimientos, incluidos aquellos relacionados con reparación de las víctimas[447]. Finalmente, el artículo 38.3 de la LOPIVI dentro del capítulo dedicado a medidas de protección en el ámbito sanitario, contempla la obligación a cargo de las administraciones sanitarias competentes de facilitar el acceso de los niños, niñas y adolescentes a la información y a los servicios de tratamiento y recuperación en casos de violencia. De acuerdo con esta disposición «se garantizará especialmente» la atención integral reparadora a la salud mental[448].

---

445 CORTES GENERALES. *Ley Orgánica 8/2021, de 4 de junio, de protección integral a la infancia...* cit.

446 CORTES GENERALES. *Ley Orgánica 8/2021, de 4 de junio, de protección integral a la infancia...* cit.

447 CORTES GENERALES. *Ley Orgánica 8/2021, de 4 de junio, de protección integral a la infancia...* cit, artículo 11.1:

"Los poderes públicos garantizarán que las niñas, niños y adolescentes sean oídos y escuchados con todas las garantías y sin límite de edad, asegurando, en todo caso, que este proceso sea universalmente accesible en todos los procedimientos administrativos, judiciales o de otra índole relacionados con la acreditación de la violencia y la reparación de las víctimas. El derecho a ser oídos de los niños, niñas y adolescentes solo podrá restringirse, de manera motivada, cuando sea contrario a su interés superior».

448 CORTES GENERALES. *Ley Orgánica 8/2021, de 4 de junio, de protección integral a la infancia...* cit, artículo 38.3:

« Las administraciones sanitarias competentes facilitarán el acceso de los niños, niñas y adolescentes a la información, a los servicios de tratamiento y recuperación, garantizando la atención universal y accesible a todos aquellos que se encuentren en las situaciones de desprotección, riesgo y

No obstante la importancia del derecho a la reparación, y de los avances normativos introducidos con la LOPIVI, lo cierto es que lejos se está de garantizar este derecho en España. Respecto de su regulación en la LOPIVI, es llamativo que la ley no contempla un apartado (título o capítulo) específico sobre tal aspecto. Las disposiciones antes mencionadas están dispersas en distintos capítulos y ninguna de ellas precisa qué medidas específicas de reparación serían adecuadas. Tampoco se contemplan en las disposiciones adicionales de la LOPIVI las modificaciones sustanciales a las normas vigentes sobre reparación de delitos en general. De manera que el Capítulo 1 del Título V del Código Penal, sobre la responsabilidad civil en casos de delitos, que rige actualmente las cuestiones sobre reparación de los delitos —incluidos los cometidos contra la infancia— no contiene ninguna referencia a la forma en que se asegurará la escucha de las víctimas niños, niñas o adolescentes, y el resto de sus derechos y garantías específicas en el marco de tal procedimiento[449]. Podríamos decir que este reconocimiento de obligaciones sobre reparación adolece de falta de concreción y de desarrollo para precisar la forma de su cumplimiento por parte de las autoridades, la forma de exigibilidad por parte de las víctimas y las consecuencias del incumplimiento.

Si bien, a diferencia de la LOPIVI, la LOGILS sí que contempla un apartado específico sobre el derecho a la reparación de víctimas de violencias sexuales, incluida la violencia sexual contra la infancia: el Título VII. Hay distintos problemas en relación con tal apartado. El artículo 52 de la LOGILS primera disposición de ese Título VII, reconoce el derecho a la reparación en los siguientes términos:

> «Las víctimas de violencias sexuales tienen derecho a la reparación, lo que comprende la indemnización a la que se refiere el

---

violencia a las que se refiere esta ley. Especialmente, se garantizará una atención a la salud mental integral reparadora y adecuada a su edad».

449 CORTES GENERALES. *Ley Orgánica 10/1995, de 23 de noviembre, del Código Penal*, Capítulo 1. De la responsabilidad civil y su extensión, dentro del Título V. De la responsabilidad civil derivada de los delitos y de las costas procesales, artículos 109-115.

> artículo siguiente, las medidas necesarias para su completa recuperación física, psíquica y social, las acciones de reparación simbólica y las garantías de no repetición. Para garantizar este derecho, y sin perjuicio de las competencias autonómicas en la materia, se elaborará un programa administrativo de reparación a las víctimas de violencias sexuales que incluya medidas simbólicas, materiales, individuales y colectivas»[450].

Respecto de las medidas de recuperación, el artículo 55.1 de la LOGILS establece la obligación a cargo de las administraciones públicas de garantizar las medidas necesarias para procurarla a través de la red de recursos de atención integral que se prevén en el Título IV de la misma ley, incluyéndose entre estos, recursos especializados para niños y niñas[451]. No obstante, no existe un estudio amplio que actualmente permita valorar la idoneidad, suficiencia, accesibilidad y efectividad de los recursos ofrecidos a los niños, niñas y adolescentes víctimas de violencia sexual. Por otra parte, actualmente la dilación en los procedimientos penales de casos de violencia sexual contra la infancia, así como la revictimización que tiene lugar durante los mismos a cargo de operadores judiciales implica un claro obstáculo a la recuperación de las víctimas. En ese sentido, la comunidad científica, la sociedad civil organizada y diversos órganos internacionales coinciden en apuntar la importancia del establecimiento de centros de atención especializada e integral para casos de violencia sexual contra

---

450 CORTES GENERALES. *Ley Orgánica 10/2022, de 6 de septiembre, de garantía integral de la libertad sexual.*

451 CORTES GENERALES. *Ley Orgánica 10/2022, de 6 de septiembre, de garantía integral de la libertad sexual,* artículo 55.1:
«Las administraciones públicas garantizarán las medidas necesarias para procurar la completa recuperación física, psíquica y social de las víctimas a través de la red de recursos de atención integral previstos en el título IV. Asimismo, promoverán el restablecimiento de su dignidad y reputación, la superación de cualquier situación de estigmatización y el derecho de supresión aplicado a buscadores en Internet y medios de difusión públicos».

la infancia: el recurso conocido, por sus orígenes, como Barnahus[452]. El propio Preámbulo de la LOGILS reconoce la necesidad de transitar a este modelo en la atención de casos de violencia sexual contra la infancia[453].

Además de las ventajas del modelo Barnahus mencionadas en el propio Preámbulo de la LOGILS en materia de justicia[454], organizaciones internacionales como Save the Children, entidad impulsora de este modelo en España, han señalado su relevancia también para facilitar la recuperación de las víctimas[455]. Por un lado, además de la celeridad en la gestión de los casos a través de la coordinación de los profesionales que intervienen en un mismo espacio y de la prevención de la revictimización por parte de profesionales con formación especializada, en estos centros se

---

452 Una síntesis sobre el concepto, los orígenes, los elementos, las ventajas del modelo Barnahus y los pasos para su implementación en España se encuentra en: PEREDA, N., BARTOLOMÉ, M. y RIVAS, E. «Revisión del Modelo Barnahus: ¿Es posible evitar la victimización secundaria en el testimonio infantil?», B*oletín Criminológico, Instituto andaluz interuniversitario de Criminología* (Sección Málaga), artículo 1/2021, nº 207.

453 Según el Preámbulo de la LOGILS: «Respecto a las víctimas menores de edad, en este capítulo [Capítulo 1 del Título IV] se establecen las bases para la implementación en España del modelo Children's House anglosajón o Barnahus escandinavo (Casa de Niños y Niñas), que desde hace una década se está extendiendo a otros países europeos. Este modelo sitúa en el centro de la intervención a la niña o al niño víctima de violencias sexuales, lo cual requiere la participación conjunta y coordinada, en un lugar específico, adaptado y adecuado a sus necesidades, del conjunto de profesionales que intervienen en la ruta de atención y de obtención de justicia».

454 «En el plano de la justicia, este modelo da respuesta a dos importantes objetivos: reduce drásticamente las fuentes de victimización secundaria para el niño o la niña y, al ofrecer mayores garantías de obtener un testimonio en condiciones de seguridad y tranquilidad, aumenta las posibilidades de concluir satisfactoriamente la investigación de hechos, de por sí complejos de acreditar».

455 Entre otros, en su informe *Bajo el mismo techo. Las Casas de los Niños: un recurso para atender a niños y niñas víctimas de abuso sexual y sus familias en Catalunya,* de 2018.

habría de facilitar tanto la atención psicológica inicial en casos de notificación de abusos sexuales, como tratamientos en salud mental a todos los niños víctimas que lo necesiten de manera continuada, e incluso apoyo para atender a los adultos que los acompañan en momentos de crisis[456].

En concordancia con su Preámbulo, el artículo 33 de la LOGILS establece el derecho de las víctimas de violencias sexuales a la asistencia integral especializada y accesible que les ayude a superar las consecuencias físicas, psicológicas, sociales o de otra índole, derivadas de las violencias sexuales. De acuerdo con ese artículo, tal derecho comprende la «atención especializada, en el caso de niñas y niños víctimas de violencias sexuales»[457]. Si bien ya existen algunos centros de atención para la infancia víctima de violencia sexual que siguen el modelo Barnahus (actualmente 14 en todo el país, el primero de ellos en Tarragona[458]), el servicio lejos está de ser accesible a lo largo de todo el territorio[459].

Por otra parte, otra deficiencia de la reparación en el marco del ordenamiento jurídico español, se relaciona con la regulación de la indemnización como forma de reparación prevista en la ley. Un aspecto positivo, es su reconocimiento, en el artículo 52, como parte del derecho a la reparación ¡y la previsión, en su artículo 53,

---

456 SAVE THE CHILDREN. *Bajo el mismo techo…* cit., pp. 39, 52.

457 CORTES GENERALES. *Ley Orgánica 10/2022, de 6 de septiembre, de garantía integral de la libertad sexual,* artículo 33.1 i).

458 Un estudio sobre la implementación y resultados del primer centro Barnahus en España se encuentra en: Torres-Rosell, N. et. al. *Informe Avaluació de l'impacte del Model Barnahus en la prevenció de la victimització secundària en infants i adolescents víctimes de violència sexual. Resultats de l'aplicació de la metodologia a la Barnahus de Tarragona,* Universitat Rovira i Virgili, 2024.

459 GENERALITAT DE CATALUÑA. «Las Barnahus atienden 2.897 casos de violencia sexual contra niños y adolescentes en 2024», *Nota de prensa del Centro de Documentación de Servicios Sociales,* de 6 de junio de 2025, disponible en: https://dixit.gencat.cat/es/detalls/Noticies/barnahus-atenen-2897-casos-violencia-sexual-contra-infants-adolescents-2024.html.

de los conceptos que deberán garantizarse como parte de esa indemnización: el daño físico y psicológico (incluido el daño moral), la pérdida de oportunidades (incluidas aquellas relacionadas con la educación) los daños materiales y la pérdida de ingresos (incluido el lucro cesante), el daño social (entendido como el daño al proyecto de vida) y el tratamiento terapéutico, social y de salud sexual y reproductiva[460]. No obstante, pueden considerarse como aspectos negativos, por un lado, el hecho de que el mismo artículo 53.2 establece que la indemnización «será satisfecha por la o las personas civil o penalmente responsables, de acuerdo con la normativa vigente», sin establecer pautas sobre la responsabilidad subsidiaria del estado de manera que en todos los casos se garantice la reparación.

Por otra parte, el artículo 55.2 establece la «posibilidad» de que las administraciones públicas establezcan ayudas complementarias destinadas a las víctimas que, «por la especificidad o gravedad de las secuelas derivadas de la violencia, no encuentren una respuesta adecuada o suficiente en la red de recursos de atención y recuperación»[461]. Sin embargo, ni en este artículo ni ninguna

---

460 CORTES GENERALES. *Ley Orgánica 10/2022, de 6 de septiembre, de garantía integral de la libertad sexual,* artículo 53.1:
« La indemnización por daños y perjuicios materiales y morales que corresponda a las víctimas de violencias sexuales de acuerdo con las leyes penales sobre la responsabilidad civil derivada del delito, deberá garantizar la satisfacción económicamente evaluable de, al menos, los siguientes conceptos:
a) El daño físico y psicológico, incluido el daño moral y el daño a la dignidad.
b) La pérdida de oportunidades, incluidas las oportunidades de educación, empleo y prestaciones sociales.
c) Los daños materiales y la pérdida de ingresos, incluido el lucro cesante.
d) El daño social, entendido como el daño al proyecto de vida.
e) El tratamiento terapéutico, social y de salud sexual y reproductiva».

461 CORTES GENERALES. *Ley Orgánica 10/2022, de 6 de septiembre, de garantía integral de la libertad sexual,* artículo 55.2:

normativa de desarrollo sobre el mismo se precisan cuáles serían algunas de esas pautas o criterios para determinar cuándo se está ante casos o víctimas de violencia sexual que justifiquen «ayudas adicionales». Específicamente, tratarse de niños o niñas víctimas no se contempla expresamente como un criterio. Además, el artículo restringe la financiación a «tratamientos sanitarios», si fueran necesarios, dejando fuera otros contenidos de la indemnización, como las afectaciones al proyecto de vida o pérdida de oportunidades.

Una de las principales críticas esgrimidas hoy en día en torno a las medidas de reparación de la LOGILS gira en torno precisamente a la cuestión del fondo que servirá para hacer frente a esas ayudas adicionales contempladas en el artículo 55.2. De acuerdo con el artículo 56.1, la Administración General del Estado y las administraciones de las comunidades autónomas con competencias en la materia recibirán fondos para hacer efectivo el derecho a la reparación de las víctimas, resultantes de la ejecución de los bienes, efectos y ganancias decomisados por los jueces y tribunales a los condenados por los delitos de violencia sexual. Lo recaudado, de acuerdo con el artículo 56.2, «podrá destinarse», entre otros fines, a financiar las ayudas adicionales antes mencionadas. La LOGILS ordenó la creación del «Fondo de bienes decomisados por delitos contra la libertad sexual» a través de su Disposición final vigésimo segunda. De acuerdo con la cual, el Gobierno habría de remitir a las Cortes Generales en el plazo de un año desde la entrada en vigor de la ley orgánica un proyecto de ley para su

---

«Las administraciones públicas podrán establecer ayudas complementarias destinadas a las víctimas que, por la especificidad o gravedad de las secuelas derivadas de la violencia, no encuentren una respuesta adecuada o suficiente en la red de recursos de atención y recuperación, quienes podrán recibir ayudas adicionales para financiar los tratamientos sanitarios adecuados, incluyendo los tratamientos de reconstrucción genital femenina, si fueran necesarios».

creación y regulación Sin embargo, a la fecha ese proyecto no ha sido presentado[462].

Entre las críticas a la forma en que la LOGILS abordó la creación del Fondo, Aguado-Correa ha criticado que no se optara por presentar el proyecto de ley de creación del Fondo a la par que se tramitaba la LOGILS, y se hubiera previsto su creación en el propio texto de la ley[463]. En ese sentido, la misma autora apunta que «cada día que pasa sin que el Gobierno presente el proyecto de ley se está contribuyendo a la victimización secundaria o revictimización de las víctimas de violencias sexuales»[464].

Finalmente una omisión extensible en relación con ambas normas (LOPIVI y LOGILS) es la de la falta de criterios específicos vinculadas con la victimización sexual sufrida por niños, niñas o adolescentes para determinar la reparación o la obligación subsidiaria o complementaria para la indemnización de las víctimas. La relevancia específica de las medidas de indemnización o compensación en relación con la violencia sexual contra la infancia ha

---

462 CORTES GENERALES. *Ley Orgánica 10/2022, de 6 de septiembre, de garantía integral de la libertad sexual,* disposición vigesimosegunda:
«En el plazo de un año desde la entrada en vigor de la presente ley orgánica, el Gobierno remitirá a las Cortes Generales un proyecto de ley por la que se cree y se regule un fondo de bienes decomisados por delitos contra la libertad sexual destinado a financiar las medidas de reparación a las víctimas previstas en el Título VII de esta ley».

463 AGUADO-CORREA, T. «El derecho a la reparación a las víctimas de violencias sexuales y violencia de género tras la Ley Orgánica de Garantía Integral de la Libertad Sexual: un punto de inflexión», *Revista Penal, Tirant Lo Blanch,* nº 52, julio de 2023, pp. 5-22, p. 22.

464 AGUADO-CORREA, T. «El derecho a la reparación a las víctimas de violencias sexuales…» cit., p. 22. En el mismo artículo, la autora también critica la deficiente técnica legislativa evidenciada por la confusión que ocasiona las previsiones a reparaciones que se solapan tratándose de violencia sexual contra mujeres que también puede considerarse violencia de género.

sido señalada en un estudio de Arantegui y Tamarit, de 2022[465]. Ambos autores apuntan la importancia de este tipo de medidas para hacer frente a los efectos a largo plazo, comunes en víctimas de violencia sexual, pero también la importancia de que en el procedimiento para determinar la indemnización se tengan en cuenta las necesidades específicas derivadas del hecho de que las víctimas sean niños, niñas o adolescentes. Los autores mencionan como uno de estos posibles criterios a la hora de determinar la responsabilidad por daño moral, el carácter continuado de los hechos de violencia sexual[466], o podría incluirse también la relación específica del agresor con la víctima.

4.2. LA VIOLENCIA SEXUAL CONTRA LA INFANCIA EN UN CONTEXTO DE TOLERANCIA INSTITUCIONAL: VIOLENCIA SISTÉMICA

Como se intentó mostrar en el epígrafe anterior el recorrido actual de un niño o una niña que sufre violencia sexual evidencia que, una vez superados todos los obstáculos que la notificación o denuncia supone, actualmente en lugar de la entrada al sistema institucional que en teoría debe protegerles, los niños encuentran un contexto negligente u hostil, entornos institucionales, como las escuelas, que no están habilitados, a pesar de estar obligados, para notificar y apoyar a un niño víctima de abusos sexuales. Una vez notificados, se encuentran con un camino institucional la mayoría de las veces revictimizante y en muchas ocasiones directamente violento, no solo se les hace revivir los hechos, sino que deja su credibilidad en manos de profesionales sin la formación necesaria para valorarla, y en muchas ocasiones sin tener en

---

465 ARANTEGUI ARRÁEZ, L. y TAMARIT SUMALLA, J.M. «La reparación a las víctimas de abuso sexual infantil: la necesaria reforma de los mecanismos de compensación», *Estudios Penales y Criminológicos,* nº 42, 2022.

466 ARANTEGUI ARRÁEZ, L.., TAMARIT SUMALLA, J.M. «La reparación a las víctimas de abuso sexual infantil...» cit., p. 12.

cuenta su interés superior. Las cifras conocidas —a falta de datos oficiales— permiten decir que la regla del proceso es que no se tiene en cuenta las necesidades de los niños y niñas víctimas de abuso sexual, no hay estándares y se recurre a su revictimización al mismo tiempo que se niega su acceso a la justicia y reparación. Tratándose de abusos cometidos por el padre, la probabilidad de sufrir graves omisiones y vulneraciones institucionales aumenta. Ahí donde mayor necesidad hay de protección es donde hay una mayor omisión institucional, como no establecer una medida de protección que suspenda la convivencia entre un padre investigado por abusos y su hijo o hija. Ahí es donde, paradójicamente y vergonzosamente, más estamos fallando.

Este patrón de omisiones y fallos de tal gravedad en la respuesta a un tipo de violencia específico, las agresiones sexuales cometidas por adultos contra niños, solo puede describirse así en conjunto respecto de hechos en los que las víctimas son niños o niñas. Es cierto que hay muchos márgenes de impunidad en relación con otras violencias, por ejemplo un contexto también de fallos graves y reiterados e incluso sistemáticos en relación con la violencia contra las mujeres, otra violencia sistémica. Sin embargo, la decisión de obligarte, incluso en contra de tu voluntad explícita, a convivir con tu agresor, y mantener su representación legal y tu dependencia material como hijo es algo que, en España, solo puede ocurrir, y ocurre no excepcionalmente, a niños o niñas.

Esa brecha entre el discurso público y la efectiva respuesta institucional a la violencia sexual contra la infancia, que supone una respuesta negligente y muchas veces revictimizante, considero, que muestra, no solo un incumplimiento casual o aislado de obligaciones internacionales, sino un grado de aceptación o tolerancia de este tipo de violencia. Y en tal sentido, que esa respuesta institucional está manteniendo condiciones que facilitan su comisión o su comisión en impunidad, e incluso está causando nuevos daños a víctimas. Para captar esa dimensión de la tolerancia institucional y de su impacto, se utilizará el concepto de «violencia sistémica de Young».

4.2.1. La opresión como injusticia social en Young

Para Iris Marion Young la justicia social tiene que ver con el grado en que la sociedad contiene y sustenta las condiciones institucionales necesarias para la realización de dos valores universalizables: (1) el de desarrollar y ejercer nuestras capacidades y expresar nuestra experiencia y (2) el de participar en la determinación de nuestra acción y de las condiciones que la posibilitan[467]. Dos valores—argumenta Young— universalizables en la medida en que presuponen el igual valor moral de todas las personas y por ello valores cuya garantía es necesaria como parte de cualquier concepción de justicia social. En palabras de Mestre, para Young, «la igual valoración de las personas y la igual garantía de su autodesarrollo y autodeterminación serían [...] la base de la igualdad»[468].

En coherencia con su concepción de justicia, para Young la injusticia social se refiere a las restricciones que obstaculizan el desarrollo de las capacidades o la propia determinación de la acción. Es lo que la autora conceptualiza como dos clases de injusticia: la opresión, que consistiría, a *grosso modo*, en los obstáculos institucionales al autodesarrollo; y la dominación, que consistiría en los obstáculos institucionales para la autodeterminación. En el planteamiento de Young, la distinción entre los términos de opresión y dominación no es una cuestión de grado, sino que se trata de dos categorías que nombran dos fenómenos conceptualmente distintos, dirigidos a diferentes aspectos, aunque relacionados. La primera categoría es más cercana al término restricción, la segunda al término de control. Por tanto, podría haber dominados no oprimidos u oprimidos no dominados, o personas o grupos que sufran ambos procesos a la vez. Aun en el caso de que tuviera lugar la superposición de ambos fenómenos, para Young, sería posible y deseable distinguirlos conceptualmente.

---

467 YOUNG, I. M. *La justicia y la política de la diferencia*, trad. de S. Álvarez, Cátedra, Valencia, 2000 [1990]

468 MESTRE I MESTRE, R. *La Caixa de Pandora...* cit., p. 157.

> «La opresión normalmente incluye o implica dominación, es decir, obliga a la gente oprimida a seguir reglas fijadas por otras personas. Pero cada uno de los [...] aspectos de la opresión [...] implican también impedimentos que no son producidos directamente por relaciones de dominación [...] no toda persona sujeta a la dominación está también oprimida»[469].

La posibilidad de no concurrencia entre ambos fenómenos probablamente quede más evidente si pensamos ejemplos. Young se refiere a la burocracia como un sistema de control técnico racionalizado que opera sujetando a las personas, incluso a personas con cierto desarrollo de capacidades, a la autoridad no recíproca de otras personas a través de «imperativos... burocráticos que a menudo se presentan como el resultado de decisiones tomadas por nadie en particular, personas que como usuarias, clientes o consumidores se encuentran sujetos a reglas en cuya formulación no participaron[470].

Aunque Young no analiza específicamente la posición social de los niños y las niñas, ni la manera en que el contexto social e institucional obstaculiza su desarrollo o impide su autodeterminación, podríamos afirmar que los niños y las niñas son objeto de dominación y opresión en múltiples aspectos. En relación con su dominación, los niños actualmente son sistémica y sistemáticamente[471] excluidos de toda vía de participación real en la determinación de las condiciones para su acción. No se trata solo del debate sobre a qué edad debería reconocerse el voto. Se trata de que social e institucionalmente hemos construido todas las vías de participación social y política de espaldas a la infancia. Las instituciones, la sociedad, no sabemos escuchar activamente a la

---

469 YOUNG, I. M. *La justicia y la política de la diferencia,* cit., p. 69.

470 YOUNG, I. M. *La justicia y la política de la diferencia,* cit., pp. 134 y 135.

471 Utilizo ambos adverbios —en una aparente redundancia— deliberadamente: entendiendo, conforme a la RAE, que lo sistémico se refiere a una propiedad que afecta al conjunto de un sistema, mientras que lo sistemático hace referencia aquello que sigue un sistema o que se ajusta a él. La exclusión de los niños de la toma de decisiones en un sistema adultocéntrico es, entonces, tanto sistémica como sistemática.

infancia, y cuando lo hacemos no sabemos qué hacer con ello[472]. Aunque volveré a este punto en el siguiente Capítulo, por ahora quiero centrarme en su concepto de opresión porque, como argumentaré, considero que este concepto permite capturar y analizar parte del problema social de la violencia sexual contra la infancia como una cuestión sistemática en relación con las obligaciones que los estados tienen respecto del cumplimiento de los derechos humanos.

a) Los elementos de la «opresión» como injusticia social

Para Young, la concreción de la opresión puede adquirir cinco formas: la explotación, la marginación, la falta de poder, el imperialismo cultural y la violencia. Creo que es posible, a efectos de este análisis, distinguir tres elementos esenciales en el concepto de opresión de Young, que tendrían una diferente concreción en cada una de sus cinco caras de la opresión. El primer elemento sería el de (1) procesos sociales o institucionales, no se trata simplemente de un acto individual, o un trato, sino de procesos, (2) un resultado incapacitante, limitante, que obstaculice desarrollo o restrinja la expresión de una persona identificada como miembro de un grupo social; y (3) la afectación con esos procesos sociales limitantes de todo un grupo social, o su potencial afectación.

Cada una de las caras de la opresión se refiere a distintos procesos institucionales[473]. Así, la injusticia de la explotación alude a

---

472 La idea de Laura Lundy, a la que ya nos hemos referido, no solo de escuchar, sino de ser coherente con lo que escuchamos por parte de los niños (LUNDY, L., «'Voice' Is Not Enough…», cit.).

473 En *Responsabilidad por la justicia,* Young desarrolla su concepto sobre los procesos socio-estructurales y aclara que utiliza la palabra «procesos» para enfatizar el dinamismo de la acción en el contexto institucional: YOUNG, I. M. *Responsabilidad por la justicia* (trad. de C. Mimiaga y R. Filella, Morata, Madrid, 2011), p. 70. Es llamativo que Young utiliza la palabra procesos especialmente cuando se refiere a la opresión, y condiciones institucionales cuando se refiere a la dominación: YOUNG,

los procesos sociales que llevan a cabo una transferencia de energías de un grupo a otro para producir distribuciones desiguales, y en el modo en que las instituciones sociales permiten la acumulación por parte de pocas personas, al tiempo que limitan al resto de la gente»[474]. La marginación es el proceso social a través el cual se excluye a un grupo social de la posibilidad de participar de manera útil y reconocida en una sociedad, quedando así potencialmente en riesgo de sufrir graves privaciones materiales, e incluso el exterminio[475]. La carencia de poder se refiere a los procesos

---

I. M. *La justicia y la política de la diferencia,* cit., p. 68. Probablemente no se trate de una distinción casual. La dominación se referiría a las condiciones, a un medio que tiene directamente el efecto de impedir o controlar la acción en un ámbito más restringido o más amplio, otra cosa es la capacidad de escapar de ese control. En cambio, la opresión solo se entiende de manera dinámica, mirando los procesos detrás de los obstáculos para desarrollar capacidades o expresar las experiencias.

474 La solución a esta injusticia va más allá de la redistribución de bienes. Requiere modificar las prácticas institucionalizadas y las relaciones estructurales que posibiliten o permitan esa desigual distribución de beneficios: «hacer justicia donde hay explotación requiere reorganizar las instituciones y las prácticas de toma de decisiones, modificar la división del trabajo, y tomar medidas similares para el cambio institucional, estructural y cultural» YOUNG, I. M. *La justicia y la política de la diferencia,* cit., p. 93. En otras palabras, Young encuentra insuficiente la hegemónica teoría de la justicia liberal formulada por Rawls, que no daría una respuesta adecuada, entre otras, a las necesidades de los niños y niñas. Esta deficiencia ha sido señalada, también, entre otras autoras, por Martha Nussbaum en su libro *Las fronteras de la justicia. Consideraciones sobre la exclusión* (Paidós, Barcelona, 2007 p. 51).

475 La marginación, de acuerdo con Young, es injusta porque la privación material implica la privación de derechos y libertades, pero también bloquea las oportunidades de ejercer las capacidades de modos socialmente definidos y reconocidos». La dependencia, señala Young, no es en sí misma opresiva, es el tratamiento que de ella hace una sociedad la que puede entrañar injusticia. La dependencia no debería ser una razón para ser privada de la posibilidad de elección y respeto. Esta injusticia no solo conlleva privaciones materiales, sino privación de condiciones culturales, prácticas e institucionales para el ejercicio de las capacidades en un contexto de reconocimiento e interacción. Su solu-

sociales o institucionales a través de los cuales, los miembros de un grupo social se sitúan en una posición en la división de trabajo, carente de autonomía y poder, y se configura una posición social concomitante que deja a las personas pocas oportunidades para desarrollar y usar sus capacidades[476]. El imperialismo cultural consistiría en procesos sociales e institucionales que posibilitan la universalización de la experiencia y la cultura de un grupo dominante, y su imposición como norma respecto de toda una sociedad[477].

---

ción no se agota en la redistribución material, en la formulación por ejemplo de un ingreso mínimo vital, sino en la reestructuración de la actividad social productiva con vistas a garantizar un derecho a participar para todas y todos, dependientes o no, un igual derecho de ciudadanía. La marginación no deja de ser opresiva cuando se tiene refugio y comida. Mucha gente mayor, por ejemplo, tiene medios suficientes para vivir de manera confortable, pero está oprimida en su estatus marginal. Aún sin privación material, la marginación puede subsistir en forma de aburrimiento, inutilidad o falta de reconocimiento (YOUNG, I. M. *La justicia y la política de la diferencia,* cit., pp. 94-97).

476 Son despojados de autoridad o poder, ni siquiera en el sentido de mediación; procesos que hacen posible que sobre tales personas se pueda ejercer poder, sin que ellas puedan ejercerlo, puedan recibir órdenes, pero no darlas. Quien carece de poder tiene poca autonomía para desarrollar su trabajo, poco o nulo margen para la creatividad en el trabajo; pocas o nulas posibilidades de desarrollo, progreso o ascenso laboral y poca o nula respetabilidad o reconocimiento social de su posición laboral (YOUNG, I. M. *La justicia y la política de la diferencia,* cit., pp. 98-101).

477 Tendría lugar a través de procesos sociales e institucionales que permiten un acceso exclusivo o privilegiado a ciertos grupos sociales a las vías de interpretación y comunicación en una sociedad. Como consecuencia de estos procesos se generan productos culturales dominantes en la sociedad, ampliamente diseminados, presentados como expresión de la experiencia, valores, objetivos y logros de la sociedad, obviando o excluyendo las experiencias, valores, objetivos y logros de parte de algunos grupos sociales. A través de distintos procesos de imperialismo cultural, los grupos dominantes proyectan sus propias experiencias, su historia como representativa de la humanidad como tal, o de una sociedad en su conjunto. Esas experiencias no solo general productos culturales sino una perspectiva exclusiva para interpretar el mundo social. Dado su alto nivel de diseminación, las expresiones culturales del

Cada uno de los procesos institucionales opresivos tiene «efectos limitantes o restrictivos»[478]. Young inspira buena parte de su desarrollo sobre este elemento y en general sobre su conceptualización de la justicia, en el trabajo de Carol C. Gould. Para esta autora, la libre elección de los agentes no es en sí misma suficiente para la realización de las metas que estos tengan, sino que habría otras condiciones necesarias si realmente pretenden su realización. Tal cometido requiere, además, la ausencia de condiciones coercitivas o de control y la presencia de condiciones «facilita-

---

grupo dominante se presenta como las expresiones normales o corrientes a partir de los cuales se construyen identidades. Quienes viven bajo el imperialismo cultural se hallan a sí mismas definidas desde fuera, colocadas, situadas en red de significados dominantes. Según Young, la injusticia del imperialismo cultural radica en que las experiencias e interpretaciones de la vida social propias de los grupos oprimidos cuenta con pocas expresiones que afecten a la cultura dominante, mientras que esa misma cultura impone a los grupos oprimidos su experiencia e interpretación de la vida social. Esta opresión encierra la paradoja de que el grupo objeto del imperialismo cultural se experimenta como invisible, al mismo tiempo que es señalado como diferente. Invisible para construir la cultura, influir en el desarrollo de la vida social; pero diferente para ser incorporado o utilizado socialmente pero en una posición específica segregada, siempre bajo el estereotipo de ser miembro de su grupo social (YOUNG, I. M. *La justicia y la política de la diferencia*, cit., pp. 102-105).

478 He aquí la cita completa: «Lo que se requiere es tanto la ausencia de condiciones restrictivas como la presencia de condiciones facilitadoras. He caracterizado a las primeras como condiciones negativas y a las condiciones positivas. Entre las condiciones negativas están el daño, la coerción física o la dominación. Las condiciones facilitadoras o positivas incluyen los medios necesarios para las acciones del agente, como las materias primas y las herramientas, así como las formas de relaciones sociales a través de las cuales o sobre las cuales actúan los agentes, como las instituciones, las prácticas sociales y las formas de cooperación social, así como formas más inmediatas de interacción social como la amistad y otras relaciones informales» (GOULD, C. *Rethinking Democracy: Freedom and Social Co-operation in Politics, Economy, and Society*, Cambridge University Press, 1989, p. 109).

doras», que promuevan o faciliten el desarrollo de capacidades. Entre estas últimas, Gould incluye «los medios necesarios para las acciones del agente, como las materias primas y las herramientas, así como las formas de relaciones sociales a través de las cuales o sobre las cuales actúan los agentes, como las instituciones, las prácticas sociales y las formas de cooperación social, así como formas más inmediatas de interacción social como la amistad y otras relaciones informales»[479], podrían incluirse muchos más, como procesos institucionalizados de enseñanza, acceso a la sanidad, etc. El efecto de las injusticias de Young se conecta con ambas condiciones. La dominación englobaría condiciones de control que impiden la acción en algún ámbito de la vida. Y la opresión sería la categoría que englobaría aquellos procesos institucionales que restringen esas condiciones facilitadoras.

Por ejemplo, en relación con la marginación, sus efectos no solo implican un riesgo de privación de medios materiales indispensables para el desarrollo de cualquier capacidad, sino la restricción del ejercicio de las capacidades que las personas dependientes tienen, de un modo reconocible y reconocido socialmente; los procesos que despojan a las personas trabajadoras no profesionales de la posibilidad de participar en aquéllas decisiones que les afectan tienen, entre otros, el efecto de limitar el desarrollo progresivo de las capacidades, tanto dentro como fuera del entorno laboral, y excluir el reconocimiento de las capacidades limitadas que pueden ejercerse; el imperialismo cultural implica, entre otros, el efecto de limitar la propia expresión y la restricción de las oportunidades para desarrollar y usar la capacidad de intervenir en los procesos de diseño y desarrollo de la vida social[480].

Finalmente, para Young la opresión es «una condición de grupos»[481], pero ¿qué es un grupo social? De acuerdo con la autora,

---

479 GOULD, C. *Rethinking Democracy*… cit., p. 109.

480 YOUNG, I. M. La justicia y la política de la diferencia, cit., pp. 94-98; 98-102, 102-106.

481 YOUNG, I. M. *La justicia y la política de la diferencia,* cit., p. 73.

un grupo social consiste en una relación social de individuos que comparten un sentido de identidad, definida por significados que pueden ser impuestos o autodeterminados o una combinación de ambos. Normalmente los significados son construidos desde atributos que se asumen como presentes en todos los miembros. Los significados de grupo constituyen, al menos parcialmente[482], la identidad de la gente en términos de la forma cultural, la situación social y la historia que los miembros del grupo conocen y hacen suya, sean impuestos o forjados por ellos, o una combinación de ambos. Es la identificación de una categoría social, la historia común que genera la categoría social y la autoidentificación las que definen al grupo como grupo social[483]. En ese sentido, cabe anticipar que los niños en su conjunto, podrán ser entendidos como un grupo social a los efectos de la argumentación que se propone este trabajo.

Young distingue entre un grupo social y un grupo social oprimido. Para Young, no todos los grupos sociales son grupos oprimidos, podrían construirse través de distintos procesos de identificación, pero entre ellos se incluiría la opresión. Es posible también, que un grupo inicialmente surgido de la opresión, posteriormente se despoje de ella[484]. En coherencia con su marco conceptual,

---

482 Tanto Young como Gould advierten que esto no significa que las personas dentro de un grupo no tengan estilo individual, o aspectos al margen de esa identidad, o sean incapaces de trascender o rechazar su identidad grupal (YOUNG, I. M. *La justicia y la política de la diferencia,* cit., p. 81; GOULD, C. *Rethinking Democracy…* cit., pp. 107-109).

483 YOUNG, I. M. *La justicia y la política de la diferencia,* cit., p. 79.

484 Young da el ejemplo: «En los Estados Unidos las personas católicas son un grupo social específico, con prácticas y afinidades particulares, pero ya no son aun grupo oprimido»: YOUNG, I. M. *La justicia y la política de la diferencia,* cit., p. 84. Young se refiere también a la posibilidad de que grupos inicialmente surgidos de la opresión, posteriormente hagan frente a la misma a través de procesos de redefinición: quienes se identifican con un grupo pueden redefinir el significado y las normas de la identidad grupal»: YOUNG, I. M. *La justicia y la política de la diferencia,* cit., p. 82. En el marco de su modelo conceptual de justicia, considero

para Young el que un grupo social sea oprimido depende de que sea sujeto a una o más de las cinco condiciones [caras de opresión]. Incluso respecto de un grupo social objeto de opresión, Young considera importante distinguir conceptualmente la opresión del concepto de grupo social. Distinguir entre el concepto de grupo social y su constitución como elemento de la opresión, que daría lugar a un grupo social oprimido; y más que opresión, los procesos de construcción de un grupo social, entre los que pueden estar procesos más que de opresión en el sentido entendido por Young, de heteronormación o imposición. A pesar de que algunos grupos se han formado desde la imposición, y de que las relaciones de privilegio y opresión estructuran las interacciones entre numerosos grupos, la diferenciación de grupos no sería en sí misma opresiva[485].

Explícitamente Young advierte que no aborda la cuestión de las causas de la opresión, sino su concepto. Se pregunta qué es la justicia, qué la injusticia y cuáles son los criterios para identificar a un grupo social como un grupo objeto de opresión. No intenta responder ni a las causas o formas en que se instauran los procesos institucionales limitantes ni a la forma en que se originan los grupos sociales. ¿Qué hace a un grupo social un grupo social oprimido? Que sufra una de las formas de opresión. Pero ¿por qué la

---

que esa redefinición requeriría, además de una resignificación cultural, una transformación, en general, de las instituciones y estructuras sociales necesaria para eliminar esas barreras comunes. En un sentido similar a Young, Gould se reconoce como una libertad abstracta siempre presente en los individuos de un grupo social la libertad, la capacidad de disolverlo o rechazar sus objetivos, incluso cuando «el propósito común de la actividad del grupo es impuesto por una agencia externa», según la autora, el ejercicio de esa libertad puede conllevar un riesgo que lleve a los individuos a no tomar —racionalmente— tal curso de acción, sin embargo, tal opción «sigue abierta», de ahí el sinsentido de reconocer a los grupos como entidades con identidad propia: GOULD, C. Rethinking democracy… cit., pp. 108 y 109.

485 YOUNG, I. M. *La justicia y la política de la diferencia,* cit., p. 84.

opresión se dirige hacia ese grupo social? es una pregunta que no es relevante en su concepto de injusticia social.

4.2.2. La violencia sistémica como opresión en Young

La violencia sistémica, la última de las caras de la opresión presentadas por Young, engloba aquellos procesos sociales e institucionales que permiten que ciertos actos de violencia cometidos contra los miembros de un grupo social puedan tener lugar con altas tasas de prevalencia y cierto nivel de aceptación, social e institucional[486].

> «Lo que hace de la violencia una cara de la opresión [no es tanto] el conjunto de actos particulares en sí, a pesar de que son a menudo absolutamente horribles, [como] el contexto social que los rodea y que los hace posibles y hasta aceptables. Lo que hace de la violencia un fenómeno de injusticia social, y no solo una acción individual moralmente reprochable, es su carácter sistémico, su existencia en tanto práctica social»[487].

---

486 La propuesta conceptual de Žižek, sobre la violencia sistémica, aún con sus diferencias, es cercana a la de Young. Este autor en su libro Violence distingue entre violencia subjetiva y violencia objetiva como las dos formas en que puede darse la violencia en una sociedad, la primera es aquélla realizada por un «agente claramente identificado», se trataría, según Žižek, de la porción más visible del fenómeno de la violencia; la segunda estaría conformada por la violencia simbólica y la violencia sistémica, esta última englobaría el conjunto de consecuencias catastróficas del funcionamiento regular de nuestros sistemas económicos y políticos. La violencia subjetiva se considera una perturbación del estado de cosas «normal» o pacífico; mientras que la violencia objetiva es precisamente la violencia interna a ese «normal» estado de cosas. Al integrarse como parte del estado normal de las cosas, esta última suele permanecer invisible pero, advierte el autor, tiene que tomarse en cuenta si se pretende indagar sobre el sentido de lo que de otra manera parecerían explosiones irracionales de violencia subjetiva (ŽIŽEK, S. *Violence. Six Sideways Reflections,* Picador, 2008, pp. 1-5).

487 YOUNG, I. M. *La justicia y la política de la diferencia,* cit., p. 107.

Al parecer son dos los elementos que permitirían hablar de violencia sistémica[488]. Primero, que se trate de una violencia claramente habitual, frecuente, o con altas tasas de incidencia, en relación con un determinado grupo social. La autora se refiere, como ejemplos de violencia sistémica en los Estados Unidos, al gran numero de incidentes de violencia física contra personas negras o a las estimaciones de violencia sexual contra las mujeres a lo largo de sus vidas. Segundo, la violencia sistémica contra un grupo social, además, «se aproxima a la legitimidad, en el sentido de que es tolerada». Tolerada social e institucionalmente. *[Social]* A menudo quienes son observadores no se sorprenden ante la violencia porque es un hecho frecuente y se la ve como una posibilidad constante en el horizonte del imaginario social. *[Institucional]* Aun en el caso de que sean atrapados, quienes han perpetrado actos de violencia o acoso dirigido hacia el grupo social, con frecuencia quedan en la impunidad, libres de castigo o receptores solo de castigos leves, no ajustados a la gravedad de los hechos. En ese sentido la sociedad hace que sus actos sean aceptables.

Estos elementos describen un contexto social e institucional que trata a ciertas violencias contra ciertos grupos sociales más que como vulneraciones a erradicar, como prácticas sociales: actos que no suponen una quiebra del sistema social, que —en tal medida— son compatibles con este, cuya incidencia, a pesar de su gravedad, de atentar contra los fundamentos sociales, prevalece a lo largo del tiempo. Un contexto social en el que cierta violencia contra un determinado grupo social «es un hecho social reconocido que todos saben que sucede y que volverá a suceder»[489]. Eso es la violencia sistémica para Young.

---

488 La traductora de *La justicia y la política de la diferencia*, la profesora Silvina Álvarez, opta por traducir el original *systemic* por «sistemática», en relación con la violencia (p. ej. p. 106). En cambio, por las razones aportadas más arriba, aquí se optará por hablar de «sistémica».

489 Young en algún momento llega a extender un poco más el argumento de la violencia como práctica social, para decir no solo que la violencia puede considerarse una práctica social en la medida en que se sabe que

Quizá denominar *violencia* a la cara de la opresión puede dar lugar a malos entendidos. De su trabajo se deduce que Young no considera que toda violencia pueda considerarse una injusticia social. La autora apunta los elementos que permitirían considerar a la violencia, como materia de injusticia social. Sin embargo, a diferencia de lo que ocurre con el resto de las caras de la opresión, en relación con la violencia, no se refiere a un fenómeno que cuando tiene lugar a través de procesos institucionales permitiría hablar no solo de posibles afrentas o vulneraciones, un acto

---

pasa y se asume que seguirá pasando, sino en la medida en que está «siempre en el horizonte del imaginario social, aun para aquellos que no la llevan a cabo». La violencia como práctica social tendría lugar en un contexto social en el que se configura una «lógica social imperante» no solo que minimiza, relativiza o justifica en algún grado la violencia, sino que hace interpretar a los miembros de un grupo social dominante que ciertas circunstancias «piden» tal violencia en cierta circunstancias respecto del grupo social oprimido. Young señala, por ejemplo, que «la idea de la violación se le ocurre a muchos hombres cuando recogen a una mujer haciendo autostop». Incluso, señala, Young, «a veces quienes practican la violencia se ponen de campaña para buscar gente a la que luego golpear, violar o insultar. Señala Young: «este carácter reglado, social y a menudo premeditado hace de la violencia contra los grupos una práctica social»: YOUNG, I. M. *La justicia y la política de la diferencia,* cit., p. 108.

Con esto Young parece vincular el concepto de violencia sistémica como injusticia social, no solo con la normalización de la violencia, sino con la motivación de la violencia. Aunque me parece que esa relación entre la normalización de la violencia y la motivación puede darse. No me parece un elemento esencial del concepto de violencia sistémica coherente con el concepto de injusticia social de Young. Es decir, no creo que sea necesario que haya un grupo social dominante que tenga en el imaginario, como grupo social, ejercer violencia contra las mujeres como elemento esencial para considerar una violencia como violencia sistémica. De hecho Young señala que no hace falta identificar a un grupo dominante y un grupo subordinado (YOUNG, I. M. *La justicia y la política de la diferencia,* cit. p. 77). En cualquier caso, me parece que es un elemento que puede analizarse en relación, más que con el elemento de violencia sistémica, como un posible efecto del imperialismo cultural (o de la desigualdad estructural).

de violencia individual y en tal medida condenable, sino de una injusticia social, que requiere, entre otros tratamientos, ser abordada como tal. Young no desarrolla una concepción sobre el término de violencia institucional —es decir, una violencia cometida directamente por las instituciones[490]—; sino un concepto que sirva para nombrar el contexto institucional en el que tienen lugar algunos actos de violencia cuando son cometidos contra algunos grupos sociales. Un contexto de cierta legitimidad de la violencia, que se muestra si miramos la habitualidad de algunas violencias y una respuesta no solo insuficiente, sino incoherente con la gravedad de los actos. Quizá lo más adecuado terminológicamente sería hablar del contexto de respuesta institucional a la violencia como injusticia social.

Si bien todo acto de violencia conlleva diferentes efectos en relación al potencial de afectar de manera considerable distintas áreas de la persona que la sufre directamente o de las personas de su entorno cercano, incluso consecuencias sociales[491], Young se

---

490 Y tampoco entra a desarrollar o proponer un concepto de violencia en general. Son muchos los debates en torno a este concepto. Entre ellos hay dos que podrían servir para aclarar el uso del término violencia por Young, o al menos el sentido en que no lo está utilizando. El primero, es si el concepto de violencia tendría que vincularse a su comisión por agentes identificables, sean individuos o instituciones; o si podemos hablar de un concepto más amplio de la violencia tomando en cuenta no el sujeto que comete, sino el sujeto que recibe o experimenta la violencia o el daño, pudiendo en tal caso la violencia venir también de agentes no identificables o contextos «opresivos». Este concepto de la violencia se acercaría mucho al de opresión o dominación como fenómenos que limitan u obstaculizan la autonomía o libertad de las personas, de hecho, hay autores que lo utilizan así. Young no utiliza este concepto amplio de violencia, pero en su desarrollo de la violencia como injusticia social tampoco está definiendo un tipo de violencia dentro del concepto restringido, como podría ser la violencia institucional. Young no llama al contexto de restricción de la autonomía violencia, sino que desarrollo sus conceptos de opresión y dominación.

491 La OMS ha reconocido a la violencia como un problema de salud pública con importantes consecuencias a nivel individual y social: OMS,

refiere a un efecto incapacitante específico vinculado a la dimensión de la violencia sistémica como injusticia social. Los efectos de la violencia como opresión afectan al grupo social en su conjunto, y no solo directamente a los miembros que sufren actos de violencia física en condiciones de impunidad. Ese contexto en el que tiene lugar la violencia conlleva consecuencias para el grupo social oprimido. Los efectos son el resultado del conocimiento diario compartido por todos los miembros del grupo oprimido de que están predispuestos a ser víctimas de actos de violencia solo por el hecho de ser miembros de tal grupo social. «El solo hecho de vivir bajo tal amenaza de ataque sobre sí misma o su familia o amigos priva a la persona oprimida de libertad y dignidad y consume inútilmente sus energías»[492]. Saberse blanco de violencia solo por su identidad de grupo, por ser quienes son, hace que para los miembros del grupo social sea razonable estar constantemente alerta.

Dentro del feminismo se han desarrollado herramientas teóricas para nombrar la experiencia que vivimos las mujeres en relación con la violencia sexual. Barjola habla de una «zona de indiferencia» que sustenta y consiente la violencia sexual y que las mujeres transitan de forma cotidiana a lo largo de sus vidas[493]. Barjola no solo se refiere al efecto que tiene la existencia de un contexto social que acepta, obvia, minimiza, relativiza la violencia sexual contra las mujeres en la vida de estas: al efecto de volver razonable, exigible para transitar la vida social un estado de alerta constante. La autora también señala la manera en que «in-corporamos» en nuestros cuerpos[494], en nuestros movimientos, en nuestros comportamien-

---

Informe mundial sobre la violencia y la salud, cit., p. 3. La dimensión de los costes económicos y sociales de la violencia contra la infancia ha sido analizada en el informe EDUCO. *Los costes de la violencia contra la infancia: Impacto económico y social,* Autoría de M. E. Fabra Florit et al., 2018, especialmente pp. 9 y 10.

492 YOUNG, I. M. *La justicia y la política de la diferencia,* cit., p. 108.

493 BARJOLA. N. *Microfísica sexista del poder. El caso de Alcàsser y la construcción del terror sexual,* Virus, Barcelona, 2018, p. 27.

494 BARJOLA. N. *Microfísica sexista del poder…* cit., p. 16.

tos, en nuestros atuendos, esa amenaza de la violencia sexual[495]. El efecto de gastar energías y tiempo —que podrían utilizarse en otra cosa— para intentar librarnos de la violencia, restringen en sí misma nuestra libertad, nos imponen cargas adicionales injustas.

En su famoso ensayo «Throwing Like a Girl» donde Young aborda las experiencias corporales y sensibles de las mujeres, desde un enfoque fenomenológico y crítico[496], lo que identifica como estilos específicamente «femeninos», la autora reconoce que en parte esos estilos pueden ser efecto de esa *in-corporación* del miedo cotidiano que experimentamos, nuestros movimientos medidos son en realidad, al menos en parte, una forma de respuesta sutil que encarna una resistencia, un límite, un mensaje de no disposición, cuya ausencia, puede interpretarse como lo contrario:

> «La mirada objetivadora que 'la mantiene en su lugar' también puede explicar la modalidad espacial de estar posicionada y por qué las mujeres con frecuencia tienden a no moverse abiertamente,

495 «Entiendo el relato sobre el peligro sexual como un dispositivo que se inscribe en los cuerpos»: BARJOLA. N. *Microfísica sexista del poder*... cit., p. 17.

496 Kruks critica la menor atención dedicada por teóricos políticos —incluidas teóricas feministas— a los escritos de Young más vinculados a la fenomenología, donde normalmente se ubica a «Throwing Like a Girl», que a otras obras aparentemente más «política» de Young, como *La justicia y la política de la diferencia.* De acuerdo con esta autora, el interés de Young por la fenomenología a menudo se asume como algo secundario en comparación con su trabajos sobre la justicia y la democracia, considera tal presunción errónea y restrictiva de la lectura de Young, pues no logra captar la naturaleza sintética de lo que llama el «enfoque binocular de sus investigaciones sobre la injusticia»: «en cada ensayo [Young] usa productivamente la descripción fenomenológica como un punto de entrada para la crítica social radical. Porque cada ensayo se centra en cómo la posición social estructuralmente subordinada de las mujeres llega a sentirse y vivirse en el lugar de la encarnación; y cada uno también considera cómo las mujeres podrían intentar ofrecer resistencia a esta subordinación o, más positivamente, encontrar placer en sus experiencias encarnadas y revalorizarlas»: KRUKS, S. «Phenomenology and Structure: The Binocular Vision of Iris Marion Young», *Politics & Gender*, vol. 4, nº 2, 2008, pp. 334-341, pp. 334-335.

> manteniendo sus extremidades cerradas a su alrededor. Abrir su cuerpo en una extensión libre, activa y abierta y una audaz orientación hacia afuera es para una mujer invitar a la objetivación... Sin embargo, la amenaza de ser vista no es la única amenaza de objetivación que vive la mujer. También vive la amenaza de invasión de su espacio corporal. La forma más extrema de esa invasión espacial y corporal es la amenaza de la violación. Pero estamos sujetos diariamente a la posibilidad de invasión corporal también de muchas maneras mucho más sutiles. Por ejemplo, es aceptable que las mujeres sean tocadas de maneras y en circunstancias en las que no es aceptable que lo sean los hombres, y por personas (es decir, hombres) a quienes no es aceptable que ellas toquen. Sugeriría que el espacio cerrado que se ha descrito como una modalidad de la espacialidad femenina es en parte una defensa contra esa invasión. Las mujeres tienden a proyectar una barrera existencial cerrada a su alrededor y discontinua con el 'allá' para mantener al otro a distancia... La mujer vive su espacio como confinado y cerrado a su alrededor, al menos en parte como si proyectara una pequeña área en la que puede existir como sujeto libre»[497].

Más allá de las razones que pueda tener el victimario, o un conjunto de individuos para violentar a otros, el hecho de que pueda constatarse que esa violencia cuando es sufrida por un determinado grupo social tiene una respuesta social e institucional de aceptación es el dato relevante para determinar la relevancia de la «condición de grupo social» señalada por Young como elemento de la violencia sistémica. El hecho de que cierta violencia, actos de violencia, en un determinado contexto social-institucional, tenga cierto nivel de aceptación e impunidad cuando la sufre un grupo social identificable[498].

---

497 YOUNG, I. M. «Throwing Like a Girl: A Phenomenology of Feminine Body Comportment Motility and Spatiality», *Human Studies, vol.* 3, 1980, pp. 137-156, p. 154.

498 Las mujeres son constantemente puestas en duda sobre violencia sexual, porque se asume que provocaron, que consintieron, porque se asume que rompieron normas prescritas desde el sistema como condición para rechazar la violencia sexual, o que nos es algo tan grave..

4.3. LA RESPUESTA INSTITUCIONAL A LA VIOLENCIA SEXUAL CONTRA LA INFANCIA EN ESPAÑA: UN EJEMPLO DE VIOLENCIA SISTÉMICA

Siguiendo la propuesta de Young, en este apartado se intentarán presentar argumentos para soportar la afirmación de que la respuesta institucional de España a la violencia sexual contra la infancia actualmente (negligente y revictimizante, excluye necesidades) puede considerarse, en el marco de Young, configura un contexto en el que la violencia sexual contra la infancia constituye una violencia sistémica, aceptable o no lo suficientemente condenable, como para cumplir con seriedad y diligencia las obligaciones.

Además del escenario ya descrito en el epígrafe 4.3, la alta prevalencia —según los (escasos) datos disponibles— permitiría mostrar esa habitualidad y el estado de (in)cumplimiento de sus obligaciones internacionales permitiría observar esa tolerancia de la que habla Young. Finalmente mostraré lo que podrían considerarse efectos incapacitantes de la violencia sexual contra la infancia como violencia sistémica. Efectos vinculados a esa respuesta.

4.3.1. Prevalencia de la violencia sexual contra la infancia

a) Consideraciones generales

La extensión de la violencia sexual contra la infancia en España construiría el elemento de la habitualidad de la violencia planteado por Young. Pues bien, en la literatura epidemiológica sobre violencia sexual contra la infancia se distingue entre los estudios de incidencia y los estudios de prevalencia. Los de incidencia serían los estudios realizados en base a cifras oficiales sobre los casos nuevos que han sido denunciados o notificados a las autoridades, o detectados por éstas (por ejemplo, los servicios sociales, la policía, la administración de justicia o la escuela), en un periodo de tiempo determinado, habitualmente un año[499]. Los estudios de prevalencia, en cambio, indagarían en el número de individuos que han sufrido agresiones sexuales a lo largo de su infancia[500], se realizan a través de encuestas directamente a la población, mayoritariamente de manera retrospectiva dirigiendo preguntas a adultos sobre sus experiencias en la infancia, con independencia de si existió o no notificación[501]. En principio, este segundo tipo de investigaciones mostraría de forma más real la magnitud del problema en la sociedad. Si bien a nivel internacional, como se verá, existen numerosos estudios de este tipo, hay autores que han denunciado la carencia de estudios de prevalencia dirigidos directamente a niños y niñas, defendiendo al mismo tiempo la importancia de este tipo específico de estudios[502].

Con todo, hay un dato constante a nivel internacional y es que las cifras de prevalencia siempre son mayores que las de incidencia. De ahí que en la literatura especializada se utilice el concepto de la cifra oculta o la metáfora del iceberg para indicar que las cifras oficiales solo indican un porcentaje muy por debajo de la dimensión real del problema: sería solo la punta de un problema

---

499 PEREDA, N. «¿Uno de cada cinco? Victimización sexual infantil en España», *Papeles del Psicólogo*, vol. 37, nº 2, pp. 126-133, p. 127.

500 Existe un margen de variación en cuanto al criterio de edad, incluso hay estudios que no contemplan un límite, y hacen referencia solo a la «infancia». Los estudios de meta-análisis suelen establecer el criterio de edad límite a los 18 años para recopilar y analizar las muestras. BARTH, J., et al. «The current prevalence of child sexual abuse worldwide: a systematic review and meta-analysis», *International Journal of Public Health*, vol. 58, nº 3, pp. 469-483, p. 469.

501 PEREDA, N. «¿Uno de cada cinco?...» cit., p. 128.

502 Para Becker-Blease y Freyd una de las razones de esta carencia sería los prejuicios sobre la capacidad de los sobrevivientes de dar su consentimiento para la realización de las encuestas o en el impacto que podrá tener en ellos: BECKER-BLEASE, K. A. y FREYD, J. J. «Research participants telling the truth about their lives. The ethics of asking and not asking about abuse», *American Psychologist*, vol. 61, nº 3, 2006, pp. 218-226, p. 218.

generalizado o la parte visible de un problema oculto[503]. No obstante, existe un consenso sobre la necesidad de contar con los dos tipos de estudios y con datos actualizados en ambas fuentes. El interés de los estudios de prevalencia radicaría en tener una aproximación sobre la dimensión del problema, y el de los estudios de incidencia en mostrar la capacidad institucional de detección y notificación. De manera que la distancia entre ambos, estando por debajo los datos de incidencia develaría los fallos de acusación a nivel institucional[504].

b) Prevalencia a nivel estatal: España

En España, a pesar de las críticas que señalaré más adelante, los estudios existentes tanto de prevalencia como de incidencia apuntan cifras preocupantes, que guardan similitud con investigaciones de estudios longitudinales a nivel global. Los estudios de prevalencia apuntan —siguiendo la media europea— que entre el 10 y 20% de la población en edad adulta ha sufrido abusos sexuales durante su infancia[505]. Este porcentaje se mantiene en los distintos estudios realizados en el país. En 1995, los resultados de un estudio sobre una muestra 1.821 personas adultas indicaba que el 18,9% de los entrevistados declaraban haber sido víctimas de abusos sexuales antes de los 17 años[506]. Los estudios más acotados en función de área geográfica o edad límite confirma cifras similares[507]. El estudio de prevalencia a nivel nacional más reciente,

---

503 PUEYO, A., et al. *Violencia sexual en España: una síntesis estimativa,* Grupo de Estudios Avanzados en Violencia (GEAV), Universidad de Barcelona, 2020, pp. 57-60.

504 PEREDA, N. «¿Uno de cada cinco?...» cit., pp. 127 y 128.

505 PEREDA, N. «¿Uno de cada cinco?...» cit., p. 132.

506 ALMENDRO MARÍN, M. T. et al. «Abuso sexual en la infancia: consecuencias psicopatológicas a largo plazo». *Psicopatología y Salud Mental.* nº 22, 2013, pp. 51-63

507 En 1995 un estudio de De Paúl y otros con 403 jóvenes universitarios del País Vasco situó la prevalencia del abuso sexual antes de los 13 años en 13,4%; en 2007, el estudio de Pereda y Forns sobre una muestra de

publicado en 2023 por Pineda y otros sobre una muestra de 1.323 participantes adultos sitúa la prevalencia del abuso sexual en la infancia en 18,6%. No obstante, estos estudios no logran mostrar la realidad actual de la victimización sexual infantil y analizar el fenómeno en el momento que está sucediendo. Si bien solo dentro de algunos años estaremos en condiciones de conocer, a través de este tipo de estudios, el impacto de los cambios institucionales en la prevalencia del abuso sexual contra la infancia, es llamativo la constancia de este porcentaje en 2023, cuando han pasado más de 30 años desde que se ratificó la Convención sobre los Derechos del Niño que reconoce el derecho de los niños y las niñas a una vida libre de violencia, y casi 30 años desde que se aprobó la Ley Orgánica de Protección del Menor que concretó algunas de las obligaciones de los poderes públicos en materia sensibilización, prevención, asistencia y protección frente a cualquier forma de violencia contra la infancia.

Identificar algún impacto de los cambios institucionales en la realidad actual de la violencia sexual contra la infancia requiere sobre todo mirar los estudios de incidencia, especialmente las notificaciones a los servicios sociales y las denuncias realizadas a la policía. Los estudios de incidencia que se han publicado en España con los datos provenientes de los Servicios Sociales de las diversas Comunidades Autónomas son escasos: solo dos de alcance nacional, y se analizan expedientes de los años noventa. El primero de ellos, el estudio realizado por Saldaña y otros en 1995 sobre un total de 32.483 expedientes abiertos por los servicios autonómicos de protección a la infancia entre 1991 y 1992, se encontró 8.565 casos de maltrato (0,44% respecto de la población infantil

---

1.033 de jóvenes universitarios en Catalunya situó la prevalencia del abuso sexual antes de los 18 años en un 17,9%; en 2008 el estudio de Cantón y Justicia con una muestra de 1.162 estudiantes universitarios de Granada situó la prevalencia de abusos sexuales antes de los 13 años en el 9,5% («Prevalencia y características del abuso sexual infantil en estudiantes universitarios españoles», *Child Abuse & Neglect*, vol 31, nº 4, 2007, pp. 417-426).

española), entre ellos 359 de abuso sexual (4,2% del total de casos de maltrato)[508]. En el segundo y último, publicado por el Centro Reina Sofía para el Estudio de la Violencia en 2002 se analizaron 32.741 expedientes de los servicios autonómicos de protección a la infancia entre 1997 y 1998, se identificaron 16.189 casos de maltrato (0,71% del total de la población infantil española), dentro de los cuales un 3,6% había sufrido alguna forma de violencia sexual[509].

Sobre las bases oficiales, el Ministerio de Justicia desde 2017 realiza un informe específico sobre las denuncias anuales de delitos sexuales. Desde entonces hasta 2022, último informe publicado, se mantiene un porcentaje de más del 40% de agresiones sexuales a personas menores de 17 años del 100% de casos denunciados sobre delitos sexuales; en 2021 llegó al 49%. Desde entonces los informes mantienen la tendencia «al alza» de este tipo de delitos y la mayor proporción de víctimas menores de edad. Este informe contiene datos sobre los hechos registrados y los hechos esclarecidos, así como el número de personas investigadas y el número de detenciones en relación con las distintas tipologías de delitos sexuales previstas en el Código Penal, entre ellas las agresiones sexuales (clasificadas con y sin penetración contra personas menores de edad).

Finalmente, otra documentación que podríamos considerar dentro de los estudios de prevalencia son los informes de Fundación ANAR[510]. De acuerdo con el último informe de Fundación

---

508 SALDAÑA, C., et al. «El maltrato infantil en España: Un estudio a través de los expedientes de menores. Infancia y Aprendizaje», *Journal for the Study of Education and Development, Infancia y Aprendizaje,* nº 71, 1995, pp. 59-68.

509 CENTRO REINA SOFÍA, *Maltrato Infantil en la familia. España,* J. Sanmartín, (dir.), Madrid, 2011.

510 La Fundación ANAR es una organización sin ánimo de lucro que tiene distintos convenios de colaboración con el gobierno español y que desde 1994 gestiona una línea telefónica de Ayuda a Niños, Niñas y Adolescentes en Riesgo (900 20 20 10), gratuita y confidencial que opera en

ANAR, ha contribuido a ayudar a 4.522 menores de edad víctimas de violencia sexual desde enero de 2019 a finales de junio de 2023, de los cuales el 92,3% de los casos se vinculaban con violencia sexual[511].

4.3.2. Efecto incapacitante en tanto violencia sistémica

En vista del diagnóstico anteriormente realizado y bajo el concepto de injusticia social desarrollado por Young, cabe preguntarnos si podemos calificar el contexto institucional en que tienen lugar los abusos sexuales contra la infancia en España como violencia sistémica. Para ello hace falta mirar no las consecuencias, por sí mismas graves, a nivel individual, sino las consecuencias a nivel grupal entre la infancia. Young describe el efecto sistémico relevante como el conocimiento por parte del grupo social de saberse «bajo la amenaza de ataque sobre sí misma o su familia o amigos», y el consecuente consumo de energías y privación que las personas del grupo social experimentan en su libertad y dignidad como forma de afrontar esa amenaza. Unos efectos que sufrirían o encarnarían solo por el mero hecho de formar parte de un grupo social en el marco de cierto contexto institucional en una sociedad determinada.

> «La opresión de la violencia consiste no solo en la persecución directa, sino en el conocimiento diario compartido por todos los miembros de los grupos oprimidos de que están predispuestos a ser víctimas de la violación solo en razón de su identidad de grupo. El solo hecho de vivir bajo la amenaza de ataque sobre sí misma o su familia o amigos priva a la persona oprimida de libertad y dignidad y consume inútilmente sus energías»[512].

---

todo el territorio nacional las 24 horas del día y durante todo el año, según su propia información cuentan con profesionales especializados que pueden orientar a tanto a niños o adultos sobre posibles situaciones de maltrato o riesgo, derivar el caso a equipos especializados dentro del sistema de protección o notificando el caso a las autoridades competentes.

511 FUNDACIÓN ANAR, *Agresión sexual en niños, niñas y adolescentes según su testimonio. Evolución en España (2019-2023)*, 2024.

512 YOUNG, I. M *La justicia y la política de a diferencia*, cit., p. 108.

Cuando Young analiza la violencia contra las mujeres como opresión, parte de que ellas tienen la información (en menor o mayor medida) sobre la prevalencia de violencia contra mujeres. En el caso de los niños, sin embargo, ellos no suelen contar con la información sobre la prevalencia del abuso sexual en general, y en particular la incidencia del abuso sexual en el entorno familiar. No obstante, sería absurdo negar que el hecho de que no tengan esa información, no haga posible hablar de una injusticia social, creo que en todo caso, este hecho muestra la profundidad y complejidad de esta injusticia[513]. Sin embargo, hay varios argumentos que para mí motivan afirmar el cumplimiento de tales efectos en relación con el contexto institucional ante el abuso sexual contra la infancia en España.

Primero: por su edad algunos niños no tienen forma de acceder material ni cognitivamente a esa información. Sin embargo, como anteriormente apunté, también existe una resistencia a hablar de sexualidad y violencia a los niños en bloque, con independencia de su edad. Y a negar información en prevención sobre violencia. De manera que hay una parte del desconocimiento mantenida institucional y socialmente. Además a pesar de detectarse no se notifican, quedan invisibilizados. Tampoco se habilita suficientemente a los niños ni a los profesionales para notificar, y de hecho existe una infra-notificación. Entre otros efectos, esto aumenta el desconocimiento de la dimensión del problema y evita que los niños puedan tener esa información fehaciente sobre un problema que les afecta. Es cierto que puede haber debate, más que sobre el qué información transmitirles sobre la realidad de la violencia sexual en su contra, sobre el cómo hacerlo. En cualquier caso, más allá de esta discusión —que sin duda hace falta— en este punto interesa centrar la atención sobre una presunción que considero bastante razonable: es my probable que si los niños adquirieran conciencia

---

513 Sería absurdo negar que una mujer que, por las razones que sean, no tenga conocimiento del contexto de violencia sexual contra las mujeres en una determinada sociedad, no pueda considerarse objeto de la opresión que constituye la violencia.

de la dimensión del problema — las cifras, los entornos donde más ocurre, por quién y las consecuencias— o si nosotros lo hubiéramos sabido de niños, tendrían —hubiéramos tenido— una sensación compartida de alerta ante un entorno amenazante en que viven —vivíamos— la mayoría de los niños y las niñas en esta sociedad. Me refiero a una sensación de alerta razonable, a una cierta sensación ansiedad, ajustada a las cifras, particularmente a las cifras de violencia sexual en el entorno familiar, el supuesto espacio seguro.

Segundo: ese conocimiento lo tenemos los adultos, de que nuestros hijos, los niños, los compañeros de nuestros hijos, pueden experimentar o estar experimentado violencia sexual. Hay razones para creer que en su clase alguien lo experimente. Hay razones para estar atentos a sus relatos sobre lo que ocurre en el cole identificando si hay algo que pueda ser abuso sexual, algo que pueda ser un castigo humillante, algo que pueda ser violencia. Los datos oficiales y los amplios conocimientos de que eso puede pasarles a los niños, con independencia de lo que hagan o no hagan, «ataques no provocados», simplemente por «ser niños» dan cifras preocupantes. «Cualquier mujer, por ejemplo, tiene razones para temer ser violada». «Cualquier niño, es razonable pensar, tiene razones para temer ser abusado sexualmente». Sería razonable que los niños vivieran bajo amenaza de ataque, que gastaran sus energías en esto. Su ignorancia sobre el temor razonable no les exime, su falta de gasto de energía no les priva de la injusticia social. El desarrollo de sus capacidades, a merced de la realización de esa violencia probable, amenaza intermitente, es una injusticia social. El desarrollo no debería condicionársele así a ningún niño[514].

---

514 El vínculo entre el desarrollo de las capacidades humanas y la justicia ha sido explorado con gran extensión por Amartya Sen y Martha C. Nussbaum. Citaré solamente algunos de sus más conocidos trabajos: SEN. A. *La idea de la justicia*, trad. de H. Valencia Villa, Taurus, Madrid, 2009; NUSSBAUM, M. C. *Creating Capabilities. The human development approach*, The Belknap Press of Harvard University Press, Cambridge, 2011.

Tercero: aun descartando el conocimiento de los números, la realidad de su elevada incidencia en la actualidad requiere para su abordaje que los niños «hagan». Desde el punto de vista del reconocimiento de su agencia, esto resulta correcto. Tratar a los niños como agentes de cambio social que pueden transformar la realidad es una obligación para los estados y las sociedades. Una obligación en deuda históricamente, no solo en España. Pero, más allá de reivindicar la necesidad de reconocer y contar con esa agencia en toda política pública, normativa o proyecto de prevención de la violencia contra la infancia, ahora interesa centrar la atención en otro punto: en el hecho de que los niños en esta sociedad —y en gran parte del mundo— tengan que gastar sus energías como una cuestión vital precisamente en afrontar el problema social insostenible de violencia sexual en su contra, que es responsabilidad absoluta de nosotros, los adultos. Es necesario que aprendan a identificar la violencia, a leer entre líneas, a distinguir lo que es válido y no en el marco de dinámicas abusivas sumamente complejas, en las que un adulto, muchas veces de confianza, muchas veces de quien dependen emocional o materialmente, referentes, figuras de autoridad, pasan en un instante de jugar a las cosquillas a buscar un contacto sexual. No solo energía invertida en identificar, sino en reaccionar con toda la complejidad añadida que implica reaccionar en un mundo controlado por adultos, y pedir ayuda precisamente a otro adulto. Aquí me parece sensato remarcar mi absoluta convicción —apoyada en el sentido común, la ciencia y el derecho internacional— de la necesidad de prevenir y de hacer parte a los niños en esa prevención, pero por ahora quiero mostrar lo injusto que es que tengan que hacerlo, que tengan que gastar tiempo, energía en esto, en lugar de utilizarla toda a desarrollar otras capacidades, como aprender a leer, a escribir o a clasificar los animales, según su etapa de desarrollo.

Cuarto: aunque en España no ha tenido lugar algo similar, es interesante mirar la historia de la visibilización y la organización colectiva que durante un tiempo, aunque corto, tuvo lugar en Estados Unidos respecto al abuso sexual, particularmente contra las niñas, organización que incluyó la politización de las propias niñas, su adhesión a círculos de autodefensa; y también otros ejemplos de organización del grupo social de niños y niñas que ante ciertas amenazas que les afectan directamente como grupo se organizaron colectivamente para gestionar como grupo esa violencia[515]. Esto simplemente para remarcar lo profundo de la injusticia aquí: objetivamente podemos hablar de injusticia porque lo razonable es que para evitar los abusos o conducirse en su vida diaria en un contexto de impunidad ante la violencia, el grupo social afectado, en este caso la infancia, gaste tiempo y energía física y mental en articular estrategias de evitación o de escape. No obstante, hoy en día en España no existe una organización colectiva considerable de la infancia que reivindique al estado medidas frente a la violencia en su contra, eso no es una dejadez, es una manifestación de falta de información y de la falta de apoyo desde las instituciones y la sociedad en su conjunto.

Las cifras y datos sobre las omisiones del estado dan la base para concebir la violencia sexual contra la infancia en España como una vulneración derechos humanos, grave por su prevalencia y sus efectos que puede a su vez ser considerada una violencia sistémica. La alta tasa de prevalencia/incidencia en relación con el conocimiento del estado sobre sus fallos en el cumplimiento de sus obligaciones internacionales en materia de violencia sexual contra la infancia permite que hablemos de tolerancia institucional. De manera que no estamos solo ante una vulneración a derechos humanos aislada, ni solo ante una serie de vulneraciones a derechos en el marco de respuesta institucional, ni solo ante una serie de casos de respuesta institucional a hechos de violencia sexual contra la infancia en los que se encuentra un patrón sistemático de vulneración (uso del pseudo-síndrome de alienación parental, no escucha del niño o la niña). Es que el estado ha recibido llamadas de atención sobre los fallos y su impacto en los

---

515 WHITTIER, N. *The Politics of Child Sexual Abuse. Emotions, Social Movements and the State*, Oxford University Press, 2009, p. 26. También ID. *Frenemies. Feminists, Conservatives and Sexual Violence*, Oxford University Press, 2018, pp. 90 y ss.

derechos de los niños. El estado a pesar de tener conocimiento de los fallos no los ha enmendado. El problema identificado claramente desde distintos frentes es la brecha entre discurso y práctica, entre legislación y aplicación. Y sin embargo, aún no se ha garantizado la formación obligatoria de jueces, la especialización de ciertos servicios institucionales, etc.

4.3.3. Reconocimiento de la violencia sistémica en el derecho internacional

Hay órganos internacionales que han tenido en cuenta el contexto de impunidad del estado ante ciertos actos de violencia o vulneraciones a derechos al momento de determinar responsabilidad, sea para determinar el grado de responsabilidad o el tipo y alcance de las reparaciones. Sin embargo, los órganos de los tratados de derechos humanos determinan responsabilidad del estado por vulneración de derechos en perjuicio de sujetos identificables, individual o colectivamente, analiza los hechos en relación con esos sujetos. En el ámbito del derecho internacional no hay una condena que haya establecido responsabilidad internacional por la vulneración a un grupo social en general, por una opresión o injusticia social. Eso no ha impedido que los órganos en sus sentencias identifiquen y tomen en cuenta el contexto de impunidad o tolerancia de agentes estatales ante ciertas vulneraciones de derechos, o actos de violencia dirigidas especialmente contra algún grupo social. En las sentencias encontramos términos distintos (sistematicidad, impunidad, o tolerancia) para referirse a ese contexto de normalización o aceptación social e institucional, que apunta Young en como elemento de la violencia sistémica.

Desde el punto de vista de la responsabilidad internacional, lo coherente, con la identificación de incumplimiento reiterado o sistemático de obligaciones por parte del estado en relación con algún tipo de vulneración a derechos o actos de violencia ha llevado a órganos internacionales sería el establecimiento, como reparación, por el estado de medidas generales dirigidas a subsanar sus omisiones: medidas generales. Este hecho explica que en el TEDH no tenga una jurisprudencia considerable sobre casos en los que se tenga en cuenta esa sistematicidad en el incumplimiento de obligaciones, esa perspectiva sistémica. Pues el CEDH no tiene un artículo similar al 2 de la CADH, sobre el deber de adoptar disposiciones de derecho interno:

> «Si el ejercicio de los derechos y libertades mencionados en el artículo 1 no estuviere ya garantizado por disposiciones legislativas o de otro carácter, los Estados Partes se comprometen a adoptar, con arreglo a sus procedimientos constitucionales y a las disposiciones de esta Convención, las medidas legislativas o de otro carácter que fueren necesarias para hacer efectivos tales derechos y libertades».

Según el Ferrer Mac-Gregor, juez de la Corte Interamericana de Derechos Humanos, «[l]a ausencia del mandato convencional en el CEDH no ha sido impedimento para que en la práctica jurisprudencial del Tribunal de Estrasburgo reconozca la existencia de problemas estructurales y sistémicos en relación a otros derechos protegidos por el Convenio de Roma y, de este modo, ordene la implementación de medidas positivas para garantizar los derechos protegidos en el Convenio Europeo»[516]. Según el mismo juez, el TEDH ha abordado «problemas sistémicos» en relación con derechos protegidos en la Convención Europea a través de las denominadas «sentencias piloto»: un mecanismo que puede se utilizado por el TEDH ante el supuesto de distintos procesos sobre cuestiones de fondo análogas que requiere medidas generales por parte del estado, y que habilita al TEDH para suspender el caso, y abalizarlos en conjunto como si de un solo caso se tratase. Si el TEDH constata la existencia d e un problema sistémico puede exigir al estado que adopte medidas generales.

---

516 CORTE IDH. *Voto razonado del juez Eduardo Ferrer Mac-Gregor en el Caso de los Trabajadores de la Hacienda Verde c. Brasil,* sentencia de 20 de octubre de 2016, párr. 59.

Uno de estos casos fue el Broniowski c. Polonia, de 2004, respecto del derecho de propiedad, donde identificó un problema sistémico de vulneración del derecho de propiedad contra una «clase específica de ciudadanos» como consecuencia de la «conducta administrativa y normativa por parte de las autoridades estatales, lo que requería medidas generales para su resolución, en este caso también valoró el reconocimiento del problema como un una «disfunción sistémica inadmisible» realizada por el propio estado. Han habido otras sentencias piloto donde el TEDH ha tenido en cuenta el contexto institucional en el que se enmarcan las vulneraciones para determinar la responsabilidad[517]. En este caso pueden apreciarse los elementos encontrados en el planteamiento de Young sobre opresión social: (1) los procesos o condiciones institucionales de omisión o negligencia en garantía de derechos o oportunidades de desarrollo; (2) los efectos incapacitantes o limitantes de las personas y la identificación de un grupo social como grupo específicamente vulnerado por esos procesos o condiciones.

En el ámbito interamericano, el ejemplo paradigmático de violencia sistémica es el caso de Campo Algodonero c. México, de 2009, sobre hechos de violencia contra las mujeres en Ciudad Juarez. En este caso, la Corte Interamericana de Derechos Humanos identifica distintas irregularidades en que incurrieron agentes estatales en el marco de las investigaciones penales sobre el feminicidio de cuatro mujeres, tres de ellas menores de edad, y, entre otras conclusiones, reconoce un contexto social de impunidad, en el que las medidas de derecho interno adoptadas han sido insuficientes para enfrentar las graves violaciones a los derechos humanos ocurridas contra las mujeres. El Estado no demostró haber agotado normas e implementado las medidas necesarias que permitieran a las autoridades ofrecer una investigación con debida diligencia.

---

517 Caso Broniowski c. Polonia, sentencia de 22 de junio de 2004, párr. 61.

> «Esta ineficacia judicial frente a casos individuales de violencia contra las mujeres propicia un ambiente de impunidad que facilita y promueve la repetición de los hechos de violencia en general y envía un mensaje según el cual la violencia contra las mujeres puede ser tolerada y aceptada como parte del diario vivir»[518].

Este párrafo ademas de vincular y determinar la relación de responsabilidad entre la acción de los estados y la acción de particulares, establece la manera en que acción institucional insuficiente e inadecuada por parte de Estado que se da de manera generalizada a actos de violencia cometidos por particulares cuando son dirigidos a determinado grupo social, en este caso la violencia contra las mujeres, genera un contexto de impunidad que «facilita y promueve su repetición, mostrando con sus actos un importante grade de aceptación o tolerancia institucional. La argumentación de la Corte nos permite identificar la violencia contra las mujeres en México como una violencia sistémica, pero podríamos pensar en la violencia sexual cuando es dirigida contra la infancia.

Las referencias a ineficacia institucional en relación con un grupo social, en el derecho internacional de los derechos humanos son especialmente referidas al ámbito judicial: obstáculos institucionales al acceso a la justicia, como el caso de Campo Algodonero. De ahí que el concepto de impunidad, como falta de castigo, sea el concepto utilizado, sin embargo, sería injusticia social cuando esa impunidad prevalece en relación con un grupo social, con un individuo o colectivo pero en tanto identificables como parte de ese grupo social. Especialmente, en relación con el derecho de acceso a la justicia y contra el grupo social de las mujeres. En este caso de Campo Algodonero, cuyos argumentos sobre ineficacia institucional, impunidad y tolerancia han sido citados en múltiples sentencias de la Corte IDH, ese reconocimiento es considerado en el

518 CORTE IDH. *Caso González y otras («Campo Algodonero») c. México,* cit., párr. 388.

apartado de relaciones para justificar que el estado condenado deba realizar acciones positivas dirigidas a reformar las instituciones, no simplemente a «reparar individuamente» a las víctimas del caso. En este y otros casos, garantías de no repetición dirigidas a modificar ese escenario de impunidad institucional e incluso de tolerancia social.

A modo de conclusión, podríamos hablar de la respuesta institucional a la violencia sexual contra la infancia en España como una violencia sistémica, para hacer notar que se trata de una vulneración a derechos humanos, en cierto nivel aceptada o tolerada institucionalmente. Los fallos por parte del estado aportan suficiente información como para articular un caso para exigir responsabilidad internacional ante un órgano internacional competente. Sin embargo, el interés de este trabajo más que afirmar la posibilidad de exigir responsabilidad al estado, que me parece bastante razonable, es centrarnos en las posibles razones que expliquen ese punto de quiebre entre, por una parte, el marco de protección internacional de la infancia frente a la violencia, la recepción y desarrollo nacional de un sistema de protección acorde en sus principios con ese marco; e incluso el aumento de la conciencia social e interés institucional por el problema de la violencia sexual contra la infancia y, por otro lado, los fallos institucionales sistemáticos en su cumplimiento, que revictimizan a los niños y las niñas que han sufrido violencia sexual, obstaculizando su acceso a la justicia así como la continuidad de altos niveles de tolerancia social reflejados principalmente en un problema de infra-notificación. En el siguiente Capítulo se explorará la hipótesis que en este trabajo de plantea al respecto y es la de que, al menos en parte, este escenario se explica por el contexto de discriminación estructural del que son objeto niños y niñas, que los construye desde la imagen del adulto y excluye sus necesidades desde este referente y que, sin embargo, no ha sido reconocido expresamente ni en el marco del derecho internacional de los derechos humanos ni en el ordenamiento jurídico español. En el Capítulo siguiente se aborda la propuesta sobre ese contexto de discriminación estructural para finalmente, en el último Capítulo abordar la cuestión sobre la necesidad del reconocimiento de tal contexto y las implicaciones que tendría tal reconocimiento, especialmente en términos de mayor respecto y garantía de los derechos humanos de la infancia y mejor marco protector de la integridad de la infancia.

Capítulo 5.

Discriminación estructural contra la infancia: prejuicios y estructuras en relación con la violencia sexual

El término de justicia social nos permite observar el contexto en el que tiene lugar un determinado fenómeno social o jurídico. En relación con el objeto de estudio del presente trabajo, podríamos hablar de un contexto institucional de la violencia sexual contra la infancia en España, de sus niveles de prevalencia y de impunidad. Constatarlos justificará hablar de los abusos sexuales contra la infancia en términos de injusticia social. La justicia (o la injusticia) social no se limita a constatar cuáles son las partes que intervienen en una vulneración concreta de derechos, sino que proporciona un contexto más amplio, vinculado a la estructura social y las condiciones institucionales que lo posibilitan o facilitan tal vulneración.

Abordar la violencia sexual contra la infancia como una injusticia social, como una violencia sistémica, como acto de violencia ejercida en ese contexto de aceptabilidad, requerirá de profundas modificaciones institucionales. En este Capítulo, el objetivo es abordar la cuestión de las causas o, más precisamente, las condiciones que explican que ese contexto y que esa respuesta institucional tenga lugar. Así, se tratará de verificar la hipótesis de partida: que la violencia sexual contra la infancia, en España, tiene lugar en un contexto de discriminación estructural, y que ese contexto media la respuesta institucional a esta violencia, restringiendo su alcance y obstaculizando los esfuerzos efectivos en pro de su erradicación.

La aceptabilidad mostrada en el Capítulo anterior se predica no de todos los actos de violencia contra cualquier individuo. El estado únicamente se permite responder —o, más precisamente, dejar de responder— así en los casos de violencia sexual contra la infancia. ¿Qué posición social ocupan los niños? ¿Podemos hablar de un estatus de subordiscriminación similar al de las mujeres o al de las personas racializadas? ¿Podemos hablar de un estatus de opresión? Young utiliza el término «estructural» para abordar la dimensión, que como explicaré, podría nombrarse de las «causas» de la injusticia social. Se pregunta por la cuestión del estatus de algunos grupos sociales, que explicaría en buena parte las injusticias sociales en su contra.

A continuación se intentará presentar y argumentar el esquema conceptual propuesto para explicar la posición o situación de desventaja de algunos grupos sociales, pensando particularmente en el que compone la infancia. ¿Cómo se construye y cómo logra arraigarse en las sociedades hasta tal punto que parezca tan difícil su transformación? Utilizaré el concepto de injusticia estructural con el fin de diferenciar dos dimensiones de análisis. En primer lugar, el nivel de las ideas, de las causas últimas de esas posiciones que podríamos identificar con el prefijo de -ismo (sexismo, racismo, adultismo), entendidas como ideologías que plantean una construcción del mundo social en clave de inferiores-superiores y del mundo político en clave subordinados-dominadores. En este nivel es posible apreciar el carácter construido, falaz y político de esas posiciones sociales; y en él, los estereotipos como mecanismos de construcción social y política tienen un papel clave, a través de ellos se concentran y simplifican las prescripciones sobre el rol que debe cumplir cada individuo o grupo social de acuerdo con esa construcción.

En segundo lugar, el nivel de las estructuras, en el que tendría lugar la inserción de esas ideologías de la superioridad, o contenidos de ellas, en el marco social y político a través de procesos socio-estructurales que permiten la «normalización» y reproducción social de esos contenidos. En este nivel es posible apreciar el carácter estructural de esas posiciones sociales, cuya modificación requiere la transformación de esos procesos socio-estructurales.

Es en esta fase o dimensión en la que los estereotipos se introducen en normas sociales o jurídicas, y en ella el papel del derecho como aparato con la función y legitimación social de regulación —que habilita y prescribe a los individuos— es clave. El contexto resultante de esa instauración o estructuración de contenidos adultistas constituiría el contexto de discriminación estructural contra la infancia.

5.1. PRECISIONES CONCEPTUALES

5.1.1. Prejuicio, estereotipo, discriminación y los -ismos

Existe un gran desarrollo teórico sobre la posición social, tratamiento y/o estatus de ciertos grupos sociales. En ese marco hay distintos términos usados con frecuencia, pero cuyo significado no suele precisarse o no es uniforme entre los autores. En este apartado se precisarán algunos de esos términos, que utilizaré a lo largo del Capítulo. Probablemente tres de los vocablos más recurrentes utilizados como caja de herramientas para capturar distintos aspectos de la desigualdad social sean: prejuicio, estereotipo y discriminación[520]. Términos originalmente propios de la psicología y que buscan entender los distintos tratamientos entre los miembros de una sociedad. Han sido extrapolados a la teoría

---

520 El interés y desarrollo por los términos prejuicio, los estereotipos y la discriminación compartido actualmente por disciplinas afines como la sociología y la ciencia política, y disciplinas emergentes como la neurociencia, se basaría, en buena parte, en el trabajo publicado en 1954 por Gordon W. Allport, *The Nature of Prejudice*, de 1954 (DOVIDIO, J.F. et al (eds.) *The SAGE Handbook of Prejudice, Stereotyping and Discrimination*, SAGE, California, 2010, pp. 5 y 6). Este sentido es también el incorporado en el Informe sobre edadismo publicado en 2021 por la Organización Mundial de la Salud. En tal informe el prejuicio de define como «una reacción emocional o un sentimiento, de carácter positivo o negativo, hacia una persona en función de la percepción de su pertenencia a un grupo»: ORGANIZACIÓN MUNDIAL DE LA SALUD, *Informe mundial sobre el edadismo*, 2021, p. 5.

social y política con un significado cercano pero no exacto con su semántica original.

El prejuicio se suele conceptualizar como una actitud, generalmente una actitud negativa. Allport lo define como «una antipatía basada en una generalización errónea e inflexible. Puede sentirse o expresarse. Puede estar dirigida hacia un grupo en su conjunto o hacia un individuo porque es un individuo»[521]. Si bien en la teoría social y política se han dado distintos usos al término, se trata de concepciones muy cercanas a la de Allport. Para Young-Bruehl, por ejemplo, el prejuicio es la actitud o la predisposición —individual o colectiva— conforme con un sistema de creencias[522]. Bobbio, en cambio, lo concibe no como un actitud sino como una opinión heredada por la tradición e impermeable al cuestionamiento que, sin embargo, es asumida con más arraigo en personas con cierta predisposición, sea por intereses o temores personales. De manera que Bobbio plantea un factor intermedio entre la opinión y el individuo que la asume: no se trata de una opinión errónea pero gestada por la propia persona, sino de una opinión gestada en el exterior y recibida por éste como si fuese propia[523]. Bobbio enfatiza dos de sus notas, su irracionalidad y su resistencia a toda refutación. Más allá de su correspondencia con la reali-

---

521 ALLPORT, G. W. *The Nature of Prejudice*, Addison-Wesley, Cambridge, 1954, pp. 40 y 41.

522 YOUNG-BRUEHL, E. *Childism*, cit., p. 34.

523 Para Bobbio el término prejuicio nombra «una opinión o a un conjunto de opiniones, a veces también a una doctrina, que es aceptada acrítica y pasivamente por la tradición, por la costumbre o bien por una autoridad cuyo dictamen aceptamos sin discutirlo: «acríticamente» y «pasivamente», en cuanto que la aceptamos sin verificarla, por inercia, por respeto o por temor, y la aceptamos con tanta fuerza que resiste a toda refutación racional, es decir, a toda refutación que se haga recurriendo a argumentos racionales». Para Bobbio es posible la existencia de prejuicios «inocuos», en sentido de desprovistos de significación política: BOBBIO, N. «La naturaleza del prejuicio. Racismo, hoy. Iguales y diferentes», en BOBBIO, N. *El reto de la diversidad*, 2010, pp. 183-197, pp. 183 y 184.

dad o de que su contenido sea en sí negativo, el hecho de que se asuma irreflexivamente y sin apertura al cuestionamiento[524] le da un sentido negativo al término. Sobre este sentido de prejuicio, como actitud u opinión acrítica, es común encontrar la clasificación entre prejuicio individual y prejuicio grupal, o colectivo. A la teoría política interesarían particularmente los segundos: «los compartidos por todo un grupo social y que conciernen a otro grupo social». De acuerdo con Bobbio, el modo distorsionado en el que un grupo social juzga al otro, generando incomprensión, rivalidad, enemistad, desprecio o mofa es la razón de muchos conflictos entre grupos, incluida la violencia intergrupal.

A pesar de que, con mucha probabilidad, el sentido del prejuicio fundamentalmente como una clase de actitud u opinión basada en ideas falsas sea el más generalizado en la literatura, no es el único. Más preciso con su etimología — del latín *praeiudicium* que significa «juicio previo, decisión prematura»[525]—, destaca el significado propuesto por Arendt en «¿Qué es la política?». Para la famosa teórica política[526], el prejuicio no es precisamente una

---

524 Aunque hay autores que distinguen los prejuicios en función de su contenido: «prejuicios negativos» o «prejuicios positivos», cuando se trata de opiniones que en el marco de una sociedad pueden considerarse favorables para una persona; esta distinción tiene poca relevancia en el marco de esta concepción. Lo definitorio es que hablamos de una opinión heredada que es recibida como propia y como verdad, y que en consecuencia es utilizada como lente desde la cual enjuiciar la realidad, a otros. Un ejemplo de esa distinción entre prejuicios positivos y prejuicios negativos se encuentra en: ORGANIZACIÓN MUNDIAL DE LA SALUD. Informe mundial sobre el edadismo. Ginebra, 2021, pp. 3-5.

525 REAL ACADEMIA ESPAÑOLA, *Diccionario de la lengua española*, 23ª ed., Edición del Tricentenario, Madrid, 2014, disponible en: https://dle.rae.es/prejuicio?m=form

526 Probablemente su trabajo, como el de muchas pensadoras comprometidas con un proyecto social y político profundamente democrático sea difícilmente encasillable. Ante la pregunta acerca de cómo se clasificaba, la autora optaba por la etiqueta de teórica política antes que la de filósofa debido a su explícito compromiso político que parecía contrariar el atributo de la equidistancia social propio de la figura del filósofo

actitud ni una opinión asumida acríticamente por la sociedad con base en ideas falsas, sino un «juicio anticipado» basado en premisas o criterios falsos que es utilizado socialmente -tanto a nivel colectivo como individual- como un criterio para juzgar la vida cotidiana y que encierra un juicio que en su día tuvo un fundamento legítimo en la experiencia; «solo se convirtió en prejuicio al ser arrastrado sin el menor reparo ni revisión a través de los tiempos»[527]. De modo que el prejuicio se conecta directamente con una ideología o cosmovisión, que establece los criterios para juzgar. Prejuicio sería algo así como el precedente de un juicio falso pero legítimo conforme a la ideología imperante en un momento históricamente anterior. Para Arendt esa legitimidad dada en algún momento da fuerza al prejuicio. Distintos autores hablan de prejuicios peligrosos o inocuos. Para Arendt, no es que haya prejuicios peligrosos o inocuos. El peligro está en utilizar los prejuicios como sustitutos del ejercicio del pensamiento propio y crítico para conducirnos en nuestra vida cotidiana o para ejercer la política[528].

Dentro de la psicología, en cambio, el estereotipo se utilizaría para nombrar los esquemas cognitivos utilizados para procesar información sobre los demás, la imagen típica que viene a la mente

---

clásico: «siempre menciono que hay una tensión entre la filosofía y la política, entre el hombre como ser que «filosofa» y el hombre como ser que actúa». Más allá del debate sobre el significado y el sentido de la filosofía, sin duda, su metodología es profundamente filosófica, preguntarse y buscar respuestas sin compromiso con ningún proyecto particular, y su desarrollo profundamente político, asumiendo y defendiendo ideas útiles para la construcción o mantenimiento de un proyecto social sin exclusiones. Entrevista en ARENDT, H. «¿Qué queda? Queda la lengua», Entrevista a Hannah Arendt realizada por Günter Gauss y emitida por la televisión de Alemania Occidental el 28 de Octubre de 1964, subtitulada en castellano y disponible YouTube: https://www.youtube.com/watch?v=WDovm3A1wI4

527 ARENDT, H. *¿Qué es política?*, trad. de R. Sala, Paidós, Barcelona, 1997, p. 53.

528 ARENDT, H. *¿Qué es política?*, cit., pp. 50-55.

cuando se piensa en un grupo social en particular[529]. En el marco de la teoría social y política se ha entendido de manera más específica, entre ellas por Cook y Cusack, como una visión generalizada —o preconcepción— sobre los atributos, características o roles sociales de los miembros de un grupo en particular que tiene, debe tener, o que tales personas deben cumplir[530]. Tanto dentro de la teoría social como la psicología se ha señalado su carácter falso y su efecto de generar expectativas sobre el comportamiento anticipado del grupo social[531]. Sin embargo, en la teoría política se le ha atribuido, además, un carácter normativo o prescriptivo, en la medida en que no solo busca describir supuestas características, sino dar el modelo de una identidad que debe ser encarnado por el grupo objetivo. El uso del concepto estereotipia, ha sido también utilizado en la teoría social y política de manera similar a su concepción original dentro de la psicología, donde se conceptualiza como un proceso de vinculación entre imagen y objeto, Blum, por ejemplo, ha argumentado que «[l]a estereotipia implica ver a los miembros individuales a través de una lente estrecha y rígida de imagen basada en el grupo, en lugar de estar atento a la gama de características que constituyen a cada miembro como un individuo distinto»[532]. El «estereotipo» ha sido un instrumento

---

529 DOVIDIO, J.F. et al (eds.) *The SAGE Handbook of Prejudice, Stereotyping and Discrimination…* cit, p. 7.

530 COOK, R. y CUSACK, S. *Gender stereotypes. Transnational Legal Perspectives,* Philadelphia, University of Pensilvanya, 2010, p. 23.

531 Algunos también estereotipos positivos y estereotipos negativos. Su uso para explicar posición social de grupo en estatus social exclusión de ciudadanía o menores garantías, suele referirse a carga negativa en el sentido de que identidad se construye de conformidad con ese estatus, para dar justificación. Pero también podrían considerarse si supremacía o estatus privilegiado construido sobre una cierta identidad, también estereotipos, más que positivos, favorables en el marco de una determinada sociedad.

532 LAWRENCE, B. «Stereotypes And Stereotyping: A Moral Analysis», *Philosophical Papers,* vol. 33, nº 3, 2004, pp. 251-289, p. 251. En algunas traducciones se encuentra también el término «estereotipación» para señalar el proceso de atribución de estereotipos: COOK, R. J.,

común a una diversidad de teorías que han intentado abordar la cuestión de la posición social de las mujeres, aunque en este trabajo profundizaremos específicamente en su aplicación a la infancia.

Por último, el término discriminación, tanto en psicología como en teoría social, nombraría a un tipo de tratamiento en el marco de relaciones intergrupales. Más que una mera distinción entre objetos sociales, significa un trato inapropiado y potencialmente injusto debido a la pertenencia a un determinado grupo social. Un comportamiento puede ser inapropiado, de manera explícita o, más sutilmente, a través de respuestas menos positivas que las que se dan hacia un miembro del grupo en circunstancias comparables[533]. En la teoría social hay cierto consenso en reconocer a la discriminación fundamentalmente como un trato injusto e ilegítimo[534]. Un tipo de trato cuya valoración requeriría de una comparación con un trato equivalente dirigido hacia otro sujeto de la misma clase. Recientemente, diversas teóricas han cuestionado el uso del razonamiento comparativo como requisito indispensable para reconocer discriminación. Añón identifica tres principales críticas: la consideración del término de comparación como estándar normativo definido por presunciones erróneas y estereotipadas respecto del cual la diferencia se interpreta como desviación[535]; la dificultad para encontrar supuestos equivalentes idóneos para la comparación; y el impedimento para evaluar

---

et al. «Unethical Female Stereotyping in Reproductive Health», *109 International Journal of Gynecology and Obstetrics,* 2010, traducido por la Federación Internacional de Ginecología y Obstetricia (FIGO), pp. 255-258.

533 DOVIDIO, J. F. et al (eds.) *The SAGE Handbook of Prejudice, Stereotyping and Discrimination...* cit, pp. 8, 9 y 10.

534 BOBBIO, N. «La naturaleza del prejuicio. Racismo, hoy. Iguales y diferentes», *Elogio de la templanza y otros escritos morales,* Ediciones Temas de Hoy, S.A., Madrid, 1997, pp. 183-197, p. 187.

535 El supuesto de hecho equivalente, en relación con un trato discriminatorio hacia las mujeres, el término de comparación suele exigir encontrar un trato equivalente recibido por un hombre.

los motivos detrás de un trato contrario al principio de igualdad cuando no se identifica un término de comparación[536]. Entre las propuestas, también identificadas por Añón, para identificar discriminación más allá del test comparativo, estaría la identificación de «criterios prohibidos» para justificar un trato diferente, la detección de estereotipos o prejuicios para fundamentar el trato, o la evaluación de la norma o práctica en que se sustenta el trato a la luz del principio de convencionalidad[537]. Este término ha sido utilizado como una herramienta jurídica específica para abordar parte de la desigualdad desde el derecho.

En la teoría política las concepciones sobre los términos de discriminación y prejuicio se han formulado especialmente en dos niveles. En el nivel de la acción o comportamiento individual, para explicar un aspecto del problema de la desigualdad social: el aspecto del papel de los prejuicios presentes en los individuos y su influencia en el tratamiento del resto. Y el aspecto de la forma en que los individuos despliegan actos para excluir o que tienen el efecto de excluir a otros individuos, de discriminarlos. En el nivel social: más frecuentemente el término de discriminación, pero en algunos casos también el de prejuicio, se han utilizado para nombrar un proceso sistémico de exclusión o infravaloración de un grupo social, para capturar el fenómeno social de la desigualdad intergrupal o para nombrar sus causas: la causa de los estatus sociales diferenciados son los prejuicios, y la distinta consideración de las personas. El estereotipo, en cambio, es un término que suele utilizarse como una herramienta analítica para abordar la cuestión más concreta de uno de los mecanismos empleados en el marco de sociedades con jerarquías sociales para su reproducción o funcionamiento.

---

536 AÑÓN ROIG, M. J. «Transformaciones en el derecho antidiscriminatorio: avances frente a la subordinación», *Revista Electrónica. Instituto de Investigaciones Ambrosio L. Gioja,* nº 26, Buenos Aires, 2021, pp. 29-53, pp. 40-42.

537 AÑÓN ROIG, M. J. «Transformaciones en el derecho antidiscriminatorio...», cit., pp. 43 y 44.

Frente a la manera «tradicional» de entender la discriminación han surgido argumentos y propuestas alternativas que encuentran su sentido y origen en enfoques que precisan tener en cuenta el componente sistémico o estructural en los procesos antidiscriminatorios. Entre algunas de las teóricas feministas que han planteado alternativas a esta forma tradicional de entender la discriminación, está Maggi Barrère, que ha defendido que no solo tendría que entenderse la discriminación como trato diferente e injustificado, sino como un trato dirigido a mantener una determinada jerarquía social que implica la subordinación de un grupo social a otro grupo social dominante. El enfoque estructural implicaría entender un acto discriminatorio no solo en la medida en que es diferente e injusto, sino en la medida en que reproduce o sirve para mantener un sistema estructural de poder. Para delimitar este sentido, ha propuesto el término de «subordiscriminación». Entre otras de sus ventajas, enuncia Barrère, la inclusión de la partícula «subor» permite visibilizar el «poder sobre» sin renunciar a significado como «trato» (es decir, una conducta). «Subor-discriminación» sería entonces, dice Barrère, «el término para designar el conjunto de tratos que, adquiriendo significación en uno o varios sistemas de poder, inferiorizan el estatus de ciertos grupos sociales e impiden que ese estatus cambie (es decir, que lo reproducen). A su vez, un trato subordiscriminatorio sería la concreción de un acto dentro del contexto social de subordiscriminación»[538]. En el Capítulo 6 se abordará la cuestión de la recepción y evolución en el derecho internacional de los derechos humanos del elemento estructural en relación con la (des)igualdad. Y el impacto que tal reconocimiento podría tener para garantizar los derechos de niños o niñas, particularmente para responder de manera adecuada a denuncias de violencia sexual en su contra.

Junto al término prejuicio, en la literatura es común encontrar otras palabras que se intercambian con este o que se usan para

---

538 BARRÈRE UNZUETA, M.A. «Filosofías del Derecho antidiscriminatorio ¿Qué Derecho y qué discriminación? Una visión contra-hegemónica del Derecho antidiscriminatorio», *Anuario de Filosofía del Derecho,* nº 34, 2018, pp. 11-42, pp. 31 y 32.

nombrar tipos específicos de prejuicio, o alguna dimensión de este. Entre ellas, un grupo de palabras terminadas con el sufijo -ismo[539], empleadas para nombrar lo que Bobbio llamaría prejuicios de grupo, como el sexismo o el racismo. También el grupo de expresiones compuestas con la palabra supremacismo, empleada para nombrar lo que con Bobbio podríamos llamar el prejuicio grupal más grave: el prejuicio que soporta y promueve la superioridad de un determinado grupo social[540], como el supremacismo blanco; y el grupo de los prejuicios grupales que justifican e incentivan el odio hacia un grupo social, conformados con el prefijo miso-, como la misoginia, o con el sufijo -fobia, como la homofobia. Algunas autoras como Manne[541] han señalado que la misoginia nombraría, mas específicamente que el odio, la actitud correctora o reacción punitiva ante la transgresión de las prescripciones sexistas[542]. En la literatura estos términos se utilizan tanto para nombrar en sí el prejuicio, entendido como actitud o

539 Por ejemplo, Young-Bruehl se refiere al prejuicio del sexismo, antisemitismo, como conjunto de creencias falsas sobre un grupo social, pero también como sistema acorde con ese conjunto de ideas: YOUNG-BRUEHL, E. Childism… cit.

540 BOBBIO, N. «La naturaleza del prejuicio…», cit., p. 196.

541 Desde esa perspectiva sistémica, Manne define la misoginia como una forma sistémica de discriminación que vigila y hace cumplir el orden social de género. De modo que la misoginia mas específicamente que el odio, o solo odio, nombraría la reacción punitiva ante la transgresión de las prescripciones de género, ante la distancia entre el estereotipo y la realidad. Esa actitud cualificada, de rechazo profundo y deseo de corrección, se «despertaría» ante el incumplimiento de la norma de género en el marco de sociedades «patriarcales»: MANNE, K. *Down Girl: The Logic of Misogyny*, Oxford University Press, Nueva York, 2018, p. 78.

542 Lo resume así: «En términos simplistas, el sexismo proporciona una justificación para la discriminación de género al naturalizar la idea de diferencias innatas e inmutables entre hombres y mujeres. En comparación, la misoginia sirve como medida punitiva para disuadir la transgresión de estos roles de género tradicionales, y funciona para mantener a las mujeres en su posición social jerárquicamente inferior» (BAKER, C. *Infrastructures of male supremacism: a mixed-methods analysis of the incel wiki*, Loughborough University, 2023, p. 18).

predisposición, como para calificar actos o tratos que se vinculan con ese prejuicio, se basan en él o lo refuerzan: un comentario sexista, un chiste racista, etc.

Sin embargo, quizá el significado de prejuicio o prejuicio grupal no logre abarcar en su totalidad los conceptos del sexismo, racismo o clasismo. En atención a su etimología, los diccionarios atribuyen al sufijo -ismo (del latín -ismus, del griego -ισμός -ismós) dos sentidos principales: uno general y otro estricto. En general, este sufijo indica una actitud o una inclinación; por ejemplo, el pacifismo significa, de manera muy básica, la actitud de oposición a la guerra o la inclinación a las vías no violentas para la resolución de conflictos, en este sentido de actitud cercano a prejuicio. En un sentido estricto, *ismo* significa doctrina o sistema; por ejemplo, el pacifismo es, desde esta perspectiva y dicho muy sucintamente, una doctrina -o conjunto de ellas- que se opone a la guerra y a las vías violentas de resolución de conflictos, o que persigue el ideal de la paz. Probablemente al hablar de racismo, clasismo, sexismo, entre otros, hablemos de un género de -ismos que presenta ambos sentidos etimológicos y cuya definición se precisa con la cláusula que lo compone: la categoría analítica a partir de la cual se construyen las creencias o ideas falsas: el género, la raza, la clase y —como veremos en el siguiente epígrafe— la edad. Quizá «ideología», más que el «prejuicio», sea el término que mejor define estos -ismos. Como sistema o doctrina, hablar del racismo o el sexismo, sería hablar de ideologías supremacistas —es decir, propuestas de interpretación de la realidad en clave de superioridad e inferioridad—, o ideologías de desigualdad —en clave de inclusión o exclusión de la titularidad de derechos— respecto de determinados sujetos o grupos sociales. Tales ideologías se basarían en hechos que son presentados como indiscutibles y que, por tanto, aspiran a ser asumidos socialmente como verdad, como como una mera descripción de la realidad. Esta clase de -ismo, además de plantear una propuesta de interpretación social, reivindica una ordenación social y política con base en esa interpretación de la realidad, lo cual conlleva justificar estatus privilegiados y estatus opresivos, frente a sujetos o grupos no privilegiados y oprimidos.

Diversas autoras han apuntado que las ideologías de la superioridad (esos —ismos) no solo son interpretaciones de la realidad sino que buscan construirla. Construyen a los grupos sociales dominadores y a los grupos sociales inferiores. Y lo hacen a partir de distintos criterios seleccionados como relevantes para distinguir y ordenar los grupos sociales en inferiores y superiores. Como apunta Celia Amorós: «Todo sistema de dominación es un eficaz fabricante de esencias ... [pues] [a] la individualidad como tal no se la puede oprimir sino en la medida en que previamente se la ha transmutado en esencia»[543]. Un *ismo,* siguiendo a Young-Bruehl, puede definirse como un sistema de creencias que construye a su grupo objetivo como un grupo subordinado, siempre en referencia con otro grupo superior que domina. Se trataría de una construcción a partir de una característica perceptible que permita delimitar visiblemente un grupo de seres humanos, a partir de ella construir una diferencia y con base en esta sostener una jerarquía social. Por ejemplo, en relación con el sexismo, el supuesto criterio de distinción evocado son los genitales y la función sexual y reproductiva aparentemente distinta entre dos grupos de seres humanos así diferenciados[544]. Pero esas diferencias no explican porque eso debería traducirse en una diferencia relevante para estructurar la sociedad; y más aún en una posición social dominante[545] y otra subordinada. El marco de una ideología supremacista concreta

---

543 AMORÓS, C., *Hacia una crítica de la razón patriarcal,* Anthropos, 1991.

544 YOUNG-BRUEHL, E., *The anatomy of prejudices,* Harvard University Press, 1996.

545 Segato, en referencia al sistema patriarcal, habla de la construcción del sujeto dominador, del «mandato de la masculinidad» como el mandato de violencia, de dominación, en el que el sujeto masculino tiene que construir su potencia y espectacularizarla a los ojos de los otros. Es interesante, que con esta concepción de la construcción identitaria como «mandato» en el marco de una ideología supremacista, se alude a la «prescripción» y no a la simple «expectativa» como mecanismo para juzgar a un grupo social. SEGATO, R. L. *Las estructuras elementales de la violencia,* Editorial Bernal y Universidad Nacional de Quilmes, 2003.

intenta justificar que ese elemento de distinción es relevante y que tiene ese significado.

Probablemente sean la teóricas feministas, a través de los conceptos de género y sistema sexo-género quienes mejor han explicado ese carácter construido de las «diferencias sexuales» que han servido para justificar jerarquías sociales, más concretamente: relaciones sociales de dominación y subordinación. En sus diversos planteamientos no solo se refieren al carácter construido sino a todo el sistema que construye y mantiene esa diferencia social y política como una diferencia natural. En general, en la teoría feminista, se tiende a emplear el género como forma de hacer referencia «a la organización social de las relaciones entre sexos». Algunos autores ubican sus orígenes en la gramática, en la psicología o en la biología. Hasta 1960, señala Mari Mikkola, el «género» se usaba a menudo para referirse a palabras masculinas y femeninas, como le y la en francés[546]. A finales de los sesenta, se utilizaba como herramienta conceptual para explicar situaciones de incongruencia entre el sexo (planteado como rasgos biológicos) y el género socialmente prescrito (planteado como los rasgos culturales que se asumen propios según los genitales que se tienen y que entienden adquiridos a lo largo del proceso de socialización), que fueron etiquetadas, y en ocasiones patologizadas haciendo uso de conceptos como: disforia de género, transexualidad, etc. Posteriormente habría una apropiación por las ciencias sociales, especialmente la antropología y la sociología, y para Maquieira, en el pensamiento feminista inicia su uso en los setentas y ochentas[547]. En esta época y partir del planteamiento de Beauvouir de que «una mujer no nace sino que se hace», distintas

546 MIKKOLA, M. «Feminist Perspectives on Sex and Gender», en N. ZALTA, E. N. y NODELMAN, U. (eds.), *The Stanford Encyclopedia of Philosophy*, 2023. Disponible en: https://plato.stanford.edu/archives/fall2023/entries/feminism-gender/

547 MAQUIEIRA, V. «Género, diferencia y desigualdad», en BELTRÁN, E. y MAQUIERA, V. (eds.), *Feminismos: Debates teóricos contemporáneos,* Alianza, Madrid, 2001, pp. 127-190, p. 159.

teóricas feministas sistematizarían y concretarían su propuesta en el concepto *género*[548].

La relación entre los conceptos sexo y género se ha consolidado como dicotomía específica dentro de la más amplia de cultura/naturaleza, que es utilizada como herramienta de análisis para diferenciar entre las supuestas diferencias biológicas y las posiciones y roles -estatus- asignados social o culturalmente a hombres y mujeres. A mediados de los setenta, Gayle Rubin acuñó el término compuesto «sistema sexo-género» para referirse a un aspecto de la vida social que permite estudiar los modos en que «la materia bruta del sexo es convertida por las relaciones sociales y políticas desiguales en estatus diferentes entre las personas»[549]. Se trata de un concepto que se ha consolidado como herramienta conceptual para identificar y comprender el modo sistemático en que cada sociedad organiza el mundo sexual. Para Benhabib, apunta Mestre, el sistema sexo-género designa la constitución simbólica y la interpretación social e histórica de las diferencias anatómicas de los sexos[550]. No todas las sociedades organizarían y significarían su mundo sexual de la misma forma. En 1984, Rubin, a modo de autocrítica, rechazó la idea de que el sexo —en contraposición al género— sea una realidad constante y universal, una «realidad natural» ajena a la historia; y cuestionó la visión del sexo —como anatomía y actividad sexual— vinculada exclusivamente a la sexualidad heterosexual reproductiva[551]. No obstante, apunta Maquieira,

---

548 Fuera del ámbito académico también empezó a cobrar relevancia. A principios de los setenta, por ejemplo, la jurista Ruth Joan Bader Ginsburg, presentó ante la Corte Suprema de los Estados Unicos los primeros casos por discriminación sexual utilizando el concepto de género.

549 MAQUIEIRA, V. «Género, diferencia y desigualdad», cit., p. 162.

550 MESTRE I MESTRE, R. *La Caixa de Pandora*… cit., p. 74.

551 RUBIN, G. S. «Thinking Sex: Notes for a Radical Theory of the Politics of Sexuality», en PARKER, R. y ANGGLETON, P. (eds.), *Culture, Society and Sexuality. A Reader*, Routledge, Nueva York, 2006, pp. 143-179

su crítica no invalida sus desarrollos en torno al género, como construcción social y política[552].

5.1.2. Poder, dominación, opresión

Otro término recurrente dentro de la literatura sobre la desigualdad social es el poder, y algunos vocablos a los que frecuentemente se atribuye cierta vinculación con él, como es la dominación y la opresión. El poder es un concepto muy complejo, objeto de mucho desarrollo. Es un término que se ha utilizado en el plano conceptual como un elemento para describir o captar el fenómeno de la desigualdad social, pero también el plano de sus causas. En la teoría social y política, el poder a menudo se considera como un concepto esencialmente controvertido, sobre el que existen desacuerdos profundos y generalizados. Allen apunta como una clasificación convencional de la literatura de poder, la diferenciación entre las concepciones teóricas de la acción y las concepciones sistémicas[553].

Dentro de las concepciones teóricas del poder como acción habría una sub-clasificación. Por un lado, encontramos las teorías que conciben el poder como ejercicio de control sobre los demás,

---

552 Como explica Maquieira, esta crítica se formula en un momento en el que sus preocupaciones teóricas se dirigían, no a teorizar sobre el género, sino a desarrollar una teoría sobre la sexualidad que pudiera dar cuenta de las minorías sexuales. Su interés, en el marco de una teoría de género, es visibilizar el carácter construido de la supuesta subordinación «natural» de las mujeres, marcadas por su genitalidad y su capacidad reproductiva. Mientras que en el marco de su teoría de la sexualidad, su interés es visibilizar los procesos de interpretación o conformación del sexo. MAQUIEIRA, V. «Género, diferencia y desigualdad», cit., p. 163.

553 ALLEN, A. «Feminist Perspectives on Power», en ZALTA, E.N. y NODELMAN, U. (eds.), *The Stanford Encyclopedia of Philosophy,* 2022. Disponible en: https://plato.stanford.edu/archives/fall2022/entries/feminist-power

es decir, como un «poder sobre». Por otro lado, la teorías que lo definen como una capacidad para actuar, es decir, como un «poder para» hacer algo. La formulación clásica de la primera definición fue ofrecida por Weber, quien, reconociendo que el concepto de poder «es sociológicamente amorfo», consideró que «toda suerte de constelaciones posibles pueden colocar a alguien en la posición de *imponer su voluntad* en una situación dada»[554]. Foucault y Young serían algunos de los teóricos contemporáneos que también emplean el término en este sentido. Para Foucault hablamos de estructuras o mecanismos del poder «solo en la medida en que suponemos que ciertas personas ejercen poder sobre otras»[555]. Para Young, por su parte, «el poder consiste en una relación entre quien lo ejerce y otras personas, a través de la cual ella o él comunica intenciones y obtiene su consentimiento»[556]. Las notas de este sentido del poder son su carácter performativo y relacional.

La formulación clásica del segundo sentido del poder, como capacidad, se encuentra paradigmáticamente en Hobbes, para quien «el poder de un hombre lo constituyen los medios que tiene a la mano para obtener un bien futuro que se le presenta como bueno»[557]. También encontramos esta concepción en Arendt, cuando sostiene que el poder es «la capacidad humana no simplemente para actuar, sino para actuar concertadamente»[558]. Este sería el sentido coherente, según Pitkin, con su etimología, pues la palabra «poder» (*pouvoir*) vendría del latín *potere* que significa

---

554 WEBER, M. *Economía y sociedad*, nueva edición revisada, comentada y anotada por F. Gil Villegas, trad. de J. Medina *et al.*, Fondo de Cultura Económica, Ciudad de México, 2022 [1922], p. 184.

555 FOUCAULT, M. «Afterword: The Subject and Power», en DREYFUS, H. y RABINOW P., *Michel Foucault: Beyond Structuralism and Hermeneutics*, 2ª ed., University of Chicago Press, 1983, p. 217.

556 YOUNG, I. M. *La justicia y la política de la diferencia…* cit., p. 57.

557 HOBBES, Th. *Leviathan*, trad. C. Mellizo, RBA, Barcelona, 2002 [1641], libro I, p. 101.

558 ARENDT, H. *Sobre la violencia*, Alianza, trad. de G. Solana, Madrid, 2014 [1969], p. 60.

ser capaz[559]. Para algunos se trata de un tipo particular de capacidad: la capacidad de imponer la voluntad de uno a los demás. Sin embargo, otros han argumentado que el poder como sustantivo y poder como verbo se refieren a conceptos fundamentalmente diferentes y que es un error tratar de desarrollar una cuenta de poder que los integre.

Las concepciones sistémicas —o constitutivas— son aquellas que ven el poder como posibilidades sistemáticamente estructuradas para la acción, o, más específicamente, como constitutivas de los actores sociales y el mundo social en el que actúan[560]. La concepción sistémica considera el poder como «las formas en que los sistemas sociales dados confieren diferenciales de poder de disposición a los agentes, estructurando así sus posibilidades de acción»[561]. Es común encontrar usos intercambiables con los términos de opresión y dominación. El término *dominación* es más frecuentemente utilizado en el primer sentido, como un poder sobre, una acción individual en el marco relacional. El término *opresión* lo más en segundo sentido, como término que nombra ese sistema que restringe las posibilidades de acción de un grupo social. Utilizando ambas perspectivas del concepto, sistémica e individualista, y ambos sentidos del concepto, como «capacidad» o como «poder sobre», dentro del feminismo teórico hay distintas

---

559 De acuerdo con Pitkin: «el poder es algo – cualquier cosa – que hace o vuelve a alguien capaz de hacer algo. El poder es capacidad, potencial, habilidad o medios»: PITKIN, H. F., *Wittgenstein and Justice: On the Significance of Ludwig Wittgenstein for Social and Political Thought,* University of California Press, Berkeley, 1972, p. 276.

560 Saar argumenta, sin embargo, que la concepción sistémica del poder no debe entenderse como una alternativa a la concepción teórica de la acción del poder, sino más bien como una variante más compleja y sofisticada de ese modelo. Según este autor: su «escenario básico sigue siendo individualista a nivel metodológico: el poder opera sobre los individuos como individuos, en forma de 'acción' o 'determinación externa'» (SAAR, M. «Power and Critique», *Journal of Power,* vol. 3, nº 1, 2010, pp. 7-20, p. 14).

561 HAUGAARD, M. «Power: A 'family resemblance' concept», *European Journal of Cultural Studies*, vol 13, nº 4, 2010, pp. 419-438, p. 425.

concepciones y tipologías del poder: poder como recurso, poder como dominación —en la cual se ubicarían distintos enfoques que divergirían sobre qué tipo o qué características tendría la relación opresiva (de poder sobre)— y poder como empoderamiento[562].

Dentro de todo este entramado, merece atención aparte el concepto de sistema de poder (sistema de dominación o sistema de opresión), herramienta conceptual y analítica articulada en el marco de teorías feministas, con utilidad para identificar, delimitar y explicar el funcionamiento del conjunto de dinámicas, prácticas, tratos o normas dirigidas a instaurar o mantener un orden social jerárquico, injusto. Se trata de un concepto complejo, construido habitualmente sobre ambas perspectivas del poder: la relacional y la sistémica[563]. Se describe como un sistema que limita las posibilidades de acción de un grupo social (perspectiva sistémica) pero un sistema definido por su fin de instaurar o reproducir un *status quo*: las condiciones limitantes son a su vez las condiciones de posibilidad para ejercer control de un grupo social sobre otro (perspectiva relacional). El sistema limita a un grupo para

---

562 Esta división ha sido una clasificación muy utilizada por teóricas feministas. Un trabajo en lengua castellana de clasificación y síntesis de las distintas concepciones sobre el poder utilizadas dentro del feminismo se encuentra en: DE LA FUENTE VÁZQUEZ, M. *Poder y feminismo: elementos para una teoría política,* tesis dirigida por E. Bodelón, Universitat Autònoma de Barcelona, 2013.

563 Hay algunas autoras que, en razón de esa concepto complejo para captar la posición social de las mujeres, llegan a intercambiar «perspectiva sistémica» como una «perspectiva sistémica», por una llamada «perspectiva de poder sobre», que se referiría, creo, a esa perspectiva «relacional» (o individual). Quizá esta perspectiva de «poder sobre» integre ambas perspectivas: sistema y relación interpersonal. Sin embargo, otras autoras sostienen que el poder seguiría requiriendo de esa relación y posibilidad de ejercicio de una parte sobre la otra. Esta es la razón por la que Young rechaza el concepto de «sistema de dominación» o «sistema de opresión», no se requiere un grupo social sobre otro. Deja el término poder para perspectiva relacional, propone el concepto opresión y dominación (como conceptos distintos al poder) que contendrían esa perspectiva sistémica.

habilitar a otro, restringe a un grupo a una posición subordinada (sistémica), para garantizar a otro grupo una posición dominante (relacional). Por ejemplo, para Valcárcel: «El patriarcado es el sistema de dominación genérico en el cual las mujeres permanecen genéricamente bajo la autoridad a su vez genérica de los varones; sistema que dispone de sus propios elementos políticos, económicos, ideológicos y simbólicos de legitimación y cuya permeabilidad escapa a cualquier frontera cultural o de desarrollo económico»[564].

Si la ideología de superioridad (los -ismos) es una herramienta para analizar un aspecto de —o nivel de análisis sobre— las jerarquías sociales, el de las ideas con abstracción del grado de materialización o efectividad de tal ideología en una sociedad determinada. En cambio, el concepto de sistema de dominación (sistema de poder o sistema de opresión) es una herramienta conceptual y analítica articulada en el marco de teorías feministas, con utilidad para identificar, delimitar y explicar el funcionamiento del conjunto de dinámicas, prácticas, tratos o normas que materializan socialmente una ideología supremacista. Las teorías que utilizan esta herramienta analítica, siguiendo a Barrère, descansan sobre una determinada concepción del poder que se ha solido denominar sistémico o estructural y que responde a la idea de la opresión o «poder sobre». Sistémico en oposición a aislado o casual, el acto de dominación o el comportamiento discriminatorio se enmarca en un sistema donde cobra significado. Un sistema entendido como un conjunto de disposiciones y prácticas a través de las cuales una sociedad construye y mantiene una diferencia, jerarquía y dominación social. Un sistema que materializa una ideología supremacista en una sociedad determinada. A través de estos sistemas se posiciona socialmente a los individuos o se ordenan las relaciones —interpersonales e intergrupales— en una sociedad[565].

---

564 VALCÁRCEL, A. *Sexo y filosofía. Sobre «mujer» y «poder»*, Anthropos, Barelona, 1991, p. 142.

565 Para Barrère, «visibilizar los sistemas de poder» significa poner de relieve los límites de la teorización y desarrollo aplicativo del principio de

Podríamos referirnos a las notas que explican un sistema, usualmente aludidas en el marco de la teoría del derecho que explica al derecho como sistema: coherencia, unidad y plenitud. El sistema de dominación, no solo es un conjunto de mecanismos que dirigen un trato injusto de manera aislada sino un conjunto de prácticas, normas unificadas por el fin de reproducir o mantener un *statu quo.* Aunque en apariencia pueden identificarse contradicciones en las argumentaciones que sustentan un trato discriminatorio, la coherencia radica en ese fin de perpetuación del *status quo.* La pretensión de plenitud radica en la recurrencia siempre a esa ideología supremacista para fundamentar el trato discriminatorio[566].

El carácter estructural alude a un grado de profundización del sistema de dominación: si la ideología supremacista ha informado la estructuración de una sociedad, hablamos de relaciones estructurales de poder, de un sistema estructural de dominación o de opresión estructural. Una sociedad patriarcal, o racista, por ejemplo. Ya no estamos ante una mera propuesta de interpretación de la realidad, sino ante la efectiva constitución de una jerarquía social a través de las estructuras o pilares de la sociedad. Waldby concibe las estructuras institucionales como los modelos culturales o normativos que definen las expectativas de los agentes y organizan sus acciones, mientras que las estructuras relacionales serían los modelos de interconexión e interdependencia causal

---

igualdad y no discriminación propios de la cultura jurídica hegemónica (formalista-normativista). BARRÈRE UNZUETA, M.A. «Filosofías del Derecho antidiscriminatorio…» cit., p. 18, n.p. 15.

566 Siguiendo a Barrère, en el uso del término «sistema» se entrelazan varios significados: dos significados lexicales de la palabra: a) conjunto de reglas o principios sobre una materia racionalmente enlazados entre sí; y b) conjunto de cosas que relacionadas entre sí ordenadamente que contribuyen a determinado objetivo, combinados con la idea de la repetición (sistemático) y la amplitud de los efectos (el todo social) BARRÈRE UNZUETA, M.A. «Filosofías del Derecho antidiscriminatorio…» cit., p. 24.

entre los agentes y la posición que ocupan, y, a partir de la misma, distingue dos clases de sistemas sociales[567].

Entre algunas de las teóricas feministas que han utilizado la categoría de sistema de dominación y que incorporan un enfoque constructivista, se encuentra la filósofa Amelia Valcárcel y el antropólogo Gayle Rubin. Valcárcel utiliza el término patriarcado para referirse al «sistema de dominación genérico en el cual las mujeres permanecen genéricamente bajo la autoridad a su vez genérica de los varones; sistema que dispone de sus propios elementos políticos, económicos, ideológicos y simbólicos de legitimación y cuya permeabilidad escapa a cualquier frontera cultural o de desarrollo económico»[568]. Rubin, utiliza el término sistema sexo-género para referirse a «aparato social sistemático que emplea mujeres como materia prima y modela mujeres domesticadas como producto»[569]. Ambos autores se refieren al carácter sistémico y constructivista de la dominación.

Dentro de teoría feminista, se han desarrollado distintas categorías para analizar el sistema de jerarquización social que construye y posiciona socialmente a mujeres y a hombres, con diferente alcance o sentido. En particular, suele hacerse referencia a dos categorías concretas: el sistema sexo-género, antes mencionado, y el patriarcado (o sistema patriarcal). Para Mestre, «el sistema de sexo-género es una estructura social que, en función de la diferencia sexual biológica, establece o crea relaciones jerárquicas en las que se señala quién ocupa qué espacio en la jerarquía. La categoría de sistema sexo-género ha sido utilizada para separar lo que es dado de lo que es construido, de modo que se puede ver cómo la sujeción de las mujeres es una construcción social y política»[570].

---

567 WALBY, S. «Complexity Theory, Systems Theory, and Multiple Intersecting Social Inequalities», *Philosophy of the Social Sciences*, vol. 37, nº 4, 2007, pp. 449-470, p. 460.

568 VALCÁRCEL, A., *Sexo y filosofía*. cit., p. 129.

569 RUBIN, G. S. «El tráfico de mujeres. Economía Política del sexo», *Revista Nueva Antropología*, vol. 8, nº 30, 1986, pp. 95-145.

570 MESTRE I MESTRE, R., La Caixa de Pandora... cit., p. 74

En cambio, las relaciones patriarcales, según Brah, son una forma específica de relación de género en la que las mujeres se encuentran en una posición subordinada[571]. La herramienta conceptual del sistema sexo-género nos permitiría separar lo que es dado de lo que es construido; develando relaciones subordinación o dominación.

El patriarcado sería la categoría para referirse a la especificación concreta de un sistema sexo-género. Una organización y jerarquización social específica a partir de una interpretación política del sexo y del género. Si el sistema sexo-género hace referencia a la distinción entre lo dado y lo construido como referencia necesaria y criterio legítimo para crear una determinada ordenación, significación y organización de los mundos sexuales en el marco de una sociedad, el término es, de hecho, señala Mestre, más neutral que el de patriarcado[572]. De este modo, Mestre se refiere al sistema de sexo-género patriarcal como el vigente en las sociedad democráticas liberales occidentales, que según sostiene, tendrían su origen en la modernidad y en una particular manera de concebir los espacios jerarquizados entre el espacio público y el espacio privado[573].

Los sistemas de dominación estructurales, en tanto constitutivos de la sociedad, disponen de potentes mecanismos, procesos, normas e instituciones para asegurar su continuidad. Es posible clasificarlos, entre aquellos dirigidos a «constituir al otro», a codificar la mirada de quienes miran al sujeto o grupo objetivo; y aquellos dirigidos a «constituirse como otros», dirigidos a que el propio sujeto o miembros del grupo objetivo, no solo se ajusten (su cuerpo, su identidad, sus decisiones, sus prácticas) de acuerdo con los parámetros impuestos por el sistema de dominación, sino que se autoperciban, incluso complacientemente, como «otros». Para encarnar el

571 BRAH, A. *Cartografías de la diáspora. Identidades en cuestión,* Traficantes de Sueños, Madrid, 2011, pp. 123-156, pp. 137 y 138.

572 MESTRE I MESTRE, R., La Caixa de Pandora... cit., p. 74.

573 MESTRE I MESTRE, R., La Caixa de Pandora... cit., p. 75.

prejuicio, para que ellas mismas funcionen como inquisidoras del sistema dominación sobre sus propios cuerpos, su propia vida.

Para que los sujetos del grupo subordinado se conviertan y se piensen como aquello que se les prescribe desde y por el sistema de dominación. Un primer paso, es la simplificación de los mensajes y codificación gráfica de los mismos. A través de la configuración de roles e imágenes (estereotipos) normativas que trasladen de manera sencilla el contenido de la construcción del grupo objetivo, o subordinado: cómo se ve una mujer (como debe verse una mujer) y qué hace (qué debe hacer una mujer). El segundo paso, es la puesta en marcha de procesos de socialización, a través de medios de comunicación y otros agentes socializadores, que trasladen de manera viral y eficaz estos mensajes. A tal punto que se «normalicen» las expectativas sociales construidas sobre la ideología supremacista, que se asuman como la norma; o que se naturalice la diferencia social y política construida, que se asuma como «natural» lo construido. El tercero, la instauración de instancias, mecanismos y agentes para hacer cumplir el mandato o prescripción normativa contenida en esos roles o estereotipos; sea a través de incentivos/premios o sanciones/castigos con distinto nivel de coerción. El relativo éxito de un sistema de dominación radica en que el propio sujeto construido inferior y ubicado en posición de subordinación se perciba conforme a éste y se erija como su valedor.

Los autores que utilizan el concepto de sistema de poder, aunque mantienen esa descripción como sistema y esa finalidad de poder sobre del sistema, no plantean el mismo nivel de afectación en los individuos, de margen para la acción. Para Mackinnon por ejemplo, esas condiciones limitantes lo son a tal punto que en ciertas esferas, particularmente en la sexualidad, se interpretan como obstáculos insuperables. Más que condicionantes, determinantes. Siguiendo a Mestre, para Mackinnon «ser mujer [...] significa ser víctima de un sistema de explotación»[574]. Sin embargo,

---

574 MESTRE, R. *La Caixa de Pandora*... cit., p. 139. Las críticas a esta afirmación han dado lugar a un gran desarrollo teórico.

otras feministas como Young rechazan directamente el uso de sistema de opresión o de poder, aunque esta autora concibe el poder en términos de relación de control o de potencial de control de un individuo sobre otro, no lo considera un concepto «extrapolable» para captar el fenómeno de desigualdad social entre grupos[575]. Barrère, en cambio, defiende el uso de la expresión sistema de dominación, pero en un sentido más limitado que Mackinnon: «una cosa es que la situación de las mujeres encuentre significación en un sistema de dominación y otra que el feminismo utilice solo una morfología de la dominación según la cual las mujeres carecen de escapatoria»[576].

5.2. PROPUESTAS TEÓRICAS SOBRE EL PREJUICIO CONTRA LA INFANCIA

La idea de que los niños y las niñas son objeto de prejuicios sociales en un sentido similar al que lo son otros grupos sociales como las mujeres o las personas racializadas, es una idea que podemos rastrear en la literatura desde la década de los sesenta, particularmente en los Estados Unidos. Sin embargo, para algunos autoras, como Young-Bruehl, se trata de una perspectiva en la que aún no se ha profundizado lo suficiente, ni dentro de los llamados Estudios de Infancia ni dentro de los conocidos como Estudios del Prejuicio. Las primeras incursiones sobre esta idea estuvieron a cargo de profesionales de la psiquiatría o de la psicología. Estos planteamientos se han desarrollado bajo distintos términos, con algunas diferencias de mayor o menor relevancia respecto a su

---

575 Esta autora distingue el carácter sistémico, relativo al originen en estructuras sociales o en instituciones, del carácter sistemático, funcionamiento como sistema, como unidad de dinámicas dirigidas a un fin exclusivo, como puede ser el dominio sobre un grupo social en particular. Señala la autora: «[e]l carácter sistémico de la opresión determina que. Grupo oprimido no necesite tener un grupo opresor correlativo» (YOUNG, I. M. *La justicia y la política de la diferencia…* cit., p. 75).

576 BARRÈRE UNZUETA, M.A. «Filosofías del Derecho antidiscriminatorio…», cit., p. 25.

contenido. Entre los más utilizados están: *ageism, adultism, juvenile ageism*, o *childism*. Los desarrollaremos a continuación para justificar la elección que en este trabajo se hace por el término «adultismo».

5.2.1. Edadismo (ageism)

En 1969, Robert N. Butler acuñó el término edadismo (*ageism*) para referirse al «prejuicio de un grupo de edad hacia otros grupos de edad»[577]. Una forma de intolerancia específica que, a diferencia de otras formas de discriminación —como el racismo y el sexismo— se consideraba invisibilizada por aquella época, merecedora de poca atención por parte de las ciencias sociales. Para Butler, el edadismo implica tanto el prejuicio de las personas de mediana edad contra personas mayores o contra personas jóvenes, como la experiencia subjetiva vivida por las personas objeto del prejuicio a raíz del mismo: cuando nosotros mismos nos vemos y valoramos desde ese prejuicio. Si bien en sus trabajos, el autor introducía el término para englobar dos tipos de discriminación contra dos grupos poblacionales distintos, a partir del concepto de «edad» y el prejuicio configurado sobre el mismo, ambos se articulaban desde el referente de personas adultas de mediana edad. A pesar de no limitar el edadismo a personas mayores, Butler centró su trabajo en el problema de la discriminación contra este grupo social que consideraba un grave problema social. Así se suele utilizar el término hoy, de hecho, en la literatura referente a los derechos de las personas mayores[578].

---

577 BUTLER, R. N. «Age-Ism: Another Form of Bigotry», *The Gerontologist*, vol. 9, nº 4, parte 1, 1969, pp. 243-246, p. 243.

578 Actualmente, en el ámbito de la política e institucionalidad internacional el término de edadismo desde hace algunos años está cobrando importancia. A nivel de Naciones Unidas, da cuenta de esta atención de manera más reciente el «Informe mundial sobre edadismo», de 2021. Aunque este informe también se refiere al edadismo contra personas «jóvenes», entendidas estas últimas como aquellas que se encuentran

Siguiendo la concepción de prejuicio, propia de la psicología, Butler lo define como un sentimiento o predisposición «presente de una u otra manera en las personas» que, sin embargo, se refuerza en el exterior a través de distintos mecanismos culturales e institucionales que constituyen actos concretos de discriminación. El autor ordena estos mecanismos en tres aspectos interrelacionados del problema del edadismo —aunque los configura en referencia a los ancianos, podrían formularse también en relación a los niños y las niñas: 1) las actitudes prejuiciosas, hacia el grupo social y la fase de su desarrollo, actitudes que incluso pueden estar interiorizadas entre en los miembros del grupo; 2) las prácticas discriminatorias respecto a los roles sociales o estereotipos a cumplir; y 3) las prácticas y políticas institucionales que, usualmente sin malicia, perpetúan creencias estereotipadas, restringiendo sus oportunidades de una vida satisfactoria. Las actitudes y creencias, los comportamientos discriminatorios y las normas y políticas institucionales están relacionadas y se reforzarían mútuamente[579].

---

en una fase específica y diferenciada de la infancia, dirige su atención claramente al grupo de personas mayores. Es decir, cuando la OMS y, distintos órganos internacionales hablan del «ageism» o del «edadismo» no están analizando el problema de la discriminación contra la infancia. Desde mi punto de vista, *ageism* no es un término adecuado conceptualmente para referirse al prejuicio social o discriminación contra niños o niñas. Primero porque es un término que tiene una historia de uso ambivalente. Segundo, porque no creo que sea adecuado englobar las dos discriminaciones en un término. A pesar del hecho de que aparentemente ambos se relacionan con la edad, se trata de dos fenómenos con distintas causas específicas; aunque esto podría salvarse con la diferenciación propuesta por Westman (*Juvenile ageism* y *elder ageism*). Como explicaré más adelante, para mí no es específicamente la edad el elemento a partir del que se discrimina; sino que el prejuicio se configura a partir de una interpretación sobre lo que implica ser una persona en desarrollo durante nuestros primeros años. Tercero, creo que este término borra el componente político: es algo que ocurre contra los niños, siendo este hecho, el «ser niños», un elemento relevante.

579 BUTLER, R. N. «Ageism: A Foreword», *Journal of Social Issues,* vol. 36, nº 2, 1980, pp. 8-11, p.10.

Las tres han contribuido a transformar el envejecimiento, más que en un proceso natural, en un problema social en el que la persona mayor sufre las consecuencias perjudiciales. Butler, de manera similar a Bobbio[580], concibe los tres aspectos como fases de un proceso. Apunta el autor que el riesgo de no identificar y contrarrestar las actitudes prejuiciosas y los estereotipos es que «pasen por hechos», para justificar prácticas discriminatorias y políticas sociales excluyentes.

Butler distinguió entre prejuicio edadista «benigno», o de baja intensidad, y prejuicio edadista «maligno». El primero sería aquel que «a menudo refleja imágenes y temores del envejecimiento como nada más que un período de capacidades disminuidas». En cambio, el edadismo maligno sería un tipo de estereotipo más dañino, que caracteriza a las personas mayores como personas sin

---

580 Bobbio emplea el término «proceso» para ordenar distintas cuestiones implicadas en la conformación de los estatus sociales «subordinados». Para comprender mejor la discriminación, el autor propone distinguir las fases a través de las cuales se desarrolla, al conjunto de las cuales llamará «proceso de discriminación». En un primer momento, un juicio fáctico: la discriminación se funda sobre un mero juicio de hecho (constatación de la diferencia entre seres humanos, o entre grupos). A esa fase le seguiría un juicio discriminatorio no ya de hecho sino de «valor», se requiere que un grupo sea considerado bueno y otro malo o superior e inferior; es decir que esa diferencia debe ser interpretada en clave de superioridad e inferioridad. La tercera fase consiste en que la relación de superior-inferior se conciba en términos de dominación, que como «efecto» o «consecuencia lógica» de esa relación superior-inferior se defienda un supuesto derecho del grupo superior de suprimir al grupo inferior. Bobbio señala «la solución final» como ejemplo de este proceso. Más allá de las críticas que puedan realizarse sobre cada una de las fases, respecto de la primer fase, se podría cuestionar la afirmación de que la discriminación se funda en un mero juicio de hecho (constatar que «los hombres son de hecho distintos entre sí») y no en una diferencia construida, resulta destacable su uso del término proceso o de fases para explicar la discriminación contra un grupo social: BOBBIO, N. «La naturaleza del prejuicio…», cit., pp. 187-189.

valor[581]. Al analizar las causas del edadismo, Butler señaló que se trata de una forma de discriminación que refleja una «inquietud profundamente arraigada por parte de las personas jóvenes y de mediana edad: una repulsión y un disgusto personal por el envejecimiento, las enfermedades y la discapacidad; y un miedo a la impotencia, la 'inutilidad' y la muerte»[582]. Cercano a otros autores que desde la psicología señalan que la causa radicaba en la *psique* de las personas que proyectaban sus temores, deseos o carencias convirtiéndolos en prejuicios, Butler precisa que la hostilidad y los prejuicios hacia personas mayores «más que una expresión del miedo», son una «expresión de ira» por haber dejado de ser jóvenes, lo que pone ante sus ojos su futuro[583]. El edadismo, por lo tanto, surge como una primera categoría de análisis para afrontar la discriminación por razón de edad, pero nace pensándose fundamentalmente en las personas mayores.

5.2.2. Edadismo juvenil (juvenile ageism)

Esta posición fue corregida a partir de 1991, cuando Westman utilizó el término *juvenile ageism*[584], diferenciándolo de *elder ageism*. Su trabajo partía del realizado por Butler, pero enfocado, en lugar de en personas mayores, en niños y niñas:

---

581 BUTLER, R. N. «Ageism: A Foreword», cit., p. 9.

582 BUTLER, R. N. «Age-Ism: Another Form of Bigotry», cit., p. 243.

583 BUTLER, R. N. «Ageism: A Foreword», cit., p. 10.

584 WESTMAN, J. C. «Juvenile Ageism: Unrecognized Prejudice and Discrimination Against the Young», *Child Psychiatry and Human Development*, vol. 21, nº 4, 1991, pp. 237-256. Cabe destacar que, en otras obras, este autor ha vinculado edadismo juvenil y abuso sexual contra la infancia: «Es importante destacar que el abuso sexual de mujeres adultas ha ganado atención nacional y planes de acción debido a su capacidad de hacer revelaciones públicas de su abuso. Es poco probable que esto suceda con los niños porque no pueden hacerlo y debido al poder del edadismo juvenil»: WESTMAN, J. C. *Dealing with Child Abuse and Neglect as Public Health Problems. Prevention and the Role of Juvenile Ageism*, Springer Nature, 2019, pp. 36 y 37.

> «El edadismo juvenil es una forma de prejuicio y discriminación tan virulenta como el racismo y tan generalizada como el sexismo. Se ha descrito como una forma de discriminación que afecta a los ancianos, pero no se ha reconocido lo suficiente como una forma de discriminación que afecta a los jóvenes. El edadismo juvenil institucional existe cuando los sistemas sociales ignoran los intereses de los niños. El edadismo juvenil individual existe cuando no se respetan los intereses de desarrollo de un niño»[585].

Este autor realiza un trabajo sistemático sobre este prejuicio, propone un término, una definición, una caracterización y clasificación de las formas o niveles de edadismo juvenil, así como una completa teorización sobre sus causas, la forma en que opera y las razones sobre la poca atención que recibe. Westman comparte con Butler el uso del término «edadismo» para nombrar el prejuicio basado en la estructura de la edad, pero su interés, específico, a diferencia de aquel, era articular una herramienta conceptual que le permitiera abordar el prejuicio más específico contra jóvenes. Con el término «prejuicio juvenil» el autor nombra, tanto el fenómeno mismo del prejuicio como el de la discriminación contra un grupo social determinado, en el que —a pesar del adjetivo «juvenil»— no solo incluye adolescentes, sino a todas las personas por debajo del umbral etario de la adultez. Se trataría de un prejuicio que, a diferencia del racismo y el sexismo, e incluso más tardíamente que el edadismo contra personas mayores, en los noventa únicamente empezaba a reconocerse. Entre las razones que explican esa atención tardía, se encontraría el hecho de que los niños no podían representar directamente sus intereses y que algunas de sus manifestaciones podrían resultar distorsionadas por el racismo y el sexismo. Sin embargo, el autor destaca lo que consideraba una resistencia cualificada para afrontar el problema, más allá de la resistencia «natural» de los seres humanos de reconocer las preconcepciones que guían nuestras actitudes y elecciones, la «culpa» de los adultos sería la dificultad añadida en ese proceso de identificación.

---

585 WESTMAN, J. C. «Juvenile Ageism...» cit., p. 237.

> «hablar de discriminación por edad contra los jóvenes en la década de 1990 se parece a hablar de racismo en Atlanta en la década de 1850. Como entonces ocurrió con los esclavos, los intereses económicos y la culpa de muchos adultos hoy impiden el reconocimiento de una discriminación por edad que ignore los intereses de los niños»[586].

Para Westman el edadismo juvenil es un «prejuicio destructivo que surge como una reacción defensiva a la frustración provocada por la competencia por el espacio, los materiales o el tiempo con el fin de colocar a la persona prejuiciosa en una posición superior con acceso discriminatorio a esos recursos»[587]. La dinámica del prejuicio se facilitaría por diversos factores. Por un lado, por las reacciones —complacientes o rebeldes— de las víctimas, a quienes se culpa de las frustraciones y del prejuicio en su contra. Según Butler, son la indefensión y los desafíos a la autoridad propios de de la etapa del desarrollo de los niños los que les hacen ser un blanco especialmente susceptibles del prejuicio y la discriminación cuando «exigen» de los adultos recursos materiales y tiempo. Lo cual explicaría, para el autor, «el hecho de que, a pesar de la retórica idealista sobre la importancia de los niños, introducir las necesidades reales de los niños en la conducta de los asuntos del mundo adulto [sea] una tarea extremadamente difícil»[588]. Butler identifica, además, «factores psicológicos más específicos» que fomentan el edadismo. Un factor particular que el autor señala, en los Estados Unidos, es «la búsqueda de la imagen de individualismo despreocupado y juvenil» que impregna a la sociedad. El recordatorio de la responsabilidad por la dependencia de ancianos y niños, explicaría que muchos adultos evitaran a sus propios padres o a sus hijos como forma de evadir tal responsabilidad.

---

586 WESTMAN, J. C. «Juvenile Ageism: Unrecognized Prejudice...», cit., p. 238.

587 WESTMAN, J. C. «Juvenile Ageism: Unrecognized Prejudice...», cit., p. 237.

588 WESTMAN, J. C. «Juvenile Ageism: Unrecognized Prejudice...», cit., p. 238.

Para Westman, el edadismo juvenil puede expresarse en formas institucionales e individuales. El primero se reflejaría en distintos actos de exclusión el plano institucional: «cuando se ignora a los niños como miembros inherentes de la sociedad con necesidades de desarrollo que son tan importantes como las necesidades y deseos de los adultos; cuando se segrega a los niños de los lugares públicos y los medios de comunicación públicos; cuando se denigra la crianza de los hijos; cuando se trata a los niños como adultos; y cuando los sistemas de cuidado infantil no sirven a los intereses de los niños»[589]. En cambio, el edadismo juvenil individual es una falta de consideración hacia un niño como persona con necesidades de desarrollo. La expresión más común es la suposición de que los niños son propiedad de sus padres. Suposición, que para Westman, se base en las creencias profundamente arraigadas de que los padres biológicos tienen afecto natural por su descendencia y/o que la paternidad es su derecho biológico.

5.2.3. Adultismo (adultism)

Con el término *adultismo* suele hacerse referencia a un prejuicio social o ideología discriminatoria que concibe y sitúa a los adultos como superiores a los niños; o, a la inversa, que concibe y sitúa a los niños como inferiores y subordinados a los adultos. El uso del término adultismo fue acuñado en 1978 por el psicólogo Jack Flasher. El autor lo utiliza para nombrar las actitudes y com-

---

589 WESTMAN, J. C. «Juvenile Ageism: Unrecognized Prejudice…», cit., p. 238. Westman ha continuado pensando sobre esta idea, como dan cuenta sus trabajos. Todos ellos en la misma línea, en cuanto al término: *juvenile ageism* y en cuando al contenido. En su ya citado libro de 2019 (*Dealing with Child Abuse and Neglect as Public Health Problems*) además de plantear una defensa sobre el término *juvenile ageism* frente a otros, propone una definición del mismo, una clasificación de distintas prácticas de este tipo de edadismo, una explicación de sus dinámicas, ofreciendo distintos argumentos ante la negación de esta forma de discriminación y una explicación de la manera en que, a su parecer, este prejuicio conecta con distintas formas de violencia.

portamientos que asumen la creencia de que todos los niños son inferiores a los adultos, «en lugar de personas únicas que difieren en algunos aspectos generales de los adultos»[590]. Posteriormente ha sido adoptado y establecido como un concepto significativo para académicos, investigadores y defensores, especialmente dentro del movimiento por los derechos de los niños y la sociología de la infancia.

DeJong y Love articulan lo que podría llamarse una teoría de la opresión para explicar el estatus social de los niños. En primer lugar, para estas autoras el «adultismo» es una opresión social, que consiste en «la subordinación sistemática de los jóvenes como un grupo objetivo, que tiene relativamente pocas oportunidades de ejercer el poder social [...] acceso restringido a los bienes, servicios y privilegios de la sociedad, y la negación del acceso a la participación en la vida económica y política de la sociedad»[591], reproduciendo un estatus inferior para los jóvenes en relación con los adultos. La opresión y el maltrato contra la infancia se apoyarían y reforzarían mediante «estereotipos, prejuicios, creencias individuales y actos de discriminación [...] así como prácticas culturales cotidianas y las políticas y procedimientos institucionales subyacentes que dan lugar a un acceso diferencial a la participación, los recursos y el poder por parte de los jóvenes»[592]. En el trabajo de estas autoras es posible identificar dos niveles de análisis: el nivel de las ideas y el nivel de las estructuras. En el plano de la ideas, el estatus inferior se racionaliza mediante los principios de la supremacía de los adultos.

---

590 FLASHER, J. «Adultism», *Adolescence,* vol. 13, nº 51, 1978, pp. 517-523, p. 517.

591 DEJONG, K., LOVE, B. «Ageism and adultism», en ADAMS, M. et al. (eds.), *Readings for diversity and social justice,* 4ª ed., Routledge, Nueva York, 2018, pp. 470–474, p. 472.

592 DEJONG, K., LOVE, B. «Introduction», en ADAMS, M. et al. (eds.), *Readings for diversity and social justice,* 4ª ed., Routledge, Nueva York, pp. 545-552, p. 545.

> «La ideología de la supremacía de los adultos se compone de un conjunto de creencias, actitudes, políticas y prácticas que construyen a los adultos como desarrollados, maduros, inteligentes y experimentados, basándose únicamente en su edad y garantiza que los adultos controlen los recursos y tomen las decisiones en la sociedad»[593].

Bell precisa que esa ideología postula que el pensamiento de los adultos es superior al de los jóvenes y, por lo tanto, se requiere que los adultos tomen y hagan cumplir las decisiones por los jóvenes, con y sin su participación o consentimiento[594]. Respecto al nivel estructural, Love y DeJong hablan de la cómo la inserción de estereotipos en prácticas culturales cotidianas, políticas y procedimientos institucionales darían lugar a un diferente estatus social. El trabajo conjunto de Love y DeJong permite hablar de la ideología adultista como marco para construir a la infancia como grupo social inferior en oposición a las cualidades que se asumen propias de un adulto[595]. Los niños como seres no desarrollados, inmaduros e ignorantes. Como ideología discriminatoria, el adultismo defendería una supuesta superioridad natural y moral de los adultos respecto de los niños, y en consecuencia, defendería como necesario el control o poder de los primeros sobre los segundos.

5.2.4. Adultocentrismo

Cercano al de «adultismo» encontramos el término de «adultocentrismo». Podríamos hablar del adultocentrismo como un pa-

---

593 DEJONG, K., LOVE, B. «Youth Oppression as a Technology of Colonialism: Conceptual Frameworks and Possibilities for Social Justice Education Praxis», *Equity & Excellence in Education,* vol. 48, nº 3, 2015, pp. 489-508, p. 490.

594 BELL, J. «Understanding Adultism. A key to developing positive youth-adult relationship», *YouthBuild USA,* 1995, s/p. Disponible en: https://www.nuatc.org/articles/pdf/understanding_adultism.pdf

595 DEJONG, K., LOVE, B. «Youth Oppression as a Technology of Colonialism...», cit., pp. 495-498.

radigma de pensamiento que sitúa, en el plano epistemológico, al ser humano adulto como medida y centro de todas las cosas, y, en el plano de la ética, defiende que los intereses de los seres humanos son aquellos que deben recibir atención moral por encima de cualquier otra cosa. Se trata de un término acuñado en el Siglo XX dentro del campo de las ciencias sociales[596]. Aunque es posible encontrar aportaciones previas que irían configurando su definición, este término suele ser atribuido al sociólogo David A. Goode en los años ochenta, en su ensayo «Kids, culture and innocents» (1986), en el que el autor reflexiona sobre lo que ya en ese entonces era un «tema recurrente de observación y cuestionamiento en las ciencias sociales: la relación entre niños y adultos»[597].

Goode se pregunta si es posible hablar de una «cultura de los niños», en un sentido positivo. No para nombrar las «cosas de los niños», sino las prácticas que construyen los niños, sobre todo en los espacios de no intervención e imposición de los adultos y sus expectativas. «Una cultura separada [...] transmitida generacionalmente por los niños a otros niños, que poseen una competencia interpretativa igual (o incluso mayor) que la de los adultos, que son potencialmente, cuando los adultos evitan juzgar su comportamiento de manera estrecha»[598]. Para este autor sería posible que la observación de esa cultura nos permitiera cuestionar los modelos convencionales de socialización y educación creados por adultos para pautar el desarrollo de los niños. Estos modelos dominantes se basan en ciertas premisas sobre la concepción y comportamiento de los niños: i) que los niños esencialmente requieren la intervención de la sociedad adulta para adquirir competencias humanas básicas; ii) que los niños pueden concebirse como una *tabula rasa*–manojos de potencialidades que deben ser

---

596 FLORIO, E. et al. «The Adultocenrism Scale in the Educational Relationship: Instrument Development and Preliminary Validation», *New Ideas in Psychology*, nº 57, 2020, s/p.

597 GOODE, D. A. «Kids, culture and innocents», *Human Studies*, vol. 9, nº 1, 1986, pp. 83-106, pp. 83 y 84.

598 GOODE, D. A. «Kids, culture and innocents», cit., pp. 83 y 84.

nutridas hasta su expresión completa y competente en la adultez; y, iii) que los niños crecen en etapas de desarrollo relativamente delimitadas y claras (física, sensoriomotora, moral, lingüística, cognitiva y social) hacia la adultez. De manera consecuente con estas creencias, advierte el autor, los modelos de socialización imperantes asumen que «sin la supervisión e instrucción de los adultos los niños no lograrán convertirse en completamente humanos y, por implicación, que completamente humano significa ser "adulto"»[599].

> «Desde esta perspectiva, las capacidades cognitivas, lingüísticas y sociales de los miembros adultos de la sociedad se imponen políticamente como estándares prácticos por los que se juzga la humanidad de los niños. En la medida en que uno alcanza estas habilidades socialmente valoradas, es plenamente humano. Este paradigma es el que actualmente pasa por sabiduría científica social en los textos de sociología y psicología, y es la piedra retórica fundamental de las instituciones responsables de socializar a nuestros jóvenes»[600].

La instauración de este marco matriz de pensamiento adultocéntrico, que excluye los puntos de vista de los niños sobre el mundo, conduce a que sus creencias sean percibidas como convicciones de sentido común sobre los niños que surgen en las teorías e investigaciones de los adultos y como parámetros válidos de tratamiento. Las expresiones de esta matriz de estructural condiciona o explica las formas de relación entre los niños y los adultos en nuestras sociedades. Si bien las creencias imperantes, presentadas como características (neutrales) de los niños son funcionales a la reproducción de la sociedad, advierte Goode, desde la perspectiva de los observadores críticos, esas convicciones pueden ser inexactas y demostrablemente divergentes de los datos etnográficos y de otras observaciones. «Como proposiciones empíricas sobre los niños, revelan más sobre quienes las hacen que sobre

599 GOODE, D. A. «Kids, culture and innocents», cit., p. 84.
600 GOODE, D. A. «Kids, culture and innocents», cit., p. 84.

aquellos sobre quienes se hacen. Son interpretaciones de los niños con sesgo adulto o, para acuñar una frase, adultocéntricas»[601].

Las interpretaciones de los niños desde la perspectiva adultocéntrica se han articulado como proposiciones científicas, tales puntos de vista señala Goode citando a Mackay, —filósofo que, sin utilizar el término, ya desde mediados de los 70's planteaba críticas a las formas de socialización de los niños desde el punto de vista exclusivo de los adultos— son «una expresión de la posición de sentido común de los sociólogos en el mundo, es decir, como adultos»[602]. Para Mackay, la implicación epistemológica del adultocentrismo, que puede considerarse «una forma particular de etnocentrismo», es que los investigadores no han encontrado «niños en cuanto niños y [...] se revelaron como padres que escriben versiones ligeramente abstractas de sus propios hijos o de otros hijos»[603]. Para enfrentar y descodificar este paradigma de pensamiento es indispensable deconstruir las instituciones, evidenciado las exclusiones de las necesidades de los niños o la construcción sesgada de las mismas desde el punto de vista adultocéntrico, y pensar de nuevo las instituciones, configurar las teorías, teniendo en cuenta, entre otros, el punto de vista de los niños.

La consideración del adulto y del niño como «sujetos construidos», y no simplemente como categorías científicas para nombrar a los seres humanos que se encuentran en una «fase natural de desarrollo» es algo muy reciente. Lo cual se explicaría en gran medida por el hecho de que hemos pensado el mundo y hemos construido el mundo social desde el sujeto adulto, y a partir de sus necesidades, deseos, interrogantes y miedos. La historia del pensamiento, apuntan diversos autores, devela su adultocentrismo. Como denuncia Moscoso, los niños han sido mayoritariamente

---

601 GOODE, D. A. «Kids, culture and innocents», cit., p. 84.

602 MACKAY, R. W. «Conceptions of children and models of socialization» en MACKAY, R. W. (ed.) *Studying The Social Worlds Of Children*, Routledge, Nueva York, 1991, pp. 180-194, p. 180.

603 MACKAY, R.W. «Conceptions of children...», cit., p. 181.

excluidos como categoría de pensamiento[604]. No es que los niños no hayan sido objeto de pensamiento alguno, es que los hemos pensado siempre en contraposición con el sujeto adulto. Desde Aristóteles hasta Piaget se han planteado en el campo científico, concepciones de lo que es un niño, tomando como referente el sujeto adulto, o «la adultez».

Entre algunas de estas concepciones, podríamos ubicar la concepción del organismo vivo de Aristóteles, quien en el marco de su teoría de los cuatro tipos de causalidad, piensa que la causa final de —o la razón por la cual existe— un organismo vivo es la función o las funciones que el organismo normalmente realiza cuando alcanza la madurez. Cuando piensa en la causa formal del organismo vivo piensa en la forma o estructura que normalmente tiene ese organismo vivo en la madurez, que es el punto en la línea del tiempo de ese organismo en el cual se cree que la forma o estructura que se tiene permite el desempeño más óptimo de sus funciones[605]. De acuerdo con esta concepción, un niño humano es un espécimen inmaduro del tipo de organismo, humano, que,

---

604 Para explicar esta exclusión, Moscoso presta a atención a los planteamientos teóricos feministas que han visibilizado un complejo aparato de pensamiento que funciona, entre otras cosas, por medio de un sistema exclusión. MOSCOSO, M.F. «La mirada ausente: Antropología e infancia», *Aportes Andinos*, nº 24, Universidad Andina Simón Bolívar, 2009, s/p.
Para Maqueira «el feminismo vino a desvelar una dimensión fundamental de las relaciones de poder inscrita en las elaboraciones teóricas al plantear que el sujeto de conocimiento había sido siempre un sujeto masculino y que desde esa situación de poder se elaboró discursivamente el lugar atribuido a los hombres y mujeres en la vida social y, a su vez, desde las coordinadas del modelo de comportamiento hegemónico proyectó con carácter universal determinados conceptos y categorías que invisibilizaban la situación real de las mujeres y los mecanismos de desigualdad»: MAQUIEIRA, V., «Género, diferencia y desigualdad», cit., p. 128.

605 FALCON, A. «Aristotle on Causality», en ZALTA E.N., NODELMAN, U. (eds.), *The Stanford Encyclopedia of Philosophy,* 2023, disponible en: https://plato.stanford.edu/archives/spr2023/entries/aristotle-causality

por naturaleza, tiene el potencial de convertirse en un espécimen maduro con la estructura, forma y función de un adulto normal o estándar. Esta concepción que introduce esa construcción binaria de la infancia y la adultez, ha estado presente durante gran parte de la historia de la infancia, de hecho aún en la actualidad hay autores que consideran que esta concepción sigue imperando, en diferentes versiones, en las sociedades occidentales.

Sin embargo, hay otras formas de concebir el «desarrollo» más allá del sesgo adultocéntrico. Han surgido voces que proponen otra forma de comprender el fenómeno del desarrollo, distanciado de esa referencia a la adultez. Quizá no dentro de psicología, pero dentro de la neurociencia, o biología del desarrollo. Diversos autores han planteado críticas -de muy distinta índole- a las diferentes concepciones que dentro del campo filosófico han definido a los niños como «seres inmaduros» o «incompletos» o «carentes» de capacidades que normalmente tienen los adultos de su especie. Por ejemplo, para el psicólogo Alison Gopnik: «Los niños no son adultos defectuosos o primitivos que alcanzan gradualmente nuestra perfección y complejidad; sino que hablamos de diferentes formas de homo sapiens: los niños y los adultos. Tienen mentes, cerebros y formas de conciencia muy diferentes, aunque igualmente complejas y poderosas, diseñadas para servir a diferentes funciones evolutivas»[606]. Otros, por ejemplo el biólogo Alessandro Minelli respalda una visión del desarrollo, argumentando que el primer paso hacia una teoría satisfactoria es caracterizar toda la gama de procesos de desarrollo, más allá de la tradicional «perspectiva adultocéntrica» que rastrea la formación de un organismo maduro a partir de un ovocito[607]. Cada fase

---

606 GOPNIK, A. *The Philosophical Baby: What Children's Minds Tell Us about Truth, Love & the Meaning of Life*, Picador, 2010, p. 16.

607 Para Minelli «Al hablar de desarrollo, es de suma importancia, aunque difícil, alejarse de la actitud tradicional que merece el nombre de adultocentrismo, según la cual todas las etapas embrionarias, larvarias y juveniles –y los procesos de desarrollo en los que están involucradas– son solo pasos o medios necesarios para convertirse en un adulto. Esta

del desarrollo tendría sus funciones y capacidades propias para cada una de ellas y no en relación siempre con un punto ideal: adulto. Estas críticas, en sus distintas versiones, coinciden en señalar la existencia de capacidades de los niños, la importancia que tienen en relación con cada fase e incluso la existencia de capacidades propias de la infancia que no se tienen en la edad adulta.

Parte de este nuevo respeto por las capacidades de los niños se basa en la neurociencia y en una mayor apreciación de la complejidad del cerebro de los bebés y los niños pequeños. Entre esos avances de la neurociencia se ha apuntado que los cerebros de los bebés están en realidad más conectados que los cerebros de los adultos; o que hay más vías neuronales disponibles para los bebés que para los adultos. Con base en tales avances, diversos autores han argumentado que esta concepción ignora o infravalora ciertos hechos que cuestionan esa deficiencia, o al menos un déficit integral que abarcaría todos los aspectos de la vida de un niño. El hecho de que los niños son, por ejemplo, más capaces de aprender un segundo idioma, o pintar una imagen estéticamente valiosa, o concebir una pregunta filosóficamente interesante, de lo que esos mismos niños probablemente serán capaces de hacer como adultos. Además, restringe el rango y el valor de las relaciones que los adultos piensan que pueden tener con sus hijos.

5.2.5. Niñismo (childism)

Siguiendo a Young-Bruehl, podríamos sostener que la primera referencia dentro de la literatura al término *Childism* se encuentra en un trabajo publicado en 1975 por los psiquiatras Chester

---

vieja actitud no ha cambiado mucho con el concepto moderno de desarrollo como el despliegue de un programa genético, porque este último está pensado como un programa para la producción de un adulto»: MINELLI, A. *Understanding Development*, Cambridge University Press, 2021, p. 38.

M. Pierce and Gail B. Allen. Estos autores lo definen como «la presunción automática de superioridad de cualquier adulto sobre cualquier niño, que resulta en que las necesidades, deseos, esperanzas y temores del adulto toman una prioridad incuestionable sobre los del niño»[608]. La idea básica que sustenta el término «childism» en el sentido propuesto por Pierce y Gail, aunque con distintas etiquetas, ha sido planteada desde la década de los sesenta hasta la actualidad por varios autores. Se trata de un vocablo que durante un tiempo quedo en desuso, pero que en 2012 fue rescatado por Young-Bruehl, quien define el niñismo como un sistema de creencias que construye la identidad de «niño» como un ser inmaduro producido y poseído por adultos que lo usan para satisfacer sus propias necesidades y fantasías. En este sistema de creencias, apunta la autora, «se invierte el orden biológico y psicológico de la naturaleza, en el que los adultos son responsables de satisfacer las necesidades irreductibles de los niños (hasta que

---

608 PIERCE, M. D y ALLEN G. B, «Childism», *Psychiatric Annals,* vol. 5, n° 7, 1975, pp. 266-270, p. 266. Pierce y Allen matizan que tal presunción «va más allá de la necesidad biológica que requiere que los adultos sostengan la especie por medio de decisiones autoritativas y decisiones unilaterales». Parece que con este matiz reconocen que existe una autoridad «natural» de los padres sobre sus hijos que debe ser reconocida socialmente (y ¿«protegida»?). Aparentemente reconocen como una «necesidad biológica» (la dependencia de los niños) que los padre tomen decisiones autoritativas y unilaterales. Una especie de justificación de, por lo menos, un «cierto grado de paternalismo» y, particularmente, de la figura de la «patria potestad», o algo cercano a ella. En su escrito no se plantean cuestiones sobre cuáles son los límites, la frontera entre ese ejercicio permitido de autoridad parental y prácticas discriminatorias (y, por lo tanto, injustificadas). Algunas autoras, como Mónica González-Contró han preferido hablar de misopedia, con un alcance muy similar al de *niñismo* (vid. GONZÁLEZ-CONTRÓ, M. «Misopedia, adultismo y adultocentrismo: conceptualizando la discriminación hacia niñas, niños y adolescentes», *Revista Latinoamericana de Ciencias Sociales, Niñez y Juventud,* 22(3), 1-29).

los adultos envejecen y, naturalmente, necesitan recíprocamente el apoyo de sus hijos)»[609].

> «El carácter distintivo del infantilismo como prejuicio en el que la inmadurez se proyecta sobre un grupo que en realidad es relativamente inmaduro ha hecho que todo estudio de lo que constituye la madurez humana sea muy complejo, y es difícil realizar dicho estudio sin prejuicios. Apenas sabemos cómo describir científicamente la madurez adulta, aunque existen bibliotecas de esfuerzos para formular estándares de madurez ética. Pero creo que una descripción científica de la madurez es crucial para poder comprender cómo la inmadurez adulta subyace al infantilismo mismo y a todos los tipos de actos y políticas que lo manifiestan. Podemos comenzar una investigación sobre este tema (para el cual las propias declaraciones de los niños serán importantes) observando cómo los propios niños proyectan»[610].

En relación con el término «niñismo», hay autores que han defendido el uso de ese vocablo, para mencionar la lucha contra opresión social sobre los niños y las niñas. Entre ellos, el niñismo o infantilismo es como el feminismo, pero pensando en niños como sujeto de lucha de derechos. Ha surgido en la literatura académica como un término para describir los esfuerzos por potenciar las experiencias vividas del tercio de la humanidad que son los niños a través de la crítica sistémica radical de las normas académicas, sociales y políticas. Wall ha sido el principal impulsor de este sentido:

> «El infantilismo se entiende aquí en analogía con conceptos como feminismo, feminismo, posgenerismo, poscolonialismo, descolonialismo, ambientalismo y transhumanismo. Si bien los "ismos" pueden ser herramientas poco precisas, también pueden proporcionar, y de hecho lo hacen, potentes lentes teóricas para el estudio crítico y el activismo [...]. El infantilismo ofrece la lente crítica necesaria para deconstruir el adultismo en las investigaciones y las

609 YOUNG-BRUEHL, E. *Childism: Confronting prejudice against children*, Yale University Press, 2012, p. 36.

610 YOUNG-BRUEHL, E. *Childism...* cit., p. 36.

sociedades y reconstruir imaginaciones académicas y sociales más inclusivas en cuanto a la edad»[611].

5.3. ADULTISMO, ADULTOCENTRISMO Y ENFOQUE DE INFANCIA

Vistas estas cuatro posibilidades teóricas, me decantaré por utilizar el término de adultismo para referirme a la discriminación estructural que soporta el estatus social inferior de la infancia. Me parece que el énfasis en la palabra «adulto» permite aclarar el problema, la construcción desde el sujeto abstracto adulto y la construcción del mundo social a partir de su imagen y necesida des, excluyendo las del resto; esto es, el sesgo social que ha sido descrito como «adultocentrismo». Distintos autores han planteado la necesidad de delimitar los conceptos de adultocentrismo y adultismo. Si bien cada vez se usan más ambos conceptos en el campo de los estudios sociales sobre infancia, según Morales, en buena medida todavía no hay consenso sobre la definición y/o diferenciación de ambas categorías[612]. En tal sentido, el autor propone dos conceptos delimitados de adultismo y adultocentrismo. En su propuesta:

> «El el concepto de adultocentrismo se refiere al carácter estructural de la dominación social, política, económica, cultural y moral que ejercemos las personas adultas sobre las niñas, niños y jóvenes. Es decir, la crítica al adultocentrismo viene a problematizar el carácter de opresión que existe en las relaciones entre clases de edad, donde la principal beneficiaria, evidentemente, es la edad adulta. Cuestionar el carácter adultocéntrico de nuestra sociedad

---

611 WALL, J. «From childhood studies to childism: reconstructing the scholarly and social imaginations», *Children's Geographies*, 2019, pp. 257-270, p. 257

612 MORALES, S. «Adultocentrismo, adultismo y violencias contra niños y niñas: Una mirada critica sobre las relaciones de poder entre clases de edad», *Taboo,* 2024, pp. 151-193, p. 153.

> es, entonces, reconocer y problematizar las relaciones desiguales de poder que existen entre las diferentes clases de edad»[613].

En cambio, la misma propuesta entiende el:

> «Adultismo como la concretización del carácter adultocéntrico de nuestra sociedad en prácticas, espacialidades y lenguajes tanto institucionales como individuales y grupales. Asimismo, la categoría adultismo refiere también al sistema de creencias que legitiman las múltiples formas de discriminación que padecen niños, niñas y jóvenes. Como decía más atrás, la matriz adultocéntrica organiza y estructura el modo en que se dan las interacciones sociales en todas las instituciones de nuestras sociedades. Esto implica que en las escuelas, en las familias, y en todos los ámbitos donde los niños y niñas transitan su proceso de socialización, el adultocentrismo estructura el modo en que tienen lugar los vínculos intergeneracionales. Los comportamientos y/o actitudes adultistas, así como aquellas creencias que legitiman la desigualdad entre clases de edad, en tanto reproducen relaciones sociales de opresión, son una forma de violencia»[614].

De manera que el término «adultocentrismo», además de utilizarse en el sentido de paradigma de pensamiento excluyente de la infancia, se utilizaría también para describir la materialización de ese paradigma: sociedad adultocentrada o adultocéntrica, que se construye a partir exclusivamente de las necesidades, o lo que se considera que son, necesidades e intereses de los adultos. Por su parte, adultismo es un término utilizado principalmente para nombrar los prejuicios, el carácter construido del grupo social como grupo inferior, al que se justifica excluir. Los estereotipos serían el medio gráfico de esos prejuicios. Este término adultismo, se utiliza para nombrar el acto en el que se exterioriza un prejuicio, de ahí que se hable también del adultismo como discriminación por razón edad. Un acto de discriminación contra

---

613 MORALES, S. «Adultocentrismo, adultismo y violencias...», cit., p. 157.

614 MORALES, S. «Adultocentrismo, adultismo y violencias...», cit., pp. 167 y 168.

un niño basado en lo que «se supone» deberían hacer los niños, podría considerarse ejemplo de un acto adultista.

Dentro de las distintas formulaciones teóricas sobre el estatus social de los niños es posible vislumbrar propuestas de corte más individualista, y propuestas desde una perspectiva estructural o sistémica. En el marco de las primeras, el prejuicio adultista dirigido de adultos hacia niños sería visto como el resultado de distintos procesos a través de los cuales los adultos proyectan en sus hijos o en niños y niñas en general, aspectos que no pueden tolerar o de los que necesitan deshacerse: miedos, carencias o fantasías. Young-Bruehl concentra perfectamente esta perspectiva. Uno de los ejemplos de proyecciones de adultos sobre niños, de acuerdo con esta autora, es ver a los niños como seres costosos y malos, individuos que se apoderan de nuestros recursos, nos agotan o nos corrompen, y deberían ser rechazados, colocados o incluso eliminados; proyecciones que, para Young-Bruehl se asemejan al tipo de proyecciones dirigidas hacia los judíos en el marco del prejuicio anti-semita[615]. Otro ejemplo sería ver a los niños como objetos tentadores y «salvajemente sexuales», que deberían ser, o bien, reprimidos o a quienes debería dárseles un papel pseudo-adulto[616] que permita que sean utilizados, esclavizados o prostituidos para placer de los adultos; proyecciones muy parecidas, según la autora al tipo de proyecciones dirigidas hacia las personas negras en el marco del prejuicio racista[617]. Habría, además, ciertos ejemplos de proyecciones similares a los dirigidos hacia las mujeres en el marco del prejuicio sexista: ver a los niños como «amenazantes y desobedientes», seres que, por tanto, deben ser controlados o adoctrinados en una causa o religión, obligados a asumir una identidad subordinada, impedidos de cuestionar a los adultos; impedidos, en definitiva, de hacer valer sus derechos por

---

615 YOUNG-BRUEHL, E. *Childism*... cit., p. 36.

616 Es decir, adultos para poder ser utilizados, pero no adultos en tanto privados del reconocimiento del estatus adulto.

617 YOUNG-BRUEHL, E. *Childism*... cit., p. 36.

encima —o en contra— de los derechos de sus padres[618]. Finalmente, Young-Bruehl se refiere al miedo y a cierto reproche proyectado hacia los niños en razón de la permisibilidad que se les concede de actuar de manera no conforme con todas las normas sociales, así como a la libertad de algunas cargas sociales. Para la autora, «básicamente, es su propia inmadurez y su condición de no madurar lo que los adultos proyectan en los niños, a quienes luego odian y temen por su inmadurez y por lo que podrían llegar a ser cuando maduren»[619].

En relación con la posición social de los niños, entre los autores que desplazan el foco de las «causas» a las condiciones de posibilidad, facilitación o incentivación de la violencia contra la infancia, está Finkelhor, que desde un análisis sociológico plantea su modelo de las precondiciones en relación con el abuso sexual a niños y niñas[620]; y la OMS, que desde la perspectiva de la violencia como un problema de salud, se refiere a la naturaleza multi-causal y multi-facética de la violencia, y utiliza la herramienta analítica del modelo ecológico que reconoce que existe una gama amplia y compleja de factores que aumentan el riesgo de violencia y ayudan a perpetuarla o, alternativamente, pueden proteger contra ella. Para la OMS, en contraste con las explicaciones simplistas, este modelo ecológico enfatizaría que la violencia es el resultado de una combinación de factores, que actuando en diferentes niveles, influye en la probabilidad de que la violencia «ocurra, se repita o cese»[621].

Algunos autores indagan en lo que consideran la «posición social privilegiada de los adultos», como campo de cultivo para la violencia contra la infancia. Flasher apunta causas sociales y cau-

---

618 YOUNG-BRUEHL, E. *Childism*... cit, pp. 36 y 37.

619 YOUNG-BRUEHL, E. *Childism*... cit, p. 41.

620 FINKELHOR, D. *Child Sexual Abuse. New Theory & Research,* The Free Press, Nueva York y Londres, 1984, pp. 53-68.

621 OMS, *Informe mundial sobre la violencia y la salud,* Washington, Organización Panamericana de la Salud, 2003, pp.11-16.

sas «naturales». Por un lado, habría factores «naturales» normalmente presentes en la relación entre adultos y niños que al ponerse en contacto configuran una relación de desventaja a favor de los adultos y en perjuicio de los niños: la mayor fuerza, tamaño, destreza de los adultos, pero también la necesidad y el deseo de los niños de ser cuidados por los adultos, su propio sentido de supervivencia. Especialmente si pensamos en adultos (de mediana edad) y niños prepúberes. Por otro lado, habría instituciones y normas sociales y jurídicas que configuran ese estatus privilegiado, comparativamente al de los niños, situando a los primeros en posición de «ventaja» y a los segundos de «desventaja»[622].

La tarea de abordar los sesgos adultocéntricos y los comportamientos adultistas exige la articulación de un paradigma alternativo. Un paso en ese camino son las propuestas sobre el concepto de «enfoque de infancia» o «perspectiva de infancia». Estos planteamientos particularmente influidos por la filosofía de la Convención sobre los Derechos del Niño, enfatizan la necesidad de que todo trato dirigido a un niño parta de su reconocimiento como sujeto de derechos, y nunca más como objeto. En su Observación General nº 13, el Comité de los Derechos del Niño definía el «enfoque basado en los derechos del niño» como:

> «El respeto de la dignidad, la vida, la supervivencia, el bienestar, la salud, el desarrollo, la participación y la no discriminación del niño como persona titular de derechos debe afirmarse y defenderse como objetivo primordial de las políticas de protección del niño en los Estados partes. La mejor forma de lograrlo es respetar, proteger y hacer efectivos todos los derechos consagrados en la Convención (y en sus protocolos facultativos). Es necesario adoptar un nuevo paradigma y alejarse de los enfoques de la protección del niño que perciben y tratan a los niños como "objetos" que necesitan asistencia y no como personas titulares de derechos, entre ellos el derecho inalienable a la protección. Un enfoque basado en los derechos del niño da mayor efectividad a los derechos que la Convención reconoce a todos los niños, reforzando la capacidad de los responsables de cumplir sus obligaciones de respetar, proteger y hacer efectivos esos derechos (art. 4) y la capacidad de los ti-

---

622 FLASHER, J. «Adultism», cit., pp. 518-522.

tulares de derechos de reivindicarlos, guiados en todo momento por el derecho a la no discriminación (art. 2), la consideración del interés superior del niño (art. 3, párr. 1), el derecho a la vida, la supervivencia y el desarrollo (art. 6) y el respeto de las opiniones del niño (art. 12). Asimismo, los niños tienen derecho a ser orientados y guiados en el ejercicio de sus derechos por sus cuidadores, sus padres y los miembros de la comunidad, de modo acorde con la evolución de sus facultades (art. 5). Se trata de un enfoque holístico que hace hincapié en el apoyo a los puntos fuertes y los recursos del propio niño y de todos los sistemas sociales de que forma parte: la familia, la escuela, la comunidad, las instituciones, y los sistemas religiosos y culturales»[623].

Se trata, sin duda, de un enfoque indispensable, sin embargo, distintas formulaciones de la perspectiva de infancia, niñez o enfoque de infancia suele estar ausente su sentido como respuesta crítica y desafío activo al paradigma de pensamiento imperante el adultocentrismo y a la reproducción de las prácticas y parámetros adultista, de manera similar a la perspectiva feminista en relación con el paradigma antropocéntrico del pensamiento y la construcción patriarcal o sexista del mundo. Quizá pueda hacerse una propuesta muy incipiente de perspectiva de infancia en este sentido estructural, tomando en cuenta su configuración en las teorías feministas. Concretamente tomaré como ejemplo referente el concepto de perspectiva feminista de Marcela Lagarde, para quien:

«La perspectiva de género es una voluntad política por transformar el orden de géneros. Se reconoce no solo que existe un orden de géneros, sino que además se le considera opresiva. Colocarse en la perspectiva de género implica no solo reconocer que hay un orden social que nos divide como hombres y mujeres, que niega las mínimas igualdades democráticas a medio mundo, sino que también implica anunciar públicamente que una está en una posición contraria a la opresión de género, y cuando somos

[623] COMITÉ DE LOS DERECHOS DEL NIÑO. *Observación General nº 13…*, cit., párr. 59.

más radicales, estamos además a favor de intervenir con una voluntad activa en la construcción de alternativas no opresivas de género»[624].

Estar claro de lo que se pretende, advierta Lagarde, no implica, sin embargo, tener la solución a todos los problemas. No es indispensable tener claro de qué manera tendrían que reconfigurarse las prácticas, reconstruirse las instituciones, ni el grado de diferencia con lo que conocemos en la actualidad, pero sabemos que no podemos obviar la tarea de su deconstrucción y reconfiguración incorporando la voz y el punto de vista de los niños y las niñas. Tenemos claro ciertos requisitos mínimos del proceso de construcción del mundo: no excluir la voz de nadie.

5.4. ADULTISMO EN ESPAÑA: CUATRO ESTEREOTIPOS DE MUESTRA

En este apartado se presenta una propuesta de 4 estereotipos, que podríamos llamar también estereotipos de inmadurez, con el objetivo de delimitar su contenido para mostrar su presencia en distintas estructuras en España. Este listado no tiene un ánimo de exhaustividad. En realidad, se plantea como una contribución en la tarea necesaria de articular una teorización y sistematización robustas sobre los estereotipos de infancia, similar a la que ha tenido lugar en relación con los estereotipos de género. Un marco teórico y conceptual que proporcione herramientas prácticas para su uso no solo en el marco académico, sino sobre todo en el ámbito del derecho internacional de los derechos humanos y del derecho antidiscriminatorio. Hace falta un trabajo similar a los de Cusack y Cook en relación con los estereotipos de género[625]. Su

---

[624] LAGARDE, M. «Perspectiva de género», *Diakonia,* 1994, nº 71, pp. 23-29, pp. 25 y 26.

[625] Entre sus principales trabajos: COOK, R. y CUSACK, S. *Gender stereotypes. Transnational Legal Perspectives,* Philadelphia, University of Pensilvanya, 2010

trabajo se ha consolidado como trabajo de referencia para distintos órganos internacionales.

La selección de estos cuatro estereotipos responden a su especial incidencia en mediar o condicionar la respuesta institucional a la violencia sexual contra la infancia. Han sido delimitados, de manera inductiva, desde la observación y análisis sobre esa respuesta. Si los estereotipos son «causa y consecuencia» de un proceso de subordinación que fija las identidades y estatus de los grupos desaventajados, la transformación de ese proceso requiere su delimitación para iniciar su desarticulación[626]. Se sigue la estructura planteada al inicio del trabajo para diferenciar las dimensiones presentes en los contextos o procesos de discriminación estructural: primero, la delimitación del contenido del estereotipo; y segundo, la identificación del estereotipo en las estructuras o instituciones, en España.

En el supuesto de una sociedad que aun no ha reconocido la existencia de la discriminación estructural contra un determinado social, como la infancia en España, la identificación de estereotipos de niñez puede seguir importantes fines. La identificación de los estereotipos, causa y manifestación de la desventaja estructural y la discriminación de ciertos grupos sociales[627], funciona, además, como una especie de prueba de ese contexto de discriminación estructural. De ahí que resulte estratégica su identificación como una forma de demostrar, al menos en parte, la existencia del mismo. Además, de modo mas concreto, estos estereotipos pueden mostrar también la manera en que median y condicionan la respuesta institucional a la violencia contra la infancia, restringiendo el alcance de los intentos por su erradicación. En este caso

---

626 MORONDO, D. «Los estereotipos como mecanismos de desigualdad y alienación: un análisis desde el derecho antidiscriminatorio», *Oñati Socio-Legal Series*, vol. 13, nº 3, 2023, pp. 710-729, p. 710.

627 TIMMER, A. «Toward an anti-stereotyping approach for the European Court of Human Rights», *Human Rights Law Review, vol.* 11, nº 4, 2011, pp. 707-738, p. 707.

intentaré mostrar la manera en que los estereotipos condicionan la respuesta institucional a la violencia sexual contra la infancia. Respuesta que, como vimos en el Capítulo 4, además de negligente y revictimizante puede considerarse tolerante con esta violencia, convirtiendo la violencia sexual contra la infancia así contextualizada en una violencia sistémica, compatible con la sociedad.

En el siguiente y último intentaré mostrar que en España, a nivel institucional y particularmente jurídico, no ha tenido lugar un reconocimiento de tal contexto, no se han asumido por tanto responsabilidades frente al mismo. Pero tampoco ha tenido lugar tal reconocimiento en el marco del derecho internacional de los derechos humanos. Así como sí lo ha habido en relación con otros grupos, particularmente las mujeres y las personas con discapacidad. Sucesivamente, intentaré argumentar sobre la necesidad del reconocimiento de este contexto en el derecho internacional y nacional. Teniendo en cuenta los efectos del propio reconocimiento, pero sobre la exigencia de debida diligencia reforzada que impone,

5.4.1. Estereotipo 1. Niño irracional o ignorante

a) Caracterización del estereotipo

Los niños, construidos en relación con el referente del adulto, son considerados, en primer lugar, carentes de ciertos atributos. En relación con los niños, esa carencia se intentaría justificar en la falta de adquisición de las capacidades que, de acuerdo con el modelo deficitario del desarrollo, en algún momento —en el curso «normal» de los acontecimientos— se adquirirán. Esa carencia de la madurez —es decir, la adquisición de todas las habilidades o capacidades que se estiman propias de la adultez— es, ante todo, carencia de todo conocimiento, e incluso carencia de la capacidad misma para aprender, para captar el entorno. María Montessori denunciaba la falsa idea de que a los niños se les debe enseñar a aprender, lo que —para ella— pasaba por alto su sed innata de aprender[628]; para Montessori, de hecho, «el niño era el maestro»[629], porque también el adulto aprende constantemente de él. La supuesta radical ignorancia de los niños —en conjunto con su necesidad de terceros para satisfacer sus necesidades más básicas— implicaría, por un lado, la necesidad de ser tutelado de manera absoluta y, por otro, la irrelevancia de su opinión.

Existen, a su vez, otros prejuicios que encuentran su sustento en esa premisa de que el niño es un ser irracional o que se derivan de este. Por ejemplo, la consideración de los niños como seres fantasiosos, seres «imaginativos» en un sentido negativo (o «mentirosos»), o como seres manipulables. Fantasiosos porque ante su supuesta incapacidad de comprender el mundo de manera racional utilizarían un pensamiento «mágico», partiendo de supuestos irracionales y formando opiniones sin fundamentación empírica, relacionados con lo sobrenatural. Esa supuesta tendencia fantasiosa explicaría su «fácil adopción» de mitos como el de los reyes magos, o la existencia del monstruo debajo de la cama. La idea de que los niños «viven en un mundo de fantasía», o no son capaces de distinguir la realidad de la fantasía, puede llevar a considerar que aquella opinión o expresión que involucra fantasía es solo fantasía. Obviando su posible recurrencia al uso de las fantasías para explicar algo que no saben explicar racionalmente. Si un niño me cuenta que ha «visto a un monstruo», este prejuicio puede llevar a considerar que es solo eso: pura fantasía. Sin embargo, la psicología ha mostrado que esa fantasía habitualmente puede ser utilizada por el niño para expresar vivencias reales.

También encontramos el prejuicio, en ocasiones yuxtapuesto o confundido con el de fantasioso, de que los niños son «imaginativos» no en un sentido neutral o positivo de la palabra, haciendo

---

628 MONTESSORI, M. *The formation of man,* Theosophical Publishing House, Madras, 1969, p. 99.

629 Ese es precisamente el título de su interesante biografía: DE STEFANO, C., *El niño es el maestro. La vida de Maria Montessori,* trad. de M. Pons Irazazábal, Lumen, Barcelona, 2020

referencia a una capacidad más desarrollada en la infancia que en otras fases de la vida para transformar una realidad conocida; sino aludiendo a un sentido negativo, entendiendo que los niños recurren constantemente a la imaginación hasta tal punto que no es posible saber cuándo sus opiniones o expresiones sobre algo que han experimentado es producto «de su imaginación» o se trata de una experiencia que ha tenido realmente lugar. La idea de que los niños «viven en un mundo imaginario», puede llevar a considerar que su relato sobre una experiencia vivida sea puesto en cuestión o su propia voz no sea considerada relevante en la medida en que no es posible asegurar que su narración sea realidad.

Además, está el prejuicio del niño como mentiroso. Este prejuicio se vincula, más que con el prejuicio del niño como irracional, con una de las concepciones enraizadas en el cristianismo de que el ser humano, particularmente el niño en tanto recién llegado al mundo social —que aún no ha sido disciplinado— es un ser tendiente al mal, al pecado. Sin embargo, considero que se trata de un prejuicio al que suele hacerse referencia de manera conjunta o indistinta con los prejuicios antes mencionados (niño fantasioso, niño imaginativo) y que se trata de prejuicios que entre otros efectos similares, coinciden en su efecto de invalidar o relativizar la opinión de un niño. Una búsqueda sencilla en Google colocando la frase «niño mentiroso» da como resultado una infinidad de blogs sobre crianza o psicología con preguntas como las siguientes: ¿por qué mienten los niños?, ¿cuándo empiezan a mentir los niños?, y ¿qué puedo hacer si mi hijo me miente? Criticar o desvelar el prejuicio no significa negar que exista la aptitud para mentir desde etapas tempranas en el desarrollo. No es señalar que es imposible que un niño mienta. El problema es que el prejuicio configura esa capacidad como tendencia, y esa capacidad como una tendencia agravada o propia de la infancia.

Finalmente, los niños se construyen como manipulables. Este prejuicio no hace referencia a esa cualidad de plasticidad cerebral —señalada desde la neurociencia— presente en la infancia temprana que, bien orientada, en condiciones óptimas de desarrollo, permite prevenir afectaciones a largo plazo o posibilitar un desarrollo eficiente —en mayor medida que en otras etapas del desarrollo— de algunas capacidades, como el aprendizaje de otra lengua, etc. El prejuicio se vincula con su supuesta incapacidad o deficiente capacidad cognitiva. En la medida en que se supone carecen de manera absoluta de una capacidad cognitiva suficiente para comprender la realidad serían fácilmente manipulables por terceros. El prejuicio de la irracionalidad de los niños, asumir su incapacidad de formarse por sí mismos explicaciones fiables del mundo, implica adoptar las creencias o interpretaciones dadas por intérpretes externos: dígase padres, profesores, en realidad en muchos contextos casi cualquier adulto. Este prejuicio obvia cualquier capacidad crítica de un niño sobre la opinión o la explicación de terceros, particularmente de adultos; además de desplazar la lente de la atención de una eventual relación de poder que explique una opinión o un comportamiento de un niño, de manera exclusiva o enfática, a la propia opinión o comportamiento del niño. De modo que lo importante ante la duda de una posible influencia, no sea valorar las posibles razones y el efectivo nivel de manipulación, como la casi presunción de invalidación de su opinión ante la sospecha de manipulación.

En relación con estos prejuicios, hay argumentos dentro de la ciencia que permiten desmentir las premisas o suposiciones a partir de los cuales se configuran como rasgos esenciales o propios de la infancia. La racionalidad implica un mínimo de capacidad cognitiva, es decir, la capacidad de formarse creencias generalmente fiables sobre el entorno en que vivimos. La competencia cognitiva es una capacidad que se adquiere o desarrolla, como el resto, generalmente, de manera gradual o progresiva. La forma en que esta capacidad se desarrolla ha sido objeto de un largo debate cuyo inicio suele atribuirse, como señala Archard, a Platón y Descartes y continúa en la actualidad[630]. Descartes defendería que

---

630 ARCHARD, D., *Children. Rights and Childhood,* 3ª ed., Routledge, Nueva York, 2015, p. 47.

es posible construir un conocimiento claro y distinto del mundo a partir de los recursos innatos de la mente humana. En un sentido cercano, Platón consideraría el aprendizaje como un recuerdo de formas previamente conocidas[631]. En cambio, para Locke la mente humana comenzaría, como un «libro blanco, desprovisto de todos los caracteres, sin ideas»[632], de modo que todos los materiales de la razón y el conocimiento provendrían de la experiencia. Hoy día pocos teóricos del desarrollo cognitivo encuentran completamente aceptable el empirismo extremo de Locke o el fuerte inanismo de Platón o Descartes[633]. Con el tiempo, han surgido nuevas teorías que caminan entre ambos extremos. Piaget, más actualmente Chomsky han sido los autores de algunas de ellas. Lo que podemos afirmar es que en la actualidad el estado de la ciencia desmonta el prejuicio de que los niños sean absolutos ignorantes, que no se enteren de su entorno, o que no sean capaces de aprender sin un proceso institucionalizado para tal fin. Archard sintetiza muy bien el estado de la cuestión:

> «[d]esde el nacimiento, los seres humanos desean fundamentalmente darle sentido al mundo y ponerlo bajo su control deliberado. También están equipados desde el nacimiento con la capacidad de utilizar modelos mentales internos del mundo. En ese sentido los niños son tan racionales como los adultos. En el sentido más fuerte de 'racional', que estipula la adquisición de conocimientos y experiencia, es razonable pensar que los niños [son menos capaces] en comparación con los adultos»[634].

---

631 ARCHARD, D., *Children...* cit., p. 47.

632 LOCKE, J. *An Essay Concerning Human Understanding, Volume I*, MDCXC, basado en la 2ª edición, Libros I y II (de IV), en John Locke at Project Gutenberg: https://www.gutenberg.org/files/10615/10615-h/10615-h.htm

633 SAMET, J., ZAITCHIK, D. «Innateness and Contemporary Theories of Cognition», en N. ZALTA, E. N. y NODELMAN, U. (eds.), *The Stanford Encyclopedia of Philosophy*, 2017. Disponible en: https://plato.stanford.edu/archives/fall2017/entries/innateness-cognition/

634 ARCHARD, D., *Children...* cit., p. 89.

En relación con la fantasía y la imaginación es un hecho que los seres humanos desarrollamos la capacidad de la imaginación y que en la infancia se recurre con mayor frecuencia a ella, como un instrumento de aprendizaje, de comprensión del mundo, seguramente también por un mayor tiempo. Los eventuales problemas vinculados a un desarrollo o deficiente desarrollo de esta capacidad pueden predicarse tanto de adultos como de niños. La fantasía en cambio, es producto de la cultura. Algunas personas, en particular los niños, podrían ser más susceptibles a fantasear por su propio desarrollo cognitivo, su inexperiencia, o su propio deseo a recibir como ciertos algunos mitos para entender el mundo. En cualquier caso, es falso que los niños sean esencial o naturalmente «fantasiosos», aunque sí pueden desarrollar esta capacidad y pueden recurrir de manera excesiva y evasiva a ésta, especialmente cuando existe un incentivo externo. Sobre la capacidad de mentir, es cierto que puede presentarse desde etapas tempranas del desarrollo, se trata de una aptitud que requiere un cierto desarrollo cognitivo. Sin embargo, no hay apoyo en la ciencia que permita hablar de una mayor tendencia a ésta que en otra etapa vital. Se trata de prejuicios utilizados a la par pero contradictorios entre sí: los niños tendrían capacidad y tendencia a la mentira, al mismo tiempo que no tendrían la suficiente capacidad cognitiva para comprender el mundo.

Estos prejuicios se manifiestan en sesgos concretos dentro de investigaciones sobre la infancia o el desarrollo. Además de otras críticas, la teoría sobre el desarrollo cognitivo de Piaget[635], ha sido cuestionada por el hecho de que algunas funciones cognitivas que consideraba no presentes en la infancia, difícilmente pueden predicarse de todo adulto. Además se ha demostrado que los niños pueden adquirir algunas competencias cruciales mucho antes de lo que Piaget pensaba[636]. Más allá de su conciencia o intención,

---

635 Una de sus obras paradigmáticas es PIAGET, J. *La representación del mundo en el niño,* cit.

636 LANSDAWN, G. *La evolución de las facultades del niño,* cit., p. 41.

lo cierto es que en su trabajo visto en retrospectiva podemos encontrar el sesgo de los niños como incompetentes cognitivos y a la vez su trabajo ha tenido un importante papel en la reproducción social de este prejuicio. En su tiempo se trataba de la teoría imperante sobre el desarrollo cognitivo. Y, si bien su legado es cuestionado por los enfoques más recientes del ámbito de los estudios sobre la infancia, sigue influenciando las reflexiones actuales. Para Matthews «deberíamos dejar que lo que conocemos [hoy día] sobre el desarrollo cognitivo en los niños ayude a dar forma a nuestra epistemología, en lugar de contar con nuestra epistemología formulada anteriormente para dar forma a nuestra concepción del desarrollo cognitivo en los niños»[637].

En el marco de las teorías que han surgido históricamente sobre el abuso sexual contra la infancia también encontramos buenos ejemplos de sesgos adultistas vinculados a la concepción del niño como irracional. Un ejemplo es la teoría freudiana sobre el abuso sexual infantil. Se trata de la teoría dominante en los sesenta en el ámbito científico, cuyo arraigo en el imaginario colectivo se mantendría hasta los ochenta cuando fue radicalmente puesta en cuestión por parte del pensamiento feminista. Young-Bruehl, ha señalado a Florence Rush como la autora que identificó el «childism» del abuso sexual infantil[638]. Es decir, que señaló la forma en que el prejuicio sobre la infancia explicaba, al menos en parte, la elevada prevalencia del abuso sexual infantil. Para Young-Bruehl, el prejuicio contra la infancia podría estar detrás de las motivaciones de los abusadores y detrás también de la respuesta inadecuada de la sociedad, que colocaba la culpa — como todo

---

637 MATTHEWS, G. y MULLIN A., «The Philosophy of Childhood», en N. ZALTA, E. N. y NODELMAN, U. (eds.), *The Stanford Encyclopedia of Philosophy*, 2023. Disponible en: https://plato.stanford.edu/archives/fall2023/entries/childhood

638 YOUNG-BRUEHL, E. *Childism: Confronting prejudice against children*, cit., p. 321. Me he ocupado con más extensión de esta posición en RAMÍREZ, A., «A review of radical feminist theories on child sexual abuse», *Oñati Socio-Legal Series*, 13(3), 2023, pp. 857–889

-ismo lo hace— en las víctimas[639]. Según la teoría freudiana del complejo Edipo, los testimonios de abusos sexuales de niñas eran en realidad fantasías recurrentes de las mujeres, producidas por una supuesta obsesión de las niñas por recibir el amor y, por tener contacto con lo que Freud denominada el «signo de superioridad» —es decir, el pene del que carecen— de sus padres[640]. Muy probablemente, esta teoría que ahora nos parecerá descabellada, tuvo tal acogida en su tiempo —y sigue en círculos más pequeños teniéndola— en razón del contexto además de sexista, adultista, en el que se configuró. Un contexto social en el que dominaba una visión de los niños como seres fantasiosos, y una visión de las mujeres y por tanto de las niñas, producto de la intersección del adultismo y sexismo, como provocadoras y culpables del interés y el quehacer sexual de los hombres. Aunque en la actualidad se trata de una teoría desacreditada científicamente, lo cierto es que sigue informando en buena medida la reacción social frente al abuso sexual contra niñas.

b) Inserción en las estructuras institucionales

Se trata de una concepción o prejuicio, el del niño irracional, que conformó y que sigue presente en las estructuras estatales, formando parte de lo que podríamos llamar sistema estructural de poder adultista o adultocéntrico. El estatus social, político, jurídico de los niños se ha configurado en parte dando por cierto el contenido de este prejuicio. A continuación se analizará un ejemplo de cómo este prejuicio está inserto en el sistema jurídico mediante el conocido como *síndrome de alienación parental.*

---

639 Según Young-Bruehl, otras autoras feministas veían vínculos entre el movimiento feminista y el movimiento liberacionista de la infancia, pero justificarían ese vínculo en la preocupación común por identificar un prejuicio de raíz única del que derivarían todos los demás, fuera el de género o el de raza.

640 RUSH, F. *The best kept secret: Sexual abuse of children,* Englewood Cliffs, Prentice-Hall, 1980, p. 95.

La ley en España no impide que sea posible que se establezca una condena o se resuelva un caso penal considerando como única prueba un testimonio, incluso el testimonio de la víctima. Para ello, sin embargo, en la jurisprudencia se ha considerado que se requiere que tal testimonio cumpla con ciertos requisitos. Se trata de unos requisitos configurados, como muchas otras normas, a partir del sujeto adulto. Entre ellos, la credibilidad subjetiva y, lo que se ha llamado, ausencia de motivos espurios. Que consiste en que no existan «indicios» de que quien denuncia tenga la intención de vengarse o sacar un beneficio de cualquier tipo a través de la interposición de la denuncia. En España, no se establece ninguna excepción o especificación de la valoración de la credibilidad del testimonio cuando se trata de víctima niño o niña. En el caso de los abusos sexuales es común que este sea la única prueba.

En el informe «Violencia institucional contra las madres y la infancia. Aplicación del falso síndrome de alienación parental en España», de 2023, se advertía que la existencia de motivación espuria en la madre es con frecuencia utilizado en sede judicial para restar credibilidad al relato del niño o niña sobre abusos sexuales por parte de su padre. Este informe muestra cómo la sospecha sobre motivación espuria de la madre se extiende automática e implícitamente al cuestionamiento de la credibilidad del testimonio del niño o la niña, especialmente cuando son niños menores de 8 años[641]. El cuestionamiento radica en presumir —o considerar de manera automática una alta probabilidad de— que el testimonio de un niño o niña cuya madre, a la par que denuncia abusos sexuales contra él o ella por parte del padre, denuncia violencia de género contra ella misma por este último, es el resultado de una supuesta manipulación ejercida por la madre hacia él o ella con el fin de perjudicar al padre. Se trata de una aplicación del síndrome de alienación parental: restar credibilidad al menor por

641 ÁVILA, D. et al. «Violencia institucional contra las madres y la infancia. Aplicación del falso síndrome de alienación parental en España», Ministerio de Igualdad, 2023, p. 83.

considerar que su testimonio es resultado de una manipulación ejercida por la madre. Una presunción sistemática de manipulación el menor en casos de abuso sexual del padre cuando son denunciados por la madre en contextos de violencia de género denunciada. En el marco civil en caso de litigio por la custodia de un menor también se aplica. De acuerdo con el mismo informe, «en un considerable número de resoluciones se resta credibilidad en base a interpretaciones sobre los comportamientos de la madre o inferencias sobre sus actitudes o intenciones detrás de esos comportamientos, que se realizan por parte de los jueces y magistrados»[642].

En España, la aplicación por parte de los poderes públicos del falso síndrome de alienación parental se ha prohibido por ley muy recientemente. Después de presiones de comunidad internacional y movilización de sociedad civil, especialmente de movimiento feminista, esta prohibición se incorporó en el artículo 11.3 de la LOPIVI, que señala que «[l]os poderes públicos tomarán las medidas necesarias para impedir que planteamientos teóricos o criterios sin aval científico que presuman interferencia o manipulación adulta, como el llamado síndrome de alienación parental, puedan ser tomados en consideración». Sin embargo, la práctica judicial muestra que continúa su aplicación. Esa resistencia a nivel judicial, a pesar de su prohibición, da muestra de ese carácter estructural del prejuicio adultista y sexista. Tanto porque los jueces no comprendan que están aplicando un falso síndrome, en la medida en que coincide con sus creencias, como porque comprendiéndolo, decidan seguir aplicando este artilugio, considerando que la norma se equivoca.

Además, la reforma no se ha acompañado por cambios a nivel preventivo (como la formación a la judicatura) y tampoco se ha especificado en la jurisprudencia el rechazo de este falso síndrome, o teorías similares no llamadas con este nombre, como argumento para justificar la existencia de móviles espurios. La deci-

---

642 ÁVILA, D., et al. «Violencia institucional...» cit., p. 105

sión de restar credibilidad con base en este argumento implica un sesgo adultista por diferentes razones. Entre ellos, porque parte del prejuicio de que los niños son manipulables hasta el grado de inventar abusos sexuales contra su padre. Y excluye su tratamiento como sujeto de derechos, al extender un supuesto móvil espurio de la madre, como un móvil propio del menor.

5.4.2. Estereotipo 2. Niño inocente

a) Caracterización del estereotipo

La ignorancia también tiene una versión religiosa: la inocencia[643]. Según su etimología, la palabra inocencia vendría del latín *innocens,* configurado con el prefijo negativo *-in* y la palabra *nocens. Nocens* del verbo nocere (hacer daño) relativo a lo nocivo o dañino. De modo que con el calificativo de inocente se haría referencia a algo «no dañino» o «que no hace mal»[644], o a un ser «libre de culpa». En el marco del cristianismo se sostiene la imagen del niño como ser inocente en tanto recién llegado, ajeno del «mal» del mundo social[645]. En la medida en que crece: socializa,

---

643 De acuerdo con Archard, del cristianismo heredamos una imagen confusa, incluso contradictoria de la infancia. Por un lado, los niños, en tanto «recién llegados al mundo» son concebidos como seres «inocentes», ajenos al mal del mundo social; cuya ignorancia debe mantenerse. Por otro lado, los niños en tanto portadores o herederos del pecado original» son concebidos como propensos a la maldad, seres que cuya maldad debe reprimirse, seres que es necesario, ante todo, disciplinar. Abordo, al menos algunos aspectos e implicaciones de esta segunda concepción en el prejuicio cuarto, «la infancia como maldad». ARCHARD, D., *Children...* cit., pp. 49 y 50.

644 Algunos diccionarios etimológicos que contienen esta etimología: DECEL, Diccionario Etimológico Castellano En Línea, https://etimologias.dechile.net/?inocencia (último acceso 4.12.2023); Elcastellano.org. La página del Idioma Español, https://www.elcastellano.org/palabra/inocente último acceso 4.12.2023).

645 ARCHARD, D., *Children...* cit., pp. 49 y 50.

peca, el niño se corrompería. Su pureza es la de la ignorancia. Los inocentes no pecan porque no saben hacerlo. El niño no puede ser tentado porque no comprende lo que es malo. Por tanto, la inocencia es la ignorancia del mal. En particular, la ignorancia del sexo, fuente de perdición. Esta concepción con frecuencia ha llevado a obviar la dimensión sexual de la infancia. La inocencia implicaría la ausencia de toda dimensión sexual. Es común encontrar referencias a los niños como símiles de los ángeles («ángeles en la tierra»); seres mitológicos que, en el marco del cristianismo, carecen de órganos sexuales, así como de cualquier deseo erótico.

Frente a la concepción de los niños como seres asexuales o inocentes sexuales, hay evidencia científica suficiente para afirmar que la sexualidad humana se desarrolla progresivamente a lo largo de nuestro itinerario biológico, informado por factores sociales, que incluyen pero trascienden el aspecto meramente reproductivo. Incluso han llegado a señalarse, desde la comunidad científica, intereses o necesidades «sexuales» normales de un niño o una niña según la etapa del desarrollo[646]. Tal afirmación, advierte Archard, no implica asumir que tengan las mismas necesidades o intereses en este ámbito que los adultos[647]. No obstante, sigue siendo frecuente el rechazo de la dimensión sexual de los

---

646 Por ejemplo, ver: «Desarrollo Sexual y Conducta en los Niños», The National Child Traumatic Stress Network, Información para padres y cuidadores, https://www.ncsby.org/sites/default/files/NCSBY-osb-behavior-2009_span%5B1%5D.pdf (último acceso 4.12.2023); «El comportamiento sexual en los niños pequeños: ¿qué es normal y qué no lo es?», https://www.healthychildren.org/Spanish/ages-stages/preschool/Paginas/sexual-behaviors-young-children.aspx (último acceso 4.12.2023).

647 ARCHARD, D., *Children*… cit., p. 147. De hecho, distintas asociaciones en materia de salud sexual apuntan que el hecho mismo de que tales necesidades coincidan puede ser en sí un indicador de alarma, que puede indicar un riesgo de que ese niño o niña puede estar sufriendo algún tipo de violencia sexual o teniendo acceso a material o información sobre sexualidad no apropiado a su edad o madurez.

niños y las niñas en aras de preservar el ideal de la infancia como un período de inocencia.

Esta perspectiva del niño como originalmente inocente se recoge tanto en la literatura como en la teoría. Archard cita el ejemplo de Rousseau, para quien: «[t]odo es bueno cuando sale de las manos del 'Autor' de las cosas; y todo degenera en manos del hombre»[648]. A nivel social el arraigo es muy profundo. Es común encontrar testimonios, incluso de víctimas de abusos sexuales en su niñez, que consideran que es la inocencia la cualidad agraviada que define el abuso sexual infantil[649]. Personas que consideran que lo «peor de un abuso sexual infantil» es esa supuesta pérdida de la inocencia o de la infancia; aludiendo a la infancia no como a una etapa vital determinada por «hitos del desarrollo», sino como una condición definida por la cualidad de la ignorancia. Para Archard, esta posición implica que «[e]l abuso sexual de niños se considera horrible precisamente porque les roba la inocencia que les corresponde natural y legítimamente»[650].

La literatura sobre abuso sexual infantil no ha estado exenta de esta perspectiva. De acuerdo con Jenny Kitzinger, en los ochenta en el contexto estadounidense imperaba la imagen de las víctimas de abuso sexual infantil —particularmente de las niñas— como participantes activas[651]. Bajo la influencia de la teoría freudiana, eran presentadas como «ninfas» seductoras. En ese contexto, el

---

648 ARCHARD, D., *Children*... cit., p. 50.

649 Algunos ejemplos de la vinculación entre una supuesta 'pérdida de la inocencia' y el abuso sexual contra niños y niñas: la entrevista a una víctima de abusos sexuales, «Una sola vez basta para matar la inocencia de un niño, y tú y yo sabemos que fueron más veces», RTVE, 25 de abril de 2011, https://www.rtve.es/noticias/20110425/testimonios/426408.shtml; o la película *Trust* (2010) del director David Schwimmer, sobre una historia de abuso sexual en línea, fue traducida en España como «Pérdida de la inocencia».

650 ARCHARD, D., *Children*... cit., p. 53.

651 KITZINGER, J., «Defending Innocence: Ideologies of Childhood», *Feminist Review*, nº 28, 1988, pp. 77-87

movimiento por la protección de los niños apelaría a la «inocencia» de los niños como estrategia para contrarrestar aquellos estereotipos negativos. Entre los libros sobre abuso sexual infantil de aquella época Kitzinger se refiere a títulos como los siguientes: «La traición de la inocencia», «La muerte de la inocencia», o «Robar a los niños su inocencia»[652]. Sin embargo, apunta Kitzinger, tal estrategia se volvería problemática, pues el concepto inocencia es funcional a la ideología adultista que busca construir a los niños como débiles e inferiores a los adultos, y mantenerlos, consecuentemente, en una posición subordinada[653]. Partiendo de Kitzinger, enuncio a continuación algunos de los problemas con la concepción de los niños como inocentes.

En primer lugar, en nombre de la 'inocencia infantil' muchos adultos reprimen las expresiones de sexualidad de los niños, les niegan el control sobre sus propios cuerpos o los 'protegen' de todo conocimiento sobre sexualidad[654]. Esta noción impide a algunos padres incluso hablar de prevención de la violencia sexual. Cualquier conocimiento sobre la sexualidad es visto como amenaza o como riesgo de corrupción. Proteger la inocencia de los niños, implicaría mantenerlos en la ignorancia. Esta implicación podría explicar, al menos en parte, la movilización de padres y otros actores sociales en diferentes partes del mundo que reivindican la exclusión de la educación sexual de las aulas.

En segundo lugar, esta concepción podría explicar en parte la carencia— más allá de una descripción anatómica— en la investigación y divulgación médica sobre la sexualidad en la etapa infantil. Es común que en Guías de Pediatría solo se aborde la sexualidad vinculada a la etapa prepuberal, cuando ocurren cambios anatómicos significativos en términos de reproducción. En 2010, Teresa Peinado, apuntada esa carencia y abordaba el tema de la masturbación que —según indicaba— pertenece a un espec-

652 KITZINGER, J., «Defending Innocence...», cit. p. 77.
653 KITZINGER, J., «Defending Innocence...», cit. p. 77.
654 KITZINGER, J., «Defending Innocence...», cit. p. 80.

tro de comportamiento sexual normal a cualquier edad, incluidos los niños muy pequeños. En su trabajo enunciaba algunos de los signos que pueden indicarnos cuando estamos ante una práctica masturbatoria «normal» de un niño o niña, y cuando hay motivos de alarma[655]. Sin embargo, a pesar de su importancia en términos de salud, el desarrollo sexual del lactante o los niños pequeños se obvia en la investigación y en la práctica clínica. Un aspecto que suele quedar fuera de seguimiento en las consultas pediátricas[656].

En tercer lugar, este prejuicio puede —no solo desviar la atención sobre el bien jurídico a proteger en casos de violencia sexual contra la infancia[657], sino— ser configurado en sí mismo como un bien jurídico a proteger. Un ejemplo lo encontramos en el llamado delito de corrupción de menores. Al margen de su evolución en la normativa penal en España y de que se trata de un tipo penal que, en la práctica, puede englobar conductas que atentan contra la autonomía o libertad sexual— este delito se fundamenta, en aquellos ordenamientos jurídicos en los que se sigue reconociendo, en una concepción de los niños como seres inmaculados, inocentes sexuales, que, como tales, pueden ser objeto de corrupción, a través del contacto o conocimiento sexual.

En cuarto lugar, la noción de inocencia infantil puede configurarse como un fetiche de excitación para abusadores. De acuerdo con Archard, la inocencia en sí misma puede ser una noción sexualizada cuando se aplica a los niños: connota pureza,

---

655 PEINADO, T., «Masturbación en el lactante y en el niño», Anales de Pediatría, vol. 8, nº 5, 2010, pp. 263-270, p. 265.

656 Es llamativo, por ejemplo, que la «Guía Práctica para Padres. Desde el nacimiento hasta los 3 años» de la Asociación Española de Pediatría, publicada en 2014, en relación con el desarrollo progresivo de la dimensión sexual solo se refiera a la «aparición y maduración de las características sexuales», en el periodo de 3 y 5 años, sin más explicación sobre los aspectos que acompañan esa «maduración». https://www.aeped.es/noticias/guia-practica-padres-desde-nacimiento-hasta-los-3-anos (última consulta 4.12.2023).

657 KITZINGER, J., «Defending Innocence...», cit. p. 80.

virginidad, frescura e inmaculación. Cualidades que —en el marco de la sexualidad masculina dominante que busca poseer y conquistar— se consideran deseables. Los niños/niñas inocentes corren el peligro de convertirse en un fetiche sexual del deseo masculino. Para Kitzinger, una mirada a la pornografía y la publicidad de los ochenta dejaba pocas dudas de que la inocencia fuese un bien sexual. Las revistas de 'pornografía' resaltaban y especulaban con la pureza de modelos infantiles. La publicidad producía imágenes de chicas jóvenes maquilladas, sexualizadas, con eslóganes como «[l]a inocencia es más sexy de lo que piensas». Actualmente no estamos lejos de eso. Un informe de 2012 del Parlamento Europeo sobre la sexualización de las niñas, apuntaba que «[e]s cada vez más frecuente que en las revistas aparezcan niños, y especialmente niñas, como modelos, lo que significa que esta presentación de los niños como objetos sexuales se está convirtiendo en la norma y puede contribuir al aumento de los casos de abuso sexual contra niños»[658]. A nivel televisivo, de 2009 a 2013 fue transmitido el reality show estadounidense *Toddlers & Tiaras* donde niñas desde los 3 años participaban en concursos de belleza. En una sociedad donde la inocencia es un fetiche y donde los hombres están excitados por la idea de profanar a los puros y desflorar a las vírgenes, centrarse en la presunta inocencia de los niños solo refuerza el deseo de los hombres por ellos como objetos sexuales. El esquizofrénico binomio «niñas hipersexualizadas y mujeres infantilizadas» respondería al mismo deseo masculino.

En quinto lugar, este prejuicio implica un obstáculo a la respuesta adecuada ante abuso sexual infantil. Para Kitzinger, el romanticismo de la inocencia infantil excluye a aquellos que no se ajustan al ideal. El relato sobre abusos sexuales de un niño puede cuestionarse si se trata de un niño aparentemente precoz, coqueto y/o sexualmente consciente. Si la violación de la inocencia es el criterio que define o que determina el reproche social, es cue-

---

658 Proyecto de Informe sobre la sexualización de las niñas, 2012/2047(INI), *Comisión de Derechos de la Mujer e Igualdad de Género*, Parlamento Europeo, p. 8.

stionable siquiera la posibilidad de abusar a un niño «consciente», en caso de contemplarse como delito, hablaríamos de un delito menor que el abuso a un niño «inocente»[659]. La inocencia como ideal, puede configurarse como una condición para acceder a la justicia en casos de violencia sexual. Una condición que coloca una carga de probar el estatus de víctima. De manera similar a lo que ocurre con las mujeres víctimas que han ejercido su autonomía y libertad sexual, los niños con conocimientos sobre sexualidad o experiencias sexuales previas al abuso sexual romperían el ideal de víctima sexual.

En sexto lugar, la noción de «inocencia» y, por lo tanto, la posibilidad de pérdida de la inocencia también podría facilitar una mayor victimización. El niño sexualmente victimizado puede no ser visto ni como un niño ni como un adulto sino como un «bien dañado»[660]. Se trata de un prejuicio que puede presentarse en el marco motivacional y en el marco de reacción social. A nivel motivacional, el prejuicio opera haciendo creer que una vez perdida la inocencia, los posteriores accesos sexuales no son tan dañinos, pues el mal ya está hecho. A nivel de respuesta social, este prejuicio puede obstaculizar la identificación de casos de abusos sexuales o la percepción de su gravedad. La recurrencia en las agresiones puede, paradójicamente, bajar las alertas.

En séptimo lugar, el prejuicio de la inocencia —en conjunto con otros factores, como nuestra falta de competencias en educación sexual— puede incapacitarnos a los adultos para enfrentar el tema del abuso sexual sufrido por un niño o una niña. No queremos hablar de abusos sexuales de adultos contra niños. No queremos pensar en ello, imaginar los posibles hechos. A algunos les resulta insoportable, en mayor medida que pensar en el abuso sexual hacia un adulto. En ocasiones, la razón es la injusticia que identificamos en esa diferencia abismal de poder, pero a veces o en parte puede deberse también a la evasión de

---

659 KITZINGER, J., «Defending Innocence...», cit. p. 80.

660 KITZINGER, J., «Defending Innocence...», cit. p. 80.

no querer corromper nuestra propia imagen de inocencia del niño o la niña en cuestión. Vemos los hechos no como un problema de poder, una vulneración grave a derechos humanos, una injusticia, sino como hechos contra la «naturaleza» propia de la infancia, contra lo que los define: su inocencia. No queremos renunciar a esa imagen. Y esto obstaculiza la respuesta adecuada que nos es exigida. Porque para entender al otro tenemos que ser capaces de imaginarnos por lo que ha pasado. Tenemos que ser capaces de trascender la abstracción para situar la experiencia.

b) Inserción en las estructuras institucionales

La comunidad científica ha señalado la importancia de la educación sexual en general, y en particular como medio clave para prevenir violencias sexuales y posibilitar vidas más sanas[661]. En el ámbito del derecho y de la política internacional se ha reconocido que los niños y las niñas tienen derecho a recibir una educación sexual integral rigurosa, científicamente sólida y culturalmente sensible, basada en la normativa internacional existente. Si bien no se encuentra reconocido explícitamente en la Convención de los Derechos del Niño, a través de su jurisprudencia, el Comité de esta Convención lo ha reconocido, en particular en la Observación General nº 3, sobre el VIH/SIDA y los derechos de los niños. Otros instrumentos internacionales, como el Convenio de Lanzarote y la Directiva 2011/93/UE, han reconocido el derecho de los niños a recibir información para prevenir abusos sexuales[662]. La OMS también ha señalado la importancia fundamental de la edu-

---

661 RADFORD, L. et al. «Preventing and Responding to Child Sexual Abuse and Exploitation: Evidence review», UNICEF, 2016, p. 50.

662 Directiva 2011/92/UE del Parlamento Europeo y del Consejo de 13 de diciembre de 2011, relativa a la lucha contra los abusos sexuales y la explotación sexual de los menores y la pornografía infantil y por la que se sustituye la Decisión marco 2004/68/JAI del Consejo, art. 23; Convenio del Consejo de Europa para la protección de los niños contra la explotación y el abuso sexual, hecho en Lanzarote el 25 de octubre de 2007, art. 6.

cación sexual integral para la salud y supervivencia de la infancia y adolescencia[663].

A nivel europeo en distintos países se han adoptado normas específicas que reconocen este derecho. Sin embargo, se trata de procesos complejos y con avances insuficientes. Una encuesta de 2018 señalaba que la obligatoriedad de la educación sexual únicamente se contemplaba en 11 de los 22 Estados miembros del Consejo de Europa analizados[664]. El Comisionado para los Derechos Humanos del Consejo de Europa ha señalado que desde que se introdujo por primera vez en el currículo escolar europeo en la década de 1970, padres y madres, líderes religiosos y políticos han debatido, a menudo con posturas muy polarizadas, sobre qué debe enseñarse y a qué edades[665]. No obstante, hay algunos estándares internacionales sobre la forma de cumplir con esta obligación. De acuerdo con ellos, los estados deberían prever esta educación por ley, reconocerla como obligatoria e integrarla en todo el sistema educativo desde el comienzo de la escolaridad.

Los individuos y grupos que se oponen a la educación sexual abogan a menudo por el derecho de los padres y madres a decidir si desean o no, para sus hijos e hijas. Sin embargo, como ha apuntado el Consejo de Europa, las normas internacionales de derechos humanos sobre el derecho a la libertad de religión o

---

663 OMS. Educación sexual integral, preguntas y respuestas, 18 de mayo de 2023. Disponible en https://www.who.int/es/news-room/questions-and-answers/item/comprehensive-sexuality-education

664 KETTING, E., y IVANOVA, O. «Sexuality in Europe and Central Asia. State of the art and recent developments, An overview of 25», UNESCO, 2018. Disponible en: https://healtheducationresources.unesco.org/library/documents/sexuality-education-europe-and-central-asia-state-art-and-recent-developments

665 MIJATOVIĆ, D. «Una educación sexual integral protege a los niños y a las niñas, y ayuda a construir una sociedad más segura e inclusiva», *Human Rights Comment*, Consejo de Europa, Estrasburgo, 21 de julio de 2020, https://www.coe.int/es/web/commissioner/-/comprehensive-sexuality-education-protects-children-and-helps-build-a-safer-inclusive-society

de creencias no autorizan a los padres y madres a retirar a sus hijos e hijas de las clases de educación sexual donde se transmite información relevante de manera objetiva e imparcial[666]. Ya en 1976, el Tribunal Europeo de Derechos Humanos señalaba que el derecho de los padres «no implica capacidad de oponerse sin más a la enseñanza en materia de sexualidad»[667]. Los órganos internacionales que se han pronunciado sobre el tema de la educación sexual son coincidentes en señalar que los contenidos deben presentarse de manera crítica y objetiva, evitando el adoctrinamiento. No obstante, algunos investigadores han señalado que entre los grupos contrarios al reconocimiento o ejercicio de este derecho es común apelar al concepto de adoctrinamiento para referirse a todo conocimiento sobre sexualidad o género[668].

En España no ha sido, sino hasta el 2006 cuando se incorporó explícitamente en la legislación de educación, contenidos relativos a la educación sexual y al reconocimiento de la diversidad afectivo-sexual. Sin embargo, actualmente encontramos graves problemas en su cumplimiento. Entre otros problemas, un informe sobre la implementación de la educación sexual en Europa realizado en 2021 por un grupo de investigadores de Alemania y Dinamarca destacaba que en España no existe una norma jurídica estatal que establezca las bases sobre educación sexual; una ley que estableciera, por ejemplo, que se trata de una asignatura

---

666 MIJATOVIĆ, D. «Una educación sexual integral...» cit.

667 TEDH. *Caso Kjeldsen y otros c. Dinamarca*, sentencia de 7 de diciembre de 1976. Vid. también, en el ámbito del Comité Europeo de Derechos Sociales: JIMENA QUESADA, L. «Educación sexual y no discriminación en la jurisprudencia del Comité Europeo de Derechos Sociales», *Revista Europea de Derechos Fundamentales*, nº 17, 2011, 197-219.

668 «David Patternote: El discurso de la ideología de género va más allá de Vox. Hay toda una estrategia internacional que lo respalda», por Marta Borraz, eldiario.es, 15 de agosto de 2019. Disponible en: https://www.eldiario.es/sociedad/discurso-ideologia-vox-entramado-internacional_128_1399154.html

obligatoria para todos los centros escolares[669]. De modo que la garantía de este derecho no es la misma en todas las comunidades autónomas. Además, en España, los profesores, en general, no están capacitados para impartir estos contenidos[670]; en consecuencia, rara vez la clases de educación sexual las imparte el cuerpo docente del centro, sino que, en aquellos casos que se ofrecen tales contenidos, se invita a especialistas externos. En el marco jurídico español, concluyen diversas investigadoras, se reconoce pero no se garantiza suficientemente a los niños el ejercicio de este derecho[671].

Si bien, se trata de un derecho que siempre ha tenido una fuerte oposición, diversos investigadores, señalan que hoy en día estamos ante una oposición renovada a distintos niveles. Para Kuhar y Patternote, esta oposición se enmarca en el auge en Europa de discursos claramente ultraconservadores y contrarios a derechos fundamentales. Una movilización que no tiene lugar solo a nivel individual, sino que es posible rastrear una red o constelación cada vez más importante en la que no hay un actor central, pero sí importantes núcleos de poder o influencia, que marcan una agenda conservadora —que podríamos denominar 'anti-derechos' en la medida que apelan por retroceder en la garantía de derechos que ya han sido reconocidos—, siendo uno de sus objetivos

---

669 KETTING, E. et al. «Investigating the 'C' in CSE: implementation and effectiveness of comprehensive sexuality education in the WHO European region», *Sex Education,* vol. 21, nº 2, 2019, pp. 133-147.

670 Vid. VILA, R., et al. «El profesorado español ante el maltrato infantil. Estudio piloto sobre variables que influyen en la detección de menores en riesgo», *Revista Española de Investigación Criminológica,* nº 17, artículo 8, 2019, pp. 1-25

671 RAMÍREZ, A. «La prevención del abuso sexual contra la infancia a través de la formación al profesorado a la luz de la nueva Ley Orgánica 8/2021», en GARCÍA SÁEZ, J. A. y RAMÍREZ, A. (eds.), *Luchar contra el abuso sexual infantil desde las aulas. Una cuestión de derechos humanos,* Tirant lo Blanch, Valencia, 2024, pp. 31-58

la exclusión de contenidos de educación sexual de las aulas[672]. Patternote encuentra vínculos entre redes religiosas, grupos de extrema derecha, partidos políticos, asociaciones ultraconservadoras y, más recientemente, también gobiernos con alianzas para tales fines. Órganos que articularían un movimiento internacional que comparte estrategias referentes y discursos y que tendría un especial interés en el ámbito de la educación y la cultura, pues considerarían, de acuerdo con este investigador, que para «ganar la batalla política» hace falta ganar la «batalla ideológica»: cambiar o sustituir unas ideas por otras (como la idea de igualdad en derechos como límite al poder político). Algunos han llamado a este interés la «batalla cultural»[673]. Estos grupos suelen llamar a todo contenido sobre derechos humanos e igualdad jurídica «adoctrinamiento» y encasillan todo contenido de educación sexual como «ideología de género». Un término despectivo que se utiliza para descalificar su contenido. Es significativo el uso de estrategias jurídicas antes utilizadas por grupos pro derechos humanos, como el litigio estratégico, para lograr —no avances sino— retrocesos en derechos humanos[674].

---

672 KUHAR, R. y PATTERNOTE, D. *Anti-Gender Campaigns in Europe: Mobilizing against Equality*, Rowman & Littlefield, 2017.

673 «David Patternote: El discurso de la ideología de género va más allá de Vox. Hay toda una estrategia internacional que lo respalda», por Marta Borraz, eldiario.es, 15 de agosto de 2019. Disponible en: https://www.eldiario.es/sociedad/discurso-ideologia-vox-entramado-internacional_128_1399154.html

674 Un buen ejemplo de esto en España, está en la asociación de Abogados Cristianos, que en diferentes ocasiones han hecho declaraciones públicas señalando a diferentes centros escolares en España, que han impartido algún taller de educación sexual. Entre algunas de sus acusaciones, han señalado que las «charlas hipersexualizan a los menores», que su «contenido es totalmente ilegal», que es mero «adoctrinamiento», que «promueven el aborto» o que al impartirlos se está «conculcando derechos de los padres». Esta asociación ha sido señalada por publicar bulos en relación con la educación sexual, como la acusación contra un centro escolar infantil en Cataluña por utilizar una supuesta guía en Educación infantil que «promueve la masturbación infantil», guía que no exi-

Esta oposición ha logrado calar en el tejido social, especialmente entre los padres y madres. Entre los distintos factores que explican este apoyo, considero que hay tres claves. Por un lado, debido a la estrategia, no hay reglas o límites para la difusión de información. Estos grupos difunden deliberadamente desinformación sobre los contenidos reales del plan o programa de educación sexual para atemorizar a los padres y madres. Por otro lado, utilizan un discurso en clave de derechos humanos — uno selectivo y tergiversado— como supuesto argumento para defender su oposición: el contenido de los programas de educación sexual afectaría el «derecho de los niños a ser protegidos» y el «derecho de los padres a decidir sobre sus hijos». Y en tercer lugar, conectan o se sirven de la ideología adultista y sexista extendida aún ampliamente en la sociedad y enraizada en las estructuras sociales y en el imaginario social, para construirse como verdades. En este marco apelan a prejuicios concretos, entre ellos, el prejuicio de los niños como seres inocentes, de los niños como objetos sin capacidad alguna de ejercer autonomía «que tienen que ser protegidos incluso de sí mismos», y de los niños como propiedad de los padres.

En España una iniciativa que ha logrado instaurarse a nivel normativo como resistencia a la educación sexual es la figura del pin parental propuesto por Vox y apoyado por el Partido Popular en cinco cinco comunidades autónomas. Consiste en el reconocimiento de la potestad parental para que decidan a cuáles de las actividades complementarias impartidas en horario escolar por

---

stía; o graves acusaciones sin prueba como señalar a un centro escolar por «haber traficado con los órganos abortados». «Abogados Cristianos vuelve a tropezar con la Justicia: un juzgado malagueño rechaza el recurso contra unos talleres sobre sexting», por Néstor Campos, eldiario.es, 4 de agosto de 2022. Disponible en: https://www.eldiario.es/andalucia/malaga/abogados-cristianos-vuelve-tropezar-justicia-juzgado-malagueno-rechaza-recurso-talleres-sexting_1_9207602.html. Ejemplos de iniciativas promovidas por Abogados Cristianos contra la implementación de la educación sexual en las escuelas: https://abogadoscristianos.es/impidan-esta-perversion-de-podemos-firma/

profesionales externos al centro asistirán sus hijos y cuáles no. En la práctica la voluntad parental se plasma a través de un formulario escrito que se entrega y vincula al centro escolar. Aunque se articula de manera genérica impacta especialmente el acceso de los niños y niñas a la educación sobre sexualidad y derechos humanos, ya que estas materias, aunque formen parte del plan de estudios ordinario, a menudo son impartidos por profesionales externos. Además, en España Vox y algunas organizaciones, como HazteOír o Abogados Católicos han reconocido que la educación sexual es directamente uno de los objetivos del pin o veto parental. Por ejemplo, en su programa electoral para las elecciones generales de 2023, Vox señalaba el compromiso de «[i]nstaurar el PIN parental y autorización expresa con objeto que se necesite consentimiento expreso de los padres para cualquier actividad con contenidos de valores éticos, sociales, cívicos morales o sexuales»[675].

En el marco de estas oposiciones es posible rastrear una vinculación entre ellas y diversos prejuicios enmarcados tanto en la ideología sexista como adultista, entre ellos el de la inocencia. El argumento de que los niños «no están preparados» para recibir contenidos sobre sexualidad o la consideración absoluta de todo contenido sobre sexualidad como ideología se vincula con este prejuicio. Desde la oposición a su inclusión, no se propone que sean materiales que cumplan con estándares de calidad, con evidencia científica o basados en normas internacionales, ni que sean profesionales formados; lo que ya forma parte de los estándares internacionales. Se plantea que todo el contenido en materia de sexualidad sea excluido, a potestad de —o supervisado por— los padres, bajo el argumento de que así se protege a los niños de «la ideología de género» o el discurso izquierdista «de los derechos humanos». Si bajo este término se engloban los co-

---

675 Programa electoral de VOX para las elecciones de 2023, «100 medidas para la España viva». Disponible en su página web: https://www.voxespana.es/programa/programa-electoral-vox

nocimientos sobre sexualidad, las normas internacionales sobre derechos de la infancia, entonces lo que realmente se pretende es mantener a los niños en la ignorancia, bajo el argumento de que así «se les protege»; ¿de qué?, ¿de saber?. En una entrevista en 2020 en referencia a su defensa sobre el pin parental, Santiago Abascal señaló «nosotros lo que queremos es que a los niños se les respete en su inocencia»[676]. Queda así confirmada la vigencia de este estereotipo.

5.4.3. Estereotipo 3. Niño como objeto (carente de autonomía)

a) Caracterización del estereotipo

La noción de autonomía (del griego *auto,* «uno mismo», y *nomos,* «norma») tiene un papel muy importante en el marco de las tradiciones democráticas. Suele considerarse el criterio para reconocer la titularidad de derechos o la capacidad para su ejercicio; es el fundamento de derechos específicos y a su vez es configurado como un bien jurídico de protección en el marco del derecho penal. El liberalismo, de acuerdo con Archard, entiende por autonomía, más concretamente por autonomía racional, la capacidad de tomar decisiones sensibles sobre cómo llevar la vida propia[677]. Otra concepción común es entender la autonomía como la capacidad de cada persona para darse reglas a sí misma o para tomar decisiones sin intervención ni influencias externas. Distintos autores han abordado la cuestión de las precondiciones para hablar de autonomía. Se habla de la competencia para la autonomía, o de varios elementos, como la racionalidad, la madurez o la independencia[678]. Se ha planteado, por ejemplo,

---

676 Entrevista a Santiago Abascal en el *Telediario de TVE,* 13 de febrero de 2020. La sinopsis y parte de la entrevista están disponibles en: https://www.rtve.es/play/videos/telediario/abascal-pin-parental/5511704/

677 ARCHARD, D., *Children*... cit., p. 93.

678 ARCHARD, D., *Children*... cit., p. 93.

que el reconocimiento de la autonomía se basa en la suposición de que los individuos poseen la competencia necesaria para efectuar elecciones y tomar decisiones de manera informada y sensata. Dentro de la literatura se ha sobreentendido que los adultos «estándar» poseen tal capacidad, y a la vez se ha presupuesto que los niños carecen de esa autonomía; se trataría de seres radical y absolutamente heterónomos.

Uno de los temas sobre los que se debate respecto del concepto de autonomía gira en torno a su concepción y uso como criterio para configurar el tratamiento social y jurídico que deberían recibir los niños y las niñas. Dentro de este debate hay dos elementos que podrían ayudar a distinguir y separar los argumentos válidos del prejuicio. En primer lugar, una evidencia científica: la ciencia ha demostrado «que los niños son capaces de un comportamiento dirigido a objetivos cuando todavía son relativamente jóvenes, y son agentes en este sentido mínimo»[679]. Además, el ejercicio de la agencia infantil está condicionado por factores sociales y políticos. Hay ciertas condiciones que facilitan su desarrollo, como el dar oportunidades de decisión o participación[680], y otras que lo obstaculizan, como no escuchar su opinión o no tomarla en serio.

---

679 ARCHARD, D., *Children...* cit., p. 94.

680 En el estudio *La evolución de las facultades del niño*, de 2005, se menciona un ejemplo en tal sentido:
«El personal de una guardería decidió que los niños de cuatro años de edad podían decidir por sí mismos cuándo comer fruta o beber agua, en vez de quedarse esperando hasta que los adultos se las ofrecieran. Al principio los niños pedían permiso, hasta que se acostumbraron a la idea de que podían servirse solos. Algunos derramaban el agua, pero luego ayudaban a secar el suelo y aprendían a servírsela con más cuidado, a medida que se iban habituando a hacerlo. Al permitírseles ejercer por sí mismos el poder de elegir, los niños se volvieron más responsables y la plantilla tuvo más tiempo libre para dedicarse a otras actividades». LANSDAWN, G. *La evolución de las facultades del niño,* cit. Paradigmático en ese sentido es el artículo de Laura Lundy, «Voice' is not enough: conceptualising Article 12 of the United Nations Convention on the Rights of the Child» (cit.), y buena parte del enorme trabajo académico de esta autora.

Sin embargo, a pesar de esta evidencia, sigue existiendo el prejuicio ampliamente arraigado de que los niños —considerados así en bloque— carecen de manera absoluta o relevante de autonomía. También se ha apuntado una razón práctica para su mantenimiento. Quizá no es solo que los adultos —particularmente los padres respecto de sus hijos, o el profesorado respecto de su alumnado— realmente consideren que los niños no son capaces en ningún caso de elegir razonadamente, sino que en la concepción tradicional y práctica de la crianza es considerado como más sencillo prescindir de la opinión de los niños —o directamente acallarla— que escucharla, lo que requiere tiempo y demanda calma, e incorporarla, lo que puede requerir cambios en el curso de acción inmediato y la necesidad de dar explicaciones al niño. Sin embargo, un trato desplegado desde —o motivado por— este prejuicio sería un trato adultista. Para Flasher, un comportamiento adultista puede consistir en un proteccionismo que justifica la necesidad de protección de los niños en su absoluta incapacidad, y que se expresa no permitiendo, esperando o incentivando que el niño piense, sienta o hable de modo que pueda desarrollar su propia personalidad[681].

Esta evidencia no implica que el niño no deba recibir ninguna orientación o dirección por parte de sus padres, o que estos no deban tener algún derecho o responsabilidad vinculado con la satisfacción de necesidades de los niños, incluida la facilitación de condiciones para desarrollar su autonomía. Lo que significa es que cualquier ordenación social y jurídica debe tener en cuenta esa evidencia; debe tenerse como un principio de creación, interpretación y aplicación normativa. Esa evidencia ha sido incorporada en la Convención sobre los Derechos del Niño, y la jurisprudencia de su Comité, a través del concepto de «evolución de las facultades» del niño. El artículo 5 de la Convención establece que la dirección y orientación impartidas al niño por sus padres u otras personas encargadas de él deben tener en cuenta la capacidad

---

681 FLASHER, J. «Adultism», cit., p. 517 -518.

que el niño posee de ejercer sus derechos por cuenta propia[682]. Este artículo implica un reconocimiento implícito a la evidencia científica de que son seres con cierta autonomía, lo que justifica que tengamos que evaluar en qué medida en cada momento y en cada ámbito resulta suficiente para ejercer derechos directamente. Y reconoce también, de manera consecuente e implícita, que los niños deben ser titulares de derechos, parte de que lo son. El reconocimiento de su autonomía progresiva, de su titularidad de derechos humanos y de la posibilidad de su ejercicio por cuenta propia debería quedar fuera del debate.

La coexistencia de una realidad de dependencia que progresivamente se va relativizando y una autonomía que progresivamente va aumentando; y la plausibilidad y existencia de modelos de protección jurídica que compatibilicen ambas cuestiones —con sus aciertos y desaciertos— rompen esas propuestas polarizadas de los modelos proteccionistas y modelos liberacionistas que solo atienden a una de ellas y que se autoproclaman como «la respuesta auténtica» acorde con una supuesta naturaleza de la infancia. Considero que las versiones tradicionales de ambos modelos parten de concepciones adultistas de la infancia —en menor o mayor grado—. Bien sea porque se construyen como respuesta a una naturaleza impotente de la infancia en referencia al sujeto adulto; o bien sea porque se construyen desde una mirada adulta, ajena a sus necesidades específicas, algunas de las cuales demandan una protección especial o reforzada, incluido un cierto «paternalis-

---

682 Convención internacional sobre los derechos del niño, aprobada por la Asamblea de las Naciones Unidas el 20 de noviembre de 1989, artículo 5: "Los Estados Partes respetarán las responsabilidades, los derechos y los deberes de los padres o, en su caso, de los miembros de la familia ampliada o de la comunidad, según establezca la costumbre local, de los tutores u otras personas encargadas legalmente del niño de impartirle, en consonancia con la evolución de sus facultades, dirección y orientación apropiadas para que el niño ejerza los derechos reconocidos en la presente Convención». El Comité de Derechos del Niño, en este sentido, ha introducido interesantes mecanismos de participación de la infancia en los diferentes procedimientos que se sustancian en su seno.

mo» jurídico[683]: siempre limitado, suficientemente justificado y, en definitiva, regulado partiendo de ese principio de la autonomía progresiva.

La consideración de la evidencia científica de la autonomía progresiva no resuelve el problema de cómo compatibilizar jurídicamente ambas necesidades de los niños: su necesidad de desarrollar la autonomía propia y su necesidad de protección. Pero sí delimita el problema y el marco de soluciones. No valen soluciones que impliquen un desconocimiento de la autonomía progresiva ni soluciones que impliquen una libertad sin autonomía suficiente para el ámbito concreto de que se trate. La cuestión no es si los niños tienen autonomía, que la tienen, ni si es posible que ejerzan derechos por ellos mismos, que pueden; sino cuáles concretamente puede ejercer por sí mismo un niño en un determinado momento y contexto; y si es posible pensar en presunciones generales válidas sobre esa capacidad de ejercicio. Esto último a su vez se conecta con el reconocimiento de la necesidad de protección especial para el niño, debido a la dependencia de terceros para satisfacer sus necesidades más básicas, fundamentalmente durante los primeros años, incluida la necesidad de orientación para la toma progresiva de decisiones. Lansdown se refiere a algunos de estos modelos posibles de compatibilización, como la introducción de un modelo que comprenda límites de edad, pero que asimismo permita a todo niño adquirir el derecho en cuestión antes de alcanzar la edad establecida si es capaz de demostrar su competencia; o la diferenciación legal entre los derechos específicos, estableciendo límites de edad solamente para aquellos derechos que presenten el peligro de ser desatendidos o violados por los adultos, e introduciendo la presunción de competencia para los demás derechos[684].

---

683 GONZÁLEZ CONTRÓ, M. «Paternalismo jurídico y derechos del niño», *Isonomía. Revista de Teoría y Filosofía del Derecho,* nº 25, 2006, pp. 101-135

684 LANSDOWN, G. *La evolución de las facultades del niño,* cit. pp. 71-76.

Las perspectivas proteccionista y liberacionista también tienen una concreción en el ámbito de la sexualidad, concretamente en el ámbito de la sexualidad interpersonal. Podríamos identificar dos modelos de reconocimiento y tratamiento de la dimensión sexual de los niños y las niñas. De este análisis quedan excluidas aquellas teorías o posturas que niegan la dimensión sexual de los niños y las niñas, porque en tanto que es una evidencia científica —incluso una obviedad—, su negación debería implicar una exclusión del debate riguroso. Dentro del modelo proteccionista podríamos ubicar a aquellas posturas que defienden la determinación de una edad del consentimiento sexual o, de manera restringida, a aquellas posiciones que defienden edades muy altas para la presunción de capacidad para el consentimiento sexual. Y dentro del modelo liberacionista, la posición de eliminar una edad del consentimiento sexual o, de manera más restringida, una posición que defiende fijar una edad de presunción de consentimiento sexual muy baja. Ambas posturas podrían reconocer la relación de poder como un factor que puede invalidar el consentimiento en un caso concreto. Ambos modelos, en sus versiones más radicales, podrían llevar a negar esa autonomía progresiva. La primera porque podría desconocer la capacidad suficiente de adolescentes para consentir una relación sexual, entre iguales por ejemplo. La segunda porque el reconocimiento de una libertad negativa no implica un reconocimiento de autonomía, y un reconocimiento de esa libertad sin la existencia de un nivel suficiente de autonomía puede conllevar perjuicios para esa autonomía, facilitar la imposición de agentes, además de libres, autónomos, como los adultos.

La determinación de las presunciones de edad debe hacerse tomando en cuenta una adecuada evaluación de las capacidades, lo que entraña mucha complejidad. Tal evaluación de las capacidades debe basarse en la evidencia científica y atender al contexto del que se trate, dejando fuera prejuicios. En relación con la edad del consentimiento sexual, su fijación implica dejar fuera de su argumentación prejuicios como el del niño como un ser inocente, ajeno a toda realidad sexual; o el del niño como ser carente de autonomía. Además de una evaluación adecuada —basada en la ciencia y libre de prejuicios— para configurar y plasmar normativamente las presunciones etarias de capacidad en aquellos ámbitos que de manera razonada consideremos importantes por su impacto en los derechos humanos, considero que debe incorporarse en el derecho de manera clara el principio de la autonomía progresiva como un principio autónomo que conlleva obligaciones para los operadores jurídicos. Entre otras, pienso particularmente en la función de interpretación y aplicación del derecho.

Considero que en aquellos casos en sede judicial en los que esté implicada la cuestión de la autonomía de un niño o una niña, con independencia de que se dé el supuesto jurídico de la edad del consentimiento, el operador judicial debería realizar una motivación concreta sobre la evaluación de la capacidad en el caso concreto; y una evaluación del contexto relacional, si tomamos en cuenta que la autonomía es, además de progresiva, relacional. No solo como una forma de plantear la posibilidad de excepción sino, sobre todo para valorar la intensidad o la forma de vulneración a la autonomía. Incluso cuando los niños no tienen desarrollada la autonomía necesaria para decidir mantener una relación sexual con un adulto o con otro niño, ello no implica negar que exista una vulneración de la autonomía. Quizá no somos capaces de entender o evaluar la experiencia de vulneración de la autonomía experimentada por el niño, por que él no es capaz aún de expresarlo o por su misma incomprensión de lo ocurrido. Pero nosotros objetivamente podemos entender que ha habido una vulneración de la autonomía. Sea en ese momento o de manera diferida, la persona puede experimentar una vulneración a su autonomía o sus efectos. En segundo lugar, como una fórmula de respeto de los derechos y autonomía del niño, en tanto premisa normativa que iguala a los seres humanos.

Además de ser una evidencia científica, desde mi punto vista, la autonomía progresiva también debe configurarse como una premisa normativa. Una premisa normativa que implica un reconocimiento mínimo de la autonomía de todo ser humano, a pesar de no poder ejercerla en un momento o contexto determinado. No se requiere que una persona muestre que tiene una capacidad suficiente en un determinado ámbito como presupuesto para determinar una vulneración de su autonomía, sino que debe presumirse o reconocerse que una decisión y acción unilateral que despliega una persona sobre otra en un ámbito relevante jurídicamente como es el ámbito sexual en el que esta última aún no tiene capacidad suficiente para decidir o se encuentra imposibilitada para hacerlo por circunstancias temporales (como estar en coma) implica una vulneración de su autonomía, y no solo una invasión de la privacidad o la integridad corporal. En la literatura sobre abuso sexual contra la infancia, suele asumirse que en relación con niños que no tienen capacidad suficiente para consentir, no es relevante hablar en términos de consentimiento ni de autonomía. Sin embargo, hay que aclarar: una cosa es no tener capacidad suficiente para consentir, y otra que tu autonomía en tanto insuficiente para consentir no pueda considerarse vulnerada. Desde el punto de vista jurídico, la evaluación del grado de autonomía *a priori* necesario para que una persona puede decidir en el ámbito de sexualidad interpersonal la deberán realizar los legisladores en el momento de fijar la edad del consentimiento sexual. La evaluación del grado de autonomía de una persona en concreto para decidir sobre un ámbito con relevancia jurídica en un contexto relacional determinado la deberá analizar un juez para determinar la gravedad del caso.

Este prejuicio de los niños como carentes de autonomía, como objetos, también ha influido en el quehacer filosófico. Por un lado, como advierte Campoy, en la filosofía clásica en general y en la platónica y aristotélica en particular, los niños son considerados como seres física, intelectual y moralmente imperfectos que no solo es imposible considerar como titulares de derechos, sino sobre quienes habría que tener un absoluto control porque de trataría de seres gobernados —para Platón— por la parte irracional del alma o —para Aristóteles— por los deseos y apetitos. Seres que debido a esa incapacidad absoluta no podrían ser «virtuosos» ni tampoco «propiamente felices»[685]. Por otro lado, más recientemente, si bien sería marginal una alusión explícita a los niños como objetos, lo cierto es que la propia conceptualización del concepto autonomía, como criterio moral relevante ha estado enormemente influida si no por un prejuicio concreto del niño como objeto, sí por un sesgo adultocentrista: ha sido pensado desde una visión adulta y mirando a los adultos. Esto en gran parte podría explicar esa concepción de la autonomía como un elemento absoluto, como una cualidad dada que se presenta de manera absoluta o está ausente; y no como una cualidad progresiva. Actualmente, a pesar de que la Convención de los Derechos del Niño y la labor de su Comité han consolidado el concepto de «evolución de las capacidades» y con ello el de «autonomía progresiva», creo que desde la filosofía, particularmente desde la filosofía del derecho y desde la ciencia jurídica tenemos una enorme deuda en profundizar en las implicaciones de este concepto. No solo sobre las implicaciones sociales, jurídicas, políticas de reconocer una autonomía progresiva a los niños—lo que conlleva complejos desafíos—; sino sobre las implicaciones conceptuales al propio concepto clásico, liberal, de autonomía. Una crítica de un calado — por lo menos— similar al que han planteado las teóricas feministas cuando han hablado de la autonomía relacional[686].

b) Inserción en las estructuras institucionales

En varios países, incluida España, se han configurado bienes jurídicos distintos al de autonomía o libertad sexual para fundamentar la prohibición y la sanción de la violencia sexual contra

---

685 vid. CAMPOY CERVERA, I., *La negación de los derechos de los niños en Platón y Aristóteles,* Cuadernos «Bartolomé de las Casas», nº 41, Dykinson, Madrid, 2006

686 Vid., entre otros trabajos de esta autora, RODRÍGUEZ RUIZ, B. «¿Identidad o autonomía? La autonomía relacional como pilar de la ciudadanía democrática», en *Anuario de la Facultad de Derecho de la Universidad Autónoma de Madrid,* nº 17, 2013, pp. 75-104.

la infancia. El principal de ellos es el de indemnidad sexual de la infancia. Un término que considero inadecuado, principalmente por su distanciamiento semántico o incluso su contradicción con el concepto de autonomía.

La determinación del bien jurídico en los llamados «delitos sexuales», especialmente cuando se cometen contra niños o niñas no es una cuestión clara o consensuada totalmente. En el Código Penal español puede apreciarse una evolución en la configuración de los delitos relacionados con el ámbito de la sexualidad a lo largo de los años. Recientemente, en el 2022[687], la Ley Orgánica General de la Integridad y la Libertad Sexual eliminó el bien jurídico de la indemnidad sexual del Código Penal como bien jurídico a tutelar en los «delitos sexuales» contra personas menores de edad[688]. Este bien jurídico había sido introducido en 1999, a través de la Ley Orgánica 11/1999, de 30 de abril, en cuya exposición de motivos se explicaba que la regulación de los delitos contra la libertad sexual vigente en ese momento no respondía:

> «adecuadamente, ni en la tipificación de las conductas ni en la conminación de las penas correspondientes, a las exigencias de la sociedad nacional e internacional en relación con la importancia de los bienes jurídicos en juego, que no se reducen a la expresada libertad sexual, ya que también se han de tener muy especialmente en cuenta los derechos inherentes a la dignidad de la persona humana, el derecho al libre desarrollo de la personalidad y la indemnidad o integridad sexual de los menores e incapaces,

---

687 En 1995 había tenido lugar otro cambio sustancial, se había eliminado el bien jurídico de la honestidad y se incorporó el de la libertad sexual en el contexto de delitos sexuales entre adultos. Para leer un análisis crítico, desde el feminismo, sobre este cambio, puede consultarse: ASÚA BATARRITA, A. «Las agresiones sexuales en el nuevo Código Penal: Imágenes culturales y discurso jurídico», en RINCÓN A. (coord.), *Análisis del Código Penal desde la perspectiva de género,* Emakunde, Instituto Vasco de la Mujer, Vitoria-Gasteiz, 1998, pp. 45-102.

688 Ley Orgánica 10/2022, de 6 de septiembre, de garantía integral de la libertad sexual, en la «Disposición final cuarta. Modificación de la Ley Orgánica 10/1995, de 23 de noviembre, del Código Penal».

> cuya voluntad, carente de la necesaria formación para poder ser considerada verdaderamente como libre, no puede ser siempre determinante de la licitud de unas conductas que, sin embargo, podrían ser lícitas entre adultos»[689].

Sin embargo, según lo ha indicado la Fiscalía General del Estado en una circular de 2023, la incorporación a finales de los noventa de la indemnidad sexual al Código Penal suscitó polémica. De acuerdo con esa circular, un amplio sector de la doctrina reclamó su desaparición, bajo el argumento de que el nuevo bien jurídico no tenía sustantividad propia, sino que se trataba de un un aspecto del bien jurídico de la libertad sexual, que regía los casos de violencia sexual entre adultos: el aspecto de su formación. De manera que la violencia en el ámbito sexual de la infancia estaría vulnerando la formación de su libertad sexual. Otro razonamiento argüido contra la necesidad de diferenciar el bien jurídico a proteger en la violencia sexual contra la infancia era que suponía una «conceptualización ingenua de la minoría de edad que resultaba incompatible con la Constitución»[690], sin embargo de trata de un argumento sobre el que no he podido encontrar más desarrollo. Lo cierto es que, hubiese habido polémica o no, no ha sido sino hasta 23 años después que este bien jurídico ha desaparecido, al menos del texto de la ley.

De acuerdo con la misma Circular de la Fiscalía General del Estado, la desaparición del bien jurídico «indemnidad sexual» del Código Penal «es intrascendente a efectos prácticos». La Fiscalía considera que la sustitución del término indemnidad por libertad sexual «no tiene repercusión alguna en la descripción de

---

689 Ley Orgánica 11/1999, de 30 de abril, de modificación del Título VIII del Libro II del Código Penal, aprobado por Ley Orgánica 10/1995, de 23 de noviembre, en su «Exposición de Motivos».

690 Circular 1/2023, de 29 de marzo, de la Fiscalía General del Estado, sobre criterios de actuación del Ministerio Fiscal tras la reforma de los delitos contra la libertad sexual operada por la Ley Orgánica 10/2022, de 6 de septiembre, dentro del punto 3. Modificación de la rúbrica del título VIII del libro II del Código Penal.

los tipos penales ni tampoco, por lo tanto, en su interpretación y aplicación»[691]. Se trataría, por tanto, simplemente de un cambio terminológico, y ni siquiera un cambio muy relevante en términos de reconocimiento de los niños como sujetos de derechos, como sí ha sido el cambio de otros términos dentro de normas jurídicas que se consideran términos sesgados o directamente discriminatorios contra ciertos grupos sociales. Pienso en el reciente proceso en el seno de las Cortes Generales para aprobar la reforma constitucional que sustituya dentro del artículo 49, el término de «personas disminuidas» por el de «personas con discapacidad».

Creo, sin embargo, que se trata de un cambio importante que no hemos dimensionado y que probablemente se ha dado sin conciencia plena o sin una justificación adecuada, sin mucha convicción de la necesidad del cambio. No obstante, si miramos el significado de la palabra «indemnidad» podremos identificar el prejuicio de trasfondo en el que se ancla su concepción como bien jurídico a proteger en los casos de violencia sexual contra la infancia, como el bien que determina el carácter lesivo del acto a prohibir o sancionar. Lo dicho por Asúa sobre que la tradicional regulación penal de los llamados «delitos sexuales» ha sido exponente claro de la función de las normas jurídicas en la recreación de los estereotipos y roles sociales que han definido durante siglos la distribución desigual de derechos y obligaciones discriminando a las mujeres, puede ser dicho en general no solo de las mujeres sino de ciertos grupos sociales objeto de discriminación, como el caso de la infancia.

De acuerdo con su etimología, la palabra indemnidad viene del vocablo latino *indemnitas,* referida a la característica o la condición de indemne. El término indemne proviene del latín, y se

---

691 Circular 1/2023, de 29 de marzo, de la Fiscalía General del Estado, sobre criterios de actuación del Ministerio Fiscal tras la reforma de los delitos contra la libertad sexual operada por la Ley Orgánica 10/2022, de 6 de septiembre, dentro del punto 3. Modificación de la rúbrica del título VIII del libro II del Código Penal.

compone del prefijo negativo *in-* y del sustantivo *damnum*, que significa «daño». El adjetivo indemne serviría, así, para calificar a alguien o a algo que no ha sido dañado o está libre de daño. La indemnidad sexual, haría referencia a la condición de la infancia como «libre de daño sexual». Sea que entendamos esto como una descripción de que un niño no ha sufrido violencia sexual previa, o sea que entendamos que esto presupone una concepción restringida y negativa del espectro sexual, de todo conocimiento o experiencia sexual como algo dañino para un niño; lo cierto es que ninguno de estas dos ideas es coherente con el reconocimiento de la autonomía progresiva de los niños, y de su configuración como criterio para determinar la protección jurídica necesaria en el ámbito sexual. Desde mi punto de vista, este concepto se relaciona con el prejuicio antes abordado de la inocencia sexual; y como un término paralelo —en relación con su configuración sesgada o funcional o un prejuicio social— al antaño considerado bien jurídico de protección para las mujeres en el ámbito sexual: honestidad[692].

En la jurisprudencia se encuentran ejemplos de interpretación de este bien jurídico que podrían vincularse que este prejuicio del niño inocente. Por ejemplo, en la STS 988/2016, de 11 de enero de 2017, se señaló que «la indemnidad sexual equivale a la intangibilidad, constituyendo una manifestación de la dignidad de la persona y tutelando el derecho al correcto desarrollo de la

692 En España, la protección penal en el ámbito sexual para las mujeres hasta 1995 se fundamentaba en el entonces considerado bien jurídico de la honestidad. Por honestidad se entendía, señala Asúa, «una propiedad que definía la dignidad de la mujer, un atributo referido al recato y reserva sexual en aras de garantizar a su legítimo poseedor, el marido, la exclusividad de su uso sexual y su descendencia». La violación suponía el «deterioro de la 'virtud' de la mujer y una mancha que evaluaba su ranking en el mercado de futuro matrimonial». Según Asúa, dentro del matrimonio, «la honra quedaba definida por el derecho a la exclusividad. De manera que «una relación sexual con un tercero —fuera consentida o no— se convertía, además, en un ultraje al marido-propietario». ASÚA BATARRITA, A. «Las agresiones sexuales en el nuevo Código Penal...», cit., p. 51.

sexualidad, sin intervenciones forzadas, traumáticas o solapadas en la esfera íntima de los menores que pueden generar huellas indelebles en su psiquismo»[693]. Las palabras sobre la intangibilidad o el «correcto» desarrollo son términos inadecuados y sesgados —que tienen su base en el prejuicio del niño inocente— para referirse a la dimensión sexual de la infancia.

Si la protección penal en el ámbito sexual para los niños y las niñas se fundamentaba hasta hace muy poco en la indemnidad sexual, deberíamos cuestionarnos en qué medida podríamos entender que este término se refiere a una propiedad que define en buena medida la concepción o dignidad del niño o la niña, un atributo referido a la ignorancia e inexperiencia sexual en aras de mantener una supuesta pureza o bondad natural que en parte soporta nuestro orden social, nuestras imágenes sobre los niños. La indemnidad sería la traducción al bien jurídico de la inocencia. Un modelo de protección jurídica en el ámbito sexual a través del bien jurídico de la indemnidad, puede llevar a un escenario en el que sea perfectamente coherente que un niño pueda llevar a tribunales un caso de abuso sexual, pero no tenga mecanismos para responder jurídicamente cuando le niegan una manifestación de su autonomía progresiva en el ámbito sexual, como puede ser una masturbación en el contexto de su privacidad personal.

Descartar el término de indemnidad como bien jurídico a proteger por el derecho penal en relación con la violencia sexual contra la infancia y sustituirlo por el de libertad implica, sin duda, un cambio importante de nominación y reconocimiento. La pregunta está en si este cambio es meramente circunstancial o si se ve acompañado por cambio de paradigma en la concep-

---

693 STS 988/2016, de 11 de enero de 2017, Tribunal Supremo–Sala Segunda, de lo Penal, ponente Cándido Conde-Pumpido Touron, ECLI: ES:TS:2017:55.

ción y tratamiento jurídico de la infancia y su sexualidad[694]. Y particularmente identificar si hay alguna variación relevante en la manera en que se interpretaba anteriormente este bien jurídico por parte de los jueces y en la manera en que se interpreta el nuevo bien jurídico. El tema del alcance real de esa modificación sobre el bien jurídico a tutelar en casos de violencia sexual contra la infancia o la coherencia del ordenamiento jurídico en global con las implicaciones que tal reconocimiento debería conllevar es un asunto complejo. Dejar ese significado atrás podría interpretarse como un reconocimiento de autonomía de la infancia: el derecho penal no estaría protegiendo a los niños y las niñas frente a la violencia sexual por considerar que esta última afecta su cualidad de inocentes, de ajenos al mal o al daño, a la contaminación sexual, sino que protegería a las personas, incluidos los niños y las niñas, de la violencia sexual por considerarla una grave vulneración a la autonomía, grave por afectar una esfera de tan íntima como es la sexualidad. Están por ver todavía los desarrollos jurisprudenciales sobre la manera en que los jueces interpretan el concepto de libertad sexual en relación con la infancia.

El de la indemnidad, es solo un ejemplo. El prejuicio de los niños como seres no autónomos está enquistado en muchas normas y prácticas institucionales y sociales que privan constantemente a los niños y las niñas de la posibilidad de decidir, en alguna medida, en cuestiones que les afectan de manera directa

---

694 Un cambio de paradigma quizá incipiente e impulsado por cambios en el ámbito internacional institucional. Por ejemplo, en la observación general nº 15 del Comité de los derechos del niño del año 2013, se hacía referencia al derecho del niño a «controlar la propia salud y el propio cuerpo, incluida la libertad sexual y reproductiva para adoptar decisiones responsables», como un derecho de «importancia creciente a medida que aumentan la capacidad y la madurez». Comité de los derechos del niño, *Observación General nº 15 sobre el derecho del niño al disfrute del más alto nivel posible de salud (artículo 24),* Naciones Unidas, 2013, CRC/C/GC/14, párr. 24.

y grave: como el ejemplo que veíamos anteriormente sobre cuestiones de custodia en casos de sospecha o evidencia de violencia sexual por parte del padre, titular de la patria potestad.

5.4.4. Estereotipo 4. Niño como objeto de propiedad

a) Caracterización del estereotipo

El estereotipo de hijos como propiedad de los padres probablemente sea el más fuertemente arraigado en las sociedades occidentales. Se trata de un estereotipo más preciso: el padre como propietario de sus hijos. Este estereotipo se relaciona en gran medida con la figura de la «patria potestad», figura que data de la época del derecho romano y que se ha mantenido —con el mismo nombre y buena parte de su contenido y espíritu original— hasta nuestros días. El Código Civil lo regula en su artículo 156 , que establece que «[l]a patria potestad se ejercerá conjuntamente por ambos progenitores». Hasta 1981 el Código reconocía la patria potestad exclusivamente como una potestad del padre sobre sus hijos; la madre solo podía ejercer esta potestad en su «defecto», de manera subsidiaria, cuando el padre estaba ausente o inhabilitado por alguna razón. Con todo, señalaré algunas de las razones que, a mi parecer, muestran que el estereotipo imperante sigue aludiendo al padre como propietario por antonomasia.

Podríamos hablar de dos elementos de este estereotipo: (1) el presupuesto del niño o la niña como objeto apropiable, a merced de un propietario; (2) y la idea de que el propietario «natural» de un niño o una niña es su padre (varón), quien tiene la potestad de decir y actuar sobre sus hijos e hijas. En cuanto a la naturaleza como objeto apropiable se trata de un elemento estrechamente vinculado con el prejuicio anteriormente abordado del niño como objeto, carente de racionalidad y autonomía. La propiedad o potestad ha sido la fórmula que a través de este prejuicio hemos ido arraigando como la caracterización de la relación típica entre padres (sujetos) e hijos menores de edad, o «dependientes» (objetos). La consideración sobre este elemento ha ido evolucionando a lo largo del tiempo. En el siglo XVIII y XIX empezó la conciencia de que los niños son un objeto merecedor de especial protección, lo cual llevó a imponer ciertos límites a la potestad paterna. La Convención sobre los Derechos del Niño en 1989 ha implicado un punto de inflexión internacional que ha conllevado a un cambio lento en la adopción de normativa y en el imaginario colectivo que ha ido desplazando la idea de los padres como propietarios de sus hijos a la idea de los padres como responsables de satisfacer las necesidades de sus hijos y velar por la realización de sus derechos. Sin embargo, este proceso está inconcluso y ha tenido, además de avances, retrocesos importantes.

El segundo elemento que presupone esa naturaleza objetiva de la infancia tiene que ver con la pregunta de ¿a merced de qué agentes externos se ha reconocido socialmente que queda el niño como objeto?, o ¿quiénes son sus propietarios? El estereotipo original que ve al hijo como bien propiedad del padre se remonta a la Antigüedad, concretamente podemos rastrearlo en Grecia, cuna de la literatura, la mitología y la filosofía. Young-Bruehl da cuenta de cómo no era solo un prejuicio presente entre el vulgo en la Antigua Grecia, sino que estaba presente en el pensamiento de los «grandes filósofos», como Aristóteles. De hecho para Young-Bruehl el prejuicio «infantilista» en la tradición científica y filosófica se inició con Aristóteles[695]. Según esta autora, en su conceptualización y clasificación supuestamente universal de humanidad, Aristóteles excluyó a las mujeres, los esclavos y a los niños por diferentes razones, todas ellas racionalizadas en términos de naturaleza. Por lo que afecta a los niños pueden rastrearse dos razones.

La primera era la visión de los niños como una extensión del padre. De acuerdo con Young-Bruehl, Aristóteles suscribió una

---

695 YOUNG-BRUEHL, E., *The anatomy of prejudices*, Harvard University Press, 1996, pp. 25 y 26; CAMPOY, I. *La negación de los derechos de los niños en Platón y Aristóteles*, cit.

teoría biológica —claramente sesgada— sobre la concepción común entre los griegos. Según esta teoría la concepción es un acto masculino que se produce cuando «un hombre implanta en el útero de una mujer una semilla, un esperma, que crece allí durante nueve meses»[696]. En este acto no estaba involucrado ningún óvulo, la mujer se consideraba simplemente como el cuerpo que albergaba la semilla y que le facilitaba las condiciones óptimas para crecer. Aunque esta teoría sería finalmente abandonada en el mundo occidental, para Young-Bruehl «el deseo detrás de la teoría griega infantil y sexista de la concepción no es historia antigua»[697], sino que podría verse en acción actualmente de manera particular en ciertos argumentos de defensores antiabortistas, algunos de los cuales casan muy bien con el imaginario colectivo. Hay algunos sectores contra el aborto —no acepto su denominación como *pro vida*— que afirman, por ejemplo, que la propiedad de un hijo comienza en el momento en que un espermatozoide fertiliza un óvulo, momento en que «iniciaría la vida»[698]. De modo que se presenta al espermatozoide como el elemento protagónico y activo y al óvulo como un elemento objetivo y pasivo. Esta idea conecta también con la consideración muy común en el imaginario colectivo de la concepción como un «éxito del varón», como «muestra de virilidad»[699].

---

696 YOUNG-BRUEHL, E., *The anatomy of prejudices*, cit., p. 26.

697 YOUNG-BRUEHL, E., *The anatomy of*, *cit.*,, pp. 26 y 27.

698 YOUNG-BRUEHL, E., *The anatomy of prejudices, cit.*, pp. 27.

699 En la institución de la filiación también se refleja claramente esta idea. Tradicionalmente, la descendencia ha adquirido en primer lugar el apellido del padre. Incluso después de que, con la reforma legal de 2017, ya no exista un orden por defecto de los apellidos y el funcionario deba preguntar a los progenitores expresamente qué apellido es el primero, solo el 0,5% de los bebés nacidos en los primeros cinco años de vigencia de este cambio normativo llevaron en primer lugar el apellido de su madre. (https://www.eldiario.es/sociedad/apellido-materno-no-despega-0-5-bebes-nacidos-padre-no-automatico-lleva_1_7875692.html).

La segunda razón, una suerte de argumento subsidiario. Bajo el ideario sexista y adultista, mientras que el niño adquiere su racionalidad plena, y la niña su racionalidad atenuada, el poder externo tendría que ser el del padre, no solo porque son parte de este, de acuerdo con esa teoría biologicista, sino también porque la madre en cualquier caso se asumía como inhabilitada para ejercer potestad sobre su hijos, incluso sobre ella misma. Las mujeres tienen virtudes, dijo Aristóteles, pero no las virtudes masculinas superiores[700]. Si bien podríamos decir que actualmente tenemos claro que se trata de un argumento sesgado, sin ningún sustento científico, y poder defender con argumentos racionales que las mujeres y los hombres pueden desarrollar igualmente la racionalidad, la autonomía y las capacidades necesarias para criar, lo cierto es que podríamos cuestionarnos en qué medida el trasfondo de este prejuicio de las madres como incapaces para ejercer la potestad sobre sus hijos sigue teniendo cierta vigencia en la actualidad. En qué medida, las madres siguen teniendo un mayor papel en las tareas de cuidado o satisfacción de necesidades materiales y contención emocional; mientras que los padres tendrían un mayor papel en las actividades de ocio con los hijos fuera del contexto doméstico y en la esfera de decisión sobre cuestiones que trascienden el ámbito doméstico, como la elección del colegio, o la autorización para una actividad fuera del entorno educativo. Hay estudios sobre la reproducción de estereotipos de género dentro del contexto doméstico que asignan espacios y actividades diferenciadas a partir del género. Sin embargo, dentro de estos, hacen falta más estudios sobre la división sexual en las tareas específicas de crianza. En qué medida seguimos teniendo al padre como la figura que decide en última instancia sobre cualquier conflicto importante dentro del contexto doméstico. En qué medida el padre sigue teniendo, o seguimos concibiendo al padre como quien tiene «la última palabra» en su casa.

---

700 YOUNG-BRUEHL, E., *The anatomy of prejudices*, cit., p. 25.

Esta idea es un prejuicio en tanto que encierra una premisa falsa, refutada científicamente. No hay sustento científico para decir que los hijos son una extensión biológica de sus padres, ni tampoco hay sustento científico para decir que los varones son los únicos capacitados para decidir sobre la crianza o destino de sus hijos o que las mujeres tengan una racionalidad insuficiente para ello. Tampoco hay sustento científico para concebir una subordinación natural de los hijos a los padres. La potestad o propiedad sobre algo no es un hecho natural. Es una ficción, un artificio social, político y jurídico. De modo que no es posible hablar de una propiedad sobre los hijos como un hecho natural, como un fundamento irracional, fuera de debate. En cambio, sí hay sustento ético y científico para afirmar que los seres humanos desarrollamos nuestras capacidades, de distinto orden, progresivamente; y que los niños en tanto seres humanos tienen capacidades en desarrollo. No son seres carentes absolutos de racionalidad. También hay sustento ético y científico para afirmar que somos seres interdependientes, que en nuestros primeros años dependemos en mayor medida de terceros para satisfacer nuestras necesidades más básicas. De modo que en el orden social, podríamos defender la idea de que cualquier modelo de protección articulado con el objetivo de garantizar esa satisfacción de necesidades y condiciones óptimas de desarrollo debe tener en cuenta que los niños no son objetos, que no es posible plantear una protección en términos de propiedad[701].

---

701 Un interesante trabajo que realiza un análisis crítico para desvelar la manera en que el ordenamiento jurídico en Estados Unidos sigue «pregonando» una protección de la infancia basada en la idea de los padres como propietarios de sus hijos y en la idea de la familia tradicional se encuentra en LEVESQUE, R. *Child Maltreatment and the Law Returning to First Principles*, Springer, 2008. Los estudios sobre masculinidades también han realizado una aportación importante al rol del hombre como proveedor y como jefe de su hogar (vid. CONNELL, R. W., *Masculinities*, 2ª ed. Polity Press, Cambridge, 2005)

Ambos, tanto mujeres como niños, han sido excluidos del ámbito público, se han relegado a un espacio ficticio pero penetrable bajo el dominio del patriarca, del varón, único con derecho a ejercer su poder sobre su parcela de poder, sobre individuos sobre los que opera su jurisdicción. Quizá no solo hablamos del contrato sexual de subordinación de las mujeres, formulado por Pateman[702] —anticipado también, en cierta manera, por John Stuart Mill en términos de «esclavitud femenina»[703]—, sino además de un contrato de poder individual y poder social mínimo[704] sobre «mi mujer y mis hijos», el reconocimiento de una jurisdicción propia, ajena del poder estatal, al margen. Su coto de poder, necesario para mantener su masculinidad, con independencia de otras dimensiones del poder. Esta exclusión se asumió sin necesidad de racionalizarla, porque se asumió la naturaleza subordinada de la mujer al hombre[705] y de los niños a su padre, un presupuesto, con base en distintos argumentos previos al contractualismo. La institucionalización se realizó a través de matrimonio en caso de mujeres y del reconocimiento de paternidad en caso de los hijos. De ahí la relevancia que durante mucho tiempo los estados y, en particular, en los ordenamientos jurídicos se ha mantenido por la determinación de la paternidad de los hijos.

---

702 PATEMAN, C. *El contrato sexual*, trad. M. L. Femenías, Anthropos, Barcelona, 2019 [1988].

703 MILL, J. S., *La esclavitud femenina*, trad. de E. Pardo Bazán, Artemisa, Madrid, 2008

704 Mínimo en la medida en que funciona como una parcela de poder mínimo necesario para mantener la masculinidad. Así como la renta mínima nos permitiría satisfacer necesidades muy básicas que nos acondicionen para desarrollar capacidades. Esa garantía de un espacio e individuos sobre los que ejercer poder —como es la familia y dentro de ésta la mujer y los hijos e hijas— permitiría a los hombres mantener la ficción de su masculinidad y desarrollar las capacidades y roles socialmente valorados para evaluar el éxito masculino. No todos los hombres pueden tener poder político con efectos en toda la sociedad, pero la mayoría tendría poder sobre su familia, la familia se erigiría como la parcela para el poder distribuida entre todos los hombres.

705 MESTRE I MESTRE, R. *La Caixa de Pandora…* cit., p. 78.

A diferencia de lo que ocurre con la división entre espacio público y privado, que es una institución social propia de la transición a los estados de derecho, la familia es una institución social que, aunque previa a ellos, se legitima en el marco de los nuevos ordenamientos jurídicos ilustrados[706]. De acuerdo con Mestre, el contractualismo —que se encuentra en la base del pensamiento político ilustrado— se produce sobre la base de dos exclusiones importantes: una exclusión de sujetos, mujeres y niños, y una exclusión de objeto (el ámbito privado, doméstico, la familia)[707]. La familia, que es el espacio de las mujeres y los niños, se da siempre antes de cualquier pacto sobre el tipo de gobierno legítimo y sobre las relaciones sociales, y se da por sentada en cualquier teoría contractual, más o menos tradicional[708]. Siguiendo la herencia de los filósofos griegos, señala Mestre, los contractualistas sostienen que de la misma forma en que la familia es la «base natural y no política de la sociedad», las sujeciones dentro de la familia tampoco lo son[709]. En sentidos distintos pero compatibles, incluso complementarios, Pateman y Okin son algunas de las teóricas feministas que han realizado críticas a esta doble exclusión, intrincada en las teorías contractualistas, particularmente su crítica se ha dirigido a la teoría contractual de John Rawls[710].

b) Inserción en las estructuras institucionales

Este prejuicio no solo sigue muy presente en el imaginario colectivo, sino que históricamente ha informado la estructuración social de comunidades políticas desde la Antigüedad hasta nuestros días. Se implantó en las bases estructurales de la Antigua Roma a través de la configuración de una de las primigenias fi-

---

706 MESTRE I MESTRE, R. *La Caixa de Pandora*... cit., p. 81.

707 MESTRE I MESTRE, R., *La Caixa de Pandora*... cit., p. 79.

708 MESTRE I MESTRE, R., *La Caixa de Pandora*.... cit., p. 81.

709 MESTRE I MESTRE, R., *La Caixa de Pandora*... cit., p. 81.

710 Mestre realiza una síntesis de las críticas a la institución de la familia en Pateman y Okin: MESTRE I MESTRE, R., *La Caixa de Pandora*... cit., p. 82.

guras del derecho romano: la *patria potestad*. Esta institución que ha sido objeto de múltiples estudios en distintos campos, en sus orígenes y dicho a *grosso modo*, concedía a los varones libres la facultad exclusiva para formar una familia y el poder absoluto sobre los miembros del grupo familiar (hijos, hijas y mujer). En su versión más extrema, y en relación con el objeto principal de esta investigación, es significativa la formulación clásica del derecho de propiedad como *ius utendi et abutendi* (el derecho de usar y de abusar) de la cosa. Si los niños son concebidos como propiedad de sus padres, entonces el abuso —sexual o de cualquier otra índole— queda legitimado o, cuanto menos, escondido tras un sistema cultural que lo perpetúa.

No obstante, la extensión de este derecho fue limitándose y sufrió cambios evolutivos en su naturaleza jurídica durante los períodos históricos por los que atravesó la vida de Roma. No obstante, diversos investigadores señalan que la caída del Imperio romano de Occidente no llevó a su derogación, su proyección continuó en el derecho del alto medievo del reino visigodo y, como sabemos, la institución revisitada continua inserta en nuestro ordenamiento jurídico español, cuyo derecho civil bebe del derecho romano[711].

La patria potestad implicó, entre otras cosas, la institucionalización jurídica de un prejuicio: el de los niños y las niñas como objetos que pertenecían a su padre. Entre algunas de las facultades concretas de esta potestad paterna, estaban el *ius tollendi* o derecho de reconocer la filiación del recién nacido como miembro del clan familiar, el *ius exponendi*, o derecho de abandono de los hijos recién nacidos, el *ius vendendi*, o derecho de venta como esclavo fuera de las fronteras de Roma, el *ius noxae dedidito*, o entrega de los hijos en régimen de semiesclavitud penal y

---

711 SUÁREZ BLÁSQUEZ, G. «La patria potestad en el derecho romano y en el derecho alto medieval visigodo», *Revista de estudios histórico-jurídicos*, nº 36, 2014, pp. 159-187, p. 159.

el *ius vitae et necis,* o derecho de vida y muerte sobre los hijos[712]. Esa evolución de la figura señalada por distintos historiadores, conllevó una disminución y restricción del alcance de las facultades concedidas. Conforme mayor conciencia se ha tenido sobre la necesidad de proteger a la infancia, mayores han sido los límites impuestos al contenido de la patria potestad.

Este prejuicio informó también la estructuración de los estados de derecho del siglo XIX. Durante el proceso de codificación, se debatió sobre los alcances de esta figura. El primer y único Código Civil español, de 1889, en su versión original reconocía amplias facultades al *pater familias,* algunas de las cuales han sufrido posteriores modificaciones y otras se mantienen, años después muy similares. Dentro de su contenido, destaco algunas de las cuestiones que muestran el alcance de esta figura: (1) reconocimiento exclusivo de esta potestad para el padre; (2) obligación de obediencia, respeto y reverencia de hijos hacia su padre; (3) facultad del padre de corregir y castigar moderadamente a los hijos. A continuación se realiza una sucinta comparación sobre el contenido de estos artículos en sus orígenes y en la actualidad.

El reconocimiento exclusivo de la patria potestad original al padre se encontraba en el artículo 154[713]. De acuerdo con esta disposición, la mujer solo podía ejercerla de manera subsidiaria en el supuesto de la muerte de éste[714]. Tal exclusión se mantuvo

---

712 SUÁREZ BLÁSQUEZ, G. «Aproximación al tránsito jurídico de la patria potestad: desde Roma hasta el Derecho alto medieval visigodo», *Anales de la Facultad de Derecho de la Universidad de la Coruña* (AFDUC), nº 17, 2013, pp. 605-634, pp. 614 y 615.

713 «El padre, y en su defecto la madre, tienen potestad sobre sus hijos legítimos no emancipados».

714 Y aun en tal supuesto limitada, si adquiría nuevas nupcias la perdía (¿a favor de quién?). Salvo que marido muerto hubiese antes autorizado a través de testamento que su mujer continuará ejerciendo patria potestad incluso si adquiría nuevas nupcias. Esto muestra claramente el carácter apropiable de los hijos y de propiedad del padre. Su trato como un bien mueble a disposición de su dueño.

así hasta 1981 e incluso después de este cambio cabe preguntarse si el prejuicio sobre la potestad del padre —y la presunción del padre honorable— no continúa hasta nuestros días. La prevalencia del uso del llamado Síndrome de Alienación Parental (SAP) en el ámbito judicial español, del que ya hemos hablado, podría ser un ejemplo de la continuidad del sesgo que vincula la patria potestad como una prerrogativa exclusiva y absoluta del padre. En un Informe de 2023[715], la Relatora Especial sobre la Eliminación de la Discriminación y la Violencia contra la Mujer, expresó su preocupación por la tendencia que se observa en todas las jurisdicciones, incluida España, a ignorar la violencia de pareja contra la mujer al dictaminar sobre los litigios por la custodia de los hijos e incluso desestimar denuncias creíbles de abusos físicos o sexuales contra los hijos o contra las madres, interpretándolos como un intento deliberado de la madre de manipular a sus hijos y separarlos del padre[716]. Según el informe de la Relatora Especial:

> «Los tribunales (...) suelen entender mal y subestimar las consecuencias de la violencia doméstica y sus efectos en los niños, y tienden a dar prioridad al contacto con el padre y a concederlo. Los miembros de la judicatura incumplen así su deber de proteger a los niños de cualquier daño y conceden al padre maltratador un acceso no supervisado a sus hijos, incluso en casos en que se ha demostrado que ha habido violencia física o sexual»[717].

De acuerdo con la Relatora Especial, en gran parte de los casos judiciales en los que se decide sobre la custodia de los hijos,

---

715 RELATORA ESPECIAL SOBRE LA VIOLENCIA CONTRA LA MUJER, SUS CAUSAS Y CONSECUENCIAS, *Custodia, violencia contra las mujeres y violencia contra los niños,* Informe de la Relatora Especial sobre la violencia contra las mujeres y las niñas, sus causas y consecuencias, Informe de la Relatora Especial Reem Alsalem, 2023

716 RELATORA ESPECIAL SOBRE LA VIOLENCIA CONTRA LA MUJER, SUS CAUSAS Y CONSECUENCIAS, *Custodia, violencia contra las mujeres y violencia contra los niños*, cit., párr. 1.

717 RELATORA ESPECIAL SOBRE LA VIOLENCIA CONTRA LA MUJER, SUS CAUSAS Y CONSECUENCIAS, *Custodia, violencia contra las mujeres y violencia contra los niños*, cit., párr. 12.

se interpreta sin mayor fundamentación jurídica que el interés superior del niño exige necesariamente un contacto con el padre, incluso en casos en los que existe evidencia de violencia física o sexual contra la madre o los propios hijos. Esta interpretación sigue muy presente en las jurisdicciones del mundo, a pesar de que conocemos las graves consecuencias que pueden conllevar resoluciones sesgadas sobre la custodia de los hijo. Por un lado, el derecho de visita ha sido utilizado por padres violentos para matar o amenazar a sus hijos o a la madre y los hijos. Por otro lado, se ha encarcelado a mujeres por incumplir la sentencia sobre la custodia o se han anulado órdenes de alejamiento que protegían a la madre[718]. La prevalencia del uso de este artificio —el SAP— podría ser muestra del arraigo de una institución patriarcal que resiste: la patria potestad entendida como prerrogativa absoluta del padre, y que continua perpetuando este prejuicio del padre como propietario de sus hijos. Como un propietario que puede hacer valer su prerrogativa frente a todos, incluida la madre de sus hijos y operadores estatales, y que puede, como parte de un ejercicio legítimo de tal prerrogativa, llegar a destruir el objeto de su propiedad: matar o violentar a sus hijos.

2) En relación con la obligación de obediencia, respeto y reverencia establecida originalmente en el Código Civil, en 1981, se eliminó la frase de «tributarles respeto y reverencia siempre». No obstante, el resto de la obligación continua vigente. Hoy día el artículo 155 sigue manteniendo un deber de respeto incondicional y de obediencia de los hijos hacia sus padres. Esta norma reproduce y legitima jurídica y simbólicamente una idea que implica un riesgo para niño: la idea de que «los padres por el simple hecho de serlo merecen respeto», o de que con independencia de lo que hagan

---

[718] RELATORA ESPECIAL SOBRE LA VIOLENCIA CONTRA LA MUJER, SUS CAUSAS Y CONSECUENCIAS, *Custodia, violencia contra las mujeres y violencia contra los niños*, cit., párr. 18.

—incluso cuando ejercen violencia en su contra— merecen respeto por parte de sus hijos. Esta disposición contribuye a perpetuar una posición de poder ilegítimo. Contemplando al padre desde esta obligación, no solo se trata de una figura de quien un niño depende material y emocionalmente, y respecto de quien se sitúa cognitiva y físicamente y en posición de ventaja, sino que se constituye como alguien a quien jurídicamente se debe respetar; sin establecerse ni siquiera la excepción expresa de este deber para el caso de un progenitor maltratador, o que incumpla sistemáticamente con sus obligaciones jurídicas y éticas.

3) Respecto de la facultad del padre de corregir y castigar a los hijos, la Convención sobre los Derechos del Niño prohibe en su artículo 19 el castigo corporal, y los castigos denigrantes o humillantes. La mayoría de los países que han prohibido el castigo[719] lo han hecho como parte del proceso de adaptación de su ordenamiento jurídico una vez ratificada la Convención. Sin embargo, hay algunas excepciones: Suecia, Finlandia y Noruega prohibieron el castigo corporal de manera previa a la adopción de la Convención. En España, y muchos otros países la prohibición ha tenido lugar mucho tiempo después de la ratificación. España ratificó en 1990 la Convención, pero no ha fue sino hasta 2007, con la aprobación de la Ley 54/2007 de Adopción Internacional, que se prohibió la facultad de castigar a los hijos[720]. Sin embargo, hace

719 Según cifras de la Iniciativa End Corporal Punishment: 65 estados han logrado la prohibición en todos los ámbitos, incluido el hogar; 27 estados más se han comprometido a reformar sus leyes para lograr una prohibición legal completa; en 29 estados, el castigo corporal sigue siendo legal según la ley estatal, tradicional y/o religiosa como una sentencia por delitos cometidos por menores y en 15 estados, el castigo corporal no está totalmente prohibido en ningún ámbito, incluso como una sentencia por delito. Disponible en: https://endcorporalpunishment.org/who-we-are/

720 La STS 654/2019 es una de las sentencias paradigmáticas en la aplicación de este nuevo estándar.

falta una prohibición más clara de esta facultad, especialmente considerando el carácter tan arraigado de esta práctica. Diferentes expertos en materia de derechos de la infancia y organizaciones internacionales consideran que la prohibición tuvo lugar cuando se eliminó el «derecho» de los padres y guardianes a usar formas de «corrección razonables y moderadas» de los artículos 154 y 268 del Código Civil. Estos artículos ahora establecen que los padres o representantes deben ejercer su autoridad con respeto hacia la integridad física y psicológica del niño/a[721]. La exposición de motivos de la Ley de Adopción Internacional, que fue la que incluyó esta modificación, explica que la finalidad de tal enmienda era dar respuesta a la preocupación mostrada por el Comité de los Derechos del Niño por el mantenimiento de la facultad de corrección que se reconocía a los padres y tutores y que podría contravenir el artículo 19 de la Convención sobre los derechos del niño. No obstante, tratándose de una práctica tan arraigada[722] habría que utilizar un lenguaje mucho más preciso: un artículo que estableciera claramente que se prohíbe el castigo corporal y los tratos humillantes y denigrantes, y que los definiera conforme a la Observación General nº 8 del Comité de los

---

721 Castigo corporal de los niños en España, Global Initiative to End Corporal Punishment, febrero de 2018, disponible en línea en www.endcorporalpunishment.org

722 Hacen faltan estudios actualizados sobre la prevalencia e incidencia del castigo en España. Uno de los estudios específicos de los que se disponen es del año 1997 estuvo a cargo de Juste Ortega, por encargo del Ministerio de Trabajo y Asuntos Sociales. En él se analizaban las actitudes de los españoles respecto a este tema, según este estudio: «el 47.2% de los adultos españoles que conviven con sus hijos aseguraban que pegar es imprescindible «algunas veces», entre los que no conviven el tanto por ciento de aceptación se sitúa entre el 40 y el 44%». SAVE THE CHILDREN. *Castigo físico y psicológico en España. Incidencia, voces de los niños y niñas y situación legal,* Informe nacional. Elaborado por Pepa Horno. Contribución de Save the Children España al estudio de Naciones Unidas sobre violencia contra la infancia, 2007

Derechos del Niño[723]. Respecto al castigo corporal, esta observación lo define como:

> «todo castigo en el que se utilice la fuerza física y que tenga por objeto causar cierto grado de dolor o malestar, aunque sea leve. En la mayoría de los casos se trata de pegar a los niños ("manotazos", "bofetadas", "palizas"), con la mano o con algún objeto -azote, vara, cinturón, zapato, cuchara de madera, etc. Pero también puede consistir en, por ejemplo, dar puntapiés, zarandear o empujar a los niños, arañarlos, pellizcarlos, morderlos, tirarles del pelo o de las orejas, obligarlos a ponerse en posturas incómodas, producirles quemaduras, obligarlos a ingerir alimentos hirviendo u otros productos (por ejemplo, lavarles la boca con jabón u obligarlos a tragar alimentos picantes). El Comité opina que el castigo corporal es siempre degradante»[724].

Respecto de otras formas de castigo que no son físicas, pero que son igualmente crueles y degradantes, y por lo tanto incompatibles con la Convención, la Observación señala como ejemplos: «los castigos en que se menosprecia, se humilla, se denigra, se convierte en chivo expiatorio, se amenaza, se asusta o se ridiculiza al niño»[725].

En España la eliminación jurídica del castigo no se ha acompañado de acciones suficientes desde la administración pública para sensibilizar e informar sobre tal cambio de paradigma social: la prohibición del castigo como un medio aceptable de «disciplinamiento» o crianza de niños y niñas. Un estudio de revisión de las campañas dirigidas en España con inversión de fondos públicos a tal objeto muestra un bajo

---

723 Comité de los Derechos del Niño, *Observación General nº 8. El derecho del niño a la protección contra los castigos corporales y otras formas de castigo crueles o degradantes (artículo 19, párrafo 2 del artículo 28 y artículo 37, entre otros,* 2006, UN Doc. CRC/C/GC/8.

724 Comité de los Derechos del Niño, *Observación General nº 8*, cit, párr. 11.

725 Comité de los Derechos del Niño,*Observación General nº 8*, cit, párr. 11.

nivel de difusión en medios de comunicación masivos como la televisión y escasa continuidad[726].

[726] ROSSER-LIMIÑANA, A. «Análisis de las campañas contra el castigo físico a menores en España. Contenido y propuesta de estrategias para el cambio de actitudes», *Doxa Comunicación,* nº 26, enero-junio de 2018, pp. 59-80, p. 59
En Suecia, primer país del mundo (1979) en prohibir por ley el castigo corporal a los niños en todas sus formas, también en los hogares, se realizó una amplia campaña por parte del Departamento de Justicia sueco para informar sobre la nueva ley que vetaba los castigos físicos a los niños en todos los ámbitos, también el hogar. Entre las medidas, se imprimió en los cartones de la leche un mensaje para las familias que advertía que quedaba prohibido por ley que pegaran a sus hijos. El anuncio circuló durante dos meses. El de Suecia es un caso que ha sido ampliamente investigado, tanto en relación con los efectos beneficiosos de su ley, como de la campaña de educación para padres que la acompañó. Según diversos estudios, las tanto las prácticas parentales como las actitudes de los padres hacia los niños han mejorado radicalmente desde este cambio normativo. Pero este, señala Young-Bruehl, es un caso raro en el que los investigadores investigaron el tema como un problema social, más que individual, y consideraron el problema desde el punto de vista de los niños.

Capítulo 6.

La discriminación estructural contra la infancia y la debida diligencia reforzada: garantías frente a la violencia sexual contra la infancia

En el derecho internacional de los derechos humanos se ha reconocido de manera implícita pero clara el contexto de discriminación estructural que afecta a ciertos grupos sociales. Esto se ha hecho a través de instrumentos específicos que, partiendo de tal reconocimiento, establecen una serie de obligaciones reforzadas dirigidas a afrontar los diversos obstáculos que determinados contextos pueden implicar en la eficacia de derechos humanos para estos grupos. Estas obligaciones constituirían lo que los órganos de los tratados de derechos humanos han denominado «debida diligencia reforzada». Un ejemplo de estos instrumentos es el Convenio de la CEDAW, en relación con las mujeres. Una de las principales obligaciones que responden a ese carácter estructural es el tratamiento de los estereotipos, la prohibición de su uso por autoridades públicas en el marco de sus funciones y la adopción de medidas adecuadas dirigidas a su remoción. Este reconocimiento no ha tenido lugar respecto de los niños. Esa falta de reconocimiento implica, entre otras, cosas que actualmente no se contemplan obligaciones reforzadas dirigidas a afrontar y transformar ese contexto de discriminación estructural contra la infancia y sus implicaciones para la garantía de sus derechos.

En este Capítulo introduzco el marco conceptual del garantismo de Ferrajoli para abordar la cuestión de las garantías reforzadas y para señalar, como hace el jurista italiano, que la ausencia del reconocimiento de la discriminación estructural contra la infancia en el marco del derecho internacional y de un catálogo de garantías reforzadas fundamentadas en él constituye una laguna que exige ser colmada para lograr una garantía efectiva de los derechos humanos de los niños. Particularmente, implica una dificultad para abordar los vínculos entre ese contexto y la situación de violencia sistémica contra la infancia, y más específicamente, por lo que nos interesa en este trabajo, la violencia sexual contra la infancia. A modo de reflexión se proponen algunas alternativas que podrían seguirse para subsanar esas lagunas y se ejemplifica la manera en que un análisis con base en estereotipos de infancia y teniendo en cuenta la obligación de que las autoridades públicas se abstengan de su uso podría impactar de manera positiva en la respuesta institucional a casos de violencia contra la infancia, particularmente de violencia sexual en el entorno familiar.

6.1. LOS DERECHOS Y SUS GARANTÍAS

El paradigma garantista del derecho articulado por Ferrajoli es un concepto y una teoría iusfilosófica que entiende el derecho, y su fundamentación, como un sistema de vínculos impuestos al poder estatal, y a los poderes privados, para garantizar los derechos fundamentales. Como el mismo autor reconoce, el concepto de garantía tiene un origen vinculado al derecho civil para nombrar una clase de institutos configurados para asegurar el cumplimiento de los derechos patrimoniales: garantías como la prenda o la hipoteca[727]. Ferrajoli entiende por garantía cualquier técnica

[727] FERRAJOLI, L. *Democracia y garantismo*, Trotta, Madrid, 2008, pp. 60 y 61. Cabe matizar que, sin embargo, en la obra de Ferrajoli el garantismo aparece en primer lugar vinculado fundamentalmente al derecho penal (*Derecho y razón. Teoría del garantismo penal*, trad. de P. Andrés Ibáñez et al., Trotta, Madrid, 2005 [1989]), y posteriormente ha experimentado una expansión progresiva a otros ámbitos jurídicos, hasta llegar al ámbito internacional, tal y como se manifiesta en una de sus últimas obras: *Por una Constitución de la Tierra. La humanidad en la encrucijada*. trad. P. Andrés Ibáñez, Trotta, Madrid, 2022.

normativa de tutela de un derecho subjetivo[728]. Por consiguiente, el garantismo nace como un modelo de derecho dirigido a la garantía de los derechos subjetivos. Los derechos fundamentales, en tanto derecho subjetivos, consistirían en expectativas negativas (o de no lesión) o positivas (o de satisfacción)[729]. A tales expectativas corresponden garantías: obligaciones o prohibiciones[730] a cargo, en última instancia, de los poderes públicos. Frente a las posturas teóricas que confunden los derechos con sus garantías[731], lo que implicaría negar la existencia de los primeros en ausencia de las segundas, el autor sostiene la tesis de su distinción, en virtud de la cual la ausencia de las correspondientes garantías equivale, en cambio, a una inobservancia de los derechos positivamente estipulados, por lo que consiste en una indebida laguna que debe ser colmada por la legislación[732]. De esta manera, la falta de garantías de un derecho fundamental no cuestiona la existencia de un derecho

---

728 FERRAJOLI, L. *Democracia y garantismo,* cit., p. 60

729 Tomando literalmente la definición «formal» que proporciona Ferrajoli, derechos fundamentales serían «todos aquellos derechos subjetivos que corresponden universalmente a «todos» los seres humanos en cuanto dotados del *status* de personas [...] entendiendo por «derecho subjetivo» cualquier expectativa positiva (de prestaciones) o negativa (de no sufrir lesiones) adscrita a un sujeto por una norma jurídica» (*Derechos y garantías. La ley del más débil,* trad. P. Andrés Ibáñez y A. Greppi, 5ª ed., Trotta, Madrid, 2010 [1999], p. 37). Más completa (y compleja) resulta la definición y el desarrollo que el mismo autor ofrece en su *Principia iuris* (cit. pp. 684 y ss.).

730 FERRAJOLI, L. *Derechos y garantías...* cit., p. 43.

731 Ferrajoli toma como principal exponente de esa posición fundamentalmente a Kelsen y su paradigma del estado de derecho, que confundiría la validez con la vigencia. Esta crítica se encuentra en numerosas obras del autor italiano, pero ha sido estructurada específicamente en *La lógica del derecho. Diez aporías en la obra de Hans Kelsen,* trad. de P. Andrés Ibáñez, Trotta, Madrid, 2018.

732 FERRAJOLI, L. «Los derechos fundamentales», en DE CABO, A. y PISARELLO, G. (eds.), *Los fundamentos de los derechos fundamentales,* 2ª ed., Trotta, Madrid, 2005, p. 26.

subjetivo, sino que indica una deficiencia del ordenamiento que hace falta subsanar.

6.1.1. Tipos de garantías jurídicas en Ferrajoli

Ferrajoli utiliza el término «garantía» para designar toda obligación correspondiente a un derecho subjetivo. El autor ha realizado distintas clasificaciones en función de diferentes criterios y finalidades sobre las garantías. La primera, podríamos decir que es aquella entre garantías de derechos subjetivos, y garantías de derechos fundamentales o garantías fundamentales. En su definición, Ferrajoli concibe los derechos fundamentales como «todos aquellos derechos subjetivos que corresponden universalmente a 'todos' los seres humanos en cuanto dotados del status de personas, ciudadanos o personas con capacidad de obrar; entendiendo por 'derecho subjetivo' cualquier expectativa positiva (de prestaciones) o negativa (de no sufrir lesiones) adscrita a un sujeto por una norma jurídica; y por 'status' la condición de un sujeto, prevista asimismo por una norma jurídica positiva, como presupuesto de su idoneidad para se titular de situaciones jurídicas y/o autor de los actos que son ejercicio de éstas»[733].

Las condiciones de titularidad de los derechos fundamentales: «personalidad», «ciudadanía» o «capacidad de obrar» son, consecuentemente, los parámetros tanto de igualdad como de desigualdad en la titularidad de derechos fundamentales. Lo que históricamente, según el autor, habría cambiado «con el progreso del derecho» respecto de los derechos fundamentales, aparte de sus garantías, ofrecidas por las constituciones y codificaciones, no serían los criterios de titularidad en sí, sino más bien su significado, antiguamente restringido y fuertemente discriminatorio para, posteriormente, ser cada vez más extendido y tendencialmente universal. Para Ferrajoli, hoy en día, después de un recorrido histórico de variaciones en su alcance, la ciudadanía y la capacidad

---

733 FERRAJOLI, L. *Derechos y garantías*... cit., p. 37.

de obrar se mantienen como las únicas «diferencias» de estatus que aún restringen la igualdad de las personas humanas, es decir, la titularidad de derechos fundamentales[734].

En segundo lugar, Ferrajoli analiza dos clases de garantías jurídicas, las garantías de los derechos subjetivos, que llama garantías primarias, de primer grado por «sustanciales»; y las garantías secundarias, o garantías responsabilidad y anulabilidad (garantías sobre garantías), que llama de segundo grado, «instrumentales», «procesales» o «jurisdiccionales». Según Ferrajoli se configuran como técnicas de garantía de dos niveles distintos de efectividad que consisten en deberes a cargo, principalmente, de los poderes públicos. De un lado las garantías de los derechos subjetivos, cuya actuación equivale a una efectividad sustancial, de primera grado de los derechos mismos. De otro lado, las garantías de anulabilidad y de la responsabilidad, que intervienen en caso de incautación o de inefectividad de las garantías del primer tipo y, más en general, de violaciones jurídicas, a fin de hacer posible—sea mediante la anulación de actos inválidos o la condena de actos ilícitos un efectividad aunque solo sea subsidiaria o de segundo grado[735].

Tercero, este jurista distingue entre garantías y meta-garantías. De ahí que aclare que su uso del concepto no se agota en las obligaciones primarias y secundarias, sino también incluye la

---

734 Señala Ferrajoli: «[A]ctualmente la ciudadanía representaría la última gran limitación normativa del principio de igualdad en derechos fundamentales, en cambio, las excepciones de los menores y los enfermos mentales», serían una salvedad en la condición «ya extendida a todos» de la capacidad de obrar»: FERRAJOLI, L. *Derechos y garantías…* cit., p. 40. Este texto puede dar lugar a la interpretación de que Ferrajoli estuviese asumiendo que no pudiese, razonablemente, extenderse más, o darse un significado al criterio de capacidad de obrar que justifique entender a los niños y las niñas, y a personas con discapacidad intelectual, como titulares de derechos secundarios, de autonomía o instrumentales que, según la clasificación realizada por Ferrajoli con base en las tres condiciones de titularidad, serían los derechos que corresponden a todas las personas con capacidad de obrar.

735 FERRAJOLI, L. *Principia Iuris.* cit. pp. 630 y 631.

obligación de obligar (o de prohibir), de introducir los dos mencionados tipos de garantías. Esa obligación de obligar que Bovero propone, con el fin de evitar malos entendidos, no llamar garantía sino «obligación jurídica imperfecta», u «obligación política», consistente en la obligación implícita en el reconocimiento constitucional de un derecho fundamental: la obligación de obedecer la Constitución[736]. No obstante, para Ferrajoli esa obligación sigue siendo conceptualmente una garantía, un artificio dirigido a cumplir una expectativa fundamental. Ferrajoli, en cambio a propósito de ese tipo de garantía particular propone referirse a ellas como «garantías fuertes», a las garantías primarias y secundarias; y «garantía débil» a la obligación de introducir las garantías fuertes, es decir, la obligación de subsanar las lagunas eventuales:

> «Diremos [..] que un derecho que carece de garantías primarias y/o secundarias no solo existe, sino que no es en absoluto cierto que carezca de garantías, pues implica siempre la garantía —una meta-garantía, por así decir— consistente en la obligación de introducir las garantías primarias y secundarias ausentes»[737].

La cuarta clasificación la formula Ferrajoli en relación con la estructura típica de las dos grandes clases de derechos fundamentales: garantías negativas, serían aquellas que corresponden (tendencialmente) a los derechos de libertad, consistentes en límites o prohibiciones de lesión; y garantías positivas, las relativas a los derechos sociales, consisten (tendencialmente) en vínculos u obligaciones de prestación[738]. Sin embargo, Ferrajoli reconoce que ambas clases de derechos requieren de ambos tipos de garantías, de obligaciones negativas y obligaciones positivas a cargo de los

---

736 BOVERO, M. «Derechos, deberes y garantías», en CARBONELL, M. y SALAZAR, P. (eds.), *Garantismo: estudios sobre el pensamiento jurídico de Luigi Ferrajoli,* 2005, pp. 233-244, pp. 242 y 243.

737 FERRAJOLI, L. *Garantismo: una discusión sobre derecho y democracia,* Trotta, Madrid, 2006, p. 81.

738 FERRAJOLI, L. *Principia Iuris.* cit. pp. 630-633.

estados; y ambos, eventualmente, pueden ser justiciables a través del desarrollo de técnicas adecuadas de garantías secundarias[739].

En quinto lugar, Ferrajoli realiza una distinción, de especial interés para el presente trabajo, entre garantías generales y garantías específicas. En *Derechos y garantías,* Ferrajoli entiende el principio de igualdad como un principio normativo, y no una tesis descriptiva, sino como enunciado que prescribe la igualdad en derechos fundamentales para todas las personas[740]. En cambio, la diferencia, para el autor, es un término descriptivo referido a los rasgos distintivos individuales que son «dados» a cada persona y constitutivos de su identidad. Para Ferrajoli, con base en el principio de igualdad, al derecho le corresponde tutelar, respetar y garantizar esas diferencias. En tanto principio normativo, la igualdad jurídica puede violarse y requiere de garantías para su efectividad. Según Ferrajoli, es posible que el principio de igualdad justifique no solo la aplicación de garantías secundarias ante su vulneración —es decir, ante un acto de discriminación—, sino que también la consideración de aquellas diferencias que se estimen relevantes para formular los derechos o sus «garantías de efectividad»[741]. Estas garantías han de ser garantías específicas o reforzadas, justificadas por las diferencias relevantes —y configuradas a partir de su incorporación— para la realización de los derechos fundamentales de algunos grupos sociales, como las mujeres. Ferrajoli utiliza la «diferencia sexual» como ejemplo paradigmático de una diferencia relevante para la articulación no solo de garantías, sino incluso de derechos fundamentales específicos. En relación con las mujeres, el autor considera justificado, con base en «la diferencia sexual» el reconocimiento del derecho fundamental a la maternidad voluntaria y garantías específicas sobre el derecho de libertad personal, para proteger a las mujeres

---

739 FERRAJOLI, L. *Garantismo: una discusión...* cit., pp. 114 y 115.

740 FERRAJOLI, L. *Derechos y garantías. La Ley del más débil...* cit., pp. 73 y 74.

741 FERRAJOLI, L. *Derechos y garantías. La Ley del más débil...* cit., p. 76.

frente a la violencia sexual reiteradamente cometida por hombres en su contra[742].

6.1.2. Garantías reforzadas con fundamento en la discriminación estructural

En este marco conceptual, Ferrajoli entiende la discriminación una como ruptura (antijurídica) del principio de igualdad jurídica[743], que implica o bien excluir de la garantía de derechos

---

742 Vid. FERRAJOLI, L. *Derechos y garantías...* cit., 86-91; también en Id. «Prólogo», en PITCH, T. *Un derecho para dos. La construcción jurídica de género, sexo y sexualidad,* trad. de C. García Pascual, Trotta, Madrid, 2003, pp. 11-17, p.16. No obstante, creo que lo que Ferrajoli entiende por derechos fundamentales específicos y garantías específicas podría reformularse de manera más coherente con su propia definición del principio de igualdad jurídica y su afirmación como principio central en el marco de estados constitucionales. Lo que Ferrajoli entiende por derechos fundamentales específicos podrían concebirse, más bien, como garantías específicas que tienen en cuenta las necesidades de sus titulares en relación con el derecho en cuestión para su realización o garantía (tener en cuenta las necesidades de un cuerpo gestante al momento de desarrollar el contenido y alcance del derecho a la salud, o a la integridad personal, que conlleve, por ejemplo, incluir dentro de la cartera básica de servicios necesariamente la interrupción voluntaria del embarazo); y lo que entiende por garantías específicas, con fundamento en la «diferencia sexual», podría reconsiderarse como garantías generales del derecho de no discriminación vinculadas con el resto de derechos fundamentales que deben condicionar el desarrollo del contenido y garantías de todos los derechos fundamentales (por ejemplo en las normas que regulan su ejercicio) para que prohiban cualquier tratamiento que implique restricción en derechos con base en una categoría prohibida.

743 Ferrajoli también mantiene un matiz diferenciador entre desigualdad jurídica y discriminación. La igualdad y desigualdad jurídica se construyen desde el concepto de la titularidad de los derechos. La igualdad jurídica es igualdad en la titularidad de derechos fundamentales, todos los derechos fundamentales para todos los sujetos dentro de la categoría «personas». La desigualdad jurídica, es desigualdad en derechos

a un individuo con base en alguna diferencia identitaria; o no incluir garantías específicas que tengan en cuenta la diferencia identitaria cuando es relevante para la realización de los derechos. Una de las críticas que se han realizado a Ferrajoli es su vinculación conceptual entre discriminación y diferencia (identitaria). Excluyendo una perspectiva estructural, que tenga en cuenta tanto que la exclusión cuando afecta a grupos sociales, (como las mujeres) no se basa simplemente en «una diferencia natural o cultural», sino en la construcción de ese grupo social, como el hecho de que el derecho, en tanto proceso socio-estructural muy potente, tiene un papel en esa construcción y en la reproducción de la exclusión del grupo social[744]. Si el derecho no tiene en cuenta ese carácter colectivo y construido de un grupo social como grupo respecto del cual está justificado un trato jurídico restrictivo, y aborda esa construcción social y política como algo individual y natural, legitima la reproducción de la exclusión, por más que la compense. Se dirige a compensar, no a prohibir la desigualdad, y acondiciona el contexto jurídico para su reproducción.

Sin embargo, la idea de que la discriminación respecto de un grupo social pueda justificar un cierto tipo de garantías para lograr la efectividad de los derechos para ese grupo y el respeto del principio de igualdad jurídica, planteada por Ferrajoli resulta muy

---

subjetivos patrimoniales y (de propiedad y de crédito): que pertenecen a cada persona en diversa medida y en exclusión de los demás. De ahí que considere a las discriminaciones como «desigualdades antijurídicas» puesto que consisten en el desigual tratamiento de las diferencias tuteladas y valorizadas por él: FERRAJOLI, L. *Derechos y garantías...* cit., pp. 82 y 83.

744 En este sentido, Mestre, advierte que el acercamiento a la igualdad realizado, entre otros autores, por Ferrajoli, se hace presuponiendo que «el lenguaje del derecho —del los derechos— puede dar respuesta, en clave de igualdad jurídica a las diferencias, y eso significa afirmar que el derecho no tiene nada que ver con la configuración de la diferencia cuando puede ser que lo es tratado como diferencia es, en realidad, una cuestión subordinación» (MESTRE, R. *La caixa de Pandora...* cit, pp. 105 y 106).

útil para reconducir parte del papel del derecho frente a la discriminación estructural, aun cuando la discriminación se conciba de otra forma por el autor. La ruptura de la igualdad jurídica en la realidad es relevante para el derecho. El derecho no puede permanecer pasivo ante ella. Y en tanto que la discriminación estructural, además de una injusticia social, implica una serie de obstáculos en la garantía de los derechos fundamentales del grupo social objetivo, los operadores jurídicos en el momento de formular estas garantías deben tenerlo presente para articular mecanismos dirigidos a lograr la efectividad en ese contexto de discriminación estructural, y evitar su reproducción: garantías que más que específicas podríamos llamar reforzadas, o más precisamente garantías reforzadas frente a un contexto de discriminación estructural[745]. Estas garantías consisten en mecanismos adicionales dirigidos a enfrentar los obstáculos concretos que representa para el reconocimiento y garantía de derechos humanos tal contexto y a su propia transformación.

Reconocer que los obstáculos para el reconocimiento, garantía y ejercicio efectivo de los derechos de un grupo social determinado radican en un contexto de discriminación estructural, y no simplemente en actos aislados no relacionados entre sí o en una valoración errónea de un rasgo natural compartido por el grupo, conlleva implicaciones importantes para el derecho. Tal diagnostico exige más que la condena del trato «distinto» en el marco de un caso individual de discriminación. Exige, entre otras cosas, que los operadores jurídicos conozcan las implicaciones para la realización de los derechos fundamentales en ese contexto y que se configuren las garantías dirigidas a atacar esos obstáculos. A excluir, por ejemplo, estereotipos que condicionen el acceso a un servicio público o el alcance de un derecho; a reconocer que una vulneración de derechos humanos con altas tasas de prevalencia e impunidad respec-

---

745 Para distinguirlas de las garantías específicas o reforzadas en atención a las necesidad particulares de un grupo social derivadas de característica o condición común propia.

to de un grupo social, no solo es una «violencia diferenciada» por sus víctimas, sino que es la manifestación de una discriminación estructural. Lo que implica que en su prevención no solo hace falta sensibilizar sobre los derechos, ni es suficiente informar con insistencia sobre que tal violencia implica una vulneración en derechos y está prohibida, sino que se requiere también abordar la cuestión de las estructuras y los estereotipos que condicionan nuestra capacidad para conceptualizar lo que entendemos por violencia.

En el paradigma garantista de Ferrajoli, la ausencia de garantías debe entenderse como una laguna estructural, esto es, como un vicio generado por una omisión que el ordenamiento debe corregir y la ciencia jurídica denunciar[746]. Se trata, ciertamente, de una obligación jurídicamente impuesta y lógicamente derivada de esas expectativas pasivas en que consisten los derechos fundamentales. Es decir, que requieren de la introducción, como condiciones de su efectividad, las respectivas modalidades activas: las prohibiciones y las obligaciones en que consisten sus garantías. De manera que el legislador tiene el deber jurídico de «actuar» la Constitución, pero, de acuerdo con Ferrajoli, la ciencia jurídica tiene un papel también importante en la tarea de subsanación, a ella corresponde «denunciar las antinomias y lagunas y, por tanto, criticar el derecho vigente, promover su corrección y, en todo caso, proponer la solución de los inevitables problemas, conflictos y aporías generados por la complejidad estructural de su objeto». La ciencia jurídica adquiere, en este modelo garantista un papel activo y crítico, a ella no solo corresponde el desarrollo del conocimiento jurídico, sino también el desarrollo de la «capacidad para identificar y resolver los vicios del derecho»[747], sus lagunas y antinomias.

La ciencia jurídica, advierte Ferrajoli, siguiendo a Sastre y Gianformaggio, actúa así como «garantía», dado que sirve para promover la máxima correspondencia entre normatividad constitucional

---

746 FERRAJOLI, L. *Derechos y garantías…* cit., p. 33.

747 FERRAJOLI, L. *Garantismo: una discusión sobre derecho y democracia,* cit., p. 73.

y efectividad constitucional[748]. Denunciar y proponer una solución sería la tarea y responsabilidad de la ciencia jurídica. Tomando como propia esa responsabilidad colectiva, en lo siguientes epígrafes intentaré evidenciar lo que considero es actualmente una laguna en el derecho internacional y en el derecho interno español: la garantía reforzada de la debida diligencia respecto de los derechos humanos[749] de niños y niñas. Habiendo ya afirmado mi postura respecto del reconocimiento de la titularidad de los derechos humanos a niños y niñas [*supra,* 1.1], cabe ahora reparar en las lagunas derivadas del carácter estructural que tiene la discriminación que sufren los niños y niñas —y que hace posible considerar que la violencia sexual que sufren es sistémica— para estructurar las garantías necesarias a fin de poner remedio a esta situación que impide el goce pleno y efectivo de todos sus derechos humanos.

6.2. EL RECONOCIMIENTO DE LA DISCRIMINACIÓN ESTRUCTURAL Y LAS GARANTÍAS REFORZADAS EN EL DERECHO INTERNACIONAL DE LOS DERECHOS HUMANOS: EL CASO DE LOS ESTEREOTIPOS

El concepto de discriminación estructural, como se argumentó en el Capítulo 5, puede considerarse una categoría adecuada para identificar, dentro de los sistemas jurídicos, el tipo de desigualdades que encuentran su significado en una o más estructuras

---

748 FERRAJOLI, L. *Garantismo: una discusión sobre derecho y democracia,* cit., p. 74.

749 Cabe señalar que para Ferrajoli «derechos humanos» y «derechos fundamentales» no son equivalentes (vid. *Principia iuris,* cit. p. 697) sin embargo, a nuestros efectos, y partiendo de la tesis de que, una vez suscrito un tratado internacional de derechos humanos, este adquiere una jerarquía normativa constitucional o cuasi-constitucional, los derechos humanos —y específicamente los derechos humanos de los niños— han de recibir el mismo trato jurídico y ser objeto de las mismas garantías jurídicas que los derechos fundamentales.

de poder[750], o procesos socio-estructurales en términos de Young. Tales estructuras tienen la capacidad de ordenar las relaciones sociales, y de atribuir estatus (subordinados o inferiores, privilegiados o superiores). También contribuyen a establecer dinámicas e inercias que tienden a reproducir estas relaciones de subordiscriminación[751]. En el ámbito del derecho internacional de los derechos humanos[752], encontramos ejemplos de instrumentos que muestran el carácter sistémico y estructural de la posición de ciertos grupos sociales. Estos instrumentos se fundamentan en el reconocimiento de un contexto de discriminación estructural y están orientados a combatir y transformar tales estructuras discriminatorias en la medida en que se consideran obstáculos para el reconocimiento y ejercicio de de los derechos humanos. Entre las obligaciones contenidas en estos instrumentos destaca la obligación de modificar o excluir estereotipos dañinos.

El primer tratado que ha recogido ese reconocimiento es la CEDAW, en relación con las mujeres. Y ha previsto obligaciones para los estados. Aunque en los ámbitos regionales también han surgido tratados que lo reconocen, a fin de tener cuerpo normativo coherente sobre la estereotipación que me permita utilizarlo de referente para mostrar la ausencia de un instrumento similar en relación con los niños.

Actualmente no existe en el derecho internacional de los derechos humanos un reconocimiento de un contexto de discriminación estructural contra la infancia. En este Capítulo se plantea la hipótesis de que tal ausencia obstaculiza el reconocimiento y garantía de sus derechos y más particularmente obstaculiza el tratamiento adecuado de la violencia sexual contra la infancia, limitando la

---

750 AÑÓN ROIG, M. J. «Transformaciones en el derecho antidiscriminatorio…», cit., p. 31.

751 AÑÓN ROIG, M. J. «Transformaciones en el derecho antidiscriminatorio…», cit., p. 31.

752 AÑÓN ROIG, M. J. «Transformaciones en el derecho antidiscriminatorio…», cit., p. 32.

capacidad del derecho para adoptar medidas dirigidas a su erradicación, y que tales obstáculos explican en parte el carácter sistémico de la violencia sexual contra la infancia en España. Si no se reconoce el contexto, no es posible articular y dirigir medidas para su transformación, ni es posible analizar el impacto que ello tiene en el ejercicio y garantía de los derechos de ese grupo social, obstaculizando medidas para atender ese impacto.

6.2.1. La discriminación estructural como fundamento de obligaciones reforzadas

En el marco de Naciones Unidas, hay tres convenios internacionales en los que se ha reconocido el contexto de discriminación estructural, social o histórica que afecta a determinados grupos sociales: la Convención sobre la Discriminación Racial, de 1965; la Convención para la Eliminación de toda forma de Discriminación contra la Mujer (CEDAW), de 1979; y la Convención sobre los Derechos de las Personas con Discapacidad, de 2006. El reconocimiento de la discriminación estructural como fundamento para la elaboración de un convenio específico se encuentra de manera más clara en sus preámbulos, y ha sido asimismo reafirmado por la jurisprudencia de distintos órganos internacionales. Con el fin de mostrar el sentido, finalidad y contenido de este tipo de instrumentos a lo largo de este Capítulo se toma como punto de referencia para el análisis, la CEDAW y el trabajo de su Comité, pues pese a no ser el primer instrumento en reconocer un contexto discriminación estructural, sí es el primer instrumento en el ámbito universal que ha reconocido obligaciones sobre estereotipos, elemento clave —como ha quedado de manifiesto en el Capítulo 5— en el abordaje de la discriminación estructural y sobre las que se profundizaré en este Capítulo[753]. El objetivo es realizar un análisis que posteriormente permita contrastar este tipo de instrumento es-

---

753 BREAMS, E. y TIMMER, A. «Introduction», en BREAMS, E. y TIMMER, A., *Stereotypes and Human Rights Law*, Intersentia, 2017, pp. 1-5, p. 5.

pecífico basado en la discriminación de género con el instrumento específico de la Convención sobre los Derechos del Niño, para demostrar que este último está fundamentando no en la discriminación estructural, sino en la condición de desarrollo y vulnerabilidad de los niños y las niñas, y argumentar sobre la necesidad de que en el ámbito internacional se reconozca que los niños y las niñas son, como grupo social, también objeto de discriminación estructural.

Es posible argumentar que en los convenios específicos que reconocen un contexto de discriminación están presentes dos conceptos o sentidos de discriminación. Por un lado, la discriminación en sentido estructural, por otro, la discriminación en sentido formal[754]—. Esta última implica la ruptura de la igualdad formal:

---

754 La mayoría de los tratados de derechos humanos contemplan dos cláusulas sobre igualdad y no discriminación, una que podemos llamar accesoria y otra autónoma. La primera se referiría a la obligación de los estados de respetar y garantizar los derechos contenidos en el tratado en cuestión «sin discriminación» entre sus titulares. Por ejemplo, el artículo 2.1 del Pacto Internacional de Derechos Civiles y Políticos establece la obligación a cargo de los estados parte de «respetar y a garantizar a todos los individuos que se encuentren en su territorio y estén sujetos a su jurisdicción los derechos reconocidos en el presente Pacto, sin distinción alguna de raza, color, sexo, idioma, religión, opinión política o de otra índole, origen nacional o social, posición económica, nacimiento o cualquier otra condición social», este artículo en los esencial se reproduce en todos los tratados de derechos humanos. Esta cláusula es accesoria en la medida en que su vulneración requiere como presupuesto de la vulneración de uno de los derechos convencionales contenidos en el resto del articulado; no se considera un derecho autónomo. Si un estado discrimina en el respeto o garantía de un derecho convencional, violaría esta cláusula y el derecho sustantivo en cuestión; si no se considera vulnerado un derecho convencional no habría lugar a analizar esta cláusula. En cambio, la cláusula autónoma se configura como un derecho autónomo a la «igual protección de la ley» que conlleva la obligación de los estados de no discriminar en la protección garantizada a través de la ley interna o en su aplicación, de modo que cuando la ley o un acto de aplicación configura una protección desigual se estaría vulnerando esta cláusula, con independencia de que esa ley o acto versen directamente sobre alguno de los derechos

un trato que excluye o restringe derechos sin justificación válida y que se basa en alguna categoría prohibida[755]. Se trataría de una especificación, con base en una condición o estatus grupal, de la ruptura general de la igualdad. En este sentido, para Rey, «la prohibición de discriminación es una variedad del género igualdad» cuando el criterio de desigualdad que concurre es uno de los marcados como sospechosos o prohibidos por los propios tratados[756].

La Convención CEDAW utiliza ambos conceptos para dos funciones distintas. El primer concepto, el de discriminación estructural, es utilizado en la Convención como fundamento de la misma. La discriminación estructural es un concepto que requiere reparar en la realidad social, económica, política y cultural en la que se inserta lo jurídico. De esta manera, aunque la Convención no contiene explícitamente el término de discriminación estructural, es posible argumentar que es este su sentido como fundamento de la propia Convención, presente tanto en su Preámbulo como en sus artículos, principalmente, el 2 y el 5[757]. En el Preám-

---

convencionales. Se trata de un derecho autónomo. Por ejemplo, artículo 26 del PIDCP que señala que «[t]odas las personas son iguales ante la ley y tienen derecho sin discriminación a igual protección de la ley. A este respecto, la ley prohibirá toda discriminación y garantizará a todas las personas protección igual y efectiva contra cualquier discriminación por motivos de raza, color, sexo, idioma, religión, opiniones políticas o de cualquier índole, origen nacional o social, posición económica, nacimiento o cualquier otra condición social.

755 REY MARTÍNEZ, F. *Derecho Antidiscriminatorio,* Thompson Reuters Aranzadi, 2019, p. 49.

756 De acuerdo con el artículo 2.1 del PIDCP entre categorías prohibidas estarían las siguientes: «raza, color, sexo, idioma, religión, opinión política o de otra índole, origen nacional o social, posición económica, nacimiento o cualquier otra condición social». Este listado y la categoría abierta de «otra condición social» que ha dado lugar a que en la jurisprudencia se incluyan otras categorías específicas, entre ellas la edad, suele reiterarse en su integridad en todos los tratados de derechos humanos: REY MARTÍNEZ, F. *Derecho Antidiscriminatorio,* cit., p. 49.

757 En este sentido, citando a Cusack y Pusey, 2013, Añón señala que en los artículos 2 y 5 de la Convención se encuentran «distintas versiones del

bulo de la Convención se presupone que «los Estados Partes en los Pactos Internacionales de Derechos Humanos tienen la obligación de garantizar a hombres y mujeres la igualdad en el goce de todos los derechos económicos, sociales, culturales, civiles y políticos»[758]. Sin embargo, se reconoce que «a pesar de estos diversos instrumentos las mujeres siguen siendo objeto de importantes discriminaciones»[759].

---

concepto: formal, sustancial, estructural —aunque no se sirve exactamente de esta terminología—, y también establecen las pautas para su erradicación en cualquiera de sus formas»: AÑÓN ROIG, M. J. «Transformaciones en el derecho antidiscriminatorio…», cit., p. 33.

758 «Considerando que los Estados Partes en los Pactos Internacionales de Derechos Humanos tienen la obligación de garantizar a hombres y mujeres la igualdad en el goce de todos los derechos económicos, sociales, culturales, civiles y políticos»: CEDAW, párr. 3 de su Preámbulo.

759 «Preocupados, sin embargo, al comprobar que a pesar de estos diversos instrumentos las mujeres siguen siendo objeto de importantes discriminaciones»: CEDAW, párr. 6 de su Preámbulo.
Respecto de la Convención sobre la Discriminación Racial, en su preámbulo se señala:
«Alarmados por las manifestaciones de discriminación racial que todavía existen en algunas partes del mundo y por las políticas gubernamentales basadas en la superioridad o el odio racial, tales como las de apartheid, segregación o separación,
Resueltos a adoptar todas las medidas necesarias para eliminar rápidamente la discriminación racial en todas sus formas y manifestaciones y a prevenir y combatir las doctrinas y prácticas racistas con el fin de promover el entendimiento entre las razas y edificar una comunidad internacional libre de todas las formas de segregación y discriminación raciales».
Respecto de la Convención sobre los Derechos de las Personas con Discapacidad:
«k) Observando con preocupación que […] las personas con discapacidad siguen encontrando barreras para participar en igualdad de condiciones con las demás en la vida social y que se siguen vulnerando sus derechos humanos en todas las partes del mundo
[…]
y) Convencidos de que una convención internacional amplia e integral para promover y proteger los derechos y la dignidad de las personas

El problema específico al que responde esta Convención no es la acumulación, casual, de actos de discriminación individuales cometidos por hombres u otros agentes en contra de las mujeres, en donde el contexto o condiciones en que tienen lugar son irrelevantes. El problema al que responde la CEDAW es estructural. Las condiciones que excluyen a las mujeres de determinados ámbitos de poder y de toma de decisión son estructurales. Entre esas estructuras están los patrones socio-culturales o los roles tradicionales de género, que implican una división del trabajo entre mujeres y hombres. Tal contexto explicaría que, a pesar de que se adopten normas jurídicas destinadas a combatirlos, los actos individuales de discriminación se sigan cometiendo. La discriminación estructural engloba la exclusión institucional y jurídica y la exclusión social que ha sido reproducida históricamente contra un determinado grupo social y que es necesario reformar, remediar y/o compensar. Esto explica algunas de las obligaciones reforzadas contenidas, especialmente, en los artículos 2 y 5 de la CEDAW. A nivel institucional y jurídico, la obligación contemplada en el artículo 2 de modificar normas discriminatorias y de adoptar medidas para que las autoridades e instituciones públicas actúen de conformidad con la obligación de no discriminar[760]. A nivel social, la obligación contenida en el artículo 5 de adoptar todas

---

con discapacidad contribuirá significativamente a paliar la profunda desventaja social de las personas con discapacidad y promoverá su participación, con igualdad de oportunidades, en los ámbitos civil, político, económico, social y cultural, tanto en los países en desarrollo como en los desarrollados».

760 «Artículo 2

Los Estados Partes condenan la discriminación contra la mujer en todas sus formas, convienen en seguir, por todos los medios apropiados y sin dilaciones, una política encaminada a eliminar la discriminación contra la mujer y, con tal objeto, se comprometen a:

[...]

d) Abstenerse de incurrir en todo acto o práctica de discriminación contra la mujer y velar por que las autoridades e instituciones públicas actúen de conformidad con esta obligación;

[...]

medidas apropiadas para «modificar los patrones socioculturales de conducta de hombres y mujeres, con miras a alcanzar la eliminación de los prejuicios y las prácticas [...] basadas en la idea de la inferioridad o superioridad de cualquiera de los sexos o en funciones estereotipadas de hombres y mujeres»[761]. De acuerdo con Añón, esta última disposición «prescribe un compromiso activo de las autoridades estatales en la erradicación de todas las formas de discriminación, actuando sobre las causas [...] de la opresión o la subordinación de las mujeres, que no son otros que puntos de vista estereotipados acerca de lo que es masculino y femenino»[762]. En el siguiente apartado se abordarán estas obligaciones.

Este sentido ha sido reafirmado por el trabajo del Comité de la CEDAW. Paradigmáticamente, en la Recomendación General nº 33, sobre el acceso de las mujeres a la justicia, de 2015, en la cual el Comité observa que:

> «[Los] obstáculos y restricciones que impiden a la mujer realizar su derecho de acceso a la justicia en pie de igualdad, incluida una falta de protección jurisdiccional efectiva [...] se producen en

---

f) Adoptar todas las medidas adecuadas, incluso de carácter legislativo, para modificar o derogar leyes, reglamentos, usos y prácticas que constituyan discriminación contra la mujer;
g) Derogar todas las disposiciones penales nacionales que constituyan discriminación contra la mujer».

761 «Artículo 5
Los Estados Partes tomarán todas las medidas apropiadas para:
a) Modificar los patrones socioculturales de conducta de hombres y mujeres, con miras a alcanzar la eliminación de los prejuicios y las prácticas consuetudinarias y de cualquier otra índole que estén basados en la idea de la inferioridad o superioridad de cualquiera de los sexos o en funciones estereotipadas de hombres y mujeres;
b) Garantizar que la educación familiar incluya una comprensión adecuada de la maternidad como función social y el reconocimiento de la responsabilidad común de hombres y mujeres en cuanto a la educación y al desarrollo de sus hijos, en la inteligencia de que el interés de los hijos constituirá la consideración primordial en todos los casos».

762 AÑÓN ROIG, M. J. «Transformaciones en el derecho antidiscriminatorio...» cit., p. 33.

un contexto estructural de discriminación y desigualdad, debido a factores como los estereotipos de género, las leyes discriminatorias, los procedimientos interseccionales o compuestos de discriminación y las prácticas y los requisitos en materia probatoria, y al hecho de que no ha asegurado sistemáticamente que los mecanismos judiciales son física, económica, social y culturalmente accesibles a todas las mujeres. Todos estos obstáculos constituyen violaciones persistentes de los derechos humanos de las mujeres»[763].

---

763 Comité CEDAW. *Recomendación General nº 33, sobre el Acceso de las Mujeres a la Justicia,* 2015, CEDAW/C/GC/33, párr. 3. El Comité sobre los Derechos de las Personas con Discapacidad también ha reconocido el carácter estructural de la discriminación que justifica una garantía reforzada de los derechos de tal grupo social: «[l]a igualdad de género es esencial en el contexto de los derechos humanos. La igualdad es un principio fundamental de derechos humanos que es relativo por su propia naturaleza y específico en función del contexto. Para garantizar los derechos humanos de la mujer se requiere, ante todo, una comprensión amplia de las estructuras sociales y las relaciones de poder que configuran las leyes y las políticas, así como de la dinámica económica y social, la vida familiar y comunitaria, y las creencias culturales». Este mismo órgano ha precisado que: «[l]a discriminación estructural o sistémica, se manifiesta a través de patrones ocultos o encubiertos de comportamiento institucional discriminatorio, tradiciones culturales discriminatorias y normas y/o reglas sociales discriminatorias. La fijación de estereotipos de género y discapacidad nocivos, que pueden dar lugar a ese tipo de discriminación, está inextricablemente vinculada a la falta de políticas, reglamentos y servicios específicos para las mujeres con discapacidad»: Comité CDPD. *Observación General nº 3, sobre las Mujeres y las Niñas con Discapacidad,* CRPD/C/GC/3, 2016, párrs. 8 y 17. Otro ejemplo en el ámbito interamericano lo encontramos en el caso V.R.P., V.P.C. y otros c. Nicaragua, en el que la Corte IDH aclara que las medidas especiales de protección que deben adoptar los estados parte [...] [e]n el caso de las niñas, [su] vulnerabilidad a violaciones de derechos humanos puede verse enmarcada y potenciada, debido a factores de discriminación histórica203 que han contribuido a que las mujeres y niñas sufran mayores índices de violencia sexual, especialmente en la esfera familiar»: Corte IDH. Caso V.R.P., V.P.C. y otros c. Nicaragua, cit., párr. 156.

Por otro lado, el concepto de discriminación formal se encuentra en el artículo 1 de la CEDAW. En este marco, el término discriminación define los actos (individuales o colectivos, personales o institucionales) que vulneran el principio de igualdad jurídica y que no son aceptables dentro de un estado constitucional. Un concepto típicamente jurídico para configurar la garantía de prohibición de discriminación, contenida en el artículo primero de la Convención. La definición formal de discriminación capta una parte del problema de discriminación estructural, una de sus manifestaciones, pero no la engloba, no son términos intercambiables. El tratamiento jurídico de la discriminación estructural requiere, entre otras cosas, contar con una definición que capte, a nivel micro, los actos que pueden considerarse discriminatorios y que son relevantes para el derecho. De acuerdo con su artículo 1:

> «[L]a expresión "discriminación contra la mujer" denotará toda distinción, exclusión o restricción basada en el sexo que tenga por objeto o resultado menoscabar o anular el reconocimiento, goce o ejercicio por la mujer, independientemente de su estado civil, sobre la base de la igualdad del hombre y la mujer, de los derechos humanos y las libertades fundamentales en las esferas política, económica, social, cultural y civil o en cualquier otra esfera».

El mecanismo jurídico de prohibición de la discriminación, aun considerándose necesario para poner fin a la situación de discriminación estructural, no puede, en ningún caso, considerarse como suficiente para tal objetivo[764]. De ahí que la Convención contenga otras medidas que, en conjunto con la prohibición de la discriminación (formal), prevista principalmente en el artículo 2, podrían interpretarse como medidas dirigidas al fin de la eliminación de la discriminación estructural. La configuración

---

764 De acuerdo con Merino, esta prohibición se ha articulado y tradicionalmente interpretado como equiparación y/o diferenciación en el marco de la igualdad formal, en la medida en que el punto de referencia para determinar si estamos o no ante una exclusión, distinción o restricción relevante jurídicamente es la «igualdad del hombre y la mujer»: MERINO, V. «Tensiones entre el proceso de especificación...», cit. p. 330.

de medidas para afrontar la discriminación estructural contra las mujeres, que son plasmadas en la Convención constituirían, bajo este enfoque, garantías reforzadas dirigidas a afrontar los distintos obstáculos que tal situación supone para el ejercicio de los derechos humanos de este grupo social. En este sentido, Añón señala que la Convención, «especialmente en los artículos 2 y 5, ofrece una visión compleja sobre la noción de discriminación directamente relacionada con el enfoque de derechos humanos»[765].

Sintetizando las diversas medidas contenidas en la CEDAW, se propone clasificarlas entre medidas dirigidas a: (1) reafirmar el reconocimiento y garantía de los derechos humanos de las mujeres en condiciones de igualdad[766], (2) promover la participación o inclusión de las mujeres en aquellos espacios donde históricamente han estado excluidas[767]; (3) acelerar la igualdad de

---

765 AÑÓN ROIG, M. J. «Transformaciones en el derecho antidiscriminatorio...» cit., p. 32.

766 Una disposición dentro de esta clase sería el artículo 3, que obliga a los estados parte a adoptar «en todas las esferas, y en particular en las esferas política, social, económica y cultural, todas las medidas apropiadas, incluso de carácter legislativo, para asegurar el pleno desarrollo y adelanto de la mujer, con el objeto de garantizarle el ejercicio y el goce de los derechos humanos y las libertades fundamentales en igualdad de condiciones con el hombre». Además podrían incluirse los artículos 9 y 10.

767 Una disposición dentro de esta clase sería el artículo 7, que obliga a los estados parte a adoptar «todas las medidas apropiadas para eliminar la discriminación contra la mujer en la vida política y pública del país y, en particular, garantizarán a las mujeres, en igualdad de condiciones con los hombres, el derecho a:

a) Votar en todas las elecciones y referéndums públicos y ser elegibles para todos los organismos cuyos miembros sean objeto de elecciones públicas;

b) Participar en la formulación de las políticas gubernamentales y en la ejecución de éstas, y ocupar cargos públicos y ejercer todas las funciones públicas en todos los planos gubernamentales;

facto[768]; (4) prohibir todo acto de discriminación especialmente en las esferas política, social, económica y cultural[769]; (5) garantizar que las autoridades e instituciones públicas no incurran en actos de discriminación[770]; y (6) modificar los patrones socio-culturales

---

c) Participar en organizaciones y en asociaciones no gubernamentales que se ocupen de la vida pública y política del país». Además podrían incluirse, entre otros, el artículo 8.

768 La disposición más clara dentro de esta clase sería el artículo 4, que establece la obligación a cargo de los estados parte de adoptar «medidas especiales de carácter temporal encaminadas a acelerar la igualdad de facto entre el hombre y la mujer no se considerará discriminación en la forma definida en la presente Convención, pero de ningún modo entrañará, como consecuencia, el mantenimiento de normas desiguales o separadas; estas medidas cesarán cuando se hayan alcanzado los objetivos de igualdad de oportunidad y trato.
2. La adopción por los Estados Partes de medidas especiales, incluso las contenidas en la presente Convención, encaminadas a proteger la maternidad no se considerará discriminatoria».

769 Una disposición dentro de esta clase sería el artículo 13, que obliga a los estados parte a adoptar «todas las medidas apropiadas para eliminar la discriminación contra la mujer en otras esferas de la vida económica y social a fin de asegurar, en condiciones de igualdad entre hombres y mujeres, los mismos derechos, en particular:
a) El derecho a prestaciones familiares;
b) El derecho a obtener préstamos bancarios, hipotecas y otras formas de crédito financiero;
c) El derecho a participar en actividades de esparcimiento, deportes y en todos los aspectos de la vida cultural». Además podrían incluirse, entre otros, el artículo 12.

770 Una disposición dentro de esa clase sería el artículo 2, que reafirmando que los estados parte «condenan la discriminación contra la mujer en todas sus formas», establece la obligación a cargo de estos de «seguir, por todos los medios apropiados y sin dilaciones, una política encaminada a eliminar la discriminación contra la mujer y, con tal objeto, se comprometen a:
[...]
d) Abstenerse de incurrir en todo acto o práctica de discriminación contra la mujer y velar por que las autoridades e instituciones públicas actúen de conformidad con esta obligación;

con el fin de eliminar los prejuicios y prácticas consuetudinarias sexistas, incluidos los estereotipos de género[771]. El artículo 2 de la CEDAW establece entre las medidas la de modificar o derogar normas o prácticas que constituyan discriminación contra la mujer, incluida la derogación de disposiciones penales discriminatorias. Estas obligaciones se dirigen, por un lado, a transformar el contexto de discriminación estructural, en la medida en que se asume que ese contexto rompe condiciones para la garantía de los derechos humanos en igualdad. El Comité ha determinado que el abordaje de la estereotipación dañina de género es central en la eliminación de todas las formas de discriminación contra las mujeres y para lograr la igualdad sustancial[772]. Y, por otro lado, se dirigen a realizar las acciones necesarias para posibilitar la garantía de los derechos humanos en ese contexto[773].

---

e) Tomar todas las medidas apropiadas para eliminar la discriminación contra la mujer practicada por cualesquiera personas, organizaciones o empresas;
f) Adoptar todas las medidas adecuadas, incluso de carácter legislativo, para modificar o derogar leyes, reglamentos, usos y prácticas que constituyan discriminación contra la mujer;
g) Derogar todas las disposiciones penales nacionales que constituyan discriminación contra la mujer».

771 La disposición más clara dentro de esta clase sería el artículo 5, que obliga a los estados parte a adoptar «todas las medidas apropiadas para:
a) Modificar los patrones socioculturales de conducta de hombres y mujeres, con miras a alcanzar la eliminación de los prejuicios y las prácticas consuetudinarias y de cualquier otra índole que estén basados en la idea de la inferioridad o superioridad de cualquiera de los sexos o en funciones estereotipadas de hombres y mujeres;
b) Garantizar que la educación familiar incluya una comprensión adecuada de la maternidad como función social y el reconocimiento de la responsabilidad común de hombres y mujeres en cuanto a la educación y al desarrollo de sus hijos, en la inteligencia de que el interés de los hijos constituirá la consideración primordial en todos los casos».

772 Comité CEDAW. *Recomendación General nº 5*…, cit., anexo I, párr. 3.

773 Cook y Cusack clasifican las obligaciones contenidas en la Convención entre artículos referidos a cuestiones específicas (arts. 6-16) y los artículos que contienen obligaciones generales (artículos 1-5 y 24). Todas

6.2.2 La obligación de modificar estereotipos y excluir estereotipos dañinos en el marco de la CEDAW

En el ámbito de las Naciones Unidas, de los tres tratados que reconocen la discriminación estructural, dos incluyen explícitamente referencias a los estereotipos[774]: la CEDAW contempla obligaciones dirigidas a que los estados modifiquen o transformen los estereotipos de género nocivos y eliminen los estereotipos de género injustos[775]; y la Convención de los Derechos de las Personas con Discapacidad (por sus siglas en inglés, CRPD), que exige a los estados que adopten medidas dirigidas a combatir los estereotipos que afectan a las personas con discapacidad[776]. En el ámbito regional, el Convenio de Estambul[777] y la Convención Belém Do

---

ellas deben interpretarse a la luz del objetivo y propósito de la Convención, y de la jurisprudencia de su Comité: COOK, R. J. y CUSACK, S. *Gender Stereotyping: Transnational Legal Perspectives,* University of Pennsylvania Press, 2010, p. 71.

774 En el marco de Naciones Unidas, hay otros convenios que sin incluir el término concreto, contienen otros similares. La Convención Internacional sobre la Eliminación de todas las Formas de Discriminación Racial (CERD) exige a los Estados Partes que combatan los prejuicios (un problema relacionado y a veces superpuesto), que dan lugar a la discriminación. Asimismo, muchos órganos creados en virtud de tratados, incluido el Comité de Derechos Humanos y el Comité de Derechos Económicos, Sociales y Culturales han reconocido obligaciones implícitas para abordar los estereotipos.

775 Artículo 2 f), 5 y 10 c), así como el párr. 14 de su Preámbulo: «Reconociendo que para lograr la plena igualdad entre el hombre y la mujer es necesario modificar el papel tradicional tanto del hombre como de la mujer en la sociedad y en la familia».

776 Artículos 4.1 b) y 8.1 b).

777 Son dos las disposiciones del Convenio de Estambul que se centran explícitamente en los estereotipos de género. Así, dentro del capítulo sobre prevención, el artículo 12.1 establece que los estados deben adoptar «medidas para promover cambios en los patrones sociales y culturales de comportamiento de mujeres y hombres con miras a erradicar los prejuicios, costumbres, tradiciones y todas las demás prácticas que estén basadas en la idea de la inferioridad de la mujer o en funcio-

Pará[778] también contemplan expresamente obligaciones sobre estereotipos. Considerando que la CEDAW ha sido el instrumento pionero en abordar los estereotipos y sus implicaciones para los derechos humanos, así como ha sido el Comité CEDAW el órgano referente en el desarrollo de estas obligaciones, este trabajo se centra principalmente en este tratado, aunque puntualmente se mencione algún otro de estos instrumentos.

a) Estereotipo y estereotipación

Cook y Cusack, que son probablemente las dos teóricas cuyo trabajo sobre estereotipos más influencia ha tenido en el marco del derecho internacional de los derechos humanos, han propuesto distinguir dos términos para comprender la forma en que los estereotipos impactan la garantía y ejercicio de lo derechos humanos: el «estereotipo» y la «estereotipación». Y a su vez han propuesto una explicación sobre cuándo un estereotipo puede considerarse dañino en un sentido relevante en el marco de los derechos humanos.

---

nes estereotipadas de mujeres y hombres» y el artículo 14.1 estipula que los Estados deben adoptar «las medidas necesarias para incluir material didáctico sobre cuestiones como la igualdad entre mujeres y hombres, los roles de género no estereotipados».

778 Esta Convención establece en su artículo 6 que el derecho de las mujeres a una vida libre de violencia incluye el derecho de las mujeres a ser valoradas y educadas de manera «libre de patrones estereotipados de comportamiento y prácticas sociales y culturales basadas en conceptos de inferioridad o subordinación». El artículo 8 de la misma Convención establece la obligación de los estados parte de adoptar, de manera progresiva, medidas específicas dirigidas a «modificar los patrones socioculturales de conducta de hombres y mujeres, incluyendo el diseño de programas de educación formales y no formales apropiados a todo nivel del proceso educativo, para contrarrestar prejuicios y costumbres y todo otro tipo de prácticas que se basen en la premisa de la inferioridad o superioridad de cualquiera de los géneros o en los papeles estereotipados para el hombre y la mujer que legitimizan o exacerban la violencia contra la mujer».

«Si el término "estereotipo" se aplica para referirse a una visión generalizada o preconcepción sobre los atributos, características o roles de los miembros de un grupo social en particular, que hace innecesaria la consideración de las necesidades, deseos, habilidades y circunstancias de cualquier miembro individual en particular, ¿qué significa decir que alguien está estereotipando? El término "estereotipado" se emplea en este libro para referirse al proceso de atribuir a un individuo atributos, características o roles específicos por la sola razón de su pertenencia a un grupo en particular»[779].

De acuerdo con Breams y Timmer, en el ámbito académico existe cierto consenso sobre que no todos los estereotipos justifican ser eliminados, y también sobre los parámetros para considerar un estereotipo como dañino o nocivo, y por tanto justificar su eliminación, entre otros, del ámbito institucional y normativo[780]. No obstante, respecto del marco del derecho de los derechos humanos, Cook y Cusack, han precisado que los estereotipos se vuelven problemáticos cuando operan para negar a las personas sus derechos humanos. En ese sentido, identificar estereotipos nocivos requiere identificar si la aplicación de un estereotipo constituye una violación de los derechos humanos en sí misma, y/o si la aplicación de un estereotipo es un factor que contribuye a una violación de los derechos humanos[781].

En su Recomendación General nº 25, el Comité CEDAW afirma la importancia de las obligaciones de los estados parte de «abordar las relaciones de género prevalecientes y la persistencia de los estereotipos de género» como una obligación central para la igualdad jurídica[782]. Obligación que, para el Comité, conlleva

---

779 COOK, R. J. y CUSACK, S. *Gender Stereotyping: Transnational Legal Perspectives,* University of Pennsylvania Press, 2010, p. 12.

780 BREAMS, E. y TIMMER, A. «Introduction», en BREAMS, E. y TIMMER, A., *Stereotypes and Human Rights Law,* Intersentia, 2017, pp. 1-5, p. 3.

781 COOK, R. J. y CUSACK, S. *Gender Stereotyping*... cit., p. 20.

782 Comité CEDAW. *Recomendación General nº 25,* sobre el párrafo 1 del artículo 4 de la Convención sobre la Eliminación de todas las Formas de Discriminación contra la Mujer, referente a medidas especiales de carácter temporal, UN Doc. A/59/38, 2004, párr. 7.

asumir que los estereotipos constituyen un obstáculo difícilmente superable sin la articulación de medidas adecuadas a nivel estatal para el reconocimiento y ejercicio de los derechos humanos de las mujeres. Una consecuencia central de este reconocimiento es entender que los esfuerzos por eliminar la discriminación (formal), son insuficientes, pues para transformar la desigualdad estructural, fundamento del propio instrumento específico, es necesario, entre otras cosas, excluir o modificar los estereotipos de género[783].

Cook y Cusack comprenden las obligaciones de modificar los patrones socio-culturales basados en estereotipos de género y de excluir del ámbito institucional los estereotipos dañinos desde la perspectiva de un derecho (específico) de las mujeres no ser objeto de estereotipación dañina que restrinja sus derechos humanos

---

Cita completa: «En primer lugar, los Estados Partes tienen la obligación de garantizar que no haya discriminación directa ni indirecta1 contra la mujer en las leyes y que, en el ámbito público y el privado, la mujer esté protegida contra la discriminación —que puedan cometer las autoridades públicas, los jueces, las organizaciones, las empresas o los particulares— por tribunales competentes y por la existencia de sanciones y otras formas de reparación. La segunda obligación de los Estados Partes es mejorar la situación de facto de la mujer adoptando políticas y programas concretos y eficaces. En tercer lugar los Estados Partes están obligados a hacer frente a las relaciones prevalecientes entre los géneros y a la persistencia de estereotipos basados en el género que afectan a la mujer no sólo a través de actos individuales sino también porque se reflejan en las leyes y las estructuras e instituciones jurídicas y sociales».

783 CUSACK, S. «The CEDAW as a Legal Framework for Transnational Discourses on Gender Stereotyping», en HELLUM, A. y SINDING, H. A. (eds.), *Women's Human Rights: CEDAW in International, Regional and National Law,* Cambridge University Press, 2013, pp. 126-131, p.126.
De acuerdo con Cusack, otra consecuencia importante es el hecho de que la centralidad de esta obligación para el sentido de la propia Convención hace cuestionable, y posiblemente sea un argumento lo suficientemente fuerte para que el Comité de la CEDAW rechace o muestra resistencia sustancial a las reservas de los estados parte sobre estas obligaciones.

o aumente su vulnerabilidad a la vulneración de los mismos[784]. Un derecho configurado como garantía reforzada fundamentado en el reconocimiento de un contexto de discriminación estructural en su contra. Entendiendo la estereotipación como un problema de derechos humanos, como una vulneración a derechos humanos en sí misma o una condición favorable a tal vulneración.

b) Obligaciones sobre estereotipos en la CEDAW

En el marco de la CEDAW se requiere a los estados parte que tomen todas las medidas apropiadas era eliminar la estereotipación nociva de género (arts. 2 f) y 5 a))[785]. El contenido de estas obligaciones se ha determinado a través de su interpretación por su órgano de supervisión, el Comité CEDAW. De conformidad con el artículo 2, f) de la Convención, los estados parte están obligados a «adoptar todas las medidas adecuadas, incluso de carácter legislativo, para modificar o derogar leyes, reglamentos, usos y prácticas que constituyan discriminación contra la mujer». Con base en esta disposición, si un agente estatal en el desarrollo de sus funciones se encuentra ante «leyes, regulaciones, costumbres y prácticas» que contengan formas discriminatorias de estereotipos de género y que tengan como propósito o efecto restringir o anular la igualdad en derechos y libertades de las mujeres, estos deberían conducir las acciones necesarias para lograr su modificación o abolición. Esta disposición en conexión con el artículo 5 se ha interpretado como una obligación

784 COOK, R. J. y CUSACK, S. *Gender Stereotyping...*, cit., p. 75.

785 De acuerdo con Cook y Cusack estos artículos, si bien superan su alcance, tienen su antecedente en el artículo 3 de la Declaración de la Eliminación de la Discriminación contra la Mujeres, de 1967: «Deberán adoptarse todas las medidas apropiadas para educar a la opinión pública y orientar las aspiraciones nacionales hacia la eliminación de los prejuicios y la abolición de las prácticas consuetudinarias y de cualquier otra índole que estén basadas en la idea de la inferioridad de la mujer»: COOK, R. J. y CUSACK, S. *Gender Stereotyping...* cit., pp. 72 y 73.

que extiende la obligación de modificar los patrones de género, prevista en el artículo 5 (a), al ámbito institucional y normativo.

En la jurisprudencia de los distintos estados miembros ha habido un desarrollo, no sin tensiones, sobre el alcance de la obligación y el tipo de estereotipos que pueden considerarse dañinos o lesivos de los derechos humanos en términos de lo previsto en las obligaciones internacionales. Parte de este desarrollo, ha llevado a reconocer que si bien podría ser un alcance demasiado amplio determinar que la obligación consiste en eliminar efectivamente toda creencia estereotipada, esa obligación implica desplegar medidas apropiadas para modificar y transformar creencias perjudiciales para el ejercicio de los derechos humanos; e implica la obligación de erradicar la aplicación de estereotipos a mujeres y hombres individuales cuando tal aplicación conlleva una lesión de sus derechos humanos.

El artículo 5 a) requiere de los estados parte «modificar los patrones socioculturales de conducta de hombres y mujeres, con miras a alcanzar la eliminación de los prejuicios y las prácticas consuetudinarias y de cualquier otra índole que estén basados en la idea de la inferioridad o superioridad de cualquiera de los sexos o en funciones estereotipadas de hombres y mujeres». Esta obligación «dispone que todos los poderes públicos deben adoptar medidas apropiadas para lograr la modificación de pautas sociales y culturales de conducta a fin de eliminar esos prejuicios y prácticas en todos los sectores[786]. En virtud de este artículo, no es necesario

---

786 Mientras que la literal (b) del artículo 5, exige que los estados parte adopten todas las medidas apropiadas» para garantizar que: la maternidad sea reconocida como una función social en la educación familiar; al tiempo que el cuidado de los hijos/as se reconoce como una responsabilidad común de hombres y mujeres. De acuerdo con el Informe de la Oficina del Alto Comisionado de Naciones Unidas para los Derechos Humanos (OHCHR, por su siglas en inglés), este apartado podría considerarse una medida particular para abordar un estereotipo o rol de género específico que se considera especialmente arraigado, extendido y condicionante para el ejercicio de los derechos por las mujeres, en

determinar si los estereotipos «que se basan en la inferioridad o en los papeles estereotipados de la mujer son una forma de discriminación». Es suficiente que se determine que los estereotipos se basan «en la idea de inferioridad o superioridad de cualquiera de los sexos o en papeles estereotipados de hombres y mujeres». De manera que estamos ante una obligación más amplia en su alcance que obligación 2 f). Esta obligación, de acuerdo con Cook y Cusack, «trasciende las obligaciones básicas de eliminar todas las formas de discriminación contra la mujer», ampliando el enfoque a la eliminación de las jerarquías de género, lo que significa abordar como las leyes construyen a hombres como superiores a mujeres[787]. La obligación de eliminar las jerarquías de género se establece en este artículo 5 a) que exige a los estados adoptar medias para eliminar los prejuicio y prácticas que basados en la idea de inferioridad o de superioridad de los sexos reproducen las condiciones para el ejercicio de sus derechos en condiciones de desigualdad.

Con base en las dos disposiciones anteriores, Cook y Cusack, comprenden que la naturaleza y alcance de las obligaciones de los estados parte de eliminar las formas dañinas de estereotipación de género implica medidas generales y medidas particulares. En general, tales obligaciones requieren de los estados que realicen una evaluación para identificar los estereotipos que operan en detrimento de las mujeres, sirviéndose de la jurisprudencia del Comité, y que determinen cuáles medidas con apropiados para desmantelarlos y eliminarlos[788]. Para las autoras, esa evaluación podría dar lugar a decidir la adopción de unas medidas u otras. Entre ellas, acciones especiales de carácter temporal para romper el daño producido por la estereotipación en un determinado sector (acciones afirmativas); programas de formación y sensibilización para la sociedad en general o sectores específicos; que los

---

condiciones de igualdad. OHCHR. *Gender Stereotyping as a Human Rights Violation,* 2013, p. 23.

787 COOK, R. J. y CUSACK, S. *Gender Stereotyping*... cit., p. 72.

788 COOK, R.J. y CUSACK, S. *Gender Stereotyping*... cit., p. 74.

legisladores reconozcan la inserción estructural, en su caso, jurídica que hasta ese momento ha estado perpetuando un estereotipo de género con el fin de servir de fundamento para la asunción de obligaciones específicas del estado para su eliminación. En particular, estas obligaciones consisten en cumplir una serie de pasos: identificar, nombrar, eliminar y remediar los estereotipos de género dañinos[789].

6.2.3. Estereotipos y violencia contra las mujeres

El reconocimiento de la discriminación estructural o histórica plasmado en el derecho internacional a través de la CEDAW, en 1979, ha impactado de manera más concreta en la formulación del tratamiento jurídico que en el ámbito internacional se da al problema de la violencia contra las mujeres. Un problema altamente prevalente y con altas cuotas de impunidad. De acuerdo con Merino, cuando comienza a promoverse la prohibición jurídica de la violencia contra las mujeres en sede internacional y a considerarse una violación grave de derechos humanos, la ausencia de disposiciones sobre ese tema en la Convención, llevó a su órgano de interpretación (el Comité de la CEDAW) a pronunciarse al respecto. Sería en la Recomendación General nº 19, de 1992, del Comité donde por primera vez se reconoce en el sistema universal la violencia contra las mujeres como una manifestación de la discriminación contra las mujeres[790]. En su párrafo 1, señala: «[l]a violencia contra la mujer es una forma de discriminación que inhibe gravemente la capacidad de la mujer de gozar de derechos y libertades en pie de igualdad con el hombre». El Comité insiste en la relación existente entre ambas y admite que en la discriminación por motivos de género pueda estar el origen o

789 COOK, R. J. y CUSACK, S. *Gender Stereotyping*... cit., p. 74.

790 Comité CEDAW. *Recomendación General nº 19, sobre la Violencia contra la Mujer,* 29 de enero de 1992.

condición de posibilidad de la prevalencia de esta violencia[791]. En la misma Recomendación General se muestra en qué medida la implementación efectiva de las disposiciones de la CEDAW significan una medida dirigida eliminar las condiciones favorables a la violencia contra las mujeres[792].

---

791 En el párr. 11 de la Declaración que interpreta los artículos 2 f), 5 y 10 c), señala:
«Las actitudes tradicionales según las cuales se considera a la mujer como subordinada o se le atribuyen funciones estereotipadas perpetúan la difusión de prácticas que entrañan violencia o coacción, tales como la violencia y los malos tratos en la familia, los matrimonios forzosos, el asesinato por presentar dotes insuficientes, los ataques con ácido y la circuncisión femenina. Esos prejuicios y prácticas pueden llegar a justificar la violencia contra la mujer como una forma de protección o dominación de la mujer. El efecto de dicha violencia sobre la integridad física y mental de la mujer es privarla del goce efectivo, el ejercicio y aun el conocimiento de sus derechos humanos y libertades fundamentales. Si bien en esta observación se hace hincapié en la violencia real o las amenazas de violencia contra la mujer, sus consecuencias estructurales básicas contribuyen a mantener a la mujer en un papel subordinado, a su escasa participación en política y a su nivel inferior de educación y capacitación y oportunidades de empleo».
Entre algunas de las autoras que han precisado y explicado la relación pero no la identificación conceptual de ambos términos, véase: AÑÓN ROIG, M. J. y MESTRE I MESTRE, R. «Violencia sobre las mujeres: discriminación, subordinación y Derecho», en BOIX REIG, F. J. y MARTÍNEZ GARCÍA, E., (coords.), *La nueva ley contra la violencia de género (LO 1/1001, de 28 de siembre)*, Iustel, Madrid, 2005, pp. 31-54

792 En el artículo 1 de la Convención se define la discriminación contra la mujer. En la definición de la discriminación se incluye la violencia basada en el sexo, es decir, la violencia dirigida contra la mujer porque es mujer o que la afecta en forma desproporcionada. Se incluyen actos que infligen daño o sufrimiento de índole física, mental o sexual, las amenazas de esos actos, la coacción y otras formas de privación de la libertad. La violencia contra la mujer puede contravenir disposiciones concretas de la Convención, independientemente de que en ellas se mencione expresamente a la violencia o no.
La violencia contra la mujer, que menoscaba o anula el goce por la mujer de sus derechos humanos y libertades fundamentales en virtud

El reconocimiento de la relación entre el contexto de discriminación estructural y la violencia contra las mujeres, también se plasmaría en la Declaración Internacional para la Eliminación de la Violencia contra la Mujer, que en su Preámbulo reconoce que la violencia contra las mujeres constituye «una violación de los derechos humanos y las libertades fundamentales [que] impide total o parcialmente a la mujer gozar de dichos derechos y libertades» y, a su vez, «una manifestación de relaciones de poder históricamente desiguales entre el hombre y la mujer, que han conducido a la dominación de la mujer y a la discriminación en su contra por parte del hombre e impedido el adelanto pleno de la mujer, y que la violencia contra la mujer es uno de los mecanismos sociales fundamentales por los que se fuerza a la mujer a una situación de subordinación respecto del hombre». Ese reconocimiento también se ha recogido en instrumentos específicos regionales: en el ámbito europeo, en el Convenio de Estambul[793], y en el ámbito interamericano en la Convención de Belém Do Pará[794].

De acuerdo con Peroni y Timmer, una de las implicaciones fundamentales de caracterizar la violencia contra las mujeres

---

del derecho internacional o de convenios específicos de derechos humanos, constituye discriminación, tal como se entiende en el artículo 1 de la Convención».

793 En su artículo 3 sobre definiciones, se establece que:
«A los efectos del presente Convenio:
Por «violencia contra la mujer» se deberá entender una violación de los derechos humanos y una forma de discriminación contra las mujeres, y se designarán todos los actos de violencia basados en el género que implican o pueden implicar para las mujeres daños o sufrimientos de naturaleza física, sexual, psicológica o económica, incluidas las amenazas de realizar dichos actos, la coacción o la privación arbitraria de libertad, en la vida pública o privada».

794 No se reconoce de manera tan explícita, pero tal visión se encuentra en su preámbulo, particularmente en los siguientes párrafos:
«AFIRMANDO que la violencia contra la mujer constituye una violación de los derechos humanos y las libertades fundamentales y limita total o parcialmente a la mujer el reconocimiento, goce y ejercicio de tales derechos y libertades;

como un problema de discriminación es que ya no se la considera como el resultado de un acto individual aislado sino como parte de un problema estructural. Tal comprensión conllevaría el cuestionamiento de las relaciones de poder desiguales entre hombres y mujeres, que para muchas feministas constituye la raíz de la violencia contra las mujeres. Más específicamente para el derecho de los derechos humanos, tal comprensión invita a identificar y abordar las causas estructurales de la violencia contra las mujeres, y dentro de ellas a los estereotipos tradicionales de hombres y mujeres. Las autoras remarcan la relación paralela entre la comprensión del Comité CEDAW de la violencia contra las mujeres como un problema más amplio de desigualdad, y el reconocimiento del mismo Comité sobre los roles estereotipados de género como causa fundamental de la violencia[795]. En tal sentido, el Comité, en su Recomendación General nº 19, ha señalado que «las actitudes tradicionales por las cuales las mujeres son consideradas subordinadas a los hombres o con roles estereotipados» perpetúan la violencia contra las mujeres[796]. Además, el mismo ha afirmado que esas actitudes pueden justificar esa violencia y, a su vez, que las consecuencias de esa violencia pueden mantener a las mujeres en roles subordinados.

Los estereotipos pueden encontrarse en el ámbito de las motivaciones de la violencia y en el de la respuesta social e institucional que recibe tal violencia. Tratándose de violencia entre particulares, los estereotipos tienen un impacto en el estándar de debida diligencia. Reconocer esa relación entre violencia y discriminación —es decir, reconocer que los estereotipos pueden ser causa

---

PREOCUPADOS porque la violencia contra la mujer es una ofensa a la dignidad humana y una manifestación de las relaciones de poder históricamente desiguales entre mujeres y hombres».

795 PERONI, L., TIMMER, A. «Gender Stereotyping in Domestic Violence Cases: An Analysis of the European Court of Human Rights' Jurisprudence», en BREAMS, E. y TIMMER, A., *Stereotypes and Human Rights Law,* Intersentia, 2017, pp. 39-66, pp. 42 y 43.

796 Comité CEDAW. *Recomendación General nº 19,* cit., párr. 11.

de incidentes de violencia contra un grupo social determinado—, conlleva la obligación específica de modificar los estereotipos dañinos como parte de su prevención. Pero además de impactar principalmente en la prevención, que debe incluir como objetivo específico la modificación estructural de los estereotipos dañinos que subyacen a la violencia (que se identifica en sus motivaciones o en la respuesta social e institucional a la misma), también afectan a las obligaciones implicadas en la respuesta del estado a esa violencia. Este entendimiento impacta todo el conjunto de las obligaciones específicas de respeto: prevenir, investigar, sancionar y reparar. En su respuesta, el estado no debe reproducir estereotipos dañinos.

Si en el marco de estas obligaciones, los agentes estatales recurren a estereotipos estaríamos, no solo ante el incumplimiento de obligaciones positivas, sino a ante un acto de discriminación o una vulneración a derechos humanos directamente cometida por el estado. En la Recomendación General nº 35, se establece lo que puede entenderse por debida diligencia reforzada en casos de violencia contra la mujer.

> «[El] artículo 2 e) de la Convención prevé explícitamente que los Estados partes deben comprometerse a adoptar todas las medidas adecuadas para eliminar la discriminación contra la mujer practicada por cualesquiera personas, organizaciones o empresas. Esa obligación, conocida con frecuencia como una obligación de diligencia debida, sienta las bases de la Convención en su conjunto y, en consecuencia, los Estados partes serán considerados responsables en caso de que no adopten todas las medidas apropiadas para prevenir, investigar, enjuiciar, castigar y ofrecer reparación por los actos u omisiones de agentes no estatales que den lugar a la violencia por razón de género contra la mujer, [...] En virtud de la obligación de diligencia debida, los Estados partes deben adoptar y aplicar diversas medidas para hacer frente a la violencia por razón de género contra la mujer cometida por agentes no estatales, lo que comprende contar con leyes, instituciones y un sistema para abordar dicha violencia y garantizar que funcionan de manera eficaz en la práctica y que cuentan con el apoyo de todos los agentes y órganos del Estado que hacen cumplir las leyes con diligencia. El hecho de que un Estado parte no adopte todas las medidas adecuadas para prevenir los actos de violencia por razón de género contra la mujer en los casos en que sus autoridades

tengan conocimiento o deban ser conscientes del riesgo de dicha violencia, o el hecho de que no investigue, enjuicie y castigue a los autores ni ofrezca reparación a las víctimas y supervivientes de esos actos, constituye un permiso tácito o una incitación a cometer actos de violencia por razón de género contra la mujer. Tales fallos u omisiones constituyen violaciones de los derechos humanos»[797].

6.2.4. Algunas obligaciones sobre estereotipos de género frente a la violencia contra las mujeres en el marco del Comité CEDAW

El Comité, con base principalmente en sus artículos 2 f) y 5[798] ha supervisado a través de su función de examen periódico el nivel de cumplimiento de los estados parte respecto de estas obligaciones internacionales[799] y también ha determinado, a través del

797 Comité CEDAW. *Recomendación General nº 35, sobre la Violencia por razón de Género contra la Mujer, por la que se actualiza la Recomendación General nº 19,* de 26 de julio de 2017, párr. 24.

798 Si bien estos artículos se consideran el maco general de las obligaciones en materia de estereotipos, el artículo 10 (c), la CEDAW también contiene referencia expresa a los estereotipos, concreta la obligación de modificar estereotipos de género de un entorno determinado: el educativo.
«Artículo 10
Los Estados Partes adoptarán todas las medidas apropiadas para eliminar la discriminación contra la mujer, a fin de asegurarle la igualdad de derechos con el hombre en la esfera de la educación y en particular para asegurar, en condiciones de igualdad entre hombres y mujeres:
[...]
c) La eliminación de todo concepto estereotipado de los papeles masculino y femenino en todos los niveles y en todas las formas de enseñanza, mediante el estímulo de la educación mixta y de otros tipos de educación que contribuyan a lograr este objetivo y, en particular, mediante la modificación de los libros y programas escolares y la adaptación de los métodos de enseñanza;
[...]».

799 En el último informe periódico del Comité CEDAW sobre España, el 9º, hay, efectivamente, recomendaciones destinadas a seguir avanzando en

procedimiento de comunicaciones individuales, responsabilidad internacional en casos en los que ha estimado que los estados parte en cuestión han incumplido tales obligaciones en perjuicio de un individuo concreto. En su jurisprudencia, el Comité ha reconocido que existen obligaciones implícitas en cada una de las disposiciones sustantivas de la CEDAW que aborda los estereotipos de género y las ha tenido en cuenta para valorar su cumplimiento por el estado.

También ha reconocido que las obligaciones de los estados parte se extienden aún más, a derechos y libertades no cubiertos explícitamente por la CEDAW pero que sí están reconocidos en otros tratados o en el derecho internacional consuetudinario y que tienen un impacto en la eliminación de todas las formas de discriminación contra las mujeres y el logro de la igualdad sustantiva. El Comité en su labor interpretativa ha llegado a tales conclusiones poniendo en relación los derechos humanos recogidos en el derecho internacional en conexión con los artículos 5 y 2 (f) y a la luz de la definición de la «discriminación contra la mujer», prevista en el artículo 1, así como el marco interpretativo general de la CEDAW, a través de sus Recomendaciones Generales y jurisprudencia. En su informe de 2013, el Alto Comisionado selecciona algunos de estos derechos para mostrar el impacto de las obligaciones sobre estereotipos en el conjunto del derecho internacional de los derechos humanos. En el mismo informe, se destacan los instrumentos y desarrollo jurisprudencial en torno a la violencia contra las mujeres como un área en la que el Comité ha realizado avances importantes en la elaboración del contenido y alcance de las obligaciones internacionales sobre estereotipos.

En el ámbito internacional, el Comité de la CEDAW ha liderado el trabajo de identificación de los vínculos entre estereotipos de género y la violencia contra las mujeres, comenzando con su

---

la lucha contra los estereotipos a través de diversas medias concretas: Comité CEDAW. *Observaciones finales sobre el noveno informe periódico de España,* 31 de mayo de 2023, recomendaciones 21 a 22.

conocida Recomendación General nº 19 y continuando con sus Observaciones Finales y la jurisprudencia del Protocolo Facultativo. En su trabajo, el Comité ha intentado identificar y precisar algunas de las medidas que los estados parte deben tomar en virtud de la CEDAW para abordar los estereotipos relacionados con la violencia de género contra las mujeres. En relación con las obligaciones de prevención, ha subrayado la necesidad de adoptar medidas para abordar los estereotipos de género como forma de prevenir la violencia contra las mujeres. En su Recomendación General nº 19 instó a los estados parte a adoptar «medidas preventivas, incluidos programas de educación e información pública para cambiar las actitudes relativas a los roles y la condición de hombres y mujeres»[800].

En su investigación sobre el secuestro, asesinato y violación de mujeres en Ciudad Juarez en México, el Comité observó, por ejemplo, que «las campañas destinadas a prevenir la violencia [...] no se [habían] centrado en promover la responsabilidad social, el cambio en los patrones sociales y culturales de conducta de hombres y mujeres y la dignidad de las mujeres, sino en hacer a las víctimas potenciales responsables de sus propia protección manteniendo los estereotipos culturales tradicionales»[801]. En consecuencia, en sus recomendaciones al estado parte, «enfatizó que, por tratarse de una situación estructural y de un fenómeno social y cultural profundamente arraigado en la conciencia y las costumbres de la población, requiere una respuesta global e integrada, una estrategia dirigida a transformar los patrones socioculturales existentes, especialmente en lo que respecta a erradicar la noción de que la violencia de género es inevitable»[802].

---

800 *Comité CEDAW. Recomendación General nº 19...*, cit., párr. 24, t), ii).

801 Comité CEDAW. *Informe de México producido por el Comité para la Eliminación de la Discriminación contra la Mujer bajo el Artículo 8 del Protocolo Facultativo de la Convención y respuesta del Gobierno de México,* 2005, párr. 57.

802 Comité CEDAW. *Informe de México...*, cit., párr. 287.

En relación también con la prevención, en el dictamen del caso A.T. c, Hungría, de 2005, el Comité reprochó al estado que no hubiera abordado los estereotipos de género nocivos. Concretamente, el Comité recordó al estado «que las actitudes tradicionales por las cuales se considera a las mujeres subordinadas a los hombres contribuyen a la violencia contra ellas» y que el propio Comité había identificado previamente en el marco institucional del estado parte en cuestión, a través de un informe de evaluación periódica, que este tipo de actitudes se encontraban presentes, específicamente las relativas a las funciones y responsabilidades dentro de la familia. El Comité señaló además que los hechos revelaban «aspectos de las relaciones entre los sexos y las actitudes hacia las mujeres», vis-à-vis en el país en su conjunto, y destacó la importancia de tomar medidas para eliminar los estereotipos[803].

En relación con las obligaciones de investigar con la debida diligencia casos de violencia contra las mujeres por razón de género, el Comité ha enfatizado la importancia de garantizar que las investigaciones de estos hechos sean imparciales y no estén influenciadas por estereotipos de género. Asimismo ha apuntado la importancia de que las víctimas puedan acceder a la justicia de manera efectiva, sin verse obstaculizadas o perjudicadas por estereotipos de género. Por ejemplo, en el caso Karen Tayag Vertido c. Filipinas, el Comité responsabilizó al estado parte por la decisión de un juez de primera instancia de absolver a un acusado de violación. El Comité precisó la obligación a cargo del estado parte de garantizar que en el marco del proceso judicial se traten los casos de violencia contra las mujeres «de manera justa, imparcial, oportuna y expedita» y que sus poderes judiciales «tengan cuidado de no crear estándares inflexibles sobre lo que las mujeres o las niñas [...] deberían haber hecho ante una situación de violación basada meramente en nociones preconcebidas de lo que define a

803 Si bien no hizo ninguna recomendación específica al respecto. Comité CEDAW. *Caso A.T. c. Hungría*, 2005, párr. 9.4.

una víctima de violación o a una víctima de violencia de género, en general»[804].

En un sentido similar, en el dictamen del caso V. K. c. Bulgaria, de 2011, el Comité, además de reiterar que los «estereotipos afectan el derecho de las mujeres a un juicio justo y que el poder judicial debe tener cuidado de no crear estándares inflexibles basados en nociones preconcebidas de lo que constituye violencia doméstica o de género»[805], criticó la delimitación que el estado parte realizaba sobre el concepto de violencia doméstica («un concepto demasiado estrecho») y su «interpretación estereotipada» de lo que constituye violencia doméstica. En este caso, el Comité instó al estado parte a proporcionar formación obligatoria a jueces, abogados y personal encargado de hacer cumplir la ley sobre cuestiones de estereotipos de género[806].

Los estándares del caso Vertido c. Filipinas fueron reiteradnos en la Recomendación nº 35 del Comité, donde señaló que los artículos 2 d) y f) y 5 a) en su conjunto imponen a todos los órganos judiciales «la obligación de abstenerse de incurrir en todo acto o práctica de discriminación o violencia por razón de género contra la mujer y aplicar estrictamente todas las disposiciones penales que sancionan esa violencia, garantizar que todos los procedimientos judiciales en causas relativas a denuncias de violencia por razón de género contra la mujer sean imparciales, justos y no se vean afectados por estereotipos de género o por una interpretación discriminatoria de las disposiciones jurídicas, incluido el derecho internacional[807].

Sin duda, uno de los casos en los que el Comité CEDAW ha condenado a un estado por el uso de estereotipos dañinos y que ha tenido mayor repercusión internacional es González Carreño

---

[804] Comité CEDAW. C*aso Karen Tayag Vertido c. Filipinas,* de 22 de septiembre de 2010, párr. 8.3.

[805] Comité CEDAW. *Caso V. K. c. Bulgaria,* de 25 de julio de 2011, párr. 9.11.

[806] Comité CEDAW. *Caso V. K. c. Bulgaria,* de 25 de julio de 2011, párr. 9.16, iv).

[807] Comité CEDAW. *Recomendación General nº 35…*, cit., párr. 24, c).

c. España, de 2014. En su dictamen el Comité condenó a España por no haber protegido a Ángela González y a su hija Andrea, esta última asesinada por su padre en 2003 en una de las visitas sin supervisión establecidas judicialmente a pesar de las denuncias de hechos de violencia de género presentadas por la madre y del rechazo de ambas —madre e hija— a que tuviera lugar esa convivencia por el temor a las consecuencias. De acuerdo con el Comité, en este caso, no solo se aplicó el régimen de visitas a pesar de las múltiples denuncias por malos tratos, sino que las autoridades que intervinieron se propusieron «normalizar» las relaciones entre padre e hija[808]. El Comité consideró «que las autoridades del Estado, al decidir el establecimiento de un régimen de visitas no vigilado aplicaron nociones estereotipadas y, por lo tanto, discriminatorias en un contexto de violencia doméstica»[809]. De manera más concreta, para el Comité la actuación del estado en la evaluación del riesgo y la decisión de mantener el régimen de visitas sin supervisión, refleja:

> «un patrón de actuación que obedece a una concepción estereotipada del derecho de visita basado en la igualdad formal que, en el presente caso, otorgó claras ventajas al padre a pesar de su conducta abusiva y minimizó la situación de madre e hija como víctimas de violencia, colocándoles en una situación de vulnerabilidad. A este respecto, el Comité recuerda que en asuntos relativos a la custodia de los hijos y los derechos de visita el interés superior del niño debe ser una consideración esencial, y que cuando las autoidades nacionales adoptan decisiones al respecto deben tomar en cuenta la existencia de un contexto de violencia doméstica»[810].

---

808 El Comité observó que «durante el tiempo en que se aplicó el régimen de visitas establecido judicialmente tanto las autoridades judiciales como los servicios sociales y los expertos psicólogos tuvieron como principal objetivo normalizar las relaciones entre padre e hija»: Comité CEDAW. *Caso González Carreño c. España,* de 15 de agosto de 2014, párr. 9.4.

809 Comité CEDAW. *Caso González Carreño c. España,* cit., párr. 9.7.

810 Comité CEDAW. *Caso González Carreño c. España,* cit., párr. 9.4.

6.3. LA AUSENCIA DEL RECONOCIMIENTO DE LA DISCRIMINACIÓN ESTRUCTURAL CONTRA LA INFANCIA Y DE UN ESTÁNDAR DE DEBIDA DILIGENCIA REFORZADO COMO GARANTÍA

El reconocimiento de un contexto de discriminación estructural o histórico dirigida hacia niños y niñas no se ha formulado —al menos no de manera expresa— en el derecho internacional de los derechos humanos. El fundamento de la Convención sobre los Derechos del Niño como tratado específico o de garantías reforzadas no se fundamenta en la discriminación (social, histórica, estructural), sino en la consideración de que «el niño, por su falta de madurez física y mental, necesita protección y cuidado especiales, incluso la debida protección legal, tanto antes como después del nacimiento». Originalmente, además de reconocer que los niños son titulares de derechos, la finalidad de la Convención era incorporar al marco del derecho internacional de los derechos humanos las necesidades básicas particulares de este grupo social, y que su satisfacción fuese considerada una cuestión de protección jurídica fundamental, fuera del margen de disposición de los estados parte.

Su fundamento para establecer derechos y obligaciones específicas, la necesidad de «protección y cuidado especiales» en razón de «su falta de madurez física y mental», y su correlativa dependencia de terceros para la satisfacción de necesidades básicas, explica que sean varias las disposiciones que contiene la Convención dirigidas a la protección y asistencia necesarias a la familia («como grupo fundamental de la sociedad y medio natural para el crecimiento y el bienestar [...] en particular de los niños»), entre ellas los artículos 7, 8, 9 y 10. Y, ese mismo fundamento, explica también que a la vez que disposiciones de protección a la familia, se contemplen medidas para establecer los límites que el reconocimiento de los niños y las niñas como sujetos de derechos exige en la configuración del régimen de protección y asistencia a la familia, particularmente a los padres.

La mejor expresión de este doble sentido se encuentra en el en artículo 5[811].

Levesque apunta que la visión fundamental de la Convención, en coherencia con los instrumentos generales de derechos humanos es el respeto por la igual dignidad de todos los seres humanos. De modo que, a través de la Convención, la comunidad internacional reafirma su creencia en que la esencia de los derechos humanos es que su titularidad corresponde a todo ser humano[812]. Sin embargo, como el mismo autor señala, a través de la Convención no se buscaba a reconocer a todos los niños y las niñas como titulares de todos los derechos. Aunque sin lugar a dudas los debates sobre esta cuestión cambiaron sustancialmente a partir de la Convención, sino exclusivamente, y sin lugar a dudas, como titulares de la Convención[813]. Este instrumento considera que la protección de la igual dignidad requiere en el caso de la infancia, y en atención a la existencia de sus necesidades propias, una consideración de tales necesidades o intereses propios y que se reconozca y garantice la posibilidad de que su voz sea escuchada y tomada en serio en las cuestiones que les afecten, de una manera acorde con la evolución de sus necesidades.

Lansdown, teniendo en cuenta el fundamento de la Convención, clasifica los derechos contenidos en la Convención. En primer lugar estarían los derechos relacionados con el desarrollo o la evolución de las capacidades como finalidad a proteger. Las

---

811 «Artículo 5
Los Estados Partes respetarán las responsabilidades, los derechos y los deberes de los padres o, en su caso, de los miembros de la familia ampliada o de la comunidad, según establezca la costumbre local, de los tutores u otras personas encargadas legalmente del niño de impartirle, en consonancia con la evolución de sus facultades, dirección y orientación apropiadas para que el niño ejerza los derechos reconocidos en la presente Convención».

812 LEVESQUE, R. *Sexual Abuse of Children. A Human Rights Perspective,* Indiana University Press, 1999, p. 23.

813 LEVESQUE, R. *Sexual Abuse of Children…*, cit., p. 24.

disposiciones sobre desarrollo conllevarían el reconocimiento o afirmación de algunos derechos generales, que establecen obligaciones específicas tomando su funcionalidad para garantizar el máximo desarrollo de las facultades (cognitivas, sociales, afectivas, físicas y morales) del niño[814]. El artículo 6 construiría, para la autora, la plataforma de los principios relacionados con el desarrollo[815]. Esta disposición reafirma la titularidad del derecho a la vida para los niños, ampliando la protección específica al desarrollo: establece que los estados parte «garantizarán en la máxima medida posible la supervivencias y el desarrollo del niño». Entre las disposiciones de esta clase estarán además: los artículos 23, 27, el 28 o el 29.

La segunda clase de derechos, los relacionados con el reconocimiento de los niños como sujetos activos, cuya participación y emancipación, acorde con la evolución de sus necesidades, debe incentivarse y garantizarse. De acuerdo con Lansdown esta visión estaría concentrada en los artículos 5 (sobre evolución de las capacidades y su impacto en la configuración de la protección, especialmente dentro del entorno familiar) y 12 (sobre el derecho de los niños a ser escuchados), donde está reflejada en sí la filosofía de la Convención en su conjunto[816]. Estas disposiciones establecen el rol de los niños como participantes de manera activa en los procesos de tomas de decisión que afectan su vida. Se contempla la participación especialmente en el entorno familias, escolar y comunitario. Se precisa, no obstante, que el estado de evolución de capacidades de los niños exige cautelas para que los niños no tengan que ejecutar tareas o cargar con responsabilidades superiores a sus capacidades (ya sea que se trate de aprender a leer,

---

814 LANSDOWN, G. *La evolución de las facultades del niño,* cit., p. 30.

815 «Artículo 6

1. Los Estados Partes reconocen que todo niño tiene el derecho intrínseco a la vida.

2. Los Estados Partes garantizarán en la máxima medida posible la supervivencia y el desarrollo del niño».

816 LANSDOWN, G. *La evolución de las facultades del niño,* cit., p. 40

de decidir cuál será su futuro o simplemente de cruzar la calle). Siguiendo a Lansdown, el alcance de este derecho consisten la protección de los niños para que estos puedan asumir las responsabilidad y participar en decisiones y actividades para las cuales cuentan con la competencia necesaria[817].

La tercera clase de derechos, aquellos dirigidos a asegurar la «protección especial a consecuencia de la relativa inexperiencia e inmadurez de los niños»[818]. No solo se trataría del artículo 19 que constituye la disposición central de protección ante la violencia o negligencia que puede sufrir la infancia en los distintos entornos en los que interactúa. Se incluyen disposiciones dirigidas a asegurar protección frente a otras situaciones o riesgos que podrían implicar daños para el niño o la niña, como el trabajo, una intervención médica sin su consentimiento, decisiones sobre la crianza tomadas por los padres, la adopción. Estas disposiciones se leen en conexión con el artículo 3 que requiere que el interés superior del niño sea una consideración primordial a la cual es indispensable prestar atención en todas las medidas que le conciernen, para evaluar la posibilidad de que determinada actividad ocasione o no daño al niño en cuestión. Algunos de los artículos, además del 19, serían: 18, 20, 21, 34, 37.

Sin embargo, en ninguna parte de la Convención se reconoce que antes de su adopción los niños y las niñas, o sus necesidades específicas, permanecían excluidas de la protección efectiva del derecho internacional de los derechos humanos, ni se establece o se da lugar razonablemente a la interpretación de que su finalidad última sea la de afrontar ese contexto de discriminación estructural que explicaría esa exclusión mantenida en el derecho. Entre las obligaciones previstas en la Convención, no encontramos obligaciones en tal sentido. No hay nada similar al artículo 2 o 5 de la CEDAW.

---

817 LANSDOWN, G. *La evolución de las facultades del niño,* cit., p. 41.

818 LANSDOWN, G. *La evolución de las facultades del niño,* cit., p. 50.

No obstante, para Cusack, la ausencia de un reconocimiento explícito de discriminación estructural contra la infancia y de obligaciones especificas para hacerle frente, no implica que la Convención sobre los Derechos del Niño desconozca totalmente la posible existencia de estereotipos sobre la infancia, y en particular de estereotipos dañinos en perjuicio de este grupo social. La autora advierte que la Convención sobre los Derechos del Niño en cierto sentido rechaza una concepción estereotipada de la infancia. El argumento consiste en señalar que el artículo 5, al exigir que se tengan en cuenta las capacidades evolutivas de los niños y que se les reconozca la debida importancia a sus opiniones, parece rechazar el estereotipo de que todos los niños son inmaduros y, por lo tanto, incapaces de tomar decisiones informadas o expresar opiniones informadas[819]. No obstante, actualmente este entendimiento no ha dado lugar a un desarrollo por el Comité de los Derechos del Niño en el sentido de reconocer un contexto de discriminación estructural contra la infancia, o aludir a él al desarrollar las obligaciones derivadas de la Convención. El entendimiento propuesto por Cusack, por tanto, no ha conllevado la delimitación de obligaciones concretas para modificar y excluir estereotipos de infancia. Aún así, es interesante reflexionar sobre si, el argumento de Cusack, más concretamente si el principio de evolución de las capacidades que sí se encuentra reconocido expresamente en la Convención sobre los Derechos del Niño pueda utilizarse como fundamento aceptable —y así reconocerse por los estados parte— para derivar obligaciones sobre estereotipos, similares a las que ha derivado el Comité CEDAW respecto de la discriminación y violencia contra las mujeres.

La Convención sí que aborda, en el artículo 2 —aunque no una definición— el concepto de discriminación en su sentido formal. Esta disposición prohíbe a los estados realizar distinciones

---

[819] CUSACK, S. «Building Momentum Towards Change: How the UN's Response to Stereotyping is Evolving», en BREAMS, E. y TIMMER, A., *Stereotypes and Human Rights Law,* Intersentia, 2017, pp. 11-38, pp. 12-13.

injustificadas entre el propio grupo social de los niños; o distinciones sobre la base de la condición de sus padres al momento de garantizar los derechos específicos contenidos en la Convención[820]. El trabajo del Comité ha reiterado ese sentido restringido de la protección frente a la discriminación «intra-grupal». Por ejemplo, en la Observación General nº 13, el Comité subraya que los estados parte deben «adoptar las medidas adecuadas para garantizar a todos los niños el derecho a la protección contra todas las formas de violencia» sin discriminación, «incluye la discriminación basada en prejuicios hacia los niños explotados sexualmente con fines comerciales, los niños de la calle o los niños en conflicto con la ley, o en la forma de vestir y el comportamiento de los niños. Los Estados partes deben combatir la discriminación contra los grupos de niños vulnerables o marginados [...], y esforzarse activamente en garantizar a esos niños el ejercicio de su derecho a la protección, en condiciones de igualdad con los demás niños»[821].

La falta de ese fundamento implica que ese instrumento no cumple suficientemente con la función de afrontar la exclusión institucional e histórica que sufren los niños y niñas. No repara en ese sentido. Por otro lado, no permite o cuanto menos dificulta que tal sentido, el reconocimiento de la exclusión histórica, sea tomado como criterio para interpretar el contenido y alcance de sus disposiciones, en marco de una interpretación evolutiva

---

[820] «Artículo 2
1. Los Estados Partes respetarán los derechos enunciados en la presente Convención y asegurarán su aplicación a cada niño sujeto a su jurisdicción, sin distinción alguna, independientemente de la raza, el color, el sexo, el idioma, la religión, la opinión política o de otra índole, el origen nacional, étnico o social, la posición económica, los impedimentos físicos, el nacimiento o cualquier otra condición del niño, de sus padres o de sus representantes legales.
2. Los Estados Partes tomarán todas las medidas apropiadas para garantizar que el niño se vea protegido contra toda forma de discriminación o castigo por causa de la condición, las actividades, las opiniones expresadas o las creencias de sus padres, o sus tutores o de sus familiares».

[821] Comité CRC. *Observación General nº 13...*, cit., párr. 60.

propia del derecho internacional de los derechos humanos. Esa ausencia explica también la ausencia de ciertas medidas de garantía reforzada necesarias para hacer frente a la discriminación estructural: modificar patrones socio-estructurales, o la prohibición del uso de estereotipos o de actos de discriminación. Finalmente no permite o dificulta el reconocimiento o concepción de la violencia contra la infancia, incluida la violencia sexual, con su elevada prevalencia y altas tasas de impunidad y tolerancia social (violencia sistémica) como una manifestación de la discriminación estructural.

Ese reconocimiento precisaría los términos de los debates aceptables sobre el tipo o configuración de las garantías de los derechos humanos que requiere la infancia. Permitiría afrontar en condiciones adecuadas el desafío de la condición de vulnerabilidad y de desarrollo progresivo. ¿Cómo articular el contenido y garantías de cada derecho tratándose de la infancia, pero sin prejuicios, sin preconcepciones inaceptables? Por ejemplo, la pregunta sobre cómo diseñar una ciudad también para los niños requiere partir de que los niños y las niñas son ciudadanos, que la ciudad también es suya. No reconocer que los niños son objeto de discriminación estructural impide no solo articular las garantías necesarias para la transformación de ese contexto, sino allanar el debate, las cuestiones centrales y complejas que la evolución de las capacidades plantea en la determinación del contenido y alcance de cada derecho y, por tanto, para su garantía efectiva. Tratándose de la violencia en particular, hasta que no asumamos como punto de partida irrenunciable que los niños no son propiedad de sus padres, sería posible debatir sobre los límites o medidas que son aceptables o no como dentro del proceso de la crianza o la educación.

En relación con la profundización en el enfoque de los estereotipos, y de su papel clave para comprender y desarticular el contexto de discriminación estructural que afecta a determinados grupos sociales reflexiona Mathias Möschel. Este autor partiendo del presupuesto de que la Convención sobre la Eliminación de la Discriminación Racial (por sus siglas en inglés, CERD) no incorpora obligaciones sobre estereotipos, plantea una posible forma de subsanar esa carencia. El autor propone que el Comité de esta convención elabore una Recomendación General sobre el artículo 7 de la CERD, sobre la obligación de los estados parte de adoptar medidas adecuadas dirigidas a combatir los prejuicios que llevan a la discriminación racial, similar a la Recomendación General n° 25, en la cual el Comité CEDAW habría elevado el «artículo 5 de una disposición aparentemente marginal a una piedra angular en la arquitectura de la CEDAW al incluir la lucha contra los estereotipos de género entre las tres obligaciones principales que tienen los Estados Partes en sus esfuerzos por eliminar la discriminación contra la mujer»[822]. Para Möschel, más allá de su carácter como *soft law,* una recomendación general de este tipo tendría la ventaja de abordar explícitamente el papel que desempeñan transversalmente los estereotipos raciales para los diferentes derechos reconocidos en la CERD. Tal instrumento permitiría aclarar en qué medida son problemáticos esos estereotipos, cómo se relacionan con otros derechos y qué obligaciones internacionales surgen como resultado de la lucha y la deconstrucción de esos estereotipos. En esa recomendación servirían como referentes los desarrollos especialmente del Comité CEDAW y todo el marco teórico y normativo que se ha consolidado en la actualidad sobre los estereotipos de género.

Considero que, aunque interesante, esta vía se presenta más lejana tratándose de la Convención sobre los Derechos del Niño, que no prevé ninguna disposición sobre prejuicios, sesgos, estereotipos, o términos similares que permitan un margen de interpretación para derivar obligaciones sobre su tratamiento. A priori, el artículo 5 de la Convención sobre los Derechos del Niño, una disposición articulada como una obligación de respeto a cargo

---

822 MÖSCHEL, M. «Racial Stereotypes and Human Rights», en BREAMS, E. y TIMMER, A., *Stereotypes and Human Rights Law,* Intersentia, 2017 p. 119-142, pp. 137.

de los estados, de presenta como base jurídica con un margen muy reducido para derivar obligaciones sobre estereotipos. Sin embargo, es un comienzo. Lo siguiente podría ser explorar si hay otras disposiciones o el conjunto de varias de ellas en conexión con el preámbulo de la Convención que den lugar a una interpretación que derive medidas sobre estereotipos como parte del cumplimiento de sus obligaciones convencionales.

6.3.1. Análisis de un caso individual desde las obligaciones sobre estereotipos: El Caso A. B. c. Croacia, de 2019

En el 2019 el Tribunal Europeo de Derechos Humanos resolvió el *Caso A. B. c. Croacia*, un caso sobre hechos de violencia sexual presuntamente cometidos por un padre sobre su hija de cuatro años. En su sentencia, el Tribunal evaluó la responsabilidad del estado respecto de obligaciones vinculadas a la investigación de los hechos y la protección de la niña durante el procedimiento. El Tribunal finalmente consideró que el estado no era responsable internacionalmente por estos hechos. Sin embargo, me parece que los hechos de este asunto pueden ser útiles como base para analizar la presencia de estereotipos de infancia y hacer el ejercicio de dimensionar las implicaciones jurídicas que, en el marco del derecho internacional de los derechos humanos, conlleva el reconocimiento de obligaciones sobre estereotipos nocivos de infancia. Se trata de un caso con un contundente voto disidente que señala que la mayoría del TEDH no contó con la suficiente perspectiva de infancia al evaluar el caso, principalmente porque a pesar de identificar las obligaciones y estándares internacionales, ampliamente desarrollados por el Tribunal en su jurisprudencia, no los tuvieron en cuenta efectivamente al analizar los hechos del caso. Vistos los hechos desde un enfoque que reconoce un contexto de discriminación estructural contra la infancia, se observa que es posible encontrar estereotipos de género en los hechos y en la respuesta del estado. Aunque el TEDH no utiliza el concepto, como se verá, podría considerarse que los hechos del caso encuadran como un ejemplo de uso del pseudo síndrome de alienación parental. De modo que también pueden identificarse estereotipos de género en esta sentencia. Sin embargo, el interés en este apartado consiste en centrar la atención en la identificación y abordaje de los estereotipos de niñez, o inmadurez, enunciados en la propuesta del Capítulo 5.

El orden que se seguirá para presentar los resultados del análisis es el siguiente: primero, se resumirán los hechos relevantes del caso. Después de resumirá el voto disidente especialmente con el fin de contrastar la diferencia entre la ausencia de una enfoque de protección especial con fundamento en la vulnerabilidad de los niños —que justifica aplicación del *corpus iuris* internacional de derechos de los niños, principalmente la Convención sobre los Derechos del Niño y los desarrollos de su Comité—, y la ausencia de un enfoque de estereotipos con fundamento en el reconocimiento de un contexto de discriminación estructural —que justificaría la aplicación de obligaciones reforzadas dirigidas a abordar y modificar las causas estructurales de la discriminación particularmente los estereotipos nocivos sobre la infancia—. Tercero, se realiza una propuesta de identificación de estereotipos dañinos sobre niños y niñas, y de tratamiento de la responsabilidad de los estados, basando el orden y el sentido de ambas tareas en el trabajo de Cusack, Cook, Timmer y Peroni.

a) Hechos

Según la información que consta en la sentencia, los hechos de violencia ocurrieron en 2014. Una niña de 4 años y medio revela a su madre que todas las noches antes de dormir su padre y ella jugaban con los genitales de la niña. Los padres de la niña estaban separados, ella dormía tres noches a la semana con su padre. Después de asesorarse a través de una línea de ayuda a la infancia, la madre denunció los hechos a la policía (16 junio de 2014). La Oficina del Fiscal recibió información de la denuncia por parte de la policía casi dos meses después de su presentación.

Durante diligencias de la investigación preliminar, la niña es entrevistada al menos en tres ocasiones, por cuatro instituciones diferentes, ninguna de ellas realizada por un experto forense (a pesar de haber sido solicitado expresamente por la madre), sin que ninguna de ellas fuera grabada, sin haber tenido asignado un representante jurídico independiente, y estando presente en algunas de ellas el padre. Los informes de los expertos, de los que no consta su formación especializada en tratamiento de casos y víctimas de abuso sexual infantil, que entrevistaron a la niña se manifestaron, en términos similares, sobre cuatro cuestiones. Primero, sobre los comportamientos sexuales de la niña que se consideraron por todos los informes inapropiados a su edad (incluso uno de los médicos que entrevistó a la niña, presenció conductas inapropiadas de la niña hacia él durante la entrevista). Segundo, sobre la posibilidad de que tales conductas se relacionaran con un abuso sexual, algunos de los informes afirmaron la existencia de indicios de abuso sexual específicamente por parte del padre (la niña señalaba expresamente que su padre realizaba comportamientos sexuales sobre ella, entre otros[823], le «tocaba su vagina»[824]), pero también indicaron contradicciones o dudas sobre la veracidad, especialmente enfatizaron el hecho de que la niña hablaba de los hechos «sin ninguna incomodidad» (o afectos adecuados»), o su «dificultad para dar detalles»[825]; no obstante, también se apuntó en un informe la probabilidad de que la niña estuviera expuesta a «contenido y/o conducta inapropiados por

---

823 Uno de los informes dice lo siguiente:
«En el dibujo de su familia, se describe al padre como malo y haciendo cosas que no debería. Ella dice que el padre se quitó la ropa y la pellizcó por detrás y los genitales en tres ocasiones, que ella le dijo que no lo hiciera, pero él siempre había respondido que no le importaba. También dice que papá solía besarla en la boca, pero ha dejado de hacerlo. Ella dice que no ha tenido experiencias similares con nadie más» (TEDH. *Caso A. B. c. Croacia…*, cit., párr. 40).

824 TEDH. *Caso A. B. c. Croacia…*, cit., párr. 22.

825 TEDH. *Caso A. B. c. Croacia…*, cit., párr. 22.

parte de un adulto con connotaciones sexuales»[826], sin que necesariamente se trata del padre. Tercero, todos los informes advirtieron que no era posible descartar la inducción de la madre (en sus entrevistas, la niña señalaba que su madre le había dicho que su padre «había hecho algo malo» al tocarle la vagina y que ella la protegería «para que no se acerque a él»[827]), y que tal inducción podía explicar las declaraciones contradictorias o falsas de la niña, para los expertos esta posibilidad condicionaba de manera irremediable la credibilidad de la niña (de modo que «ya no era posible obtener una declaración veraz de la niña»[828]). Algunos expertos señalaron que esa inducción podía considerarse un riesgo de abuso emocional por parte de la madre. Finalmente, algunos de los informes se refirieron al «clima familiar» que se consideró relevante para evaluar la credibilidad de la niña. Todos los informes observaron el entorno familiar en un sentido similar, entre otras cosas, señalaron: que se trataba de una familia con padres separados o con una «relación rota», uno de los profesionales se refirió a la «exposición de la niña a atributos negativos del otro padre por parte de la madre, lo que crea una presión sobre la niña»[829], se inició también «que la madre se siente abrumada por su propia experiencia y desconfianza hacia el padre de la niña», y en general los diversos informes apuntaron la posible manipulación de la niña por su madre.

Las otras diligencias consistieron en: un examen ginecológico a la niña, realizado 15 días después de la denuncia —estando el padre en las instalaciones donde se realizó el examen— en el que no se observaron «signos de penetración sexual o una lesión reciente o mayor»[830]; una entrevista con el padre, casi dos meses después de la denuncia, en la que negó los abusos sexuales y acusó a la madre de abuso físico hacia su hija. Más de dos meses

---

[826] TEDH. *Caso A. B. c. Croacia...*, cit., párr. 22.
[827] TEDH. *Caso A. B. c. Croacia...*, cit., párr. 22.
[828] TEDH. *Caso A. B. c. Croacia...*, cit., párr. 17.
[829] TEDH. *Caso A. B. c. Croacia...*, cit., párr. 22.
[830] TEDH. *Caso A. B. c. Croacia...*, cit., párr. 21.

después la policía confiscó una USB al padre. Además de esto, se realizaron distintas entrevistas con familiares y con la niñera de la niña (esta última más de tres meses después de denuncia). Distintos miembros de la familia y la niñera, manifestaron que habían presenciado algún tipo de comportamiento de connotación sexual inapropiado por parte de la niña, por ejemplo, intentar besar en la boca a su hermano, tocar genitales de desconocidos, o pedir a familiares que toquen sus genitales.

En la investigación preliminar se dedicaron diligencias a indagar sobre la posible inducción y riesgo de abuso emocional por la madre, apuntado por algunos profesionales que intervinieron en las entrevistas, y al abuso físico, señalado por el padre denunciado. Sin precisarse más detalles sobre los términos de su testimonios y sobre la relación entre los familiares y el padre y madre, se señala que algunos miembros de la familia afirmaron haber atestiguado abusos físicos contra la niña por parte de su madre y no haber presenciado, en cambio, abusos sexuales del padre.

Sobre la custodia. Un mes después de la denuncia, el padre inició un procedimiento judicial solicitando custodia de su hija. Casi dos meses después de la denuncia se emitió medida provisional que otorgaba custodia a la madre sobre su hija, en razón de los hechos denunciados, la cual se confirma posteriormente y se mantienen visitas con el padre. En razón de que la madre mostró preocupación y pidió ayuda a la policía porque su hija manifestaba «no querer ver a su padre, los servicios sociales aplicaron «medida de protección» para que las visitas entre padre e hija fueran supervisadas. Este régimen se mantuvo durante durante aproximadamente dos años en el que se emitieron informes que señalaron «buena relación entre padre e hija». En los hechos se advierte, que con posterioridad al archivo del caso, en mayo de 2018, un tribunal municipal otorgó la custodia de la niña a su padre, solo se señala que se hizo con base «en el mejor interés del niño»[831], pero no se dan más detalles sobre la fundamentación y

---

[831] TEDH. *Caso A. B. c. Croacia…*, cit., párr. 61.

motivación de esta decisión conforme con el interés superior de la infancia.

Más allá de las cuestiones sobre la custodia, las autoridades ordenaron tres medidas de protección para la niña: supervisión del cuidado parental de ambos padres (vigentes durante un año y medio) supervisión del contacto entre padre e hija (por dos años) y la prestación de asistencia y apoyo experto con el cuidado parental (por dos años). Durante este tiempo se incluyeron visitas de ambos padres regularmente a un psicólogo y apoyo de un experto pedagógico para ayudar a la madre «con el cuidado parental»[832]. Se señala también que la niña en el momento de la solicitud al TEDH seguía siendo atendida por un psiquiatra, aunque no se consta ningún informe sobre su estado actual.

Seis meses después de iniciar las investigaciones, la Oficina del Fiscal cierra el caso señalando en una carta que si bien «se ha llegado a la conclusión con certeza de que la niña B muestra un comportamiento erótico inapropiado para su edad, no se han establecido hechos o circunstancias que indiquen claramente que la causa de este comportamiento es el abuso sexual [...] por parte [de su padre]», señalando que por tal razón «no hay base» para procesar el caso más a fondo y emite decisión formal de no procesar[833].

En el informe formal de cierre se indica que si bien la niña verbalizaba que su padre tenía comportamientos sexuales inapropiados de su padre («tocar su vagina»), «la chica no describió situaciones contextualmente características y su respuesta afectiva no se correspondía con el contenido expresado verbalmente [...]. Hay elementos que indican la presión de la madre y no se puede excluir la posibilidad de inducción, lo que presenta un riesgo de abuso emocional». El informe concluye recomendado: «que la niña reciba supervisión de apoyo durante su desarrollo poste-

---

832 TEDH. *Caso A. B. c. Croacia...*, cit., párrs. 32, 49, 50 y 52.

833 TEDH. *Caso A. B. c. Croacia...*, cit., párr. 44.

rior [...] que los padres participen en el asesoramiento y que se proporcione asistencia a la familia a través de la supervisión del cuidado de los padres para garantizar que la niña crezca en un entorno seguro y estable»[834].

Después de la comunicación del cierre de la investigación, la madre interpuso los recursos a su disposición, incluido un recurso constitucional, todos ellos desestimados. El recurso judicial se rechazó sobre la base de que no había sospecha razonable contra el padre; el recurso constitucional fue desestimado bajo el argumento de que el acto de cierre de la investigación no equivalía a «decisión sobre el fondo sobre un derecho u obligación»[835].

b) Solicitud al Tribunal

> «Se pide al Tribunal que examine la adecuación del marco legal que rige la conducta de las autoridades en la investigación y tramitación de casos de abuso sexual de niños. También se le pide que examine si en el procedimiento penal relativo a la presunta agresión sexual por parte del padre contra el solicitante, que en ese momento tenía cuatro años y medio, las autoridades competentes habían llevado a cabo una investigación exhaustiva, efectiva y rápida, así como si habían brindado una protección suficiente para el derecho de la solicitante al respeto de la vida privada, y especialmente para su integridad personal a la luz de su vulnerabilidad debido a su corta edad y presunto abuso sexual y tomando el interés superior del niño como consideración principal. Por lo tanto, la cuestión no es solo la eficacia de la investigación, sino la supuesta falta o insuficiencia de medidas destinadas a proteger en los procedimientos penales los derechos de un niño, que presuntamente había sido víctima de abuso sexual»[836].

> «El Tribunal señala que hay tres aspectos en las quejas del solicitante. En primer lugar, si había habido un marco jurídico y reglamentario adecuado para la protección de sus derechos en virtud de los artículos 3 y 8 del Convenio; en segundo lugar, si en la aplicación

[834] TEDH. *Caso A. B. c. Croacia...*, cit., párr. 22.

[835] TEDH. *Caso A. B. c. Croacia...*, cit., párr. 47.

[836] TEDH. *Caso A. B. c. Croacia...*, cit., párr. 105.

de ese marco a su caso particular, las autoridades nacionales habían cumplido con sus obligaciones procesales de llevar a cabo una investigación efectiva; y, en tercer lugar, si al llevar a cabo su investigación, las autoridades nacionales han tenido suficientemente en cuenta sus derechos como niña víctima de abuso sexual»[837].

La solicitante ante el Tribunal (la madre) sostuvo que los mecanismos de derecho penal existentes en Croacia respecto a denuncias de abuso sexual infantil eran ineficaces, y señaló diversos fallos en el marco de las investigaciones. De acuerdo con la madre de la niña, las investigaciones deberían haberse dirigido a dos cuestiones: si había sido abusada por su padre, o por otra persona y si había sido abusada emocionalmente por su madre. Sin embargo, apuntó que la investigación se cerró sin abrir una línea para investigar a otros presuntos autores, a pesar de haber sido sugerida esa posibilidad durante la investigación. En la investigación respecto del padre no actuó con prontitud y que la entrevista que se le realizó no se hizo en un centro especializado, asimismo apuntó que nunca se realizó una entrevista de la niña con experto forense. Señaló que respecto del posible abuso emocional y físico de la madre no se investigó efectivamente, solo se señalan algunas entrevistas con familiares. Además, la solicitante advirtió que durante las investigaciones, no se instruyó a la madre para no cambiar constante a los médicos y psicólogos que trataban a la niña y que le causaron victimización secundaria[838].

El TEDH precisa que realizará el análisis en el marco de obligaciones derivadas de los artículos 3 y 8 de la Convención. Además de enunciar las obligaciones generales (adopción de medidas efectivas para impedir vulneración, investigación efectiva):

«[El Tribunal] reitera que [en] los casos de abuso sexual, los niños son particularmente vulnerables [...] también recuerda que

---

837 TEDH. *Caso A. B. c. Croacia...*, cit., párr. 115.

838 TEDH. *Caso A. B. c. Croacia...*, cit., párrs. 94-104.

el derecho a la dignidad humana y a la integridad psicológica requiere una atención especial cuando un niño es víctima de violencia [...] recuerda que las obligaciones incurridas por el Estado en virtud de los artículos 3 y 8 de la Convención en casos como este, que involucran y afectan a un niño, presuntamente víctima de abuso sexual, requieren la aplicación efectiva del derecho de los niños a tener sus mejores intereses como consideración primordial [...] y que las autoridades nacionales aborden adecuadamente la vulnerabilidad particular del niño y las necesidades correspondientes [...]»[839].

«El Tribunal considera que los mecanismos de derecho penal deben implementarse para abordar la vulnerabilidad particular de la solicitante como una niña de una edad temprana, que supuestamente había sido víctima de abuso sexual por parte de su padre, tomando los mejores intereses de la niña como una consideración principal y en este sentido para brindar protección a los derechos de su víctima y evitar la victimización secundaria»[840].

De manera consecuente con lo anterior, el TEDH reitera algunas obligaciones reforzadas específicas. Entre ellas: la preparación de las autoridades para afrontar adecuadamente casos de abusos sexuales a niños por parte de personas cercanas, mediante «la promulgación de disposiciones eficientes de derecho penal relativas a la actividad sexual con niños y llevando a cabo una investigación efectiva sobre cualquier acusación de este tipo»[841], la necesidad «garantizar la coordinación y colaboración entre los diferentes actores intervinientes»[842].

c) Resolución

En su análisis, el TEDH considera que «en Croacia existe un marco legal y reglamentario adecuado relevante para las

---

839 TEDH. *Caso A. B. c. Croacia...*, cit., párr. 111.
840 TEDH. *Caso A. B. c. Croacia...*, cit., párr. 121.
841 TEDH. *Caso A. B. c. Croacia...*, cit., párr. 115.
842 TEDH. *Caso A. B. c. Croacia...*, cit., párr. 116.

circunstancias específicas del presente caso». Sobre la aplicación de tales medidas al caso, el Tribunal considera que las autoridades croatas se enfrentaron a una tarea difícil, ya que se enfrentaron a una situación delicada, versiones contradictorias de los acontecimientos y poca evidencia directa. Para el Tribunal, «las autoridades tuvieron que lidiar con dos versiones irreconciliables de los hechos y los resultados de tres opiniones de expertos no concluyentes». Finalmente, el Tribunal «[a] la luz de las consideraciones anteriores [...] no considera que el caso en cuestión revele ningún desprecio culpable, mala fe discernible o falta de voluntad por parte de la policía o las autoridades fiscales en lo que respecta a responsabilizar adecuadamente a los autores de delitos penales graves en virtud de la legislación nacional, y en particular en lo que respecta al establecimiento de los hechos verdaderos en el caso en cuestión y el castigo de los responsables [...]. Además, el Tribunal está convencido de que las autoridades nacionales hicieron todo lo que razonablemente se podría haber esperado de ellas para proteger los derechos del solicitante, una niña supuestamente víctima de abuso sexual, y para actuar en su mejor interés [...]». Y resuelve señalando que «no se ha violado el aspecto procesal de los artículos 3 y 8 de la Convención en las circunstancias particulares del presente caso»[843].

Un dato a destacar sobre su tramitación ante el Tribunal, es que este caso es el primero en el que el Tribunal nombra a un representante legal especial para un niño, como solicitante ante el Tribunal, debido a la naturaleza de la relación entre el primer solicitante, la madre y el presunto autor, el padre, y un posible conflicto de intereses entre los solicitantes, la madre y el niño. Para tal nombramiento, el Tribunal, por primera vez, en tales circunstancias, basándose en documentos internacionales, solicitó a la Asociación de Abogados de Croacia que nombrara un abogado para presentar observaciones en nombre del segundo solicitante, un niño, de modo que sus intereses y opiniones se presentaran

---

843 TEDH. *Caso A. B. c. Croacia...*, cit., párr. 129.

y se tuvieran en cuenta[844]. Esta cuestión fue tratada de manera separada por algunos de los jueces[845].

d) Opinión disidente de los jueces Turković y Pejchal

Hubo un voto disidente sobre el fondo a cargo de los jueces Turković y Pejchal. Los jueces, en relación con las obligaciones de protección de las víctimas en los procedimientos penales, advierten que era necesario que se abordaron los derechos específicos de los niños víctimas de abuso sexual durante una investigación penal. Y si bien reconocen que en la sentencia se citaron un conjunto de obligaciones en ese sentido, identificado en distintos instrumentos internacionales, y que se sistematizó también la jurisprudencia del Tribunal en relación con los estándares sobre tales obligaciones, consideran que el Tribunal falló en no tenerlas debidamente en cuenta al analizar los hechos del caso.

> «En nuestra opinión, la sentencia debería haber examinado la queja relacionada con la protección de los derechos de las víctimas desde la perspectiva del niño que presuntamente es víctima de abuso sexual. Para ello, no es suficiente citar meticulosamente, en la sentencia bajo los títulos Derecho de la Unión Europea y Materiales Internacionales, criterios relacionados con la protección de los derechos de las víctimas durante una investigación penal en general y los derechos de los niños que son (presuntas) víctimas de abuso sexual en particular, como se desarrolla en los documentos

---

844 TEDH. *Caso A. B. c. Croacia...*, cit., párr. 5.

845 En su voto disidente, los jueces Turković y Pejchal, sobre su «postura sobre la medida en que son admisibles los argumentos presentados por un representante especial de un niño, nombrado a petición del Tribunal en situaciones como la del presente caso», consideraron que «[a]l tomar esta decisión, el Tribunal debe guiarse por el principio del interés superior del niño, en todos sus tres aspectos, como un derecho sustantivo, como un principio interpretativo y como una regla de procedimiento» (TEDH. «Opinión Disidente conjunta de los jueces Turković y Pejchal», en el *Caso A. B. c. Croacia,* sentencia de 20 de junio de 2019, párr. 34).

internacionales [...] al revisar las circunstancias del caso, estos criterios deberían haberse tenido en cuenta»[846].

i. Obligaciones de protección en la Opinión disidente

A la luz de las obligaciones específicas ambos jueces que emiten la opinión advierten que: a pesar de que desde el inicio de la investigación se plantó la posibilidad de inducción por la madre y de la relación antagónica entre los padres, «las autoridades nacionales pertinentes no consideraron el nombramiento de un tutor especial y/o representante legal para la solicitante con el fin de evitar cualquier posible conflicto de intereses entre ella y su madre y proteger los intereses del niño con imparcialidad»[847], sin embargo esta omisión no fue advertida por la mayoría en la sentencia[848]. A pesar de haber sido específicamente señalada por el Representante nombrado por el TEDH, y de que el propio Tribunal por las mismas razones nombrara un representante independiente para niña.

Además, los jueces advirtieron que durante la investigación preliminar, la niña fue entrevistada por diferentes expertos en al menos tres ocasiones, lo que «parece contrario al requisito de proteger a las víctimas de presunta violencia sexual, y en particular a los niños, de la victimización secundaria, *entre otras cosas*, al pedirle que vuelva a contar repetidamente la experiencia traumática a diferentes expertos»[849]. Además, señalaron que a pesar de

---

846 TEDH. «Opinión Disidente conjunta de los jueces Turković y Pejchal», cit., párr. 8.

847 TEDH. «Opinión Disidente conjunta de los jueces Turković y Pejchal», cit., párr. 9.

848 El Representa nombrado por el propio TEDH la mencionó específicamente como «una de las omisiones en la protección de los derechos del niño durante las investigaciones»: TEDH. «Opinión Disidente conjunta de los jueces Turković y Pejchal», cit., párr. 9.

849 TEDH. «Opinión Disidente conjunta de los jueces Turković y Pejchal», cit., párr. 10.

que las autoridades sabían que la niña estaba siendo llavada por su madre a diferentes psicólogos y médicos privados, «no hicieron nada para prevenir y/o evitar tal victimización secundaria de la niña», de hecho «ordenaron la última evaluación psicológica»[850]. Además los jueces observaron que «ninguna de las entrevistas con [la niña] se grabó en vídeo o se llevó a cabo de tal manera que pudieran ser aceptadas como evidencia durante cualquier procedimiento judicial futuro o pudieran utilizarse para otros fines»[851]. Asimismo los jueces consideran que la mayoría interpretó de manera restringida esta obligación:

> «La función de la grabación por vídeo no es solo garantizar los derechos de la defensa, ya que parece ser entendido e interpretado por la mayoría [...] sino que el objetivo principal o al menos igualmente importante de la grabación de entrevistas con un niño víctima de abuso sexual es proteger a los niños contra el riesgo de ser traumatizados aún más por repetidas entrevistas innecesarias»[852].

Para lo jueces estas actuaciones son contrarias a las obligaciones de protección de niños víctimas de abuso sexual, particularmente a la de limitar el numero de entrevistas en la medida de lo posible. Además señalan como indiscutible que el presunto autor estuvo en las mismas instalaciones que la niña durante algunas de las entrevistas, y que la niña lo vio. Lo cual es contrario a las normas nacionales e internacionales que recomienda evitar cualquier contacto de este tipo. Tampoco consta que las autoridades hayan dado a llamare «información clara sobre los derechos de B como víctima, como el derecho a la asistencia legal gratuita o el asesoramiento y el apoyo psicológico, o que la ayudaron»[853]. Los jueces

850 TEDH. «Opinión Disidente conjunta de los jueces Turković y Pejchal», cit., párr. 10.

851 TEDH. «Opinión Disidente conjunta de los jueces Turković y Pejchal», cit., párr. 11.

852 TEDH. «Opinión Disidente conjunta de los jueces Turković y Pejchal», cit., párr. 11.

853 TEDH. «Opinión Disidente conjunta de los jueces Turković y Pejchal», cit., párr. 13.

también observaron que las autoridades intervinientes actuaron de manera descoordinada al proporcionar apoyo psicológico a la niña. Las acciones encaminadas a asegurar que esto tuviera lugar se realizaron dos meses después de la denuncia.

> «En nuestra opinión, todos estos fracasos, incluso si cada uno por sí solo podría no alcanzar el umbral en virtud de los artículos 3 y 8 de la Convención, representan acumulativamente una violación de la obligación positiva del Estado de proteger los derechos de las víctimas durante una investigación penal, en el presente caso los derechos de las víctimas de un niño que presuntamente fue abusado sexualmente por su padre (derecho a un representante legal especial y/o tutor, derecho a la protección contra la victimización secundaria, derecho al apoyo psicológico y de otro tipo, derecho a ser tratado por diferentes actores que actúan en coordinación y colaboración, derecho a la información según lo definido por instrumentos internacionales y legislación interna, todos citados en la sentencia»[854].

ii. Obligaciones de investigación eficaz

A pesar de que se había concluido con certeza que la niña mostraba un comportamiento erótico inapropiado para su edad, las autoridades de la fiscalía después de evaluar la documentación y en vista de la conclusión de los expertos de que ya no era posible obtener una declaración veraz de la niña, «concluyeron que no había pruebas suficientes para el enjuiciamiento de C y emitieron una decisión formal de no procesar»[855]. Los jueces aclaran que no cuestionaban «la conclusión a la que han llegado las autoridades de la fiscalía, ni [creían] que el Tribunal [debía] evaluar en ningún aspecto la responsabilidad de C». Sin embargo, sostuvieron que «las medidas adoptadas antes de llegar a esa conclusión no cumplían con las obligaciones procesales del Estado en virtud de

---

854 TEDH. «Opinión Disidente conjunta de los jueces Turković y Pejchal», cit., párr. 15.

855 TEDH. *Caso A. B. c. Croacia...*, cit., párr. 128.

los artículos 3 y 8 de la Convención»[856]. De manera particular, los jueces advierten, por un lado, que las omisiones en la protección de la niña a lo largo de la investigación preliminar impactaron negativamente en la propia investigación[857]. Por otro lado, advierte que «hubo otros fallos en la investigación, no relacionados con las omisiones en la protección de los derechos de las víctimas»[858]. Entre ellos, advierte que a pesar de que en el marco de la propia investigación, se señaló que «sería necesario obtener una opinión experta, que pudiera determinar suficientemente las características psiquiátricas y psicológicas de ambos padres y su vínculo causal con el comportamiento del niño o la posible manipulación de la niña [...] esto nunca se hizo durante las investigaciones penales». «[La víctima] no fue entrevistada ni examinada de inmediato, con el fin de evitar cualquier riesgo de presión indebida sobre el niño»[859]. Aunado a esto, los jueces advierten una serie de retrasos en diligencias de investigación: el presunto autor no había sido entrevistado por la policía [hasta] casi dos meses después de la denuncia; la confiscación de una memoria USB también se realizó dos meses después de que se presentara la denuncia (esto aunque

---

856 TEDH. «Opinión Disidente conjunta de los jueces Turković y Pejchal», cit., párr. 17.

857 De acuerdo con la Opinión disidente, [en el marco de los derechos de los niños víctimas en los procedimientos penales] se han establecido normas especiales para entrevistar a niños en procedimientos penales, incluso durante investigaciones [...]. La función de estas reglas es, por un lado, proteger a los niños de la victimización secundaria y, por otro lado, asegurar pruebas confiables y, por lo tanto, también una investigación efectiva [...], el Tribunal hizo hincapié en que los Estados tenían que adoptar normas de procedimiento que garantizaran y salvaguardaran el testimonio de los niños. La mayoría hizo caso omiso de este aspecto específico de la eficacia de la investigación relacionada con el presunto abuso sexual de niños»: TEDH. «Opinión Disidente conjunta de los jueces Turković y Pejchal», cit., párr. 19.

858 TEDH. «Opinión Disidente conjunta de los jueces Turković y Pejchal», cit., párr. 24.

859 TEDH. «Opinión Disidente conjunta de los jueces Turković y Pejchal», cit., párr. 24.

A informó que vio material pornográfico en su ordenador); la policía informó a la Fiscalía casi dos meses después de la denuncia. «Las autoridades no han dado ninguna explicación para tal retraso y no vemos ninguna razón para ello»[860].

Por otra parte, «no hay indicios de que las propias autoridades organizaran las entrevistas y exámenes iniciales necesarios del solicitante por parte de expertos en el campo, sino que lo dejaron en manos de la propia [madre]»[861]. Respecto particularmente de la Oficina de la Fiscal solo constan dos diligencias. Ni la policía ni la Oficina del Fiscal han visto nunca a B o han estado involucrados de ninguna manera en sus entrevistas por parte del equipo multidisciplinario o expertos posteriores. Finalmente, «no hay indicios de que los agentes de policía y los miembros de la Oficina del Fiscal hayan tenido ninguna formación especial en la realización de casos de abuso sexual de niños»[862].

iii. Conclusión de la Opinión disidente

«La mayoría hizo hincapié en que las obligaciones procesales en virtud de los artículos 3 y 8 requerían que se aplicara el mecanismo de derecho penal para abordar la vulnerabilidad particular del solicitante y garantizar que la investigación se llevara a cabo en el mejor interés de un niño y respetando los derechos de un niño [...]. Pero en última instancia, la sentencia no analizó la queja planteada por el solicitante a la luz de las normas identificadas en los documentos internacionales [...] algunas de las cuales [...] ya han sido reconocidas por el Tribu-

860 TEDH. «Opinión Disidente conjunta de los jueces Turković y Pejchal», cit., párr. 24.

861 TEDH. «Opinión Disidente conjunta de los jueces Turković y Pejchal», cit., párr. 20.

862 TEDH. «Opinión Disidente conjunta de los jueces Turković y Pejchal», cit., párr. 25.

nal como requisitos previos para la eficacia de una investigación en casos de abuso sexual de niños [...]»[863].

6.3.2. Análisis desde estereotipos

Así como el anterior voto disidente tiene el objetivo de analizar las actuaciones y omisiones del estado en materia de protección e investigación de acuerdo a los derechos específicos de la infancia, es decir, tomando en cuenta las obligaciones específicas para la protección de niños víctimas de violencia sexual y el estándar de debida diligencia reforzado en razón de la condición de vulnerabilidad de los niños que justifica un corpus jurídico internacional específico, en este apartado intentaré analizar tales actuaciones a la luz de las eventuales obligaciones sobre estereotipos fundamentadas en el reconocimiento de un contexto de discriminación estructural contra la infancia, bajo la suposición de que estas se encontraran previstas en algún instrumento internacional vinculante.

Particularmente me referiré a los dos tipos de acciones implicadas en la obligación de modificar y eliminar los estereotipos nocivos, y que son clasificadas por Cusack y Cook, la de nombrar los estereotipos y la de afrontar los estereotipos, dirigidas a «abstenerse de actos de discriminación» y a «modificar los estereotipos dañinos que restringen derechos humanos a un grupo social». Para nombrar los estereotipos, se tendrán en cuenta la propuesta de estereotipos muestra desarrollada en el Capítulo 5 de este trabajo. Y tomando como jurisprudencia relevante, entre otros casos, el de González Carreño c. España.

863 TEDH. «Opinión Disidente conjunta de los jueces Turković y Pejchal», cit., párr. 26.

a) Obligación de identificar los estereotipos de niñez (o inmadurez) y señalar sus daños

De acuerdo con Cook y Cusack, los esfuerzos por eliminar los estereotipos dañinos empiezan por identificarlos y nombrarlos, al tiempo que se precisa la manera en que estos dañan al grupo social de que se trate. Pues «[a] menos que los estereotipos de género injustos se diagnostiquen como un daño social, no será posible determinar su tratamiento y lograr su eliminación»[864]. En relación con los estereotipos de género, las autoras apuntan que la tarea, a cargo de los órganos internacionales competentes para determinar responsabilidad internacional, de identificar la estereotipación dañina puede resultar desafiante, pues, en muchas ocasiones, consiste en señalar creencias o prácticas profundamente arraigadas, naturalizadas o normalizadas socialmente[865].

En su análisis de jurisprudencia internacional sobre casos de violencia doméstica en el TEDH, Peroni y Timmer ubican estereotipos de género en dos etapas de los casos: (1) los estereotipos de género que subyacen o causan los incidentes violentos; y (2) los estereotipos de género que guían o impactan las respuestas del estado a la violencia doméstica[866]. Asimismo, explican cómo estos estereotipos dañan a los solicitantes o a sus familiares mujeres afectadas por la violencia. Y finalmente, advierten que «en muchos de los casos analizados a continuación, los estereotipos

---

864 COOK, R. J. y CUSACK, S. *Gender Stereotyping: Transnational Legal Perspectives*, cit., p. 40.

865 Para Cusack y Cook, en relación con la violencia contra las mujeres, se ha dicho que «[u]na gran dificultad para la atención y prevención de la violencia contra las mujeres es que ésta aparece como culturalmente naturalizada, como una característica intrínseca de las relaciones sociales y del modelo de género aceptado»: COOK, R. J. y CUSACK, S. *Gender Stereotyping: Transnational Legal Perspectives*, cit., pp. 41 y 42.

866 PERONI, L. y TIMMER, A. «Gender Stereotyping in Domestic Violence Cases: An Analysis of the European Court of Human Rights' Jurisprudence», cit., pp. 39-66, p. 49.

de género suelen ser implícitos»[867], operan de manera sutil en lugar de abierta. La ausencia de comentarios estereotípicos explícitos en los registros hace que sea difícil descubrir estereotipos implícitos.

i. Los niños son mentirosos, manipulables

En el Capítulo 5 se propuso el estereotipo de los niños como manipulables en conexión con la supuesta incapacidad o deficiente capacidad cognitiva propia por definición de los niños. Como ya se ha dicho, en la medida en que se supone que los niños carecen de capacidad cognitiva suficiente para comprender la realidad serían fácilmente manipulables por terceros. En este trabajo se argumenta que, en el caso de A. B. c. Croacia, es posible encontrar este estereotipo en la respuesta del estado a la denuncia presentaba por la madre de la niña por los hechos de violencia sexual presuntamente cometidos por el padre de esta. Si bien con algunas variaciones, el conjunto de los informes realizados en la investigación preliminar hacían constar que en todas las entrevistas la niña aludió a comportamientos sexuales de su padre hacia ella («la tocó la vaina»; «ahora es muy malo y grosero con ella, ella afirma que él "la tocó [vagina]"»; «posible comportamiento inapropiado» del padre). Si bien, la Oficina del Fiscal hace constar que también en todos los informes, la niña mencionaba a su madre y su intervención al indicarle que contara los hechos (que papá la tocó en la vagina y que papá había hecho algo malo) a las autoridades, lo cierto es que las autoridades no se dirigieron a indagar —o no consta en ninguna parte que haya sido así— específicamente el sentido o peso de la intervención de la madre sobre la niña. Al parecer el hecho de que la niña comentara que su madre le había pedido que contara sobre los tocamientos del padre a las autoridades y que calificara tales hechos como «algo

---

867 PERONI, L. y TIMMER, A. «Gender Stereotyping in Domestic Violence Cases: An Analysis of the European Court of Human Rights' Jurisprudence», cit., pp. 39-66, p. 49.

muy malo»), en conjunto con el contexto relacional entre los padres (separados y contradenunciados)[868] sería suficiente para cuestionar de manera absoluta e irremediable el testimonio de la niña, su veracidad. Como si no fuese posible que esa intervención tuviera un impacto delimitado en su testimonio, y no la condicionara absolutamente.

Aunque el Tribunal no utiliza la palabra alienación para referirse a la supuesta manipulación o influencia determinante de la

---

868 En los hechos contenidos en la solicitud ante el TEDH no hay información sobre la relación previa a la denuncia entre los padres, solo consta que en la denuncia con la policía, la madre narra de manera retrospectiva un episodio que visto desde el presente a la denunciante le resulta sospechoso pero claro que «no había habido otros signos sospechosos en el comportamiento de B o C en ese momento», que por tanto no había tomado ninguna medida (párr. 12), también se señala que la niña por momentos era cuidada por niñeras, pero no se precisa concretamente de qué manera ello afectaba la relación entre los padres, o afectara la credibilidad de la niña. En este caso no constan denuncias previas por violencia de género, de manera que las alusiones a la relación rota, a la exposición de la niña a «atributos negativos del otro padre por parte de la madre, lo que crea una presión sobre la niña» (párr. 22), a su alienación en perjuicio del padre en realidad implicarían hechos recientes. Es decir que no hay indicios que muestren un especial interés de la madre en afectar al padre de manera previa a los hechos que motivaron la denuncia. En cambio, similar a como se ha documentado por la Relatora Especial de Violencia contra la Mujer en relación con casos de conflicto por la custodia en el marco de denuncias por violencia de género, la interpretación del interés por afectar al otro solo se realiza sobre la base de la denuncia de la madre contra el padre, y no se realiza sobre la contradenuncia del padre sobre alienación. De acuerdo con la Relatora: «La acusación de alienación parental presenta un componente de género muy elevado25 y se utiliza con frecuencia contra la madre». Por ejemplo, advierte que «[e]n los Estados Unidos de América […] cuando se alega alienación la madre tiene el doble de probabilidades de perder la custodia que el padre»: RELATORA ESPECIAL SOBRE LA VIOLENCIA CONTRA LA MUJER, SUS CAUSAS Y CONSECUENCIAS. *Custodia, violencia contra las mujeres y violencia contra los niños…*, cit., párrs. 14 y 19.

madre sobre el testimonio de su hija en relación a los hechos de violencia sexual, siguiendo la definición de la Relatora Especial sobre la Violencia contra la Mujer[869], hay argumentos para analizar las referencias a la manipulación bajo este concepto y los desarrollos sobre el mismo en el marco del derecho intencional[870]. En relación con el uso del pseudo síndrome de alienación parental (SAP), la Relatora recopila algunas obligaciones internacionales y realiza recomendaciones a los estados en la materia, desde una perspectiva de género y desde la perspectiva del interés superior

---

869 En su informe de 2023 señala que: «No existe una definición clínica o científica de "alienación parental" que se acepte comúnmente. En general, se entiende por alienación parental una serie de actos deliberados o involuntarios que provocan un rechazo injustificado del niño hacia uno de los progenitores, normalmente el padre»: RELATORA ESPECIAL SOBRE LA VIOLENCIA CONTRA LA MUJER, SUS CAUSAS Y CONSECUENCIAS. *Custodia, violencia contra las mujeres y violencia contra los niños...*, cit., párr. 9.

870 En los informes se alude a la exposición de la niña a «atributos negativos del otro padre por parte de la madre, lo que crea una presión sobre la niña», «posible manipulación de la madre», «riesgo de inducción». Pero en realidad donde más claramente se plasma este concepto es en el Informe del Fiscal que pone fin a la investigación: « En general, se puede concluir que la relación entre los ex cónyuges está muy perturbada y que el niño se dejó en manos de las niñeras y no se ha unido a ninguno de los padres. Aunque el niño muestra un comportamiento erótico inapropiado para su edad, su inducción por parte de la madre es tan obvia, así como su llevar al niño a varias instituciones y psiquiatras, que ya no se puede dar credibilidad a las declaraciones del niño. A través de su comportamiento, la madre está empujando a la niña aún más a la regresión y al trauma emocional, y aunque se le ha advertido sobre esto, ignora a los expertos. Uno tiene la impresión de que se pone en contacto con las instituciones hasta que recibe la confirmación de sus acusaciones. Cuando los expertos señalan sus fracasos, se vuelve verbalmente agresiva. Por otro lado, el padre se distancia, está ansioso y deprimido y en realidad participa en la educación solo de forma pasiva, no establece límites para la niña que no tiene distancia con respecto a él y actúa apropiadamente teniendo en cuenta su edad en una situación determinada»: TEDH. *Caso A. B. c. Croacia...*, cit., párr. 43.

de la infancia. Como hemos visto en el Capítulo 3 sobre las obligaciones en materia de violencia contra la infancia, en las decisiones que afecten a niños, como decisiones de cerrar una investigación o decidir sobre la custodia, deben fundamentarse teniendo en cuenta el interese superior de la infancia.

Si bien podría señalarse que en este caso, la decisión de cerrar la investigación puede analizarse desde este principio del interés superior del niño, desde el marco de los derechos específicos contenidos en la Convención sobre los Derechos del Niño, en este punto la vulneración en relación con el uso de estereotipos debe distinguirse para mostrar la necesidad de este análisis, ¿qué aporta de extra que no pudiera resolverse simplemente aludiendo al interés superior de la infancia, a que se tengan en cuenta sus derechos y necesidades específicos por su condición de vulnerabilidad?. El argumento de distinción, para justificar la necesidad de un análisis desde la estereotipación, es el siguiente: no es solo que no se realizara una indagación exhaustiva para intentar dimensionar rigurosamente el grado real de influencia o intervención de la madre motivada y fundamentada en atención al interés superior del niño, sino que la razón que subyace a esa omisión de investigación fue una presunción absoluta en perjuicio de la niña: se asumió que la intervención de la madre condicionó a la niña absolutamente y de forma irremediable. Es aquí donde se detecta el estereotipo, la presunción de la niña manipulable. La reiteración de la niña en los distintos informes parecen ser argumento suficiente para romper su credibilidad. Pero en realidad no consta ningún análisis riguroso específico a ese objetivo. Ninguna indagación y valoración teniendo en cuenta las características y circunstancias específicas de la víctima (su edad, el hecho de que la madre interviniera para proteger a la niña, el hecho de que la madre no haya recibido indicaciones dirigidas a preservar el testimonio de la niña, incluso una vez que las autoridades conocieron de los hechos).

La ausencia de una investigación conducida por especialistas en psicología con la formación necesaria para tratar con un enfoque sensible adecuado a sus necesidades niños y niñas sobre el grado de afectación o margen de credibilidad de su testimonio, no permite señalar otras posibles interpretaciones del sentido y alcance de la intervención de la madre. No obstante, me parece puede resultar de interés señalar alguna otra posible interpretación, o especulación con el fin exclusivo de mostrar que «a diferencia de lo que señala la Oficina del Fiscal en su informe final la inducción de la niña no es una cuestión tan «obvia»[871]. Pudo ser, especulando pero acorde con los hechos narrados por la madre en su solicitud al Tribunal Europeo, que la intervención de la madre que además no fue informada sobre medidas en aras de no contaminar la investigación y evitar revictimizar a su hija, fuera dirigida a explicar a su hija (de 4 años) que era importante que lo que había relatado a ella (y a otros miembros de la familia[872]) se lo dijera a las autoridades que la entrevistarían. Lo cual parece algo lógico en las circunstancias, especialmente teniendo en cuenta la edad de la niña, y la presumible intención de la madre de proteger a su hija[873].

---

871 En el informe de la Oficia del Fiscal se señala: «Aunque el niño muestra un comportamiento erótico inapropiado para su edad, su inducción por parte de la madre es *tan obvia,* así como su llevar al niño a varias instituciones y psiquiatras, que ya no se puede dar credibilidad a las declaraciones del niño. A través de su comportamiento, la madre está empujando a la niña aún más a la regresión y al trauma emocional, y aunque se le ha advertido sobre esto, ignora a los expertos. Uno tiene la impresión de que se pone en contacto con las instituciones hasta que recibe la confirmación de sus acusaciones»: TEDH. *Caso A. B. c. Croacia…*, cit., párr. 43.

872 La niña también relata los tocamientos de su padre a su tía, y a sus abuelos paternos: TEDH. *Caso A. B. c. Croacia…*, cit., párr. 11.

873 Estas omisiones también son señaladas en el Informe sobre la Aplicación del falso síndrome de alienación parental en España, de 2023, publicado por el Ministerio de Igualdad, donde se señala que «en una gran proporción de casos en los que hay indicadores o indicios de violencia sexual en el ámbito familiar, éstos desaparecen al ponerse el foco en el falso SAP como única hipótesis interpretativa. En este marco, incluso se pueden llegar a usar las denuncias precisamente como «evidencia» de

ii. Los niños son propiedad de los padres

Según hemos propuesto en el Capítulo 5, podríamos hablar de dos elementos de este estereotipo: (1) el presupuesto del niño o la niña como objeto apropiable, a merced de un propietario; (2) y la idea de que el propietario «natural» de un niño o una niña es su padre (varón), quien tiene la potestad de decir y actuar sobre sus hijos e hijas. Este estereotipo conllevaría la implicación de un margen amplio de uso o permisibilidad o arbitrariedad de los padre sobre sus hijos, y se construye como un argumento de la naturaleza, en la medida en que los hombres crean a sus hijos, pueden disponer de ellos. Este estereotipo se identifica concretamente en la respuesta del estado a la solicitud de custodia del padre, realizada durante la investigación preliminar, un mes después de la denuncia. Ante la solicitud, las autoridades competentes, en razón de los hechos denunciados, concedieron provisionalmente la custodia a la madre. Sin embargo, y a pesar de no estar cerrada la investigación preliminar —por lo tanto estando abierta la línea de investigación que apuntaba al padre como presunto agresor—, el régimen provisional de visitas entre el padre y la niña no se realizaba de manera supervisada. No fue sino hasta petición de la madre sobre el rechazo de la niña de ver a su padre, que se estableció la necesidad de la convivencia de manera supervisada.

No constan informes sobre la motivación y fundamentación de la determinación provisional de la custodia y el régimen de visitas con el padre, cuyo análisis permitiera conocer si la niña fue escuchada en el marco de tal procedimiento, o si la valoración del interés superior de la infancia teniendo en cuenta el posible riesgo para integridad fue

---

alienación parental [...] El cuestionamiento de la credibilidad se justifica con argumentos basados en estereotipos de género y asunciones acientíficas sobre la pequeña infancia: preconceptos sobre la pequeña infancia, como son la idea de su influenciabilidad o manipulabilidad, o su dificultad de distinguir entre la fantasía y la realidad; la corta edad de los menores puede ser un argumento suficiente para dudar del testimonio»: ÁVILA, D., et al. «Violencia institucional contra las madres...», cit., p. 106.

el referente para tomar la decisión. No obstante, difícilmente podemos pensar en argumentos que justifiquen un régimen de visitas no supervisado, tomando en cuenta que los hechos que se investigaban apuntaban un riesgo a la integridad de la niña, pues ella señalaba a su padre como el agresor. De los datos que sí se hacen constar en los informes considero que es posible argumentar que en la motivación de la decisión del mantenimiento de las visitas con el padre, el foco de atención se fijó sobre la relación entre los padres y no sobre el riesgo o el interés superior de la niña.

Además no consta que el estado haya realizado alguna diligencia dirigida a conocer el nivel de afectación a la integridad que el mantenimiento de la convivencia con su padre tendría para la niña, más allá del riesgo a su integridad personal por una posible continuación de los presuntos abusos sexuales, por el impacto emocional y psicológico de convivir con una persona con la que no se quiere convivir o a la que se teme. Ello a pesar de que la madre manifestó una reacción adversa e intensa de la niña al saber que tendría que convivir con su padre. No parece que estos hechos hayan dado lugar a una diligencia de investigación específica. Si bien estas omisiones podrían analizarse o identificarse desde el principio del interés superior de la infancia. Aquí la relevancia del análisis del estereotipo se encuentra en la razón implícita pero discernible, en el contexto de los hechos, que sustituye a esas diligencias, o que desplaza la cuestión de la necesidad de investigar conforme al interés superior de la infancia.

Así como en el análisis de la estereotipación anterior se argumentaba que, a la consideración del absoluto condicionamiento del testimonio de la niña por la intervención de la madre subyacía una presunción de manipulabilidad, percibida como propia de la niñez; en este punto se argumenta que a la consideración de que la niña tiene que convivir con su padre, sin necesidad de investigar el impacto de esa convivencia específicamente en la niña o descartar razonablemente el riesgo a su integridad que tal convivencia podría ocasionar y, en su caso, asegurar las garantías para evitarlo, subyace la presunción de que los niños y las niñas son de sus padres, son su propiedad. Si el argumento detrás fuese el beneficio al desarrollo que tal convivencia genera a la niña, tendría que haberse investigado que ese efectivamente era el efecto real de la convivencia.

A pesar de que no se continuaron investigaciones y de que, conforme a la respuesta obtenida por la presentación de un recurso constitucional por parte de la madre, no cabe entender como definitiva la decisión de la Oficina del Fiscal de cerrar las investigaciones por los hechos de violencia sexual presuntamente cometidos por el padre contra su hija. Lo que implicaba que el riesgo no ha cesado del todo, pues no ha sido descartado en el marco de una investigación exhaustiva y diligente que el padre abusara sexualmente de su hija. Sin embargo, de los hechos se desprende que durante dos años, si bien la madre tenía la custodia, no estaban vigentes medidas supervisión de la convivencia entre el padre y su hija. Y, finalmente, se da a conocer al TEDH que cuatro años después de la denuncia y aun sin haberse esclarecido los hechos, la custodia ha sido otorgada al padre.

Esta decisión sin mayores garantías sobre la integridad de la niña por parte del estado, parece, de nuevo, basarse en el estereotipo de los niños como propiedad de sus padres, y en particular bajo la presunción del buen padre de familia. De modo que no hace falta garantías para hacer frente a ningún riesgo a pesar de denuncias de hechos de violencia sexual o esclarecidas efectivamente, sino que es posible confiar en el buen hacer del padre. No es solo que no hubiera razonado conforme interés superior del niño, dandole voz a la niña. Sino que la decisión sustituyó esta motivación, o mostró esto como no necesario, bajo el entendido de que es lo mejor para la niña[874].

---

874 En relación con la situación en España sobre el SAP: «En ninguna de las sentencias analizadas se plantea la necesidad de valorar la afectación que el mantenimiento de la comunicación con el padre (investigado por violencia sexual en el ámbito familiar o sobre el que existan indicios de esa violencia) pueda implicar al bienestar general de la niña, niño o adolescente, en particular a su salud y desarrollo emocional. Ni cuando es en relación con esa niña, niño o adolescente q se están investigando los hechos de la violencia sexual en el ámbito familiar,

iii. Los niños como objetos

Como se ha propuesto en el Capítulo 5, el estereotipo de que los niños —considerados así en bloque— carecen de manera absoluta o relevante de autonomía es un estereotipo ampliamente arraigado, su prevalencia en el tiempo quizá obedezca a razones prácticas. Quizá no es solo que los adultos realmente consideren que los niños no son capaces en ningún caso de elegir razonadamente, sino que en la concepción tradicional y práctica de la crianza y del tratamiento institucional se asume como más sencillo prescindir de la opinión de los niños —o directamente acallarla— que escucharla, lo que requiere tiempo y demanda calma, e incorporarla, lo que puede requerir cambios en el curso de acción inmediato, adaptaciones y la necesidad de dar explicaciones al niño.

El planteamiento en relación con el caso de A. B. c. Croacia, es que este estereotipo subyace a la omisión de facilitar a la niña solicitante la oportunidad de participar y/o ser escuchada en el marco de las investigaciones. Particularmente, se señalan como omisiones concretas: el primer lugar, no haber asignado a la niña un tutor o representante independiente:

> «En particular, cuando el primer informe de expertos estableció que había habido presión y la posibilidad de que la solicitud de la demandante fuera inducida por su madre [...], las autoridades nacionales pertinentes no consideraron el nombramiento de un tutor especial y/o representante legal para la solicitante con el fin de evitar cualquier posible conflicto de intereses entre ella y su madre y proteger los intereses del niño con imparcialidad [...]. La mayoría

---

ni cuando este manifiesta su deseo de no querer ver a su padre y se aprecian signos evidentes de rechazo. En los casos en los que las niñas y niños han intervenido en el proceso penal y han manifestado su deseo de permanecer bajo la custodia de la madre, así como su rechazo a estar con su padre, se identifica su interés superior con el mantenimiento —o restablecimiento— de la relación paternofilial y finalmente con la custodia paterna»: ÁVILA, D., et al. «Violencia institucional contra las madres y la infancia...», cit., p. 135.

> no ha abordado esta omisión por parte de las autoridades nacionales, aunque el representante especial la enfatizó específicamente como una de las omisiones en la protección de los derechos del niño durante las investigaciones [...] y a pesar de que el propio Tribunal, por las mismas razones, ha exigido el nombramiento de un representante especial para un niño»[875].

En segundo lugar, encontramos la omisión de no haber informado adecuadamente a la niña y a la madre de esta (su representante) sobre el procedimiento y sus derechos, «no hay nada que demuestre que las autoridades le hayan dado a A información clara sobre los derechos de B como víctima, como el derecho a la asistencia legal gratuita o el asesoramiento y el apoyo psicológico, o que la ayudaran a obtenerlos según lo requerido» por la normativa vigente[876]. Finalmente, la tercer omisión consiste en que «ni la policía ni la Oficina del Fiscal han visto nunca a B o han estado involucrados de ninguna manera en sus entrevistas por parte del equipo multidisciplinario o expertos posteriores. No hay indicios de que los agentes de policía y los miembros de la Oficina del Fiscal hayan tenido ninguna formación especial en la realización de casos de abuso sexual de niños»[877].

No es solo que a lo largo de la investigación preliminar hubiera omisiones que consistieron en no tener en cuenta sus necesidades, sino que existió una inacción absoluta del estado en proporcionarle a la niña participación alguna, ninguna acción dirigida a hacerla parte activa del proceso.

---

875 TEDH. «Opinión Disidente conjunta de los jueces Turković y Pejchal», cit., párr. 9.

876 TEDH. «Opinión Disidente conjunta de los jueces Turković y Pejchal», cit., párr. 13.

877 TEDH. «Opinión Disidente conjunta de los jueces Turković y Pejchal», cit., párr. 25.

b) Obligación de afrontar estereotipos sobre la niñez

Peroni y Timmer observan que la forma en que el TEDH debe proceder para refutar los estereotipos nocivos depende de dónde provienen: si del autor individual de los actos de violencia, o del estado. Respecto del primer caso las autoras ejemplifican con un caso donde el Tribunal se refiere a los motivos detrás de los actos de violencia contra una mujer cometida por su marido, e identifican que se trata de estereotipos, de las expectativas que el marido imponía a su mujer. En estos casos las autoras proponen que el Tribunal llame explícitamente la atención sobre estos incidentes de estereotipos en su razonamiento legal, en un esfuerzo por nombrar el problema, asumiendo así un papel más pedagógico, señalando a los estados miembros dónde se encuentran a menudo las raíces del problema de la violencia, en ese caso, doméstica[878].

i. En el nivel individual

En estos casos, cuando los estereotipos se enraízan entre las causas de la violencia perpetrara en la esfera privada, la obligación de los estados sería la de aplicar un estándar de debida diligencia, actuar con la debida diligencia para prevenir, investigar, castigar y proporcionar reparación por la violencia cometida por actores no estatales. Una de las implicaciones precisas de este estándar cuando se fundamenta en instrumentos que reconocen la relación de la discriminación estructural y la violencia contra un determinado grupo social (como la CEDAW o el Convenio de Estambul), es la de «modificar» los patrones sociales y culturales de comportamiento basados en estereotipos o prejuicios. Se trata de una obligación que sí que ha sido asumida, entre otros órganos, por el Comité CEDAW al analizar la responsabilidad de los estados. Por ejemplo, en el caso A.T. c, Hungría, de 2005, el Comité

---

878 PERONI, L. y TIMMER, A. «Gender Stereotyping in Domestic Violence Cases: An Analysis of the European Court of Human Rights' Jurisprudence», cit., pp. 39-66, pp. 48 y 49.

reprochó al estado que no hubiera abordado los estereotipos de género nocivos y destacó la importancia de tomar medidas para eliminar los estereotipos[879].

Si bien, siguiendo a Cook y Cusack, en este caso de violencia, no identificamos los estereotipos, en el caso individual, en las motivaciones. Seguramente la idea de que el su propiedad o que no le crearan tuvo impacto en decidir realiza los hechos. Pero en este caso, a diferencia de otros, no los tenemos. Si hubiese sido así, por ejemplo si en los hechos constara que el padre le decía a la niña que eso es lo que hacen los padres con las hijas, o que ella debe hacerlo para alegrar a su padre, o que lo hace porque ha sido una mala hija, podríamos encontrar referencias a estereotipos. Según Cusack y Cook se podría justificar que directamente se ordenen medidas dirigidas para abordar ese estereotipo a nivel social[880]. En la medida en que no hay consciencia de qué estereotipos, es relevante nombrarlos y abordarlos uno a uno.

Si se hubiese mostrado sistematicidad de esa violencia en esa ciudad, o país. En relación con la violencia sexual contra la infancia, más allá de que podamos pensar en casos individuales en los que sea claro la presencia de estereotipos entre las motivaciones del agresor, por ejemplo, que el autor haya cometido actos de violencia sexual, entre otras razones, bajo el entendido de que una niña que «ha perdido su inocencia», que ha mantenido relaciones sexuales ya, no es dañada por nuevos actos sexuales. O asumir que la iniciación sexual entra dentro de las prerrogativas del padre de

---

[879] En cambio, Peroni y Timmer observan que, en el desarrollado jurisprudencial del TEDH, sobre las obligaciones positivas relacionadas con la violencia contra las mujeres, no se contiene ninguna obligación positiva que requiera que el Estado aborde activamente las causas profundas de la violencia doméstica. En ese sentido, a Cook y Cusack la Corte trata los síntomas, pero no la enfermedad: PERONI, L. y TIMMER, A. «Gender Stereotyping in Domestic Violence Cases: An Analysis of the European Court of Human Rights' Jurisprudence», cit., pp. 39-66, pp. 48 y 49.

[880] COOK, R. J. y CUSACK, S. *Gender Stereotyping: Transnational Legal Perspectives*, cit., p. 81.

familia (condiciones estructurales). Lo cierto es que la ocurrencia de actos de violencia, cuya prevalencia se encuentra estrechamente relacionada con la discriminación estructural, con prejuicios y estereotipos enraizados estructuralmente, justificaría que los estados analizarán el nivel de cumplimiento o compromiso de los estados con esas obligaciones dirigidas a modificar o transformar los estereotipos o patrones socio-culturales. O, más estrictamente, si el tribunal observa que los actos de violencia tienen lugar en el marco de un contexto de violencia sistémica, en el que ese tipo de actos tiene altos índices de prevalencia e impunidad, entonces el estado estaría obligado a desplegar acciones efectivas dirigidas a cumplir con su obligación de transformación de los patrones socio-estructurales basados en estereotipos.

En este caso, si en Croacia, la violencia sexual en el entorno familiar, como en España, es un problema de violencia sistémica (que puede ser probado con estadísticas, informes aportados por la parte solicitante), entonces el órgano internacional de resolución debería analizar las medidas adoptada por el estado para prevenir esa violencia y, en su caso, emitir recomendaciones para que el estado cumpla su obligación de adoptar medidas efectivas para modificar el contexto socio-estructural que reproduce estereotipos, discriminación[881]. Similar al caso de Ciudad Juárez en México, en donde el Comité CEDAW observó, por ejemplo, que «las campañas destinadas a prevenir la violencia [...] no se [habían] centrado en promover la responsabilidad social, el cambio en los patrones sociales y culturales de conducta de hombres y mujeres y la dignidad de las mujeres, sino en hacer a las víctimas potenciales responsables de sus propia protección manteniendo los estereotipos culturales tradicionales»[882]. En consecuencia, en

---

[881] COOK, R. J. y CUSACK, S. *Gender Stereotyping: Transnational Legal Perspectives,* cit., pp. 63 y 64.

[882] Comité CEDAW. *Informe de México producido por el Comité para la Eliminación de la Discriminación contra la Mujer bajo el Artículo 8 del Protocolo Facultativo de la Convención y respuesta del Gobierno de México,* 2005, párr. 57.

sus recomendaciones al estado parte, «enfatizó que, por tratarse de una situación estructural y de un fenómeno social y cultural profundamente arraigado en la conciencia y las costumbres de la población, requiere una respuesta global e integrada, una estrategia dirigida a transformar los patrones socioculturales existentes, especialmente en lo que respecta a erradicar la noción de que la violencia de género es inevitable»[883].

El caso Angulo Losada c. Nicaragua en el ámbito interamericano sería un ejemplo también de reconocimiento de la relación en el caso concreto entre la violencia y la discriminación estructural. Este caso que versa sobre hechos de violencia sexual en el entorno familiar, la Corte IDH advierte que «en el caso de las niñas, [su] vulnerabilidad a violaciones de derechos humanos puede verse enmarcada y potenciada, debido a factores de discriminación histórica que han contribuido a que las mujeres y niñas sufran mayores índices de violencia sexual, especialmente en la esfera familiar». Entre sus garantías de no repetición, la Corte ordena al estado a implementar «una campaña de concientización y sensibilización, dirigida a la población de Bolivia en general, por medio de un canal abierto de televisión, radio y redes sociales, orientada a enfrentar los esquemas socioculturales que normalizan o trivializan el incesto»[884].

Teniendo en cuenta el problema sistémico de la violencia sexual contra la infancia en España, en particular en el entorno familiar, particularmente por parte del padre, un caso de violencia sexual intrafamiliar por parte del padre, debería dar lugar a que el órgano internacional competente deba analizar el cumplimiento de su obligación de modificar los patrones socio-culturales estereotipados y, en caso de determinar la responsabilidad del estado, establecer como medidas a cargo de los estados acciones dirigidas a cumplir con esa obligación: realizar programas de prevención dirigidos a la sociedad en general y/o programas de formación es-

---

883 Comité CEDAW. *Informe de México...*, cit., párr. 287.

884 Corte IDH. *Caso Ángulo Losada c. Bolivia,* cit., párr. 212

pecífica para algunos sectores específicos: familias, escuelas, funcionarios públicos. Entre los estereotipos a abordar y desmontar en esos programas estarían, entre otros, los cuatro propuestos en el Capítulo 5.

ii. En el nivel estructural

Para Timmer y Peroni, cuando un tribunal internacional identifica algún indicio en un asunto concreto de que el estado ha estereotipado a la víctima y/o al autor de la violencia doméstica en función del género, tendría que analizar el caso como un acto de discriminación[885]. Es decir, como una vulneración de la prohibición de discriminación, contenida en instrumentos generales. Sin embargo, distintas autoras han apuntado y debatido sobre el hecho de que, particularmente en el ámbito del Tribunal Europeo, no hay consistencia sobre esta perspectiva. No siempre que el estado incurre en estereotipos en su respuesta a vulneraciones a derechos humanos, particularmente en casos de violencia de género, el Tribunal ha declarado la vulneración de la obligación de no discriminar (artículo 14 del Convenio). Asumir esta perspectiva es asumir, no solo que el estado ha fallado en obligaciones positivas, en su deber de ser diligente o efectivo al adoptar medidas adecuadas para cumplir con sus obligaciones, sino que el estado ha vulnerado directamente derechos. Ha incumplido su obligación negativa de no discriminar (o el derecho de no emplear estereotipos dañinos que vulneran los derechos humanos de una persona o la pongan en mayor vulnerabilidad de sufrir tal vulneraciones)

El uso de estereotipos puede ser explícito, con alusiones a roles estereotipados o preguntas estereotipadas en el marco de una investigación, o a normas estereotipadas que tipifiquen el delito de violencia sexual bajo estereotipos de roles sexuales entre hombres y mujeres, por ejemplo. O puede ser implícito a través

---

885 COOK, R. J. y CUSACK, S. *Gender Stereotyping*, cit., pp. 61 y 62.

de la pasividad del estado y omisión absoluta de cumplir con sus obligaciones positivas dirigidas específicamente a una determinada forma de violencia, o ciertos actos o a ciertas víctimas. Por ejemplo la pasividad o ineficacia judicial en casos de violencia de género en contextos de violencia sistémica. Sin embargo, en este último supuesto, no siempre será posible identificar con precisión o argumentar de manera fuerte sobre la presencia implícita de estereotipos. No obstante, Peroni y Timmer recuerdan que «la evidencia de estereotipos de género no debe ser vista como una condición sine qua non para una constatación de discriminación, de incumplimiento de la prohibición de discriminar. Por ejemplo la pasividad constante frente a la violencia doméstica. En otras palabras: «los estereotipos de género son una condición suficiente para determinar que se ha producido discriminación, pero no una condición necesaria».

En relación con el caso de A. B. c. Croacia, particularmente en el primer supuesto, en el estereotipo del niño manipulable, sí que podría argumentarse que en la decisión de no continuar las investigaciones y de negar credibilidad absoluta al testimonio de la niña subyace este estereotipo. El estado se refiere en varias ocasiones a la manipulabilidad de la niña, expresamente, sin evaluar a través de informes periciales por profesionales especialistas en entrevista con niños y en el tema de la violencia sexual contra la infancia. Y con base, en buena medida, en ese argumento, sin soporte alguno, sin diligencia de investigación alguna que le sustente, decide cerrar la investigación.

Las autoras plantean una propuesta para el TEDH, órgano que presente importantes resistencias a abordar o consolidar la jurisprudencia sobre el uso de estereotipos como discriminación. De acuerdo con Peroni y Timer, quizá pueda resultar «útil para el Tribunal concebir la relación entre los estereotipos de género y la discriminación como un círculo vicioso que se refuerza a sí mismo». Partiendo de la premisa de que, «los estereotipos de género son a la vez causa y manifestación de la discriminación de género», podría afirmarse que «los estereotipos se utilizan para racionalizar/justificar la discriminación, lo que a su vez refuerza aún más la discriminación. El círculo se ve así:

> «En el contexto de la violencia doméstica, este círculo funciona de la siguiente manera: la mayoría de las víctimas de violencia doméstica son mujeres. Las autoridades racionalizan o justifican esta situación mediante estereotipos de género como "las mujeres deben ser sumisas" y "las mujeres (deben) soportar la agresividad de los hombres". Estas ideas hacen que las autoridades no actúen en absoluto ante la violencia, o actúen de manera débil (por ejemplo, con mucha demora). Esto a su vez provoca que la violencia doméstica continúe con impunidad, tanto a nivel individual como en la sociedad»[886].

Trasladando este entendimiento a la violencia sexual contra los niño verse así:

> «En el contexto de la violencia contra la infancia, este círculo funciona de la siguiente manera: la mayoría de los victimarios son adultos, especialmente dentro del entorno familiar. Las autoridades racionalizan o justifican esta situación mediante estereotipos de niñez como «los niños tienden a mentir», «los niños son manipulables» y ¨«los niños y las niñas (deben) convivir (y vivir) con sus padres, pese a todo» o «lo mejor para los niños siempre es vivir con sus padres», o «siempre es posible reconstruir las condiciones familiares para la convivencia entre padres e hijas». Estas ideas hacen que las autoridades no actúen en absoluto ante la violencia, o actúen de manera débil (por ejemplo, con mucha demora o). Esto a su vez provoca que la violencia doméstica continúe con impunidad, tanto a nivel individual como en la sociedad».

---

886 PERONI, L. y TIMMER, A. «Gender Stereotyping in Domestic Violence Cases: An Analysis of the European Court of Human Rights' Jurisprudence», cit., pp. 39-66, p. 64.

Conclusiones

Tras el análisis realizado en esta investigación, y en relación con los objetivos formulados a su comienzo, se ha llegado a la siguientes conclusiones:

PRIMERA. Con posterioridad a la adopción de la Convención sobre Derechos del Niño, los argumentos sobre la fundamentación de los derechos de la infancia enfatizaron la necesidad de reconocerles derechos como medio para el desarrollo de su autonomía, además de como medio para lograr su protección. La Convención ha implicado la integración de ambos argumentos a través de obligaciones dirigidas a garantizar sendas dimensiones. Si bien la Convención zanjó el debate sobre la posibilidad de reconocer derechos a los niños, no resolvió la cuestión sobre si son titulares solo de ciertos derechos humanos o si, en tanto que seres humanos, lo son de todo el catálogo de derechos reconocidos por los pactos internacionales.

Más recientemente, principalmente a través de la vía interpretativa, distintos órganos internacionales, como el Comité de los Derechos del Niño y la Corte Interamericana de Derechos Humanos han reconocido que, en efecto, su titularidad se extiende a todos los derechos humanos. Reconocerlo, como es obvio, no supone que no haya debates que surjan acerca de la cuestión del contenido y alcance (o restricciones) de cada derecho para los niños y las niñas, en función de su edad y madurez, sus necesidades, y sobre todo, la cuestión del proceso válido para determinar su contenido y alcance. En la jurisprudencia internacional estos debates están siendo paulatinamente abordados. La pregunta es ¿qué implicaciones tiene para el ejercicio de un derecho determinado el reconocimiento de la autonomía progresiva? O ¿en relación con determinado derecho, qué necesidades y qué posibilidades de despliegue tiene en determinado momento del desarrollo?

El concepto de autonomía progresiva o de la evolución de las capacidades ha logrado incorporarse en el marco del derecho internacional de los derechos humanos, a través del artículo 5 de la Convención sobre los Derechos del Niño y la interpretación que de él ha hecho su Comité. Se trata de un concepto que ha sido alimentado por investigaciones en el campo de la psicología evolutiva crítica, que ha propuesto superar el modelo de etapas del crecimiento. Sin embargo, da la impresión de que tanto en el derecho como en otras disciplinas de las ciencias sociales todavía no se asumen sus implicaciones. Muchas de sus implicaciones para el marco general de los derechos humanos están todavía por abordar y desarrollar. En el ámbito de la filosofía del derecho, este concepto plantea, a mi parecer, un cuestionamiento a los grandes conceptos sobre los que fundan las distintas teorías del derecho e instituciones jurídicas. Así como en su momento se realizó un cuestionamiento del concepto del derecho subjetivo, hay otros conceptos como los de autonomía, capacidad, persona, o ciudadanía que precisan revisión desde este concepto de autonomía progresiva de los niños y niñas. Se trataría de un trabajo similar al ya desarrollado en relación con el concepto de autonomía relacional.

Más allá del objetivo formulado y de verificar que hay argumentos para afirmar que sin duda los niños son titulares de derechos humanos, considero que hace falta que dentro de la ciencia jurídica pensemos, observemos y escuchemos más a los niños y las niñas para comprender las posibilidades de ejercicio de los derechos en cada momento. No para obtener una regla o imponer un determinado ejercicio, sino para articular las debidas garantías, determinar cuándo puede darse por vulnerado un derecho y satisfacer las condiciones de realización. En las obras de Lansdown o Lundy, como ya hemos visto, encontramos un hilo para continuar ese trabajo.

La tarea de la revisión de los conceptos fundamentales o pilares del derecho desde el enfoque de infancia, desde la consideración de los niños como titulares de derechos, se complejiza si tomamos en cuenta que se trata de un grupo social objeto de discriminación estructural. Las necesidades y opiniones de los niños han sido sistemáticamente excluidas de la articulación del mundo social, de la configuración de las instituciones y de nuestros artificios jurídicos. Esta exclusión, en un sentido similar al planteado por Mackinnon como crítica al punto de vista masculino del derecho, podríamos decir que se ha hecho a través de la consideración exclusiva de las necesidades e intereses de un sujeto que no es ni abstracto ni neutro: el sujeto adulto. Esta exclusión se nombra como adultocentrismo. Y cuando hemos incorporado a los niños, con sus necesidades y sus supuestos intereses, lo hemos hecho en buena medida lastrados por los sesgos impuestos por ese paradigma adultocéntrico.

Si bien la Convención sobre los Derechos del Niño ha significado un paso importante en el cuestionamiento de ese paradigma adultocéntrico, se trata de un paso todavía limitado e insuficiente. Un paso que ni siquiera ha venido acompañado de un reconocimiento expreso de que hasta ese momento los niños habían sido mantenidos excluidos de la consideración de titulares de derechos, del marco de protección jurídica fundamental. Hasta 1989 las necesidades de los niños no habían sido tenidas en cuenta para configurar las garantías de los derechos humanos, y todavía lo siguen siendo solamente de manera muy parcial.

Por otro lado, en el marco de las instituciones y las normas jurídicas se han incorporado concepciones de la infancia falsas, muchas veces contrarias al reconocimiento de su dignidad, de su estatus de personas con igual valor que el resto. Los hemos excluido de la creación de las instituciones y los hemos incorporado en términos restrictivos. Como se muestra en el trabajo se han propuesto, no de modo exhaustivo, cuatro estereotipos sobre infancia y se ha identificado su presencia en las estructuras institucionales que rigen la vida social y política en España. Esta dimensión, la del adultismo, plantea la necesidad de revisar y limpiar las estructuras de estos estereotipos que obstaculizan que las necesidades reales de los niños puedan ser satisfechas y que sus derechos sean efectivamente garantizados.

Afrontar el sesgo adultocéntrico del pensamiento imperante en las instituciones y excluir los contenidos adultistas exige una tarea profunda de revisión de casi cada institución jurídica. Los niños y las niñas, y el reconocimiento de autonomía progresiva, plantean una crítica radical a todo lo constituido. De ahí el vértigo en empezar a tirar del hilo. Quizá ahora mismo no sea posible realizar un trabajo como el emprendido por Mestre en *La caixa de Pandora*, dedicado a sistematizar las distintas propuestas teóricas del feminismo para cuestionar el derecho, porque el momento en el que estemos en relación con la infancia y su reflexión como grupo social estructuralmente excluido es otro. No hay todavía suficiente trabajo por sistematizar. Hacen falta más teorizaciones al mismo tiempo que ponemos soluciones en práctica.

SEGUNDA. En el trabajo se ha dado cuenta de la complejidad del escenario conceptual sobre el término abuso sexual contra la infancia. El primer dato a destacar es que el concepto de abuso sexual contra la infancia, tanto en el ámbito del derecho como en el de la literatura especializada, es previo al de violencia sexual contra la infancia. Actualmente, en muchas ocasiones se utilizan de manera equiparable, sin embargo, el análisis de las principales definiciones apuntan al abuso sexual contra la infancia como un tipo específico de violencia sexual. Entonces ¿de qué tipo de violencia sexual hablamos? ¿Qué lo especifica? En las definiciones de abuso sexual contra la infancia, el abuso suele vincularse principalmente con la diferencia de poder y/o con la diferencia de edad, capacidad cognitiva o madurez, que se presume incompatible con las condiciones para consentir. Sin embargo, como resultado de esta investigación se ha evidenciado que no hay uniformidad en este punto. Por otro lado, una vez analizado el concepto de violencia sexual desde el criterio del consentimiento es posible concluir que no todo abuso, en el sentido de aprovechamiento de una ventaja sobre otro, en al ámbito sexual conlleva una lesión a la autonomía suficiente para romper un consentimiento o anular las condiciones para que se dé. De ahí que se proponga como requisito del concepto específico de abuso sexual el aprovechamiento de la incapacidad de consentir. La autonomía progresiva introduce en la ecuación la posibilidad de que un niño o una niña pueda consentir y esté en condiciones de hacerlo, y que sin embargo vea lesionada su autonomía con la imposición de un acto en contra de su voluntad (por la fuerza, por el error, etc.). De ahí que el énfasis de este trabajo haya virado del abuso sexual contra la infancia al de violencia sexual contra la infancia, que incluye el de abuso sexual pero no se agota en él. Por último se ha propuesto y argumentado de manera suficiente una categoría práctica para la intervención: la categoría de violencia sexual contra la infancia delimitada como violencia sexual ejercida por adultos contra niños. Esta categoría se ha verificado no solo aludiendo a las cifras desproporcionadas de lesiones de adultos contra niños, más que entre iguales, sino también por el contexto de discriminación estructural en su contra en el que se desenvuelve.

TERCERA. En el trabajo se han identificado distintos pronunciamientos de órganos internacionales que han aludido expresamente a la violencia sexual en general como una vulneración a derechos humanos, grave hasta punto de que ha llegado a considerarse como tortura. También se han identificado obligaciones específicas derivadas por la labor interpretativa del Comité de los Derechos del Niño en materia de violencia contra la infancia, incluida la violencia sexual, con base en el artículo 19 de la Convención. Con todo, la afirmación más contundente sobre el reconocimiento de la violencia sexual contra la infancia como una vulneración a los derechos humanos generales, la encontramos en la jurisprudencia internacional. Como se ha verificado, tanto el Tribunal Europeo de Derechos Humanos como la Corte Interamericana de Derechos Humanos han determinado responsabilidad internacional en casos sobre hechos de violencia sexual contra la infancia, tanto en el entorno familiar como fuera de este. Los hechos se analizan principalmente a luz del derecho a la integridad, y de los derechos sobre acceso a justicia o a un recurso judicial efectivo.

La sistematización sobre las obligaciones identificadas por órganos internacionales en relación con la violencia sexual contra la infancia realizada en el trabajo da cuenta de un proceso de evolución en el que cada vez se toman más en serio, se precisan más, y se va más allá en el alcance de las obligaciones de los estados en la materia. Inicialmente los casos ante el TEDH (el primero en 1985), exigían al estado no haber prevenido, no haber hecho lo suficiente a pesar de tener conocimiento del riesgo. Casos vinculados a abuso sexuales cometidos en centros educativos, o a personas tuteladas por los servicios sociales. Sin embargo, los casos más recientes han abordado obligaciones vinculadas con la no revictimización. Esto se explica sobre todo por la entrada vigor del Convenio de Lanzarote (2006), que ha sido ratificado por la mayoría de los estados europeos y que permite al Tribunal analizar los hechos teniendo en cuenta estas obligaciones. En el ámbito interamericano, sin embargo, encontramos en las tres sentencias analizadas, un abordaje que va un poco más allá a través de su facultad de determinar reparaciones, particularmente las garantías de no repetición. La Corte IDH ha reconocido obligaciones relativas a la educación sexual y a la prevención primaria en el ámbito escolar. Pese al trabajo que queda por realizar, en el ámbito internacional actualmente pueden encontrarse estándares sobre los cuatro tipos de obligaciones específicas ante vulneraciones: adoptar normativa o prevenir, investigar, acceder a la justicia (juzgar y sancionar) y reparar.

CUARTA. El análisis del estado de cumplimiento por España de sus obligaciones internacionales en materia de violencia sexual muestran, a primera vista, un panorama ambivalente. Se encuentran muestras de compromiso y medidas concretas dirigidas a reconocer y garantizar derechos de la infancia y específicamente a proteger a la infancia frente a la violencia. El ejemplo más palpable es la adopción de una Ley Orgánica de Protección de la Infancia y Adolescencia frente a la Violencia (LOPIVI, de 2021). Pero al mismo tiempo existen llamadas de atención sobre incumplimientos y vulneraciones por parte del Comité de los Derechos del Niño. Si complementamos el análisis, como se ha intentado hacer en este trabajo, con el seguimiento del estado de la cuestión, las denuncias públicas y las recomendaciones realizadas por la sociedad civil, vemos el panorama con más nitidez. España falla en el cumplimiento de sus obligaciones, y no lo hace de manera puntual, sino que es posible detectar fallos sistemáticos y patrones estructurales en sus incumplimientos para con las víctimas de violencia sexual. Fallos de especial gravedad cuando estas víctimas están en su edad infantil.

La muestra más grave de esa sistematicidad y gravedad la vemos en su tratamiento sobre el uso judicial del síndrome de alienación parental y, más ampliamente, en la forma en la que se adoptan las medidas de protección en casos de violencia sexual en el entorno familiar. Académicas y activistas han apuntado los patrones en las vulneraciones a la luz del análisis de los casos que se conocen, denunciados ante el estado. El estado sabe que falla en este punto. La LOPIVI introduce la prohibición del uso de este mecanismo o similares, pero no ha dispuesto las garantías adecuadas acordes a la complejidad de la vulneración. Abordar adecuadamente las medidas de protección en casos de denuncias por violencia sexual en el entorno familiar, particularmente por el padre y particularmente cuando son denunciados por las madres requiere de ambas perspectivas, la de género y la de infancia. Sin embargo, es sistemática, como se ha verificado en el trabajo, la falta de fundamentación de las medidas de custodia y de protección con base en el interés superior de los niños a la luz de los estándares internacionales y es sistemática también la falta de escucha a los niños en estos procesos judiciales.

QUINTA. Es llamativo que no exista un caso resuelto por TEDH o el Comité de Derechos del Niño sobre hechos de violencia sexual contra la infancia en España. Sin obviar la complejidad que implica construir un caso individual ante un órgano internacional, al margen de los requisitos procesales, la documentación disponible respecto de las vulneraciones y los incumplimientos muestran que hay más de un caso de graves vulneraciones que sería susceptible de ser llevado a estas instancias internacionales. Pensando en seguir esa vía, los comunicados de organismos internacionales sobre el uso judicial del SAP, los informes públicos de la sociedad civil, las investigaciones periodísticas, servirían para justificar que España conoce de sus propios incumplimientos; que las vulneraciones individuales que tengan lugar se dan en un contexto de negligencia. España hoy día sabe que incumple sus obligaciones internacionales, que vulnera derechos de niños, que hay niños en riesgo, conviviendo con sus agresores, que son forzados a hacerlo, que sus figuras protectoras son incluso perseguidas por protegerles, que los jueces se preocupan más por encontrar la mentira que por evitar el riesgo. España lo sabía, lo sabe, y sigue sin adoptar urgentemente las medidas necesarias para garantizar la integridad de los niños. La relevancia de documentar adecuadamente estos casos en ese marco de litigación estratégica internacional implica un cambio sustantivo en el alcance de la responsabilidad. Mostrar que España lo sabía implica exigir responsabilidad no solo por incumplir obligaciones positivas, sino también negativas. Implica mostrar cierta tolerancia o complicidad por parte del estado, lo que conllevaría su responsabilidad por la continuación de la violencia, por agravar las secuelas de lo niños, por colocarles en riesgo.

Los dos elementos conceptuales de la violencia sistémica, en el sentido articulado por Young, como una violencia aceptable, tolerada social e institucionalmente, se han verificado como elementos que permiten describir el contexto de la respuesta institucional en España en que tienen lugar los actos de violencia sexual contra la infancia. La habitualidad se verifica en las cifras y en su prevalencia en el tiempo: estadísticamente, al menos uno de cada cinco niños están sufriendo actualmente actos de violencia sexual. La tolerancia se verifica con los fallos y vulneraciones en relación cada una de las obligaciones internacionales ante vulneraciones a derechos humanos.

SEXTA. Se ha propuesto ordenar y analizar en dos niveles los diferentes desarrollos teóricos dirigidos a explicar la posición social de grupos que históricamente se han considerado oprimidos o excluidos social y/o jurídicamente, como es el caso de las mujeres. En el nivel de las ideas, de la construcción del grupo social como grupo inferior en contraposición con un grupo construido como superior, donde aparecerían los estereotipos como mecanismos clave para la reproducción e interiorización de los mensajes de inferioridad. Y en el nivel de las estructuras, en el que esas ideologías de la superioridad, o contenidos de ellas, se insertan en las instituciones sociales posibilitando la «normalización» y reproducción social de esos contenidos. La introducción de estereotipos en el derecho, en razón de su función de legitimación y regulación social, es clave para esa reproducción.

En el ámbito académico distintos autores han teorizado sobre la posición social de los niños como grupo social objeto de opresión o discriminación. Si bien con diferentes términos (*niñismo, adultismo, edadismo juvenil* o *adultocentrismo*), el contraste de sus desarrollos permite identificar los dos niveles indicados. La dimensión de la construcción de los niños como seres inmaduros, incapaces absolutos. Y la dimensión de la recepción estructural de estas ideas a través del derecho, de los procesos de socialización, de los medios de comunicación. En este marco, adultismo y adultocentrismo son con mucha probabilidad los términos más utilizados para aludir al contexto de exclusión u opresión de la infancia. Sin embargo, comparto con algunos de los autores estudiados, la utilidad de una delimitación conceptual más precisa. El adultismo (como el sexismo o el racismo) para referir ese fenómeno de la construcción de un grupo social como inferior o subordinado. Una sociedad adultista es aquella cuyas estructuras o pilares institucionales se informan por esa construcción. El adultocentrismo, por su parte, nombraría el paradigma de pensamiento que presenta el punto de vista adulto como el punto de vista universal o válido, en exclusión del resto. Los proyectos o propuestas construidas desde este paradigma resultan excluyentes de la voz, las experiencias y las necesidades de los niños y las niñas. La discriminación estructural describiría el contexto social e institucional en el que una ideología de la subordinación o algunos contenidos de ella ha logrado anclarse estructuralmente, y con base en ella mantiene el paradigma de pensamiento del grupo dominante como el abstracto o universal.

SÉPTIMA. A pesar de existir desarrollos teóricos sobre la concepción de los niños y las niñas como un grupo social oprimido, se han encontrado pocas referencias a un concepto que me parece clave para comprender y abordar ese contexto de discriminación estructural: los estereotipos. En tal sentido, a lo largo de la investigación se ha intentado articular y argumentar una propuesta de cuatro estereotipos, no como un listado exhaustivo, sino como ejemplos de muestra de la existencia de estereotipos o de la posibilidad de articular ideas presentes en estos desarrollos teóricos como estereotipos. Vehicular estas ideas abre la posibilidad para indagar los desarrollos teóricos y las estrategias jurídicas construidas en el ámbito del feminismo teórico para desarticular, en y desde el derecho, el contexto de discriminación estructural. La detección y proscripción de los estereotipos ha sido clave en la lucha jurídica contra violencia de género. Del mismo modo, identificar y proscribir los estereotipos relativos a la infancia es un requisito imprescindible para combatir jurídicamente la violencia sexual contra la infancia.

OCTAVA. Se ha intentado argumentar que el reconocimiento jurídico de un contexto de discriminación estructural contra un grupo social requiere, en el marco de un estado de derecho constitucional o de un paradigma de derecho garantista, de la articulación de garantías específicas o reforzadas dirigidas a hacer frente a ese contexto en la medida en que supone un obstáculo al ejercicio de los derechos humanos de ese grupo social. En el ámbito del derecho internacional es posible identificar este tipo de reconocimiento de un contexto de discriminación estructural hacia un grupo social. El ejemplo sobre el que más se ha profundizado en este trabajo es el de la CEDAW en relación con las mujeres. A pesar de no explicitarse el término de «discriminación estructural», se ha intentado argumentar que en su Preámbulo y en distintos apartados de su articulado se encuentra un reconocimiento de que los obstáculos al pleno ejercicio de los derechos por parte de las mujeres tiene raíces históricas, que los mismos se explican en términos de relaciones de poder entre grupos sociales y que tales obstáculos se mantienen y reproducen a través de roles estereotipados de género. Esto permite afirmar que ese sentido material de la discriminación es el que constituye su fundamento, y aun si este fundamento trasciende al alcance para que el propio instrumento internacional fue creado en su momento, hoy en día el estado de la evolución jurisprudencial en relación con los derechos de las mujeres permitiría sostener este argumento.

El fundamento del reconocimiento de un contexto de discriminación estructural justifica la configuración de garantías reforzadas dirigidas a su abordaje, tendentes a su transformación, en tanto que obstáculos para el ejercicio en condiciones de igualdad de los derechos humanos. En la CEDAW hay obligaciones destacadas en ese sentido. Las dirigidas a modificar los estereotipos de género arraigados en la sociedad y a excluir los estereotipos dañinos, en la medida en que restringen o vulneran derechos humanos, presentes en el marco institucional, por ejemplo, en normas jurídicas o motivaciones judiciales. Este reconocimiento no ha tenido lugar en relación con la infancia. El presente trabajo ha intentado mostrar que la Convención sobre los Derechos del Niño se fundamenta en la condición de vulnerabilidad de los niños, en lo que en la Convención se estiman necesidades básicas especiales derivadas de esa condición de especial fragilidad y de la —mayor o menor— dependencia de terceros. El fundamento de este instrumento específico no se articula en términos de relaciones de poder, exclusión histórica o estereotipos arraigados. En él no se reconoce ningún contexto de discriminación estructural. Por tanto, más allá de que la Convención sin duda ha significado un avance en el desarrollo y la garantía de los derechos de los niños, no ha logrado modificar el paradigma adultocéntrico que hace que la violencia sexual contra la infancia presente todavía cifras de prevalencia que se corresponden con un contexto de impunidad generalizada.

NOVENA. Por último, considerando que ese contexto plantea obstáculos sistémicos que requieren respuestas sistémicas, se argumenta que en el marco de un paradigma garantista del derecho, la falta de ese reconocimiento debe concebirse como una laguna que exige ser colmada urgentemente. En un intento de mostrar en términos prácticos lo significativo de un reconocimiento en este sentido y la importancia de la configuración de obligaciones reforzadas para su transformación, se ha propuesto un ejercicio práctico que permite ver que en buena medida los fallos en la garantía de los derechos de la infancia y en particular en el incumplimiento de obligaciones internacionales en materia de violencia sexual se explican por el uso de estereotipos, que hasta ahora ni se nombran ni se abordan.

Fuentes

a. Bibliografía

AGUADO-CORREA, T. «El derecho a la reparación a las víctimas de violencias sexuales y violencia de género tras la Ley Orgánica de Garantía Integral de la Libertad Sexual: un punto de inflexión», *Revista Penal, Tirant Lo Blanch,* nº 52, julio de 2023, pp. 5-22

ALÁEZ CORRAL, B. *Minoría de edad y derechos fundamentales,* Tecnos, Madrid, 2003

ALLEN, A. «Feminist Perspectives on Power», en N. ZALTA, E. N. y NODELMAN, U. (eds.), *The Stanford Encyclopedia of Philosophy,* 2022. Disponible en: https://plato.stanford.edu/archives/fall2022/entries/feminist-power

ALLPORT, G. W. *The Nature of Prejudice,* Addison-Wesley, Cambridge, 1954

ALMENDRO MARÍN, M. T. et al. «Abuso sexual en la infancia: consecuencias psicopatológicas a largo plazo». *Psicopatología y Salud Mental.* nº 22, 2013, pp. 51-63

AMORÓS, C., *Hacia una crítica de la razón patriarcal,* Anthropos, 1991

ANDERSON, S. «On Sexual Obligation and Sexual Autonomy», Hypatia, vol. 28, nº 1, pp. 122–141

ARANTEGUI ARRÁEZ, L. y TAMARIT SUMALLA, J.M. «La reparación a las víctimas de abuso sexual infantil: la necesaria reforma de los mecanismos de compensación», *Estudios Penales y Criminológicos,* nº 42, 2022

AÑÓN ROIG, M. J. «Ciudadanía social: La lucha por los derechos sociales», *Cuadernos Electrónicos de Filosofía del Derecho,* nº 6, 2002, s/p

— *Necesidades y derechos: un ensayo de fundamentación,* Ministerio de la Presidencia, Justicia y Relaciones con las Cortes, Centro de Estudios Políticos y Constitucionales, Madrid, 1994

— «Transformaciones en el derecho antidiscriminatorio: avances frente a la subordinación», *Revista Electrónica. Instituto de Investigaciones Ambrosio L. Gioja,* nº 26, Buenos Aires, 2021, pp. 29-53

AÑÓN ROIG, M. J. y MESTRE I MESTRE, R. «Violencia sobre las mujeres: discriminación, subordinación y Derecho», en Boix Reig, F. J. y Martínez

García, E., (coords.), *La nueva ley contra la violencia de género (LO 1/1001, de 28 de siembre)*, Iustel, Madrid, 2005, pp. 31-54

ARCHARD. D. *Sexual Consent*, Westview, Boulder, 1997

— *Children. Rights and Childhood*, 3ª ed., Routledge, Nueva York, 2015

ARENDT, H. *¿Qué es política?*, trad. de R. Sala, Paidós, Barcelona, 1997

ARENDT, H. *Sobre la violencia*, trad. de G. Solana, Alianza, Madrid, 2014 [1969]

ASÚA BATARRITA, A. «Las agresiones sexuales en el nuevo Código Penal: Imágenes culturales y discurso jurídico», en Rincón A. (coord.), *Análisis del Código Penal desde la perspectiva de género*, Emakunde, Instituto Vasco de la Mujer, Vitoria-Gasteiz, 1998, pp. 45-102

BAKER, C. *Infrastructures of male supremacism: a mixed-methods analysis of the incel wiki*, Loughborough University, 2023

BARJOLA. N. *Microfísica sexista del poder. El caso de Alcàsser y la construcción del terror sexual*, Virus, Barcelona, 2018

BARRÈRE UNZUETA, M. A. «Filosofías del Derecho antidiscriminatorio. ¿Qué Derecho y qué discriminación? Una visión contra-hegemónica del Derecho antidiscriminatorio», *Anuario de Filosofía del Derecho*, nº 34, 2018, pp. 11-42

BARTH, J., et al. «The current prevalence of child sexual abuse worldwide: a systematic review and meta-analysis», *International Journal of Public Health*, vol. 58, nº 3, pp. 469-483

BECKER-BLEASE, K. A. y FREYD, J. J. «Research participants telling the truth about their lives. The ethics of asking and not asking about abuse», *American Psychologist*, vol. 61, nº 3, 2006, pp. 218-226

BELL, J. «Understanding Adultism. A key to developing positive youth-adult relationship», YouthBuild USA, 1995, s/p. Disponible en: https://www.nuatc.org/articles/pdf/understanding_adultism.pdf

BELLIOTTI, R. «A Philosophical Analysis of Sexual Ethics», *Journal of Social Philosophy*, vol. 10, nº 3, 1979, pp. 8-11

BOBBIO, N. «Sobre el fundamento de los derechos del hombre», en BOBBIO, N., *El problema de la guerra y las vías de la paz*, trad. J. Binaghi, Gedisa, Barcelona, 2000 [1979], pp. 117-128

— *El tiempo de los derechos*, trad. de R. de Asís, Fundación Sistema, Madrid, 1991

— «La naturaleza del prejuicio. Racismo, hoy. Iguales y diferentes», en BOBBIO, N. *El reto de la diversidad*, 2010, pp. 183-197

BOVERO, M. «Derechos, deberes y garantías», en Carbonell, M. y Salazar, P. (eds.), *Garantismo: estudios sobre el pensamiento jurídico de Luigi Ferrajoli*, 2005, pp. 233-244

BRAH, A., *Cartografías de la diáspora. Identidades en cuestión*, Traficantes de Sueños, Madrid, 2011

BREAMS, E. y TIMMER, A. *Stereotypes and Human Rights Law*, Intersentia, 2017.

— «Introduction», en BREAMS, E. y TIMMER, A., *Stereotypes and Human Rights Law*, Intersentia, 2017, pp. 1-5.

BUTLER, R. N. «Age-Ism: Another Form of Bigotry», *The Gerontologist*, vol. 9, nº 4, parte 1, 1969, pp. 243-246

— «Ageism: A Foreword», *Journal of Social Issues*, vol. 36, nº 2, 1980, pp. 8-11

CAMPOY CERVERA, I. *La fundamentación de los derechos de los niños. Modelos de reconocimiento y protección*, Dykinson, Madrid, 2006

— *La negación de los derechos de los niños en Platón y Aristóteles*, Cuadernos Bartolomé de las Casas, nº 41, Dykinson, Madrid, 2006

— «La construcción de un modelo de derechos Humanos para los niños, con y sin discapacidad», *Derechos y Libertades*, nº 37, 2017, pp. 131-165

CASAS VILA, G. «Parental Alienation Syndrome in Spain: opposed by the Government but accepted in the Courts», *Journal of Social Welfare and Family Law*, vol. 42, nº 1, 2020, pp. 45-55

CATALANO, T. «Obblighi degli stati in materia di abusi sessuali su minora e margine di apprezzamento: il caso D.K c. Italia», *Ordine internazionale e diritti umani*, 2023, pp. 1129-1141

COOK, R. y CUSACK, S. *Gender stereotypes. Transnational Legal Perspectives*, Philadelphia, University of Pensilvanya, 2010

CORBY, B. *Child Abuse: Towards a Knowledge Basis*, 3ª ed, Open University Press, Buckingham, 2006

CUSACK, S. «Building Momentum Towards Change: How the UN's Response to Stereotyping is Evolving», en BREAMS, E. y TIMMER, A., *Stereotypes and Human Rights Law*, Intersentia, 2017, pp. 11-38

— «The CEDAW as a Legal Framework for Transnational Discourses on Gender Stereotyping», en HELLUM, A. y SINDING, H. A. (eds.), *Women's Human Rights: CEDAW in International, Regional and National Law*, Cambridge University Press, 2013, pp. 126-131

DEJONG, K. y LOVE, B. «Youth Oppression as a Technology of Colonialism: Conceptual Frameworks and Possibilities for Social Justice Education Praxis», *Equity & Excellence in Education*, vol. 48, nº 3, 2015, pp. 489-508

— «Ageism and adultism», en en ADAMS, M. et al. (eds.), *Readings for diversity and social justice*, 4ª ed., Routledge, Nueva York, 2018, pp. 470–474

— «Introduction», en ADAMS, M. et al. (eds.), *Readings for diversity and social justice*, 4ª ed., Routledge, Nueva York, pp. 545-552

DE LA FUENTE VÁZQUEZ, M. *Poder y feminismo: elementos para una teoría política*, tesis dirigida por E. Bodelón, Universitat Autònoma de Barcelona, 2013

DE LUCAS, J. y AÑÓN ROIG, M. J. «Necesidades, razones y derechos», *Doxa*, nº 7, 1990, pp. 55-81

DE STEFANO, C., *El niño es el maestro. La vida de Maria Montessori*, trad. de M. Pons Irazazábal, Lumen, Barcelona, 2020

DOUGHERTY, T. «Sex, Lies, and Consent», *Ethics*, vol. 123, nº 4, 2013, pp. 717-744

Dovidio, J.F. et al (eds.) *The SAGE Handbook of Prejudice, Stereotyping and Discrimination*, SAGE, California, 2010

EEKELARR, J. «The importance of thinking that children have rights», *International Journal of Law*, Policy and the Family, vol. 6, nº 1, 1992, pp. 221-235

EYAL, N. «Informed Consent», en N. ZALTA, E. N. y NODELMAN, U. (eds.), *The Stanford Encyclopedia of Philosophy*, 2019, URL: https://plato.stanford.edu/archives/spr2019/entries/informed-consent

FALCON, A. «Aristotle on Causality», en ZALTA E.N., NODELMAN, U. (eds.), *The Stanford Encyclopedia of Philosophy*, 2023, disponible en: https://plato.stanford.edu/archives/spr2023/entries/aristotle-causality

FALLER, K. C. «Child Sexual Abuse: Intervention and Treatment Issues», *User Manual Series, National Center on Child Abuse and Neglect*, 1993

FANLO CORTÉS, I., «Los derechos de los niños ante las teorías de los derechos: algunas notas introductorias», en FANLO CORTÉS, I. (comp.), *Derecho de los niños: una contribución teórica*, Fontamara, Ciudad de México, 2004, pp. 7-38

— «Los derechos del niño y las teorías de los derechos: Introducción a un debate», *Justicia y derechos del niño*, UNICEF, nº 9, 2007, pp. 159-176

FERRAJOLI, L. «Prólogo», en PITCH, T. *Un derecho para dos. La construcción jurídica de género, sexo y sexualidad*, trad. de C. García Pascual, Trotta, Madrid, 2003, pp. 11-17

— *Derecho y razón. Teoría del garantismo penal*, trad. de P. Andrés Ibáñez et al., Trotta, Madrid, 2005 [1989]

— «Los derechos fundamentales», en DE Cabo, A. y Pisarello, G. (eds.), *Los fundamentos de los derechos fundamentales*, 2ª ed., Trotta, Madrid, 2005

— *Garantismo: una discusión sobre derecho y democracia,* Trotta, Madrid, 2006

— *Democracia y garantismo,* Trotta, Madrid, 2008

— *Derechos y garantías. La ley del más débil,* trad. P. Andrés Ibáñez y A. Greppi, 5ª ed., Trotta, Madrid, 2010 [1999]

— *Principia iuris. Teoría del derecho y de la democracia,* 3 vols., trad. P. Andrés Ibáñez y otros, Trotta, Madrid, 2011 [2007]

— *La lógica del derecho. Diez aporías en la obra de Hans Kelsen,* trad. de P. Andrés Ibáñez, Trotta, Madrid, 2018

— *Por una Constitución de la Tierra. La humanidad en la encrucijada.* trad. P. Andrés Ibáñez, Trotta, Madrid, 2022

FERRER MAC-GREGOR, E. y HERRERA GARCÍA, A. (coords.), *Diálogo jurisprudencial en derechos humanos entre Tribunales Constitucionales y Cortes Internacionales,* Tirant lo Blanch, Ciudad de México, 2013

FINKELHOR, D. *Child Sexual Abuse. New Theory & Research,* The Free Press, Nueva York y Londres, 1984

— «Current Information on the Scope and Nature of Child Sexual Abuse», en *The Future of Children,* vol. 4, nº 2, 1994, pp. 31-53

FLASHER, J. «Adultism», *Adolescence,* vol. 13, nº 51, 1978, pp. 517-523

FLORIO, E. et al. «The Adultocenrism Scale in the Educational Relationship: Instrument Development and Preliminary Validation», *New Ideas in Psychology,* nº 57, 2020, s/p.

FOUCAULT, M. «Afterword: The Subject and Power», en Dreyfus, H. y Rabinow P., Michel Foucault: Beyond Structuralism and Hermeneutics, 2ª ed., University of Chicago Press, 1983

FREEMAN, M. «Taking Children's Rights More Seriously», *International Journal of Law and the Family,* nº 6, 1992, pp. 52-71

GARCíA SÁEZ, J. A. et al. *Guía EDUCAP. Guía en prevención, detección, actuación y acompañamiento para centros educativos de Infantil y Primaria en casos de abuso sexual contra la infancia,* Publicacions de la Universitat de València, 2023

GARIBÓ, A.P. *Los derechos de los niños: una fundamentación,* Ministerio de Trabajo e Inmigración, Madrid, 2004

GIMENO, B. *Misoginia judicial. La guerra jurídica contra el feminismo,* Catarata, Madrid, 2022

GIOVANNONI, J. y BECERRA, R., *Defining Child Abuse,* Free Press, Nueva York, 1979

GONZÁLEZ CONTRÓ, M. «Paternalismo jurídico y derechos del niño», *Isonomía. Revista de Teoría y Filosofía del Derecho,* nº 25, 2006, pp. 101-135

— «Misopedia, adultismo y adultocentrismo: conceptualizando la discriminación hacia niñas, niños y adolescentes», *Revista Latinoamericana de Ciencias Sociales, Niñez y Juventud*, 22(3), pp. 1-29)

GONZÁLEZ TASCÓN, M. M. «El delito de agresión sexual en su configuración por la Ley Orgánica 10/2022, de 6 de septiembre, de garantía integral de la libertad sexual: comentario al artículo 178 del Código Penal», *Estudios Penales y Criminológicos*, vol. 43, Universidad de Santiago de Compostela, 2023, pp. 1-47

GOODE, D. A. «Kids, culture and innocents», *Human Studies*, vol. 9, nº 1, 1986, pp. 83-106

GOPNIK, A. *The Philosophical Baby: What Children's Minds Tell Us about Truth, Love & the Meaning of Life*, Picador, 2010

GOULD, C. *Rethinking Democracy: Freedom and Social Co-operation in Politics, Economy, and Society*, Cambridge University Press, 1989

GRECO, A. M. et al. «School staff members experience and knowledge in the reporting of potential child and youth victimization», *Child Abuse & Neglect*, vol. 72, 2017, pp. 22-31

GREIJER, S. y DOEK, J. *Orientaciones terminológicas para la protección de niñas, niños y adolescentes contra la explotación y el abuso sexual*, Grupo de Trabajo Interinstitucional sobre explotación sexual de niñas, niños y adolescentes, ECPAT International, 2016

HALWANI, R. «Sex and Sexuality», en N. ZALTA, E. N. y NODELMAN, U. (eds.), *The Stanford Encyclopedia of Philosophy*, 2023. Disponible en: https://plato.stanford.edu/archives/sum2023/entries/sex-sexuality/

— *Virtuous Liaisons: Care, Love, Sex, and Virtue Ethics*, Open Court, Chicago, 2003

HAUGAARD, M. «Power: A 'family resemblance' concept», *European Journal of Cultural Studies*, vol 13, nº 4, 2010, pp. 419-438

HIERRO, L. HIERRO, L. «¿Derechos humanos o necesidades humanas?: Problemas de un concepto», *Sistema: revista de ciencias sociales*, nº 46, 1982, pp. 45-62

— «¿Qué derechos tenemos?», *Doxa*, nº 23, 2000, pp. 351-375

HILLIS, S., et al. «Global Prevalence of Past-year Violence Against Children: A Systematic Review and Minimum Estimates», *Pediatrics*, vol. 137, nº 3, 2016. Disponible en: https://pubmed.ncbi.nlm.nih.gov/26810785/

HOBBES, Th. *Leviathan*, trad. C. Mellizo, RBA, Barcelona, 2002 [1641]

JERICÓ OJER, L., «Proporcionalidad, lesividad y seguridad jurídica: breves reflexiones a propósito del anteproyecto de Ley Orgánica de Garantía Integral de la Libertad Sexual», *Boletín Comisión de Violencia de Género.*

Delitos contra la Libertad Sexual. Anteproyecto de Ley Orgánica. Juezas y Jueces para la Democracia, 2020, nº 11, pp. 15-35

JIMENA QUESADA, L. «Educación sexual y no discriminación en la jurisprudencia del Comité Europeo de Derechos Sociales», R*evista Europea de Derechos Fundamentales,* nº 17, 2011, 197-219

KETTING, E. et al. «Investigating the 'C' in CSE: implementation and effectiveness of comprehensive sexuality education in the WHO European region», *Sex Education,* vol. 21, nº 2, 2019, pp. 133-147

KHRAÉ, B. *The Social Psychology of Aggression,* 3ª ed., Routledge, 2021

KILKELLY, U., LUNDY, L. y BYRNE, B. (eds). *Incorporating the UN Convention on the Rights of the Child into National Law,* Interesentia, Cambridge, 2021.

KITZINGER, J., «Defending Innocence: Ideologies of Childhood», *Feminist Review,* nº 28, 1988, pp. 77-87

KLEINIG, J. «The Nature of Consent», en Miller F. G. y Wertheimer, A. (eds.), *The Ethics of Consent. Theory and Practice,* Oxford Academic, Nueva York, 2009, pp. 3-24

KRUKS, S. «Phenomenology and Structure: The Binocular Vision of Iris Marion Young», *Politics & Gender,* vol. 4, nº 2, 2008, pp. 334-341

KUHAR, R. y PATTERNOTE, D. *Anti-Gender Campaigns in Europe: Mobilizing against Equality,* Rowman & Littlefield, 2017

LAGARDE, M. «Perspectiva de género», *Diakonia,* 1994, nº 71, pp. 23-29

LANSDOWN, G. «Civil rights of children in the family», *Child Care in Practice,* vol. 4, nº 2, 1997, pp. 138-148

— *La evolución de las facultades del niño,* UNICEF Inoccenti Research Center, 2005. Disponible en: https://bienestaryproteccioninfantil.es/la-evolucion-de-las-facultades-del-nino/

LAWRENCE, B. «Stereotypes And Stereotyping: A Moral Analysis», *Philosophical Papers,* vol. 33, nº 3, 2004, pp. 251-289

LEVESQUE, R. *Sexual Abuse of Children. A Human Rights Perspective,* Indiana University Press, 1999

— *Child Maltreatment and the Law Returning to First Principles,* Springer, 2008

LOCKE, J. *An Essay Concerning Human Understanding,* vol. I, MDCXC, basado en la 2ª edición, en John Locke at Project Gutenberg: https://www.gutenberg.org/files/10615/10615-h/10615-h.htm

LÓPEZ SÁNCHEZ, F. «Abuso sexual en España, un problema desconocido», en IBÁÑEZ MARTÍNEZ, M. L. et al. (eds.), *Violencia y desigualdad: realidad y representación,* Universidad de Salamanca, 2004, pp. 15-28

LUNDY, L., «'Voice' Is Not Enough: Conceptualising Article 12 of the United Nations Convention on the Rights of the Child», *British Educational Research Journal*, vol. 33, nº 6, 2007, pp. 927-942

MACCORMICK, N. «Children's Rights : A Test-Case for Theories of Right», *Archives for Philosophy of Law and Social Philosophy*, vol. 62, nº 3, 1976, pp. 305-317

MACKAY, R. W. «Conceptions of children and models of socialization» en MACKAY, R. W. (ed.) *Studying The Social Worlds Of Children*, Routledge, Nueva York, 1991, pp. 180-194

MANNE, K. *Down Girl: The Logic of Misogyny*, Oxford University Press, Nueva York, 2018

MAPPES, T. «Sexual Morality and the Concept of Using Another Person», en Halwani, R. et al. (eds.), *The Philosophy of Sex. Contemporary Readings*, 7ª ed., Rowman & Littlefield, Nueva York, 2017, pp. 273-292

MAQUIEIRA, V. «Género, diferencia y desigualdad», en BELTRÁN, E. y MAQUIERA, V. (eds.), *Feminismos: Debates teóricos contemporáneos*, Alianza, Madrid, 2001, pp. 127-190

MATHEWS, B. y COLLIN-VÉZINA, D. «Child Sexual Abuse: Toward a Conceptual Model and Definition», *Trauma, Violence & Abuse*, vol. 20, nº 10, 2019, pp. 1-18

MATTHEWS, G. y MULLIN A., «The Philosophy of Childhood», en N. ZALTA, E. N. y NODELMAN, U. (eds.), The Stanford Encyclopedia of Philosophy, 2023. Disponible en: https://plato.stanford.edu/archives/fall2023/entries/childhood

MERINO SANCHO, V. «Tensiones entre el proceso de especificación de los derechos humanos y el principio de igualdad respecto a los derechos de las mujeres en el marco internacional», *Derechos y Libertades*, nº 27, 2012, pp. 327-663

MESTRE, R. *La caixa de Pandora. Introducció a la teoria feminista del dret*, Universitat de València, 2006

— «Sobre la evolución en el reconocimiento de algunos derechos sexuales en Europa», Capítulo XIX, en *Historia de los derechos fundamentales*, tomo IV, vol. VI, libro II, Dykinson, Madrid, 2013, pp. 1017-1058

MIKKOLA, M., «Feminist Perspectives on Sex and Gender», en N. ZALTA, E. N. y NODELMAN, U. (eds.), *The Stanford Encyclopedia of Philosophy*, 2023. Disponible en: https://plato.stanford.edu/archives/fall2023/entries/feminism-gender/

MILL, J. S., *La esclavitud femenina*, trad. de E. Pardo Bazán, Artemisa, Madrid, 2008

MILLER, S. «Sexual Autonomy and Sexual Consent», en Boonin, D., *The Palgrave Handbook of Sexual Ethics,* Palgrave MacMillan, Cham, 2022, pp. 247-270

MILLER, F. y BIX, B. «Contracts», en Miller F. G. y Wertheimer, a. (eds.), *The Ethics of Consent. Theory and Practice,* Oxford Academic, Nueva York, 2009, pp. 251-279

MINELLI, A. *Understanding Development,* Cambridge University Press, 2021

MONTESSORI, M. *The formation of man,* Theosophical Publishing House, Madras, 1969

MORALES, S. «Adultocentrismo, adultismo y violencias contra niños y niñas: Una mirada critica sobre las relaciones de poder entre clases de edad», *Taboo,* 2024, pp. 151-193

MORONDO, D. «Los estereotipos como mecanismos de desigualdad y alienación: un análisis desde el derecho antidiscriminatorio», *Oñati Socio-Legal Series,* vol. 13, nº 3, 2023, pp. 710-729

MÖSCHEL, M. «Racial Stereotypes and Human Rights», en BREAMS, E. y TIMMER, A., *Stereotypes and Human Rights Law,* Intersentia, 2017 p. 119-142

MOSCOSO, M. F. «La mirada ausente: Antropología e infancia», *Aportes Andinos,* nº 24, Universidad Andina Simón Bolívar, 2009, s/p.

NOVO, M. y SEIJO, D. «Judicial judgement-making and legal criteria of testimonial credibility», *The European Journal of Psychology Applied to Legal Context,* vol. 2, nº 2, 2010, pp. 91-115

NUSSBAUM, M. C. *Las fronteras de la justicia. Consideraciones sobre la* exclusión, trad. de R. Vilà, Paidós, Barcelona, 2007

— *Creating Capabilities. The human development approach,* The Belknap Press of Harvard University Press, Cambridge, 2011.

ONDERSMA, S., et al. «Sex with children is abuse: Comment», *Psychological Bulletin,* vol. 127, nº 6, 2001, pp. 707-714

PATEMAN, C. «Feminist Critiques of the Public/Private Dichotomy», en Phillips, A. (ed.), *Feminism and Equality,* University Press, Nueva York, 1987, pp. 103-126

PATEMAN, C. *El contrato sexual,* trad. M. L. Femenías, Anthropos, Barcelona, 2019 [1988]

PECES-BARBA, G. *Curso de derechos fundamentales. Teoría general,* Universidad Carlos III de Madrid, Madrid, 1995

— *Lecciones de derechos fundamentales,* Dykinson, Madrid, 2004

PEINADO, T., «Masturbación en el lactante y en el niño», *Anales de Pediatría*, vol. 8, nº 5, 2010, pp. 263-270

PEREDA, N. «¿Uno de cada cinco? Victimización sexual infantil en España», *Papeles del Psicólogo*, vol. 37, nº 2, pp. 126-133,

PEREDA, N., BARTOLOMÉ, M. y RIVAS, E. «Revisión del Modelo Barnahus: ¿Es posible evitar la victimización secundaria en el testimonio infantil?», Boletín Criminológico, Instituto andaluz interuniversitario de Criminología (Sección Málaga), artículo 1/2021, nº 207

PEREDA N. y FORNS, M. «Prevalencia y características del abuso sexual infantil en estudiantes universitarios españoles», *Child Abuse & Neglect*, vol 31, nº 4, 2007, pp. 417-426

PERONI, L., TIMMER, A. «Gender Stereotyping in Domestic Violence Cases: An Analysis of the European Court of Human Rights' Jurisprudence», en BREAMS, E. y TIMMER, A., *Stereotypes and Human Rights Law*, Intersentia, 2017, pp. 39-66

PIAGET, J. *La representación del mundo en el niño*, trad. de V. Valls y Angés, Morata, Madrid, 2008

PICONTÓ NOVALES, M. T. *La protección de la infancia: aspectos sociales y jurídicos*, Egido, Zaragoza, 1996

— «Derechos de la infancia: nuevo contexto, nuevos retos», Derechos y Libertades, nº 21, 2009, pp. 57-93, p. 66.

— «Fisuras en la Protección de los Derechos de la Infancia», *Cuadernos Electrónicos de Filosofía del Derecho*, nº 33, 2016, pp. 133-166

— «Los derechos de las víctimas de violencia de género las relaciones de los agresores con sus hijos», *Derechos y Libertades*, nº 39, 2018, pp. 121-156

— «Los derechos de los niños y niñas a vivir en un entorno familiar libre de violencia de género», *Derechos y Libertades*, nº 51, 2024, pp. 249-282

PIERCE, M. D y ALLEN G. B, «Childism», *Psychiatric Annals*, vol. 5, nº 7, 1975, pp. 266-270

PISARELLO, G. *Los derechos sociales y sus garantías: elementos para una reconstrucción*, Trotta, Madrid, 2007

PITKIN, H. F., *Wittgenstein and Justice: On the Significance of Ludwig Wittgenstein for Social and Political Thought*, University of California Press, Berkeley, 1972

PUEYO, A., et al. *Violencia sexual en España: una síntesis estimativa*, Grupo de Estudios Avanzados en Violencia (GEAV), Universidad de Barcelona, 2020

RAMÍREZ, A. «A review of radical feminist theories on child sexual abuse», *Oñati Socio-Legal Series*, 13(3), 2023, pp. 857–889

— «La socialización de género en las niñas como factor de riesgo ante el abuso sexual», en *Mujeres y (Des) igualdad de oportunidades. Análisis feministas del impacto de las injusticias estructurales y las tensiones coyunturales,* Silvia Ribotta y Carlos Lema Añón (eds.), Dykinson, 2023, Madrid, pp. 191-206

— «Addressing Child Sexual Abuse by the Clinic for Social Justice of the University of Valencia», en BAJPAI, A. et al (eds.), *Human Rights and Legal Services for Children and Youth. Global Perspectives,* Springer, 2023, pp. 133-150

— «La prevención del abuso sexual contra la infancia a través de la formación al profesorado a la luz de la normativa nacional e internacional», en GARCÍA SÁEZ, J. A. y RAMÍREZ, A. (eds.), *Luchar contra el abuso sexual infantil desde las aulas. Un asunto de derechos humanos,* Tirant lo Blanch, Valencia, 2024, pp. 31-58

REY MARTÍNEZ, F. *Derecho Antidiscriminatorio,* Thompson Reuters Aranzadi, 2019

RIBOTTA, S. «Necesidades y cerechos: un debate no zanjado sobre fundamentación de derechos (Consideraciones para personas reales en un mundo real)», *Jurídicas,* Universidad de Caldas, pp. 29-56

ROSSER-LIMIÑANA, A. «Análisis de las campañas contra el castigo físico a menores en España. Contenido y propuesta de estrategias para el cambio de actitudes», *Doxa Comunicación,* nº 26, 2018, pp. 59-80

RUBIN, G. S. «El tráfico de mujeres. Economía Política del sexo», *Revista Nueva Antropología,* vol. 8, nº 30, 1986, pp. 95-145

— «Thinking Sex: Notes for a Radical Theory of the Politics of Sexuality», en PARKER, R. y ANGGLETON, P. (eds.), *Culture, Society and Sexuality. A Reader,* Routledge, Nueva York, 2006, pp. 143-179

RUIZ CASARES, M., et al. «Children's rights to participation and protection in international development and humanitarian interventions: nurturing a dialogue», *The International Journal of Human Rights,* vol. 21, nº 1, 2017, pp. 1-13

RODRÍGUEZ RUIZ, B. «¿Identidad o autonomía? La autonomía relacional como pilar de la ciudadanía democrática», en *Anuario de la Facultad de Derecho de la Universidad Autónoma de Madrid,* nº 17, 2013, pp. 75-104

RUSH, F. *The best kept secret: Sexual abuse of children,* Englewood Cliffs, Prentice-Hall, 1980

SAAR, M. «Power and Critique», *Journal of Power,* vol. 3, nº 1, 2010, pp. 7-20

SALDAÑA, C., et al. «El maltrato infantil en España: Un estudio a través de los expedientes de menores. Infancia y Aprendizaje», *Journal for the Study of Education and Development, Infancia y Aprendizaje,* nº 71, 1995, pp. 59-68

SAMET, J., ZAITCHIK, D. «Innateness and Contemporary Theories of Cognition», en N. ZALTA, E. N. y NODELMAN, U. (eds.), *The Stanford Encyclopedia of Philosophy*, 2017. Disponible en: https://plato.stanford.edu/archives/fall2017/entries/innateness-cognition/

SEGATO, R. L. *Las estructuras elementales de la violencia*, Editorial Bernal y Universidad Nacional de Quilmes, 2003

SEN. A. *La idea de la justicia*, trad. de H. Valencia Villa, Taurus, Madrid, 2009

SERRA, C. *El sentido de consentir*, Anagrama, Madrid, 2024

SCHOLS, M., et al. «How do public child healthcare professionals and primary school teachers identify and handle child abuse cases? A qualitative study», *BMC Public Health*, vol. 13, pp. 1-16

SOBLE, A. «Sexual Use and What to Do About It: Internalist and Externalist Sexual Ethics», *Essays in Philosophy*, vol. 2, nº 2, 2001, pp. 37–54

— «Gifts and duties», en Halwani, R. et al. (eds.), *The Philosophy of Sex. Contemporary Readings*, 7ª ed., Rowman & Littlefield, Nueva York, 2017, pp. 449-464

SORDO RUZ, T. «El uso del falso Síndrome de Alienación Parental como violencia institucional», en CABEZAS FERNÁNDEZ, M. y MARTÍNEZ PÉREZ, A. (coords.), *Cuando el estado es violento: Narrativas de violencia contra las mujeres y las disidencias sexuales*, Bellaterra, Barcelona, 2022, pp. 99-116

STEUTEL, J. Y DE RUYTER, D. J. «What should be the moral aims of compulsory sex education?», *British Journal of Educational Studies*, vol. 59, nº 1, 2011, pp. 75-86

SUÁREZ BLÁSQUEZ, G. «Aproximación al tránsito jurídico de la patria potestad: desde Roma hasta el Derecho alto medieval visigodo», *Anales de la Facultad de Derecho de la Universidad de la Coruña (AFDUC)*, nº 17, 2013, pp. 605-634

— «La patria potestad en el derecho romano y en el derecho alto medieval visigodo», *Revista de estudios histórico-jurídicos*, nº 36, 2014, pp. 159-187

TIMMER, A. «Toward an anti-stereotyping approach for the European Court of Human Rights», *Human Rights Law Review*, vol. 11, nº 4, 2011, pp. 707-738

TORRES-ROSELL, N. et. al. *Informe Avaluació de l'impacte del Model Barnahus en la prevenció de la victimització secundària en infants i adolescents víctimes de violència sexual. Resultats de l'aplicació de la metodologia a la Barnahus de Tarragona*, Universitat Rovira i Virgili, 2024

VARADAN, S. «The Principle of Evolving Capacities under the UN Convention on the Rights of the Child», *International Journal of Children's Rights*, vol. 27, 2019, pp. 306-338

VALCÁRCEL, A. *Sexo y filosofía. Sobre «mujer» y «poder»*, Anthropos, Barelona, 1991

VILA, R., et al. «El profesorado español ante el maltrato infantil. Estudio piloto sobre variables que influyen en la detección de menores en riesgo», *Revista Española de Investigación Criminológica*, nº 17, artículo 8, 2019, pp. 1-25

VIOLATO, C. y GENUIS, M. «Problems of research in male child sexual abuse: A review», *Journal of Child Sexual Abuse*, vol. 2, nº 3, 1993, pp. 33-54

WALBY, S. «Complexity Theory, Systems Theory, and Multiple Intersecting Social Inequalities», *Philosophy of the Social Sciences*, vol. 37, nº 4, 2007, pp. 449-470WALL, J. «From childhood studies to childism: reconstructing the scholarly and social imaginations», *Children's Geographies*, 2019, pp. 257-270

WEBER, M. *Economía y sociedad*, nueva edición revisada, comentada y anotada por F. Gil Villegas, trad. de J. Medina et al., Fondo de Cultura Económica, Ciudad de México, 2022 [1922]

WELLMAN, C. «The Growth of Children's Rights», *Archives for Philosophy of Law and Social Philosophy*, vol. 70, nº 4, 1984, pp. 441-453

WERTHEIMER, A. *Consent to sexual relations*, Cambridge University Press, 2003

WESTMAN, J. C. «Juvenile Ageism: Unrecognized Prejudice and Discrimination Against the Young», *Child Psychiatry and Human Development*, vol. 21, nº 4, 1991, pp. 237-256

— WESTMAN, J. C. *Dealing with Child Abuse and Neglect as Public Health Problems. Prevention and the Role of Juvenile Ageism*, Springer Nature, 2019

WHISNANT, R., «Feminist Perspectives on Rape», en Edward N. Zalta y Uri Nodelman (eds.), *The Stanford Encyclopedia of Philosophy*, 2021, URL: https://plato.stanford.edu/archives/fall2021/entries/feminism-rape

WHITTIER, N. *The Politics of Child Sexual Abuse. Emotions, Social Movements and the State*, Oxford University Press, 2009

— *Frenemies. Feminists, Conservatives and Sexual Violence*, Oxford University Press, 2018

WOODHEAD, M. «Is there a place for work in child development? Implications of child development theory and research for interpretation of the UN Convention on the Rights of the Child, with particular reference to Article 32, on children, work and exploitation», Save the Children Suiza, Rädda Barnen, 1999

— «Reconstructing Developmental Psychology: Some First Steps», *Children & Society*, vol. 13, 1999, pp. 3-19

YOUNG, I. M. «Throwing Like a Girl: A Phenomenology of Feminine Body Comportment Motility and Spatiality», *Human Studies, vol.* 3, 1980, pp. 137-156

— *La justicia y la política de la diferencia*, trad. de S. Álvarez, Cátedra, Valencia, 2000 [1990]

— *Responsabilidad por la justicia*, trad. de C. Mimiaga y R. Filella, Morata, Madrid, 2011

YOUNG-BRUEHL, E. *The anatomy of prejudices*, Harvard University Press, 1996

— *Childism: Confronting prejudice against children*, Yale University Press, 2012

ŽIŽEK, S. *Violence. Six Sideways Reflections*, Picador, 2008

b. Legislación y documentos oficiales

ASAMBLEA GENERAL DE LA ORGANIZACIÓN DE LAS NACIONES UNIDAS. *Declaración sobre la Eliminación de la Violencia Contra la Mujer*, de 20 de diciembre de 1993.

— Resolución 60/147, *Principios y directrices básicos sobre el derecho de las víctimas de violaciones manifiestas de las normas internacionales de derechos humanos y de violaciones graves del derecho internacional humanitario a interponer recursos y obtener reparaciones*, 2006

— Informe del Experto Independiente para el Estudio de la Violencia Contra los Niños de las Naciones Unidas, Paulo Sérgio Pinheiro, 29 de agosto de 2006, A/61/299

— Resolución 66/140, 2011

— Resolución 66/140, 2011

ASAMBLEA GENERAL DE LA ORGANIZACIÓN DE ESTADOS AMERICANOS. *Convención Interamericana para Prevenir, Sancionar y Erradicar la Violencia contra la Mujer (conocida como «Convención Belem Do Pará»)*, de 9 de junio de 1994

ÁVILA, D., et al. «Violencia institucional contra las madres y la infancia. Aplicación del falso síndrome de alienación parental en España», Ministerio de Igualdad, 2023

COMITÉ del Grupo de Expertos en la Lucha contra la Violencia contra la Mujer y la Violencia Doméstica (GREVIO). *Primer informe de evaluación a España*, 2019

— *Primer informe de evaluación temática del Grupo de expertos y expertas sobre la lucha contra la violencia sobre la mujer y doméstica*, 2024

COMITÉ DE LOS DERECHOS DEL NIÑO. *Observación General nº 1 sobre el derecho a la educación*, 2001

— *Observación General n° 5, Medidas generales de aplicación de la Convención sobre los Derechos del Niño, artículos 4 y 42 y párr. 6 del artículo 44*, 2003

— *Observación General n° 8. El derecho del niño a la protección contra los castigos corporales y otras formas de castigo crueles o degradantes (artículo 19, párrafo 2 del artículo 28 y artículo 37, entre otros*, 2006

— *Observación General n° 12, Sobre el derecho del niño a ser escuchado, artículo 12*, 2009

— *Examen de los informes presentados por los Estados partes en virtud del artículo 44 de la Convención, Observaciones finales: España*, 3 de noviembre de 2010

— *Observación General n° 13, Sobre el derecho del niño a no ser objeto de ninguna forma de violencia*, 2011

— *Observación General n° 14, Sobre el derecho del niño a que su interés superior sea una consideración primordial (artículo 3, párrafo 1)*, 2013

— *Observación General n° 15, Sobre el derecho del niño al disfrute del más alto nivel posible de salud (artículo 24), 2013*

— *Observación General n° 20, Sobre la efectividad de los derechos del niño durante la adolescencia*, 2016

— *Observaciones finales sobre los informes periódicos quinto y sexto combinados de España*, 2018

COMITÉ PARA LA ELIMINACIÓN DE LA DISCRIMINACIÓN CONTRA LA MUJER / COMITÉ CEDAW. *Recomendación General n° 19, sobre la violencia contra la mujer*, 1992

— *Recomendación General n° 5, sobre las Medidas Especiales Temporales*, 1988.

— *Recomendación General n° 25, sobre el párrafo 1 del artículo 4 de la Convención sobre la Eliminación de todas las Formas de Discriminación contra la Mujer, referente* a medidas especiales de carácter temporal, 2004

— *Caso A.T. c. Hungría*. Dictamen. 2005

— *Informe de México producido por el Comité para la Eliminación de la Discriminación contra la Mujer bajo el Artículo 8 del Protocolo Facultativo de la Convención y respuesta del Gobierno de México*, 2005

— *Caso Karen Tayag Vertido c. Filipinas*, de 22 de septiembre de 2010

— *Caso V. K. c. Bulgaria*, de 25 de julio de 2011

— *Caso González Carreño c.* España. Dictamen. 2014

— *Recomendación General n° 33, sobre el Acceso de las Mujeres a la Justicia*, 2015

— *Recomendación General n° 35 sobre la violencia por razón de género contra la mujer, por la que se actualiza la Recomendación General n° 19*, 2017

— *Observaciones finales sobre el noveno informe periódico de España*, 31 de mayo de 2023

COMITÉ SOBRE LOS DERECHOS DE LAS PERSONAS CON DISCAPACIDAD / COMITÉ CDPD. *Observación General nº 3, sobre las Mujeres y las Niñas con Discapacidad*, 2016

CONGRESO DE LOS DIPUTADOS. Nota de prensa «El Defensor del Pueblo entrega el informe encargado por el Congreso sobre denuncias por abusos sexuales en el ámbito de la Iglesia católica y el papel de los poderes públicos», 27 de octubre de 2023.

CONSEJO DE DERECHOS HUMANOS. Resolución sobre «Los derechos del niño: lucha contra la violencia sexual ejercida contra los niños», A/HRC/RES/13/20, 2010

CONSEJO DE EUROPA. Convenio para la Protección de los Derechos Humanos y de las Libertades Fundamentales, adoptado en Roma el 4 de noviembre de 1950, conocido como Convenio Europeo sobre Derechos Humanos. Ratificado por España en 1979.

— Convenio del Consejo de Europa para la Protección de los Niños contra la Explotación y el Abuso Sexual, hecho en Lanzarote el 25 de octubre de 2007. Ratificado por España en 2010.

— *Explanatory Report to the Council of Europe Convention on the Protection of Children against Sexual Exploitation and Sexual Abuse*, de 25 de octubre de 2007, en serie de tratados del Consejo de Europa nº 201

— Convenio del Consejo de Europa sobre prevención y lucha contra la violencia contra las mujeres y la violencia doméstica (conocido como «Convenio de Estambul»), de 11 de mayo de 2011, ratificado por España en 2014

CONSEJO ECONÓMICO Y SOCIAL DE LAS NACIONES UNIDAS. *Directrices sobre la justicia en asuntos concernientes a los niños víctimas y testigos de delitos*, 2005

CONSEJO GENERAL DEL PODER JUDICIAL. *99 Cuestiones básicas sobre la prueba en el proceso penal*. Manuales de Formación Continuada, 2010

— *Guía práctica de la Ley Orgánica 1/2004, de 28 de diciembre, de Medidas de Protección Integral contra la Violencia de Género*, 2016

CORTES GENERALES. Ley Orgánica 10/1995, de 23 de noviembre, del *Código Penal*, última modificación publicada el 28 de abril de 2023

— Ley Orgánica 1/1996, de 15 de enero, de Protección Jurídica del Menor, de modificación parcial del Código Civil y de la Ley de Enjuiciamiento Civil

— Ley Orgánica 11/1999, de 30 de abril, de modificación del Título VIII del Libro II del Código Penal, aprobado por Ley Orgánica 10/1995, de 23 de noviembre

— Ley Orgánica 8/2021, de 4 de junio, de protección integral a la infancia y la adolescencia frente a la violencia

— Ley Orgánica 10/2022, de 6 de septiembre, de Garantía Integral de la Libertad Sexual

DEFENSOR DEL PUEBLO. *Informe sobre los abusos sexuales en el ámbito de la Iglesia católica y el papel de los poderes públicos. Una respuesta necesaria,* octubre de 2023

— *Violencia vicaria de género. Las otras víctimas,* 2024

GREVIO (Group of Experts on Action against Violence against Women and Domestic Violence). *Primer informe de evaluación a España,* 2019

FISCALÍA GENERAL DEL ESTADO, Circular 1/2023, de 29 de marzo, de la Fiscalía General del Estado, sobre criterios de actuación del Ministerio Fiscal tras la reforma de los delitos contra la libertad sexual operada por la Ley Orgánica 10/2022, de 6 de septiembre

KETTING, E., Y IVANOVA, O. «Sexuality in Europe and Central Asia. State of the art and recent developments, An overview of 25», UNESCO, 2018. Disponible en: https://healtheducationresources.unesco.org/library/documents/sexuality-education-europe-and-central-asia-state-art-and-recent-developments

MIJATOVIĆ, D. «Una educación sexual integral protege a los niños y a las niñas, y ayuda a construir una sociedad más segura e inclusiva», *Human Rights Comment,* Consejo de Europa, Estrasburgo, 21 de julio de 2020. Disponible en: https://www.coe.int/es/web/commissioner/-/comprehensive-sexuality-education-protects-children-and-helps-build-a-safer-inclusive-society

MINISTERIO DE DERECHOS SOCIALES. *Estrategia de Erradicación de la Violencia contra la infancia y adolescencia,* 2022

OFICINA DEL ALTO COMISIONADO DE NACIONES UNIDAS PARA LOS DERECHOS HUMANOS (OHCHR). *Gender Stereotyping as a Human Rights Violation,* 2013

— Comunicado de Prensa: *Los tribunales españoles deben proteger a los niños y niñas de la violencia doméstica y los abusos sexuales, dicen los expertos de la ONU,* 9 de diciembre de 2022

— *Gender Stereotyping as a Human Rights Violation,* 2013

ORGANIZACIÓN DE LAS NACIONES UNIDAS. *Convención sobre los Derechos del Niño.* 1989. Ratificada por España en 1990.

— *Protocolo facultativo de la Convención sobre los Derechos del Niño relativo a la venta de niños, la prostitución infantil y la utilización de niños en la pornografía,* adoptado el 25 de mayo de 2000 y ratificado por España en 2001

— *Protocolo facultativo de la Convención sobre los Derechos del Niño relativo a la participación de niños en los conflictos armados,* adoptado el 25 de mayo de 2000 y ratificado por España en 2002.

— *Convención sobre los Derechos de las Personas con Discapacidad,* adoptada el 16 de diciembre de 2006, Naciones Unidas. Ratificada por España en 2007.

— *Protocolo facultativo de la Convención sobre los Derechos del Niño relativo a un procedimiento de comunicaciones,* adoptado el 19 de diciembre de 2011 y ratificado por España en 2013.

ORGANIZACIÓN MUNDIAL DE LA SALUD. *Violence Against Women: The Girl Child,* Ginebra, 1997

— *Informe de la Reunión Consultiva sobre el Maltrato de Menores.* 29-31 de marzo de 1999, Ginebra, 1999

— *Informe mundial sobre la violencia y la salud,* E. Krug et al. (eds.), 2002

— «Preventing child maltreatment: A guide to taking action and generating evidence», Ginebra, 2016

— *Global status report on preventing violence against children,* Ginebra, 2020

— *Castigos corporales y salud,* nota descriptiva, 23 de noviembre de 2021. Disponible en: https://www.who.int/es/news-room/fact-sheets/detail/corporal-punishment-and-health

— *Informe mundial sobre el edadismo,* Ginebra, 2021

— *Violencia contra los niños,* nota descriptiva, 29 de noviembre de 2022. Disponible en: https://www.who.int/es/news-room/fact-sheets/detail/violence-against-children

— *Educación sexual integral, preguntas y respuestas,* 18 de mayo de 2023. Disponible en https://www.who.int/es/news-room/questions-and-answers/item/comprehensive-sexuality-education

ORGANIZACIÓN PARA LA UNIDAD AFRICANA. Carta Africana sobre los Derechos y el Bienestar del Niño, aprobada el 11 de julio de 1990

PARLAMENT EUROPEO. *Proyecto de Informe sobre la sexualización de las niñas,* 2012/2047(INI), *Comisión de Derechos de la Mujer e Igualdad de Género*

PARLAMENTO EUROPEO Y CONSEJO DE EUROPA. Directiva 2011/93/UE, relativa a la lucha contra los abusos sexuales y la explotación sexual de los menores y la pornografía infantil.

PINHEIRO, P. S., *Informe mundial sobre la violencia contra los niños y niñas,* Naciones Unidas, Nueva York, 2006

RADFORD, L. et al. «Preventing and Responding to Child Sexual Abuse and Exploitation: Evidence review», UNICEF, 2016

RELATORA ESPECIAL SOBRE LA VIOLENCIA CONTRA LA MUJER, SUS CAUSAS Y CONSECUENCIAS. *La violación como una vulneración grave, sistemática y generalizada de los derechos humanos, un delito y una manifestación de la violencia de género contra las mujeres y las niñas, y su prevención,* Informe de la Relatora Especial Dubravka Šimonovicć, 2021

— *Custodia, violencia contra las mujeres y violencia contra los niños,* Informe de la Relatora Especial sobre la violencia contra las mujeres y las niñas, sus causas y consecuencias, Informe de la Relatora Especial Reem Alsalem, 2023

REYES CANO, P. *El olvido de los derechos de la infancia en la violencia de género,* Reus, Madrid, 2019

— «Las estrategias para la aplicación del llamado 'Síndrome de Alienación Parental'», Anuario de Filosofía del Derecho, 2025 (XLI), pp. 111-142

SANTOS PAIS, M. «The Convention on the Rights of the Child», en *Manual de preparación de informes sobre los derechos humanos conforme a seis importantes instrumentos internacionales de derechos humanos,* ACNUDH, ONU, Ginebra, 1998, pp. 393-505

Secretaría de Naciones Unidas. Boletín del Secretario General. Medidas especiales de protección contra la explotación y el abuso sexuales, 9 de octubre de 2003

TRIBUNAL EUROPEO DE DERECHOS HUMANOS. *Protection of minors, Factsheet,* Unidad de Prensa, abril de 2024, disponible en: https://www.echr.coe.int/factsheets

c. Jurisprudencia

CORTE INTERAMERICANA DE DERECHOS HUMANOS

Opinión consultiva OC-17/2002, de 28 de agosto de 2002, solicitada por la Comisión Interamericana de Derechos Humanos, *Condición Jurídica y Derechos Humanos del Niño*

Caso de las Hermanas Serrano Cruz c. El Salvador, Excepciones Preliminares, Fondo, Reparaciones, sentencia de 1 de marzo de 2005

Caso González y otras («Campo Algodonero») c. México, sentencia de 16 de noviembre de 2009

Caso V.R.P., V.P.C. y otros c. Nicaragua, Excepciones Preliminares, Fondo, Reparaciones, sentencia de 8 de marzo de 2018

Caso Guzmán Albarracín c. Ecuador, Excepciones Preliminares, Fondo, Reparaciones, sentencia de 24 de junio de 2020

Caso Ángulo Losada c. Bolivia, Excepciones preliminares, Fondo y Reparaciones, sentencia de 18 de noviembre de 2022

Voto razonado del juez Eduardo Ferrer Mac-Gregor en el Caso de los Trabajadores de la Hacienda Verde c. Brasil, sentencia de 20 de octubre de 2016

TRIBUNAL EUROPEO DE DERECHOS HUMANOS

Caso Kjeldsen y otros c. Dinamarca, sentencia de 7 de diciembre de 1976

Caso X. e Y. c. Holanda, sentencia de 26 de marzo de 1985

Caso Bouamar c. Bélgica, sentencia de 29 de febrero de 1988

Caso García Ruiz c. España, sentencia de 21 de enero de 1999, párr. 28.

Caso D.G. c. Irlanda, sentencia de 16 de mayo de 2002

Caso E. y otros c. Reino Unido, sentencia de 26 de noviembre de 2002

Caso M.C. c. Bulgaria, sentencia de 4 de diciembre de 2002

Caso E. y otros c. Reino Unido, sentencia de 15 de enero de 2003

Caso Broniowski c. Polonia, sentencia de 22 de junio de 2004

Caso Juppala c. Finlandia, sentencia de 2 de marzo de 2009

Caso E.S. y otros c. Eslovaquia, sentencia de 15 de septiembre de 2009

Caso O'Keeffe c. Irlanda, sentencia de 28 de enero de 2014

Caso Manuel y Nevi c. Italia, sentencia de 20 de febrero de 2015

Caso M.G.C. c. Rumania, sentencia de 15 de marzo de 2016

Caso Iglesias Casarrubios y Cantalapiedra Iglesias c. España, sentencia de 11 de octubre de 2016

Caso V. C. c. Italia, sentencia de 1 de febrero de 2018

Caso de A. y B. c. Croacia, sentencia de 20 de junio de 2019

«Opinión Disidente conjunta de los jueces Turković y Pejchal», en el Caso A. B. c. Croacia, sentencia de 20 de junio de 2019

Caso Stankūnaitė c. Lituania, sentencia de 29 de octubre de 2019

Caso X. y otros c. Bulgaria, sentencia de 2 de febrero de 2021

Caso R.B. c. Estonia, sentencia de 22 de junio de 2021

Caso B. c. Rusia, sentencia de 7 de febrero de 2023

TRIBUNAL SUPREMO DE ESPAÑA

STS 229/1991 de 28 de noviembre

STS 64/1994 de 28 de febrero,

STS 195/2002 de 28 de octubre

STS 988/2016, de 11 de enero de 2017

STS 654/2019, de 8 de enero de 2020

d. Informes y documentos de organizaciones no gubernamentales

CENTRO REINA SOFÍA. *Maltrato Infantil en la familia. España,* J. Sanmartín, (dir.), Madrid, 2011

EDUCO. *Los costes de la violencia contra la infancia: Impacto económico y social,* Autoría de M. E. Fabra Florit et al., 2018

FUNDACIÓN ANAR, *Agresión sexual en niños, niñas y adolescentes según su testimonio. Evolución en España (2019-2023),* 2024

SAVE THE CHILDREN. *Ojos que no quieren ver: Los abusos sexuales a niños y niñas en España y los fallos del sistema,* 2017

— *(Des)información sexual: Pornografía y Adolescencia: Un análisis sobre el consumo de pornografía en adolescentes y su impacto en el desarrollo y las relaciones con iguales,* 2020

— *Los abusos sexuales hacia la infancia en España. Principales características, incidencia, análisis de los fallos del sistema y propuestas para la especialización de los Juzgados y la Fiscalía,* 2021

— *Bajo el mismo techo. Un recurso para proteger a niños y niñas víctimas de violencia en la Comunitat Valenciana,* 2021

— *Por una justicia a la altura de la infancia. Análisis de sentencias sobre abusos sexuales a niños y niñas en España,* 2023

— *Castigo físico y psicológico en España. Incidencia, voces de los niños y niñas y situación legal,* Informe nacional. Elaborado por Pepa Horno. Contribución de Save the Children España al estudio de Naciones Unidas sobre violencia contra la infancia, 2007.

e. Otras fuentes

ARENDT, H. «¿Qué queda? Queda la lengua materna», Entrevista a Hannah Arendt realizada por Günter Gauss y emitida por la televisión de Alemania Occidental el 28 de Octubre de 1964, subtitulada en castellano y disponible YouTube: https://www.youtube.com/watch?v=WDovm3A1wI4

ASOCIACIÓN ESPAÑOLA DE PEDIATRÍA, «Guía Práctica para Padres. Desde el nacimiento hasta los 3 años». Disponible en: https://www.aeped.es/noticias/guia-practica-padres-desde-nacimiento-hasta-los-3-anos

DECEL, Diccionario Etimológico Castellano En Línea, entrada «Inocencia», https://etimologias.dechile.net/?inocencia

REAL ACADEMIA ESPAÑOLA, *Diccionario de la lengua española*, 23ª ed., Edición del Tricentenario, Madrid, 2014,

SCHWIMMER, D. (Director) *Trust* (2010). Película.